Jinju

逄锦聚自选集
PANGJINJU ZIXUANJI

学习理论文库

学习出版社

逢锦聚

　　山东青岛胶南人，经济学教授、博士生导师，曾任南开大学副校长，现任"中国市场经济"国家哲学社会科学创新基地首席专家，教育部人文社会科学重点研究基地南开大学政治经济学研究中心主任；兼任中央马克思主义理论研究和建设工程咨询委员会委员，《马克思主义基本原理概论》教材编写组首席专家，教育部全国高校经济学教学指导委员会主任，教育部社会科学委员会委员等职。长期从事马克思主义经济学和中国经济的教学和理论研究，已培养博士生50余名，在经济学基本理论、中国经济体制改革、宏观经济运行及调控等方面有研究，代表作有：《政治经济学》、《马克思劳动价值论的继承与发展》、《经济波动与经济调整》、《中国市场经济的宏观调控》等。

习和理解。三是大学教育和教学。这与我担负的管理工作有关。留在南开大学工作不久，从1985年开始我就做了"双肩挑"，一方面从事教学科研工作，一方面做党政管理工作。我先后做过经济学院副院长、党委副书记、书记，学校党委常委、副书记、副校长，在副校长的位置上工作了12年，分管全校教学、文科学科建设和科研。工作的需要，使我在从事经济学、马克思主义研究的同时，也花了一些时间和气力研究了高等学校的人才培养和教育教学。我从事学术研究的这三个领域是互相联系的。马克思主义作为一门科学，不仅为经济学和大学教育教学的研究提供了科学的世界观和方法论，而且本来就包含着政治经济学的丰富内容；按照马克思主义的观点，经济基础决定上层建筑，经济学的研究方法和许多内容都可以为教育教学的研究提供借鉴；而对经济学和教育教学的研究，特别是对中国特色社会主义经济理论和教育理论的研究，又可以丰富和发展马克思主义。

与上述研究领域相对应，30年来，我取得的学术成果大致也包括三类：一类是经济学研究成果，一类是马克思主义研究成果，一类是教育教学研究成果。在这些成果中，大部分是个人完成的专著和论文，也有一些是与其他学者合作完成的专著、论文和教科书。在已经发表的近200篇论文中，经济学的是绝大多数。这些经济学文章，按照内容大致又可分为四个部分：一部分是经济学基本理论，一部分是经济体制改革和经济发展，一部分是宏观经济运行和宏观调控，还有一部分是经济学建设和改革。因为宏观经济运行和宏观调控将另外结集出版，所以，本书所收入的文章，主要是另外的三个方面内容。其中，经济学基本理论和经济体制改革、经济发展有 23 篇，马克思主义与经济学建设和改革有 19 篇。这些文章在收入本文集时，除按照编辑部的要求作了个别文字和体例上的修改外，基本观点、基本内容都保留了原貌，在编排顺序上，全文在按上述内容分为上下两篇的同时，每一篇大致按照文章发表时间先后排列，这样做，目的是想便于读者从中了解我国改革开放和现代化建设实践发展的轨迹和作者理论认识发展变化的过程。

一般地说，任何哲学社会科学成果都是作者对客观世界和人类思维认识的产物，都会受到作者所处社会环境的制约，体现出作者的价值取向和社会责任，我自然也不例外。我 1947 年出生在山东胶南县（现胶南市），当时虽然新中国尚未成立，但我的家乡已经是老解放区。我的父亲是老共产党员，当时已在村、乡任职。我 5 岁上学，从小唱着共产党好、社会主义好的歌长大，无论在家庭、学校，还是在社会，基本上受的是优良传统的教育。读高中期间，政治课上老师讲授了《辩证唯物主义常识》，这是我第一次正式地开始接触了马克思主义。就是这样一本不

自　序

　　学习出版社约我将改革开放以来发表过的文章加以编选，结集出版，令我十分感动。这使我可以借此机会将30年来的学术活动和取得的成果进行回顾和小结。

　　我的学术活动基本上是与改革开放同时开始的。1978年召开的党的十一届三中全会，确定了解放思想、实事求是的思想路线，做出了把工作重点转移到社会主义现代化建设上来的战略决策，是新中国成立以来具有深远意义的伟大转折。它揭开了伟大的改革开放的序幕，开辟了建设中国特色社会主义的新道路，标志着我国从此进入了社会主义事业发展的新时期。就在同一年，我结束了高中毕业后长达14年的农村生活，开始读大学，而后读研究生，1984年研究生毕业后留在南开大学经济研究所从事教学和科学研究工作，直到今天。因为在农村期间当过教师、农民、工人，并在县级政府经济部门帮助过工作，积累了一些实践知识，也因为感到读书机会来之不易，所以读大学和研究生期间，除了认真学习之外，还在老师的指导下开始进行学术研究，所取得的成果有一些作为习作请老师指教，有一些也公开发表，当然大量的学术成果还是留在学校工作以后取得的。

我的学术活动主要集中在三个领域：一是经济学。这是我从一开始直到现在一直都从事的专业研究领域，研究方向是政治经济学基本理论和中国社会主义经济理论与经济体制改革，在后一方向中又特别注重了宏观经济运行和宏观调控的研究。二是马克思主义。这是最近一些年才进入的研究领域。在我国过去相当长时期内，马克思主义并没有设置独立的学科，对马克思主义的研究，主要是按照哲学、政治经济学、科学社会主义三个部分，分别由相关学科进行的，直到2003年后，在中央实施马克思主义理论研究和建设工程的进程中，出于实践和理论发展的需要，马克思主义才作为一级学科独立了出来。我之所以在马克思主义作为独立的一级学科设立的第一时间就涉足这一领域，一方面是因为我长期研究的经济学主要是作为马克思主义重要组成部分的政治经济学，另一方面是因为从2004年开始我作为首席专家召集人主持了全国大学生思想政治理论课《马克思主义基本原理概论》的编写，该书是在中央直接领导下，社会各界专家学者和高校教师集体智慧的结晶。在编写该书的过程中，我对马克思主义有了更为全面深刻的学超过10万字、印制得很粗糙的小册子，对我人生产生了重大影响，使我终生受益，我的世界观和方法论，我其后做人做事做学问的思想方法和准则最初基本上就是这本小册子给的。时间过了将近40年，大约是2003年，中国社会科学院研究生院的研究生会对全国500名经济学家做问卷调查，其中有一个题目是：对你影响最大的五本书是什么？我回答的第一本书就是这本小册子。就是因为长期接受的这样的影响和教育，所以使我在生活和学术活动的几十年中都保持了一种基本的立场、基本的观点和基本的方法，即使在"文化大革命"期间我的家庭和我本人处在逆境中和改革开放后曾经在国内外发生的政治风波中，我也未曾发生过动摇和改变。我一直很庆幸的是，与同龄人相比，我虽然开始学术活动比较晚，但赶上了改革开放的好年代，是改革开放和现代化建设的丰富实践，给我的学术研究提供了无穷无尽的源泉，开辟了广阔的天地。我自知与很多同行相比天资并不聪慧，思维并不敏捷，但我始终告诫自己并力图努力做的是：一定要坚持为民众服务为社会服务的宗旨，重视调查研究，努力选择经济社会发展中提出的重大课题进行研究；尊重事实，尊重科学，观点可以随实践的发展而变化，但不违心写文章，不追求华而不实，不随波逐流，不哗众取宠。

当这本集子出版之际，我要衷心感谢我的老师和学界同仁。一个学者的成长和成果的取得不可能只是个人努力的结果，而一定是多位无名的、幕后的智者智慧的凝结。如果说从小学、中学到大学老师给的是人生和知识的基础，那么研究生阶段，则是老师把自己引入学术的殿堂。我在小学、中学、大学都遇到了堪称最优秀的老师，在研究生阶段，南开大学经济学的教授队伍更使我受益无穷。指导我学习的导师组是由 4 位教授组成的，他们是：谷书堂教授、蔡孝箴教授、朱光华教授、贾秀岩教授。学完课程后，我的学位论文是谷书堂教授指导的。为我们开课和讲座的还有：滕维藻教授、钱荣堃教授、杨敬年教授、魏埙教授、熊性美教授等。这些教授在各自的专业和研究领域中都具有很高的学术水平和很深的学术造诣。他们当中，大都经历过多次政治运动的磨难，但对人民对社会主义事业的忠诚绝无改变；他们实事求是，追求真理，刚正不阿，淡泊名利；他们以教学科研为己任，视学术道德如生命，日夜工作，一心想把耽误的时间夺回来；他们对业务精益求精，虽已声誉卓著，但仍然虚怀若谷，谦逊待人；他们爱学生如子女，有的慷慨解囊资助困难者读书，有的夜半 12 点还到学生宿舍问寒问暖，解疑释惑。现在，这些老师大都已届耄耋之年，有的已经离我们而去，但他们给予我的教诲、身体力行给我的影响，使我终生不敢忘怀，是我做人永远的力量。毕业后，我也做了教师，随着学术活动的开展，范围已不局限于南开大学。在全国，我同在南开大学一样也遇到了名师并得到了他们的教诲，经济学界老前辈中国人民大学宋涛教授、北京大学吴树青教授、中国人民大学卫兴华教授等都曾给予我极为宝贵的关心、支持和帮助。在编写《马克思主义基本原理概论》教材过程中，中央马克思主义理论研究和建设工程咨询委员会的专家们更是多次审议初稿，耳提面命，给予悉心的指导。我还要感谢在我主持编写全国高校面向21世纪教材《政治经济学》和《马克思主义基本原理概论》教材过程中，参与合作的包括北京大学、清华大学、中国人民大学、南京大学、复旦大学、武汉大学等近20所高校在内的与我同龄或比我年轻的学者们，他们给了我真诚的支持和宝贵的思想启发。我们合作愉快，情同手足，相互学习，和谐相处，由此使我深深感到在学术团队内"人和"的欣慰和重要。收入本书的论文虽然没有他们的直接参与，但文中许多学术见解都不同程度地受到他们的启迪。

　　最后，我想谈谈学术创新。创新是民族进步的灵魂，也是学术繁荣发展的灵魂。我力主学术必须创新并努力争取有所创新。在收入本书的文章中，有两篇就专门谈了经济学理论的创新。但实事求是地说，创新是不容易的。经常看到一些评审材料说某某成果实现了重大突破和创新，但实际上创新并不如说的那么大。我的体会，学术研究是艰苦的过程，重大的创新要在前人的基础上经过长期的努力才有可能实现。人的能力有大小，水平有高低，要每篇文章都有重大创新不太可能，但要求每篇文章有所前进是应该努力做到的。社会科学的发展是多种合力的结果，在实践发展的基础上只要每位学者、每项成果都能有所前进，那么实现全社会的重大创新就会成为现实。改革开放以来，我国实现的许多重大理论创新就是全体学术界同仁、全国人民共同努力的结果。

我们正处在改革开放的新时代，建设中国特色社会主义的伟大事业为哲学社会科学的发展提供了前所未有的机遇，呼唤着哲学社会科学的进一步繁荣和发展。我愿与全体同仁为此而共同努力！

在本文集中，收入了几篇我与别的学者合作完成的文章和记者对我的专访。为本文集的出版，学习出版社的同志做了辛苦的编辑出版工作，冯素杰博士帮助做了大量的文章收集和录入工作，值此出版之际，表示衷心感谢！

逄锦聚

2008 年 6 月 20 日

目 录

上篇　改革开放和现代化建设

上篇　改革开放和现代化建设

GAIGE KAIFANG HE XIANDAIHUA JIANSHE

学习《资本论》中
关于经济效益的思想[*]

经济效益问题，是社会主义经济建设的核心问题。当前，我国人民正把全部经济工作转到以提高经济效益为中心的轨道上来，千方百计地提高生产、建设、流通等各个领域的经济效益，在此形势下，认真学习马克思的《资本论》中有关经济效益的思想，是会受到多方面启示的。

《资本论》是集中研究资本主义生产方式以及和它相适应的生产关系和交换关系，揭示资本主义社会的经济运动规律的。它虽然没有对提高社会主义经济效益进行专门分析，但是，在这部伟大的科学著作中，包含着对于各种不同的社会经济形态（包括社会主义社会经济形态）都发挥作用的原理，经济效益的思想就是其中之一。这些思想归纳起来主要有以下四个方面的内容。

---

* 本文是与谷书堂、常修泽两位教授合作完成的，发表于《经济研究》1983 年第 7 期。

一、关于人类的经济活动（不管采取何种形式）必须重视生产符合社会需要的使用价值的思想

所谓提高经济效益，是要以尽量少的劳动消耗和物质消耗，生产出尽可能多的符合社会需要的产品。马克思在《资本论》中实际上是把产品是否符合社会需要作为有无经济效益的前提提出来的。从这个基点出发，马克思讲了一系列直到今天仍然值得重视的思想。

例如，生产不管具体采取何种社会形式，作为有目的的活动都"是为了人类的需要"①。在商品经济条件下的社会需要，首先是社会对具有使用价值的商品的需要。"商品要有使用价值，因而要满足社会需要，这是卖的一个前提。"② 只有商品符合社会需要，才能卖出去；只有卖出去，商品的价值才能实现。在社会主义条件下也是如此。社会需要的对象，不仅包括质量、花色、品种，而且也有数量界限。"如果某种商品的产量超过了当时社会的需要，社会劳动时间的一部分就浪费掉了"③，因此，"耗费在这种商品总量上的社会劳动的总量，就必须同这种商品的社会需要的量相适应，即同有支付能力的社会需要的

---

① 马克思：《资本论》第 1 卷，人民出版社 1975 年版，第 208 页。
② 马克思：《资本论》第 3 卷，人民出版社 1975 年版，第 203 页。
③ 马克思：《资本论》第 3 卷，人民出版社 1975 年版，第 209 页。

量相适应。"① 在社会主义条件下，更应重视这种产需平衡。在商品生产条件下，社会需要同市场状况是紧密相连的，而市场状况又是受多种因素影响而不断变化的。首先是市场价格的影响。"如果市场价值降低了，社会需要（在这里总是指有支付能力的需要）平均说来就会扩大，并且在一定限度内能够吸收较大量的商品。如果市场价值提高了，商品的社会需要就会缩减，就只能吸收较小的商品量。"② 此外，随着物质条件的变化，社会需要也会不断变化，"某种产品今天满足一种社会需要，明天就可能全部地或部分被一种类似的产品排挤掉。"③ 因此，在社会主义社会中，也要随着市场的变动和社会需要的变化，善于运用价值规律，并及时地用新产品"去满足一种新产生的需要"。④ 但在实际工作中，我们往往出现只顾生产、忽视市场需要，重产值，轻质量的倾向，结果产品积压、报废的现象屡见不鲜。根据马克思的教诲，只有坚持从社会需要出发，生产物美价廉、适销对路的产品，才能在提高经济效益上走出一条新路子。

二、关于提高劳动生产率的思想

劳动生产率的高低，是衡量一个国家经济发展水平的

---

① 马克思：《资本论》第 3 卷，人民出版社 1975 年版，第 215 页。
② 马克思：《资本论》第 3 卷，人民出版社 1975 年版，第 202 页。
③ 马克思：《资本论》第 1 卷，人民出版社 1975 年版，第 125 页。
④ 马克思：《资本论》第 1 卷，人民出版社 1975 年版，第 125 页。

重要标志。提高劳动生产率，意味着一方面使劳动者在单位时间内生产的产品数量增加，另一方面又使单位产品内的劳动消耗减少。不论从哪方面看，都标志着单位经济效益的提高。马克思在《资本论》中深刻地阐述了提高劳动生产率在提高经济效益中的重要意义。他指出："劳动生产力的提高，在这里一般是指劳动过程中的这样一种变化，这种变化能缩短生产某种商品的社会必需的劳动时间，从而使较小量的劳动获得生产较大量使用价值的能力。"① 在这里，马克思把提高劳动生产率和提高经济效益二者视为同一个事物，只不过着眼的角度不同而已。同时，马克思还从人类社会一般的角度提出提高劳动生产率的一些决定因素。第一，他指出，首先的因素是"工人的平均熟练程度"②，因为劳动者的科学文化水平和技术熟练程度高，"在同样的时间内，它所创造的价值比同种社会平均劳动要多"③。第二，他指出，"劳动生产率不仅取决于劳动者的技艺，而且也取决于他的工具的完善程度。"④ 他强调："大工业必须掌握它特有的生产资料，即机器本身，必须用机器来生产机器。"⑤ 这样，才能保证劳动生产率继续提高。第三，"科学的发展水平和它在工艺上应用的程度"⑥，也是重要因素之一。马克思论述了

---

① 马克思：《资本论》第1卷，人民出版社1975年版，第350页。
② 马克思：《资本论》第1卷，人民出版社1975年版，第53页。
③ 马克思：《资本论》第1卷，人民出版社1975年版，第354页。
④ 马克思：《资本论》第1卷，人民出版社1975年版，第378页。
⑤ 马克思：《资本论》第1卷，人民出版社1975年版，第421—422页。
⑥ 马克思：《资本论》第1卷，人民出版社1975年版，第53页。

提高资本有机构成的意义及它的提高有赖于科学技术的进步及其应用。第四，包括分工、协作以及管理体制和管理方式在内的"生产过程的社会结合"①。很明显，如果组织管理得好，就可以"提高每个人的个人工作效率"②。第五，自然条件的利用，也会影响劳动生产率的提高。"社会地控制自然力以便经济地加以利用，用人力兴建大规模的工程以便占有或驯服自然力，——这种必要性在产业史上起着最有决定性的作用。"③今天仍然如此。第六，"从社会的角度来看，劳动生产率还随同劳动的节约而增长。这种节约不仅包括生产资料的节约，而且还包括一切无用劳动的免除。"④

　　当然，马克思所揭示的提高劳动生产率的诸种途径，在资本主义条件下，是作为资本家榨取剩余价值的方法表现出来的。如果撇开它的社会形式，就其自然属性来说，这些方法对于社会主义经济也是完全适用的。

　　社会主义制度为提高劳动生产率提供了优越的社会条件。新中国成立 30 多年来，我国工农业劳动生产率虽然是增长的，但增长的速度却很不平衡。以全民所有制企业全员劳动生产率而言，"一五"计划期间增长 8.7%，但从 1966 年到 1981 年的 15 年间，年平均增长速度只有 1.8%。至于农业劳动率则更低。这种情况不能不引起我

---

① 马克思：《资本论》第 1 卷，人民出版社 1975 年版，第 53 页。
② 马克思：《资本论》第 1 卷，人民出版社 1975 年版，第 363 页。
③ 马克思：《资本论》第 1 卷，人民出版社 1975 年版，第 561 页。
④ 马克思：《资本论》第 1 卷，人民出版社 1975 年版，第 578—579 页。

们的重视。为了提高经济效益，我们应该学习马克思关于提高劳动生产率的思想，并按照他所揭示的提高劳动生产率的诸途径切实地做出努力。只要在这些方面我们真正做出了努力，劳动生产率、从而经济效益提高的要求就一定能实现。

三、关于缩短流通时间的思想

马克思在《资本论》中，揭示了资本流通的若干重要规律，精辟地阐述了流通时间对经济效益的影响。

首先，他指出缩短流通时间对提高经济效益有重要意义。对资本增值来说，流通时间是一个必要条件；但是，资本在流通时间内并不创造价值和剩余价值。所以，他指出："流通时间的延长和缩短，对于生产时间的缩短或延长，或者说，对于一定量资本作为生产资本执行职能的规模缩小或扩大，起了一种消极限制的作用。"① 因此，不论从资本的角度，还是从社会一般的角度，提高经济效益都必须最大限度地缩短流通时间。

其次，马克思阐明了缩短流通时间可以加速资本周转。其一，资本周转速度影响预付总资本量。在生产规模不变的条件下，资本周转速度越快，所需的预付资本量越少；反之，所需的预付资本量就越多。其二，资本周转速度影响年剩余价值率。一般说来，资本周转速度越快，其

---

① 马克思：《资本论》第 2 卷，人民出版社 1975 年版，第 142 页。

中可变资本的周转速度也越快，一年中同量预付可变资本便可以获得更多的剩余价值量和更高的年剩余价值率。可见，资本周转速度越快，经济效益就越大；反之，经济效益就越小。而资本周转的快慢，除了取决于固定资本和流动资本在预付资本中的构成比例以及它们各自在周转中的生产时间外，主要取决于流通时间。在其他条件一定的情况下，缩短流通时间对加速资本周转具有决定的意义。流通时间越是接近于零，资本周转的速度就越接近于它的最高值，从而经济效益就越大。

再次，马克思还论述了影响流通时间的诸因素。他认为，资本的流通时间包括出售时间，也包括购买时间。出售时间和购买时间的长短，是由多种因素决定的：（1）受市场情况，包括供求关系的状况、商品价格的涨落、消费者的购买能力以及资本家之间竞争等各种情况的影响。供应渠道是畅通还是阻塞，供应量是增大还是缩小，影响购买时间的长短；销售市场是繁荣还是萧条，需求量是增加还是减少，影响出售时间的长短。因此，要缩短流通时间，必须疏通渠道，搞活交换市场。（2）受产销距离的影响。马克思说："商品的销售市场和生产地点的距离，是使出售时间，从而使整个周转时间产生差别的一个经常性的原因。"① 一般说来，产销距离近，流通时间就短，资本周转就快；产销距离远，流通时间就长，资本周转就慢。这说明，要缩短流通时间，就需要考虑生产力的合理

---

① 马克思：《资本论》第2卷，人民出版社1975年版，第277页。

布局，尽可能缩短产销距离。（3）还受交通运输的影响。交通运输工具的发展，不仅能相对地缩短运输距离，绝对地缩短运输时间，从而缩短流通时间，减少因运输紧张而造成的商品积压，同时还可以使货币资本的流回连续不断地发生，缩短总流通时间和周转时间，从而使生产地点和销售市场的位置向着集中的方向发生移动和变迁。可见，发展交通运输事业是缩短流通时间、提高经济效益的重要途径。

马克思在《资本论》中，既阐述了缩短资本流通时间的意义，也论述了缩短流通时间的措施。只要撇开经济运动的资本主义形式，那么这里论述的基本原理对我们今天提高流通中的经济效益来说，也具有重要的现实意义。

社会主义社会的生产是存在商品生产和商品交换的社会化大生产。流通是必不可少的重要环节。如何缩短流通时间，对于我们来说仍是一个极为重要的研究课题。

但是，多年来，无论是在理论研究上，还是在经济建设的实践中，由于我们对流通的重视程度不够，以致导致了流通渠道堵塞，流通环节增加，货流不畅，资金周转缓慢，经济效益很差的恶果。当前，虽然经过近几年的努力，流通状况有了可喜的变化，但仍不能适应国民经济发展的要求。因此，有必要进一步学习《资本论》中关于缩短流通时间、加速资本周转的原理，以便尽快克服流通中的积弊，建立起合理的流通结构，开辟多种流通渠道，减少流通环节，真正形成统一的社会主义商品市场；同时要搞好市场调查研究和商品预测，大力加强交通运输工作，彻底改变流通的落后状态，提高流通领域的经济效益，发挥流通在经济建设中的积极作用。

四、在社会再生产过程中,建立合理的产业结构和协调的比例的思想

马克思在《资本论》中，阐述了社会再生产以及与之有关的若干重要原理。这些原理对于提高社会宏观经济效益具有重要的指导作用。

例如，两大部类平衡发展的思想。在《资本论》第2卷第3篇中，他集中地阐述了社会再生产理论，揭示了社会生产两大部类必须保持协调的比例关系。他认为，扩大再生产条件下的 I（v＋m）必须大于 II c，并且，"就像第 I 部类必须用它的剩余产品为第 II 部类提供追加的不变资本一样，第 II 部类也要在这个意义上为第 I 部类提供追加的可变资本。就可变资本来说当第 II 部类以必要消费资料的形式再生产它的总产品的大部分，特别是它的剩余产品的大部分时，它就既为第 I 部类又为它自己进行积累了。"[①] 这是扩大生产能够进行的条件。但两大部类的产品如要实现，其平衡条件则应该是："I（v＋m）必须＝ II c 加上再并入资本的那部分剩余产品，加上第 II 部类扩大生产所需的不变资本的追加部分"[②]，即 I（v＋m）＝

---

① 马克思:《资本论》第2卷，人民出版社1975年版，第584页。

② 马克思:《资本论》第2卷，人民出版社1975年版，第585页。

$\rm{II} c + I \triangle c + II \triangle c$。

　　马克思的上述分析表明，在社会化大生产条件下，两大部类存在着互为条件、互为市场、互相制约的内在联系，客观上要求保持一定的比例关系。维持这种平衡的比例关系，是社会再生产顺利进行的必要条件。反之，比例关系失调，社会再生产过程便会受阻而中断或萎缩，从而对社会经济产生消极的后果。

　　马克思揭示的社会再生产的一般规律，具有普遍的意义。"这一切基本原理，不仅对于资本主义社会形态是有效的，而且任何一个社会主义社会在计划国民经济时，不运用这些原理也是不行的。"①

　　长期以来，我国由于"左"的干扰，在一些时候背离了社会再生产的客观规律，片面追求高速度，忽视综合平衡，结果，造成国民经济比例严重失调和国民经济结构不合理，生产资料和消费资料生产很不适应的局面。经过近几年的调查，这种比例失调的生产结构已经有了好转。但是，不论在农轻重的结构上，还是在产品结构上，都还有大量工作要做。

　　又例如，马克思关于正确处理外延扩大再生产和内涵扩大再生产的关系的思想，也是我们当前经济建设中提高经济效益需要研究的一个重要问题。马克思指出："生产逐年扩大是由于两个原因：第一，由于投入生产的资本不

———————

　　① 斯大林：《苏联社会主义经济问题》，人民出版社1961年版，第64页。

断增长；第二，由于资本使用的效率不断提高"①。"如果生产场所扩大了，就是在外延上扩大；如果生产资料效率提高了，就是在内涵上扩大。"② 这里，马克思不仅明确地划分开外延扩大再生产和内涵扩大再生产的界限，而且点出了扩大再生产与积累的关系。不论是有积累、还是没有积累的扩大再生产，都可以通过外延的和内涵的两种方式实现。

在社会主义经济建设中，正确处理外延扩大再生产和内涵扩大再生产的关系是一个非常重要的问题。在我国奠定工业化基础的时期，扩大再生产主要靠建设新厂，采取外延扩大的形式，是必要的。但是，不分条件地把它绝对化，而忽视内涵的扩大再生产的重要作用和意义，就会带来巨大浪费。一讲扩大再生产，首先想到的是增人、增资金、增设备、增原料，上新项目，铺新摊子，而不注意发展科学技术，提高生产效率，不注意现有企业的挖潜、革新、改造，其结果必然是高积累，低效益。在这方面，我们是有深刻教训的。因此，必须正确处理外延的扩大再生产和内涵的扩大再生产的关系。今后，固然还需要新建一些必要的企业，但必须把主要着眼点和主要精力放在搞好内涵扩大再生产上，这也是必须肯定的。30 多年来，我们建设了几十万个企业，工业交通部门已有 8000 亿元资产，但生产能力远远没有发挥出来，潜力很大。只要我们

① 马克思：《马克思恩格斯全集》第 26 卷（Ⅱ），人民出版社 1979 年版，第 598 页。

② 马克思：《资本论》第 2 卷，人民出版社 1975 年版，第 192 页。

树立了正确的指导思想，千方百计地挖掘现有企业的潜力，不增加多少投资，也可以使经济效益大大提高。

再例如，马克思关于合理分配资金、正确确定投资方向的思想。他指出："有些事业在较长时间内取走劳动力和生产资料，而在这个时间内不提供任何有效用的产品；而另一些生产部门不仅在一年间不断地或者多次地取走劳动力和生产资料，而且也提供生活资料和生产资料。在社会公有的生产的基础上，必须确定前者按什么规模进行，才不致有损于后者。"① 这一原则，对于我们合理分配资金、提高投资效益具有重要的意义。

30 多年的社会主义建设实践表明，我们对这一原则是重视不够的。在资金分配和投资方向上，曾经不适当地强调优先发展重工业，特别是钢铁工业，而那些投资少、见效快的轻工业却受到不应有的忽视。结果使积累不能发挥应有的作用。资金分配不恰当、投资方向不合理是影响我国经济效益的一个重要原因。我们应该接受这个教训，切实地抓好资金分配，调整好投资方向，以期尽快地获得尽可能好的经济效果。

综上所述，我们可以看到，马克思的《资本论》中关于提高经济效益的思想不仅极其丰富，而且对我国社会主义经济建设具有重大的指导意义，为了搞好我国的社会主义经济建设，实现宏伟的战略目标，努力学习、认真领会马克思《资本论》中有关的论述是非常必要的。

---

① 马克思：《资本论》第 2 卷，人民出版社 1975 年版，第 396—397 页。

有一种意见，认为马克思的《资本论》只是揭示资本主义社会经济运动规律的，它没有提出经济效益这个概念，更没有对提高社会主义社会经济效益问题进行专门论述，因而在这方面，它对我们的社会主义建设没有什么现实意义。由上面我们谈到的事实可以看出，这种意见显然是不正确的。一是它缺乏充分的根据，二是它对实践有害。当然，我们在上面谈到的《资本论》中那些有关提高经济效益的一般原理，马克思只是在研究资本主义生产方式的范围内涉及的，因此，对于提高社会主义经济效益的问题不可能从中都找到现成的答案。我国社会主义经济建设中出现的许多新情况，提出的许多新问题，无疑是需要我们依据我国的实际情况和实践经验来研究解决的。这是时代赋予我们的任务。但是，决不能由此忽视、更不应否认马克思的《资本论》中关于提高经济效益的丰富思想和它对我国社会主义经济建设的指导意义。

我国社会主义经济建设的历史经验告诉我们：错误不能再犯，弯路不能重走。只有认真地学习和深刻领会马克思关于提高经济效益的思想，并在这一思想指导下善于总结我们经济建设的实践经验、研究解决实践中提出的提高经济效益的各种问题，我国的国民经济才能健康地顺利地发展，我们的经济建设的宏伟目标才能胜利地实现。

面向改革实践　探索经济理论[*]

——1985 年全国中青年经济改革
讨论会征文述评

一

　　由国务院经济研究中心、中国经济体制改革研究会、中宣部理论局、《红旗》杂志社、《经济日报》社联合发起的 1985 年全国中青年经济改革讨论会，从征文、选文，到举行会议，历时 4 个多月，已圆满结束。会议共收到论文 2615 篇，几经筛选，选出与会论文 125 篇。这些论文都抓住了经济体制改革中出现的新情况和新问题，在进行

　　* 1985 年，国务院经济研究中心、中国经济体制改革研究会、中宣部理论局、《红旗》杂志社、《经济日报》社联合主办了第一次全国中青年经济改革讨论会，大会采取以文与会的方式在全国 2615 篇论文的作者中遴选出 125 位作者与会。本书作者参与主持了大会论文的评选工作。本文是作者为大会秘书处撰写的对大会征文的述评，发表在《中青年经济论坛》1985 年第 3 期并收入大会论文集《改革时代的探索》，天津人民出版社 1985 年版，收入本书时对文内各部分内容加了序号。

理论分析的基础上，进行了对策研究，提出了许多颇有价值的新观点和新建议，反映了党的十二届三中全会后中青年经济理论研究的新进展。①

应征论文的内容，几乎涉及经济改革的各个方面，其中主要的有：关于所有制和搞活企业问题的 445 篇，占 17%；经济学基本理论研究的 314 篇，占 12%；价格改革的 235 篇，占 9%；管理体制改革的 209 篇，占 8%；商品生产、价值规律的 157 篇，占 6%；财政金融的 157 篇，占 6%；区域经济的 157 篇，占 6%；第三产业的 157 篇，占 6%；合理使用人才的 209 篇，占 8%；对外开放的 60 篇，占 2%；其他 500 多篇。

论文的作者，有农民、工人、厂长、经理、高校的师生、科研机构的研究人员，也有中央、地方国家机关的工作人员和领导干部。

在全国范围的中青年中围绕经济体制改革进行如此的征文活动，其内容之丰富，选题之新颖，范围之广泛，观点之鲜明，与社会主义现代化建设如此之息息相关，都是有史以来第一次。

二

从全部应征论文的情况看，具有如下一些突出特点：

---

① 党的十二届三中全会，指 1984 年 10 月举行的中国共产党第十二届中央委员会第三次全体会议，这次会议作出了《中共中央关于经济体制改革的决定》。

第一，紧密联系中国改革中出现的迫切需要解决的问题。有目共睹，我国的新经济体制，已经初露端倪。然而，社会主义事业是前所未有的事业，改革在探索中前进。我们有改革成功的坚定信心和十分把握，但却不能保证改革过程中不走一步弯路，不受一点挫折。理论工作者的责任，在于不断总结实践经验，预测改革发展的趋势，把握经济发展的脉搏，提出理论见解，以引导改革开放实践的健康发展，避免可能出现的失误，而一旦失误的苗头出现时，又能够及时地发现，提出对策，使造成的损失减少到最低程度。这次征文中的不少文章作者，就出色地做到了这一点。

1984 年下半年，我国经济在持续高速增长中，出现了一些值得重视的问题，主要是增长速度过快，社会总供求失衡，固定资产偏大，消费基金增长过快。全国一大批中青年，以极其敏锐的洞察力，及时而迅速地抓住了这些问题，并在充分调查研究的基础上，展开了深入的理论分析，提出了不少切中时弊的真知灼见。这次征文中，专门论述这一问题的文章就有几十篇，讨论会上，对当前经济形势的基本估计与对策成为争论最热烈的中心议题之一。

经济理论研究要面向经济建设的实际，在当前，尤其要想改革之所需，急改革之所急，这对理论工作者而言是带有根本方向性的问题。这次应征的论文，坚持了这一点，体现着中青年理论研究方向。

第二，坚持马克思主义的基本原理，紧密联系我国的实际，加强对策研究。科学的理论，不仅仅在于能够说明经济现象发生的原因，而更重要的是在于能够揭示经济运动的规律性，并在掌握这些规律的基础上寻求实践发展的途径和办法。这次征集的论文中，中青年们一扫过去纯理论研究的传统方法，而加强对策研究，提出若干政策建议，形成征文的鲜明特点。

例如，围绕如何促进社会总供给与总需求平衡，有的同志提出一方面采取适当紧缩政策，压缩增长速度，为改革创造良好环境，另一方面扭转零散的试点性的改革为整体协同配套改革，在条件尚不具备时，则应加强行政干预。有的同志提出要采取适当稳定的政策，保证适当积累率，短期内稳定适当的消费水平，调整产业结构与已形成的消费基金相适应，把企业放开，使其有自我调整、自我平衡的能力，给企业以利益和外部竞争的压力。也有同志提出，当前的宏观政策的重点，应是尽可能地抓住有利于增长的改革时机，综合运用财政、信贷、汇率杠杆，尽量避免增加行政干预的程度，除了要继续坚持农产品价格的双轨制以外，还必须进行有利于要素价格形成和企业行为合理化的改革，以改革求得供求平衡。围绕金融配套改革，抑制信用膨胀，有同志提出"多重存款准备，变通额度控制，余缺市场调剂，三方综合治理"的24字方针。围绕沿海地带开放与发展，有同志提出经济技术开发区建设应缩短战线，保证重点，不应照搬特区模式，沿海开放地带不能盲目追求跨阶段发展，在整个沿海开放地带实行差别政策和灵活政策。针对第三产业劳务产品价格不合理的状况，有同志提出必须改革劳务产品的低价和免费制，推行劳务产品商品化，按生产成本的平均利润定价，将"暗补"（国家补贴服务企事业）变为"明补"（直接补给消费者）。有的同志还建议按三次产业分类法设立国务院的第一产业部、第二产业部与第三产业部，等等。尽管这些建议合理与否尚须进一步论证并须经实践的检验，但就理论服务于实践，多种方案供比较选择而论，不能不说是一个良好的开端。

从与会的论文看，上述对策的提出，并非主观臆断，而大部都是建立在对我国国情的相当了解和对基本理论的一定把握上，即坚持了马克思主义基本原理同中国的实际相结合。如果有同志曾担心青年人容易背离马克思主义原理，那么，这次会议的征文则做了很好的回答。文章在分析改革中出现的问题时，在对各国经验进行比较研究时，在提出自己的观点和进行论证时，都坚持运用了马克思主义。当然，不是坚持经典作家的个别词句和在特定条件下对特殊事件做出的个别论断，而是坚持马克思主义的基本原理，例如生产关系一定要适合生产力发展的原理；社会主义即发展生产力，满足人民需要的原理；一切从实际出发，具体问题具体分析的原理等等。

第三，吸收和借鉴当今世界各国的先进理论和研究方法。正在世界范围内兴起的新技术革命，以及商品经济在世界范围的迅猛发展，对我国经济的发展是一种新的机遇和挑战。经济理论作为实践的指导，既必须要立足于本国的实际，又必须打破国家的界限，将一切揭示现代化生产规律的先进理论以及科学的研究方法统统地吸收、消化，这是摆在全体理论工作者面前的一项艰巨任务。如果说，我国过去的经济理论由于闭塞、排他等种种原因而在一定程度上存在教条、禁锢、狭隘等弊端，那么，这次征文的大部分则以崭新的面目呈现在人们面前。

从征文的内容看，显著地增加了世界各国同我国的比较分析。不仅有苏联、东欧各国同我国的比较，而且也有发达的资本主义国家以及发展中国家同我国的对比。在这些对比中，有现实的社会主义各国改革经验的对比；有各种不同社会制度国家管理经验、管理方法的对比；也有各国历史的经验教训的对比。通过这些比较，开阔视野，启发思路，既找出我们的差距，又吸取别国的长处，使中国的、外国的，现实的、历史的，一切科学的东西融为一体。欣读这些文章，使人感到耳目一新。

这次征文的中心内容是以城市为中心的经济体制改革，而这种改革是建立在我国的经济是有计划的商品经济的基本理论之上，因此，大量的文章对商品经济的一般规律以及有利于商品经济发展的措施进行了较为充分地探讨，其中包括西方国家采用的对商品经济发展进行宏观控制的财政政策、货币政策，以及各国适应商品经济发展的生产力布局、产业结构、城市为中心的经济区等实际做法和理论。在分析的基础上，着重指出了值得我们借鉴的若干要点。

就方法论而言，不少征文比较成功地运用了控制论、系统论、动态分析、数量分析等方法。例如利用系统观点，论证改革配套的必要性，论证企业领导体制改革和完善的途径；利用数量分析的方法，分析社会总供给总需求的矛盾及解决办法，论证价格、工资改革的合理界限等等。所有这些，都说明我国年青一代的思维方式、知识结构已经和正在朝着现代化的目标发生着积极的变化。

在吸收和借鉴世界各国包括资本主义发达国家的先进经验的问题上，如果说《中共中央关于经济体制改革的决定》突破了传统理论的束缚，① 指明了前进的方向，那么这次全国中青年的征文则在《决定》精神的指引下，迈出了可喜的一步。

第四，有创新，有锐气。社会主义在发展，改革在前进。经济理论不可能停留在一个水平上。一种新的观点的产生，不仅有赖于实践发展的深度和广度，而且也取决于人们认识客观经济运动过程的主观能动性。历史表明，一个新的理论的形成往往也要经过若干反复和曲折，由不完善到比较完善，由思想的火花到比较地成熟，这里，需要的是敏锐的观察，坚强的勇气，艰苦的思维，科学的方法。青年历来思想活跃，最少保守，富有勇气，这次征文也同样说明了这一点。

党的十二届三中全会刚刚开过，《决定》集中近几年来的实践经验和理论讨论之大成，将经济改革涉及的一系列重大问题做了马克思主义的概括。但是，中青年们没有就此止步，而是在《决定》精神的指导下继续探索，努

---

① 《中共中央关于经济体制改革的决定》（中国共产党第十二届中央委员会第三次全体会议 1984 年 10 月 20 日通过），人民出版社 1984 年版。

力开拓，在征文中对所有制问题、搞活企业问题、价格问题、金融问题，等等，进行了新的探讨，提出了许多很有启发的新观点。

<h2 style="text-align:center">三</h2>

征文在下述一些问题上提出了一些新的见解，发人深思：

第一，对经济形势的估计。对于 1984 年底我国经济发展中出现的超高速增长和固定资产投资偏大、消费基金增长过快的问题，大部分同志认为必须予以高度重视，尽快解决，否则，不仅将因为国民经济的重大比例关系失调而导致通货膨胀，为国民经济持续稳定增长埋下危险，而且也将破坏经济改革所需要的良好经济环境，甚至使改革无法进行。但是，除了在上述基本观点一致而具体对问题的严重程度及造成问题的原因的认识有一些分歧以外，还有一种几乎是完全相反的估计，认为我国国民经济发展中出现的问题，基本上是正常的。其主要理由是：（1）我国当前的国民经济正处于一个重要的发展阶段，这个阶段的根本特征是整个国民经济构造趋于成熟和现代化，由此导致的经济增长迅速加快，消费基金增长较快是正常的。（2）我国从 20 世纪 80 年代初期进入固定资产全面更新期。这是我国现阶段生产周期的重要标志。由于进入固定资产更新期，投资额的增长加快是不可避免的。投资增长加快，一方面通过产业关系，产生波及效果，起到进一步扩大需求的作用；另一方面通过设备的运转，而产生扩大供给效果。消费基金的增长，一方面扩大需求，另一方面增加储蓄，转化为投资来源。（3）推进我国的经济体制改革，需要良好的经济环境。良好的经济环境应当维持一定的增长势头，与此相关，也要维持一定的投资基金与消费基金的增长率。

有效的对策来源于对形势的正确估计。两种完全对立的观点并存也未必有害无益。对于后一种观点，我们可以不同意他的基本结论，但是作者在论据中提出的问题却值得认真注意。把国民经济的发展放在一个运动过程中进行历史的考察，无疑是科学的，问题的关键是我们现在处在一个什么发展阶段，这个阶段的特点和要求是什么。关于社会主义经济发展是否也存在周期，如果存在，其特点、规律是什么，它是由什么决定的，在我国以前的社会主义经济理论中很少有人触及，然而，这些问题的研究，对社会主义经济的发展可能是很有意义的。

关于在对形势进行估计的基础上提出的对策，前面已有列举，这里不必重复。需要指出的是，这些对策就一篇文章说，可能虽有可取之处，但不可能很全面，如果将全部征文所涉及的汇集起来，供决策时选择、参考，则是相当可观了。

对经济形势进行分析，采取得力措施对国民经济进行宏观调节，并非权宜之计，而是长期的任务。应该承认，我们很有一些医治国民经济重大比例失调的经验，但正常条件下对国民经济进行宏观控制则还不是很能得心应手。

因此，中青年们尚须会同老一辈经济学家和实际经济工作者一起，付出艰苦的努力。

第二，关于所有制的变革和企业活力。所有制的调整和变革直接关系到企业活力的发挥，是经济改革的一项重要内容，因此，征文中以至会议的讨论中，所有制问题成为一个热点，可以说是必然的。

问题的焦点集中在搞活全民所有制企业是否要变革所有制问题。有两种截然对立的观点，一种主张全民所有制企业的出路在于实行股份化，而股份化势必就涉及所有制的变革；另一种认为，不能在全民所有制性质上做文章，也不能过大地寄希望于股份公司，而只能从完善全民所有制去找出路。对于后者，并不鲜见，前几年的报刊已多有文章；而前者，则是《决定》发表以后提出的新问题，有必要给予足够的重视。

主张股份化的意见内部，并非完全一致，在实行股份化范围、形式上，又存在着一定差别：一种主张是，强调大中企业股份化，因为全民所有制大中企业在国民经济中具有举足轻重的地位，但与其他企业相对比，活力却较差。另一种主张是，除少数关系国计民生的大企业外，对大部分大中企业实行股份化，对小企业实行包、租、卖。在主张实行股份化的意见中，有代表性的理由是：（1）股份经济是既能适应又能极大推进商品经济发展的经济形式，是商品经济赖以建立的基础；（2）所有权和经营权的分离会导致企业长期行为和短期行为的背离，实行股份化会将所有权和经营权统一起来，有利于调动劳动者生产经营的积极性，将有利于形成企业长期行为和短期行为目标选择上的统一；（3）股份化将改变目前国家具有双重经济职能的现状，有利于宏观控制手段的选择。

　　上述理由是否充分、能否成立，有待进一步地论证，比如所有权同经营权的关系至少就有三种情况：完全分离，完全统一，既分离又统一。全民所有制内部所有权同经营权的关系究竟属于哪种，这种状况同股份化有着怎样的关系，是否只能是统一，统一是否一定要股份化，等等，就是一些十分复杂但又必须说清楚的问题。但是，股份化的问题，首先是一个实践的问题。随着经济改革的进行，我国的经济中实际上已经出现了股份的形式，而且已初步显示出有利于真正政企分开，打破部分分割、条块分割的实际效果。从这样的定义上来认识，在一定范围的全民所有制企业中实行股份化，搞得好了或许是搞活企业的新出路。当然，绝对肯定（或绝对否定）的结论恐怕为时尚早，我们的责任是要及时地捕捉改革中出现的新问题，观察它，分析它，诱导它，看准了以后就坚决地支持它。

　　围绕搞活企业提出的另一个问题是关于企业破产法。有的同志文章中明确指出，破产法是保证企业等价交换、平等竞争的前提，是打破企业吃国家"大锅饭"和改变企业行为短期性的关键，也是经济杠杆发挥作用的前提。企业破产法的实行将有利于企业短期行为与长期行为的有机结合，有利于企业活力与宏观控制的有机结合，有利于微观效益与宏观效益的统一。总之在我国建立破产法，对于企业行为的端正和市场机制的完备具有重要的意义。

制定和实行企业破产法，是一个值得重视的问题，过去把破产法视为资本主义的专利品，看来需要重新认识。现在恐怕不是要不要实行破产法的问题，而应该加强研究、制定符合中国实际情况的企业破产法，使其在社会主义商品经济的发展中发挥充分的作用。

第三，关于价格问题。价格问题是改革成败的关键，十分敏感，因此大家一致的看法是价格改革既要坚定不移，又要慎重初战。

如果说，对理论价格的探讨，围绕是生产价格还是双轨或多轨价争论不休，构成过去理论界对价格问题讨论的一个特点，那么这次征文中，有不少作者提出了社会主义也应重视均衡价格。这些同志认为，均衡价格虽属资产阶级经济学家所首先提出，而又为资本主义社会当做普遍的定价原则，但它却不是资本主义经济的特有范畴，在商品经济的条件下，均衡价格的作用是不能消除的。有同志甚至认为总量均衡价格与生产价格具有一致性。

这是一个值得研究的问题。究竟怎样评价均衡价格，有待进一步展开讨论，但下述一些论点是不可忽视的：（1）价格是价值的货币表现，因此，价格离不开交换，离不开市场。（2）价格归根结底是由价值（或价值的转化形态）决定的，但价值同价格是有区别的。（3）供求关系对价格的作用是不可低估的。如果这些论点能够成立，那么均衡价格内存着合理因素，也就是显而易见的。

均衡价格是否具有合理性问题的提出并非仅是一个学

术问题，它也涉及价格改革的理论基础。综观世界上一些社会主义国家价格改革的模式，基本上有两种，一种是以测算理论价格为依据，进行价格调整和改革；一种是充分发挥市场供求的作用，放调结合，以促进价格体系的合理性。我国价格改革以哪种思路为宜应该慎重选择，为了最优方案的拟订，提供多种方案以供比较，是有意义的。据此，均衡价格在社会主义条件下的作用的提出，应该予以重视。

价格问题的另一个侧重点是对"七五"时期价格改革的设想。比较一致的意见是，在价格改革初战获胜的情况下，宜选择适当时机，于"七五"期间进行价格改革的战略决战。不少同志提出，"七五"期间应从建立计划指导下充分运用价值规律的价格模式为目标，进行较大范围的放和较大幅度地调。大放意味着绝大部分生活消费品和相当一部分生产资料价格要放开，大调意味着国家控制的生产资料价格要相应地作大的调整。关于战略决战的突破口，有同志主张先从能源、初级工业品入手，利用价格机制改变目前加工工业增长快于能源、基础原料增长速度问题，抑制消费膨胀。另有同志主张，必须从消费资料最终产品入手，因为只有与消费者发生直接关系的价格，才能提供正确的需求信号，以此为生产资料价格改革提供信息，带动生产资料的价格改革。另外，大多数同志还提出，即使在价格改革迈大步的战略决战中，也应该控制价格总水平，尤其是市场零售物价水平，以避免引起通货膨胀。

提出"七五"期间价格改革的设想供决策时进行参考，无疑是件好事，具有重要意义。当然，这些设想尚处于不成熟阶段，有必要进一步地研究、论证和完善。

第四，关于金融问题。控制货币发行量是对国民经济进行宏观管理的重要措施，金融体制是整个体制的一个重要方面，因此，这次征文中，金融体制的改革成为重要的论题之一。

我国原有的金融体制弊端甚多，特别去年年底暴露出的问题更为严重，这是大家公认的，但具体怎样改革，思路不尽相同。一些同志从金融体制自身状态出发，针对金融体制的各种弊端，提出改革方案，如银行实行企业化等。另一些同志则把金融改革置于整个经济体制改革中去考虑，依据经济体制改革对金融改革的要求，提出配套改革方案。从系统论的观点出发，考虑实际的需要，后者显然更为可取。

要提出一个完整的切实可行的金融体制配套改革方案，决非一件轻而易举的事情，但这并不排斥我们应该踏踏实实地努力。这次征文中，有同志著文首先对我国金融体制的现状进行分析，指出现有的金融体制是缺乏灵活性的"条块"相叠式的组织结构，是缺乏弹性的、封闭型的、缺乏横向联系高度垄断的业务体制，是不讲经济核算带有浓厚的小生产管理色彩的统收统支制度，这种体制排斥市场机制，割裂横向联系，极不适应经济发展的需要。在此基础上，又分析了计划体制、价格体制、财政体制改革对金融体制改革提出的要求。最后提出，理顺金融关系的起步点是：改革银行计划体制，建立以多重存款准备金制和贴现、再贴现制为中心的信贷控制机制；金融改革大致分三个阶段进行，第一阶段主要解决控制宏观经济的金融工具问题，可相应采取控制较紧的货币政策，第二阶段在宏观方面进一步完善金融控制力，同时初步推开微观中的金融配套改革，可采取控制较松的货币政策，第三阶段主要围绕银行经营企业化与建立金融市场为中心进行，可以控制较紧的政策为主。并提出，改革不宜全面推开，先控后放，控一点放一点；信贷总承包合同制是建立新的金融关系的中心环节应争取先选点试验；信贷控制的重点应放在结构控制上，在结构不失控的条件下，再研究互量控制；在消费基金增加过快的情况下，应采取短期计划控制的对策，主要对现金计划控制，同时发行银行本票、个人支票等形式的金融资产，也可使存款升值，以便稳住市场购买力；对基建投资规模过大，一方面采取中长期计划控制的对策，一方面稳住短期的信贷规模，着重于结构调整，以便使经济中的长短线拉平等建议。也有同志著文建议试行国家建设资金有偿征用制度、建立财政——金融连动体制。还有同志著文主张人民币汇价要由盯住制改为弹性汇率制，并提出具体实施方案。所有这些建议和方案，都反映出作者对金融体制研究的深度，具有一定的参考价值。

在提出并论证上述问题的同时，征文中还对工资改革和工资总额的控制，对外开放与区域开发，发展第三产业等问题提出了颇有见地的好意见。比如在工资总额的控制上，有同志提出要完善市场竞争机制，强化企业预算约束，完善国家的宏观管理，尤其要充分利用税收杠杆，如奖金税、个人所得税等控制消费基金的过快增长，等等。

如果说上述问题都是经济改革当务之急的一些理论和实践问题，那么征文对于经济发展战略，政治经济学的变革等问题的研究和探讨则具有长远的、根本的性质。有同志著文在总结历史经验分析我国国情的基础上，提出我国经济发展战略应该是，从满足人民的基本生活需要出发，安排生活资料和生产资料生产，确定优势产业（建筑业、建材业、食品工业、服装行业等）和产业结构，从而带动整个国民经济的协调发展。并提出，从"七五"计划开始，安排经济发展的顺序应该先定人民生活的消费指标，吃、穿、住、用、行以及文教、卫生等社会服务达到什么水平，然后推算工农业各部门的生产指标，最后确定产值、速度。在资金分配上，先定人民生活水平提高幅度，再定企业改造资金，最后安排基本建设投资等实现战略的途径和方法。对于政治经济学（社会主义部分）的改革，有同志提出必须从我国特定的国情出发去探求为经济建设服务的理论，研究的重点应是运行机制而不是规律体系，要寻求一个能够实现的社会主义可行模式等。这些可贵的探讨对于社会主义经济理论的发展，对于经济改革的进行，都将产生一定的推动作用。

总之，这次讨论会征文所论及的问题，无论广度还是深度，都达到了较高的水平，标志着我国中青年经济科学工作者作为一股重要的富有锐气的力量正在党的关怀和老一代经济学家的支持帮助下迅速崛起，茁壮成长。

四

必须指出的是，这次征文也反映出一些中青年们在今后的发展中必须注意的问题，主要是：第一，无论是在对实践的深刻了解上，还是在对基本理论的掌握上，都必须下苦功夫。一种科学的理论的产生，一方面必须有充分的实践经验做基础，另一方面必须有扎扎实实的理论研究的基本功。青年思想解放、反应敏锐，无疑十分可贵，但如果缺乏对实践的了解和对马克思主义基本原理的掌握，也难免由于根基不牢，以至一事无成。这次征文中有的文章，看得出来作者满腔热情，但论述却不甚了了，问题提出来，未得到说明，观点提出来，或论证苍白无力，或违反一般常识难以成立。这些都说明，须要在一些基本点上下苦功。科学研究不是赌博，任何侥幸心理只能失败，不会成功，"只有不畏劳苦沿着陡峭山路攀登的人，才有希望达到光辉的顶点。"

第二，一定要坚持从我国的实际出发。中国的经济改革有赖于科学的理论，这种理论只能在中国土壤中产生。我们要坚定不移在吸收世界各国理论中的合理成分，但吸收必须消化，目的在于应用。过去对外国的理论特别是资产阶级的经济理论，或视为洪水猛兽，一概排斥，或生吞活剥，照抄照转，吃的苦头够多了，我们决不可重蹈覆辙。这次征文中的个别文章也似有将一些国外理论、术语不加消化不加分析照样搬来的倾向，必须引起足够的注意，不了解中国的过去和现在，不同中国的实际相结合，再好的理论也难以取得预期的成功。

指出这些不足，决非否定这次征文活动的成功，相反，意欲提醒大家在成绩面前保持清醒的头脑，取得更大的进步。

《改革时代的探索》跟大家见面，这是这次征文活动成果的一部分。收入的 31 篇文章，虽不都是佼佼者，但或论点，或论据，或论证，都有一些独到之处。其余若干篇优秀论文，也将以不同方式发表出来，欢迎读者多提宝贵意见。

愿 1985 年全国中青年经济改革讨论会征文活动成为中青年们为改革出策献力的新起点。

论社会主义生产资料
所有制的本质、形式及改革[*]

　　以城市为中心的经济体制改革的深入发展，遇到了所有制问题，社会主义经济理论的进一步突破，也遇到了所有制问题，无论从理论的角度还是从实践的角度说，认真地研究所有制问题特别是研究社会主义所有制的本质、形式及其改革的方向，对于发展社会主义经济理论，推动社会主义改革和建设的发展，都具有十分重要的意义。

一

　　科学社会主义的创始人对于社会主义社会所有制赋予的含义，就基本点说可概括为下述的公式，即社会主义所有制＝公有制，公有制即全社会占有生产资料。这种概括之与现实中的社会主义社会经济关系不相吻合，已为多国

---

　　* 本文发表于《南开经济研究所季刊》1987 年第 3 期。

家实践所证明。因而出现了社会主义所有制理论的如下探索和突破：第一，社会主义公有制不仅有全民所有制即全社会占有生产资料，而且有集体所有制；第二，社会主义社会在一定时期内，不仅存在公有制，而且也有其他多种经济成分；第三，在社会主义公有制采取国家所有制条件下，所有权同经营权可以适当分离。这些认识虽然标志着人们对社会主义所有制认识的进步，但仍然都是从生产关系的角度来把握的。而从社会主义实践情况看，必须从生产力与生产关系的联系上进一步探索社会主义生产资料所有制的真正含义。

社会主义所有制作为私有制的对立物，最本质的特征是"剥夺者被剥夺"，生产资料回到劳动者手中，成为为劳动者自己、为社会整体谋利益的手段，从而把被扼杀了的劳动者的积极性焕发出来，成为推动社会发展的根本动力。正是从这样的意义上，马克思恩格斯在《共产党宣言》中指出：共产党人特别强调所有制问题，"共产党人可以用一句话把自己的理论概括起来：消灭私有制"。①

但是，社会主义所有制除了劳动者所有的本质特征以外，还有另外一种属性，即共有制。如果说劳动者所有更多的是体现了社会主义所有制的生产关系属性，那么共有的含义则体现了生产关系和生产力的统一。

以动态的观点考察，生产力的天然属性是运动，即使

---

① 马克思恩格斯：《马克思恩格斯选集》第 1 卷，人民出版社 1972 年版，第265 页。

在生产资料私有制的条件下，仍然有一个从低水平向高水平发展的过程。随着生产力的发展达到一定的程度，分散的、单个的手工业生产要渐次为分工协作的作坊、工场、机器生产的工厂所代替。生产力越发展，生产的社会化程度就越高，社会生产之间的联系将越紧密，生产力越要求作为社会的生产力被对待。与这个生产力发展的客观过程相伴发生的是生产资料由单个的私有变为在一定范围的共有。生产力与生产资料所有制这种相互联系的运动的必然性并不因为社会的形式而改变，所改变的只是所有者主体和共有范围大小的极限。

在资本主义社会中，虽然生产资料归资本家所有，但适应生产力发展的要求，资本家所有也可以采取几个、几十个、甚至更多的资本家共有的形式。马克思曾经敏锐地发现了这种形式，并给予了中肯的分析，指出："那种本身建立在社会生产方式的基础上并以生产资料和劳动力的社会集中为前提的资本，在这里直接取得了社会资本（即那些直接联合起来的个人的资本）的形式，而与私人资本相对立，并且它的企业也表现为社会企业，而与私人企业相对立。"① 他认为，这种形式（具体说是资本主义的股份企业）"应当被看做是由资本主义生产方式转化为联合的生产方式的过渡形式"。② 社会主义生产资料所有制，适应生产力发展的要求，也要采取共有的形式，这一

---

① 马克思：《资本论》第3卷，人民出版社1975年版，第493页。
② 马克思：《资本论》第3卷，人民出版社1975年版，第498页。

点与资本主义社会并无根本的区别，只是因为资本主义的共有"是作为私人财产的资本在资本主义生产方式本身范围内的扬弃。"① 归根结底是资本家所有，而社会主义的共有归根结底是属劳动者所有，才使二者在质上区别了开来。所以，共有制并不是社会主义生产资料所有制的特性，而是所有制直接体现生产力属性的一般规定。

基于上述分析，我们可以给社会主义生产资料所有制下一个简短的定义：社会主义所有制即劳动者的所有制＋一定范围的共有制。前者体现社会主义经济关系的本质，是社会主义区别于其他社会的质的规定性；后者体现社会主义生产力的发展程度，是社会主义成熟程度的表现。搞社会主义，劳动者所有制是必须坚持的，至于劳动者所有的生产资料宜在多大的范围内共同占有支配和使用，唯一的标准是看生产力的发展要求是什么。根据生产力发展的状况，劳动者占有支配使用生产资料的范围即生产资料共有的范围可大可小，而且大小有多种组合形式。小至几十人，大至整个国家、社会，同一个国家中，可以同时具有不同范围的共有制。一般地说，社会主义所有制的本质并不因为劳动者对生产资料占有的范围而改变。

这样的定义的科学之处在于：第一，它是从现实的社会主义所有制关系中抽象出来的，因而更加符合现阶段社会主义的实际。

把社会主义所有制规定为一切生产资料归全社会占有

---

① 马克思：《资本论》第 3 卷，人民出版社 1975 年版，第 493 页。

的理论是建立在社会主义是在发达的资本主义基础上诞生的假设之上的。但历史的进程由于种种错综复杂的原因没能按照预想的轨道前进，一些生产力发展水平相对较低，甚至连资本主义社会尚未进入的国家取得了社会主义革命的胜利并且开始了社会主义建设。对于传统所有制理论的重新认识，应该而且必须从这样的基本事实开始。按照常识，把生产资料夺回到自己手中的劳动者（其代表是国家），应该从实际的生产力状况出发，建立社会主义的所有制，以适应并促进生产力的发展。既然生产力水平不高是既成事实，那么为什么仍要坚持"大而公"的所有制模式而一成不变呢！

当然，由此便会触及另外一个更为深刻的问题，即社会主义经济制度的建立能否跨越资本主义阶段？这与其说是一个理论问题，倒不如说是一个实践问题。如果完全按照经典作家设想的那样，社会主义要在高度发达的资本主义国家建立，而且一旦建立就要全社会占有一切生产资料，恐怕世界上到现在也还不会出现社会主义。但事实上早在几十年前，世界上就出现了许多社会主义国家。这种按照传统理论看来似乎是不合乎逻辑的历史现象，如果按照本文对公有制的理解，那么社会主义可以跨越资本主义阶段而建立，甚至在生产力不发达的国家内建立社会主义制度，开始社会主义建设，也并不是例外而是合乎规律的。因为在全社会建立起劳动者所有制就标志着基本上开始了社会主义经济制度，而劳动者所有制的建立并不一定要以生产力的高度发展为充分必要条件。即使在生产力发展不高，经济发展十分落后的情况下，只要生产力中最活跃的因素劳动者的利益得不到实现，积极性受到严重挫伤，生产关系与生产力的矛盾突出，加上其他的一些条件，建立劳动者所有制的革命仍然可以发生，社会主义经济制度仍然可以建立。

第二，它更加准确地反映了生产资料社会主义所有制的意义。

为什么要建立社会主义所有制？从共有的角度说，社会主义所有制的建立是为了适应生产力发展的要求，从而保护并促进生产力的发展。生产力的发展，要求冲破生产资料私有制的分割，以便能够自觉建立生产需要的协调比例，社会主义所有制的建立适应这种要求，因而与生产力发展的方向是一致的。从劳动者在生产中的地位的角度说，社会主义所有制的建立，为劳动者的主权奠定基础。奴隶、封建、资本主义私有制条件下，劳动者都是被奴役、被压迫、被剥削的，劳动者只能被迫地进行劳动，而不可能是生产的主人。只有在实现了劳动者占有生产资料的社会主义条件下，劳动者才真正成为主人，按照自己的意志支配使用生产资料，达到预定的目的。

上述这一切，归根结底，社会主义所有制的意义在于实现劳动者的经济利益。任何生产资料所有制的意义都在于所有者凭借对生产资料的所有权获得某种经济利益或收入，如果失去这种经济意义，那么，所有制的意义就等于零。生产资料社会主义所有制，无论是适应生产力的发展，还是确认劳动者的主人翁地位，最终都可归结为，为劳动者带来经济利益，这是社会主义所有制的根本意义所在，也是社会主义所有制的本质特征。

二

如果上述理解得以成立，那么对于社会主义生产资料所有制的形式及当前正在进行的所有制改革就需要而且可以进行新的探索。

按照本文的立论，社会主义所有制的形式决定于两个因素：一是必须适合生产力发展水平的要求；二是必须反映生产资料归劳动者所有的经济本质。前者对于任何社会的所有制都是同样起作用的，只是在社会主义条件下才成为可能，变为现实；后者是社会主义特有的。上述两个因素对所有制形式的决定作用是一种客观强制的力量，忽视不得，违背不得。

从世界上现有的社会主义国家看，建国初期除了生产力水平不高的共性之外，还有一个共同特点是生产力水平呈现多种层次，手工劳动、机器生产、自动化程度较高分工较发达的生产都同时并存。我国的情况更是如此。由生产力发展多层次的状况所决定，社会主义所有制的形式必然是多样的。但是，无论什么形式，生产资料归劳动者所有的经济本质必须坚持，否则，就不是社会主义的生产资料所有制，而是其他性质的所有制了。

这样就可以推出两条结论：一是在坚持劳动者所有的前提下，社会主义社会所有制的形式可以是劳动者个体的，也可以是在不同范围、不同规模上由劳动者共同占有、支配和使用的，按照传统的理论即集体的或全民的，关键要看怎样的形式更符合生产力的发展。二是无论什么样的所有制形式必须确实保证劳动者所有权的实现，即要保证劳动者凭借自己对生产资料的所有取得相应的经济利益。这是社会主义社会所有制的两条基本原则。

以这两条原则分析我国原有的所有制形式，则可以明显地发现存在两个方面的问题：一方面脱离我国生产力发展水平的实际，在劳动者所占有支配使用生产资料的范围和规模上追求大而公，造成不该全民所有的全民所有了，名曰集体的也按全民的原则办事了，个体的则被取消了。另一方面，在一些全民所有制的企业里，劳动者的主权不能保证，劳动者的利益不能充分实现，从而使全民所有制不能充分地反映出劳动者的实质。

针对存在的问题，我国所有制改革的基本方向应是：调整所有制结构，建立适当的所有制形式，使劳动者所有、占有、支配、使用生产资料的规模和范围同生产力发展的状况相适应；改革公有制内部关系，使其能真正体现劳动者占有生产资料的本质，促进生产力的发展，实现劳动者的利益。

按照这样的方向，对于我国原有的所有制至少应进行如下一些改革：

第一，要正确认识和对待社会主义条件下的个体经济。长期以来，我们对个体经济是鄙视的、限制的，有时甚至把个体经济混同于资本主义私有制经济。近几年来，认识有了改变，认为个体经济是社会主义经济的有益补充，这无疑是一个进步。

重要的问题在于，必须区分个体经济与私有制经济。个体经济是指个人劳动的经济。私有制经济是指生产资料归私人所有并凭借生产资料的所有无偿占有他人劳动产品或剩余价值的经济。因为社会主义条件下个体经济中归劳动者个人所有的生产资料是进行生产的条件而不是借以占有他人剩余劳动产品或剩余价值的手段，因而同奴隶主、封建主、资本家占有生产资料的私有制是根本不同的。从劳动者占有生产资料这一根本点以及个体经济所处的经济环境看，现阶段社会主义条件下的个体经济是社会主义社会所有制结构中不可缺少的形式之一。

这就产生了一个如何认识在个体经济基础上能不能建成社会主义的问题。列宁曾讲过，在分散的小私有制生产基础上是不能建成社会主义的。列宁的观点并没有错。从理论上说，成熟的社会主义就是要有高度发达的生产力，而个体经济与高度发达的生产力肯定是不相适应的。但是，"建成"与"开始建设"是两个不同的概念，成熟的社会主义与发展中的社会主义也是有区别的。建成成熟的社会主义不能停留在劳动者的个人所有制上，而必须建立劳动者的共有制即公有制。但由于现实中的社会主义一般都是在生产力发展水平较低的基础上建立起来的，所以在个体经济基础上开始建设社会主义是可能的，甚至是必须的。正是在这样的意义上，我们才将现阶段的社会主义称为处在初级阶段的发展中的社会主义。

由此看来，对个体经济不必人为地再去限制它或拔高它，而应该给予应有的肯定并采取正确的政策引导其健康地发展。当然，这并非说发展个体经济是社会主义的方向，作为方向还是最终要建立劳动者的全社会范围内的共有制，但这将是一个较为漫长的过程，其步骤和方法只能根据生产力的发展状况来决定。

第二，关键是要改革全民所有制。全民所有制的改革，归纳起来集中到两点：一是不该实行全民所有制的坚决从全民所有制退下来；二是必须实行全民所有制的要改革管理体制，提高经济效益，确实发挥出劳动者在全社会占有生产资料的优越性。

按照我国生产力发展的实际情况，我国原有的全民所有制显然失之范围过大，对大量的没有必要或者虽有必要但目前没有现实可能实行全民所有制的企业应该退回到劳动者的集体所有制，即劳动者局部范围的共有制。至于是通过出卖、租赁，还是股份制的途径完成这一所有制退格的过程，无碍问题的实质，可根据不同情况予以选择。

对于必须实行全民所有制的企业主要是那些生产力水平和社会化程度都相当高而又关系国家经济命脉的银行、铁路、邮电、矿山等大型企业，一定要坚持全民所有制，这些企业数目虽少，但举足轻重，是国民经济赖以正常运转的骨干和栋梁。这些企业体制的改革是所有制改革真正的难点。最近不少同志主张以股份制作为这些企业所有制改革的方向，虽然值得重视，但股份制所造就的实际上是一种新型的集团所有制或称企业所有制，对于前述的大部分国营企业退格到集体所有制是一条可供选择的思路，但对真正应该坚持全民所有制的企业来说，只此一条恐怕是不够的。

全民所有制就是全体劳动者在全社会范围内（全国）所占有支配使用生产资料的所有制。它的基本要求不是全体劳动者直接支配使用生产资料，而是要适应社会化生产的要求，将生产力作为全社会生产力对待，以保证社会化生产不因生产资料的局部范围所有而受到抑制。它的劳动者所有的经济本质不是通过个别劳动者或部分劳动者获取经济利益实现的，而是通过劳动者作为整体在宏观上获取经济利益实现的。

认识全民所有制的这一特点非常重要，由此可得到两点认识：（1）全民所有制企业中所有权同经营权压根儿就是要适当分离的，但企业在行使经营权时要以服从生产力发展的要求为前提；（2）全民所有制企业的经营方向要符合全体人民利益的要求，要保证有好的经济效益，以满足人民经济利益的需要。

这就从根本上否定了试图把所有权同经营权的统一作为全民所有制企业改革理论基础的思路。有人主张要把所有权同经营权在企业这里统一起来，使企业的劳动者成为真正的生产资料的所有者，似乎只有这样才能解决全民所有制企业存在的弊端，这是值得商榷的。其一，这是违背全民所有制的本质要求的。企业的劳动者是全民的一部分，但局部不等于全体，把必须保持全民所有的生产资料变为企业劳动者所有，这就等于取消了全民所有制。其二，这是违背生产力发展要求的。全民所有制之所以必要，就是因为它使生产资料成为社会的生产资料，从而保证了生产力作为社会的生产力，失去了全民所有制，生产力发展的社会性就将受到限制。其三，全民所有制主要是为全体劳动者的整体利益提供保证。企业劳动者物质利益的直接获取，全民所有的生产资料提供给的应仅仅是极小的一部分，而最主要的是靠自己作为集体中的一员劳动获得的。企业劳动者积极性的调动，是靠对企业经营决策的民主权力和从企业经营中获取经济利益，而这两点就是企业劳动者作为全民一分子占有生产资料的权利。

　　鉴于上述，全民所有制的改革除了"退格"之外，就实质上说，是在所有权与经营权适当分离的基础上，国家代表全民对企业实行经营责任制，以明确经营者的地位和经营者与所有者之间的利益分配关系。至于是实行什么形式的经营责任制，宜通过实践经验的总结，区别不同企业进行选择。

　　第三，要改革集体所有制。原来的集体所有制，实际是行政机关的附属物，是缩小了规模的国家所有制，名不符实。通过所有制改革，一部分全民所有制企业将转为集体企业，在今后相当长的时间内，从企业的数量上说，集体所有制将成为我国所有制形式的主体。因此，集体所有制的改革具有重要意义。

　　改革首先要发展多种集体所有制形式。劳动者的合作经济、经济联合体、股份经济、集团经济，以及"苏南模式"、"晋江模式"等等都是集体经济，只要是劳动者在局部范围内联合而成的生产资料共有制，无论其规模大小，都应看做是集体所有制，都应该给予支持，促进其发展。

集体所有制企业，无论其内部构造如何，规模大小，都应该从行政的隶属关系中解脱出来，成为独立的经济实体，成为自主经营、自负盈亏的商品生产者。生产资料的所有权与经营权在集体所有制企业中应该得到统一。国家对于这些企业主要靠指导性计划利用经济手段、经济杠杆进行管理，而经济手段、经济杠杆的运用，往往借助于经济政策的形式，所以，集体所有制企业在国家的法律、政策允许的范围内，应该放开手脚进行生产和经营，以发挥生产资料所有权与经营权直接结合的优势。

总之，按照本文的认识，改革后的我国社会主义生产资料所有制的大致轮廓是：实行多种经营责任制的全民所有制少而精（仍然紧紧控制国家的经济命脉），实行自主经营自负盈亏的集体企业多而活，个体经济遍布生产力水平较低的农村和城市手工业及服务业。从整体上看，社会主义生产资料的所有制是一个公有制为主体的多种经济成分、多种组织形式的混合体。

论国家所有制改革的
原则和基本思路[*]

国家所有制不是一种永恒的社会主义生产资料公有制形式，但在国家存在的相当长的历史时期内，它的存在、完善和发展是必要的和重要的。对此，理论界有争议，但这里不予评论，而是把它作为既定的前提。① 从这一前提出发，本文拟阐明国家所有制的实质，探索改革的原则和途径，其目的旨在促进国家所有制的完善和发展。

---

　　* 本文发表于《南开经济研究》1987 年第 3 期，《新华文摘》1987 年第 9 期全文转载。

　　① 关于国家所有制存在的必要性，在理论界有两种相反的观点：一种观点认为社会主义公有制是社会所有制而不应该是国家所有制；另一种观点认为从一些社会主义国家建立的基础看，国家所有制是历史形成的，有其存在的客观必然性。作者赞成后一种观点，特别是从我国社会主义经济基础建立过程和新中国建立以后国家所有制发挥的作用看，国家所有制的存在和作用是不能否定的。

一、国家所有制的实质及改革的原则

目前，理论界对于国家所有制的改革已经提出了多种主张：租赁、承包、拍卖、股份制、资产经营责任制等等。无疑，这些主张都可以通过试点，在实践中予以检验、比较、完善和发展。但是，在理论上明确国家所有制的实质，并在此基础上确立实行国家所有制必须坚持的原则，对于保证改革的健康发展，具有重要的意义。

国家所有制作为社会主义公有制的一种形式，其实质是什么？我认为，首先是生产资料的劳动者所有制，社会主义之前的所有阶级社会都是生产资料的私有制，这些私有制就本质上说是非劳动者所有制。劳动是人类社会中最崇高、最神圣的活动，是人类生活的第一个基本条件，劳动不仅创造了人类社会，而且创造了社会财富，推动了历史的发展。因此，劳动者是创造历史的真正的主人。然而，在私有制社会中，由于生产资料不归劳动者而归剥削者所有，所以劳动者的劳动成果被生产资料的所有者无偿占有，其后果是扼杀了劳动者的积极性，从而把生产力最活跃最革命的因素窒息了。这是一切生产资料私有制最终都成为生产力发展桎梏的最根本原因。社会主义的国家所有制作为私有制的对立物，最本质的特征是"剥夺者被剥夺"，生产资料回到劳动者手中，成为归劳动者自己所有、为劳动者整体谋利益的手段，从而把被扼杀了的劳动者的积极性焕发了出来，成为推动社会发展的根本动力。

因此可见，社会主义国家所有制就其实质上说是生产资料归劳动者所有。

当然，这里说的归劳动者所有，不是一般意义上的劳动者所有制，而是由国家代表劳动者整体利益和意志、在全社会范围内按照社会化生产的要求来发挥生产资料作用的劳动者所有制，即劳动者在国家范围内的共有制。在社会生产方式中，生产资料所有制的形式是由生产力的发展状况所决定的。生产资料归劳动者所有，使社会主义生产资料具有区别于一切私有制的质的规定性，但是生产资料要在多大范围内归劳动者共同所有，则取决于生产力的发展状况。在社会主义国家，生产社会化程度有了相当发展，标志先进生产力的机器大生产实行于国民经济的一些重要部门，在这样的情况下，建立国家所有制，由国家以社会中心的身份代表全体劳动者占有生产资料，组织社会生产和经济活动，使生产力作为社会的生产力得以发展，就是完全必要的。所以社会主义国家所有制，就范围说是在全国范围的生产资料公有制。由上述分析，我们可以给社会主义国家所有制下一个定义，即劳动者在全国范围的共有制。它是社会主义公有制的一种重要形式。

基于对国家所有制实质的这种认识，我认为改革国家所有制必须坚持以下几条原则：

第一，利益原则，即社会主义国家所有制必须为全体劳动者谋利益。任何生产资料所有制的意义都在于所有者凭借对生产资源的所有权获得某种经济利益或收入，如果失去这种经济意义，那么所有制的意义就等于零。社会主义国家所有制更应该为全体劳动者带来经济利益，这是社会主义所有制的根本意义所在，也是社会主义所有制的本质特征。

第二，与利益原则相联系的效益。只有取得好的经济效益，才能满足劳动者的需要，才能体现出国家所有制的意义。从实践看，社会主义国家所有制确实存在效益不高的问题，甚至当我们发现了这些问题并自觉予以克服，但仍不尽如人意。由此有一种意见就否定国家所有制，认为国家所有制是产生这些弊端的根源。其实这是一种误解。国家所有制作为社会主义阶段的公有制形式之一，适应生产力发展的较高水平，有利于在全国范围内统一安排生产力，有利于国民经济的宏观管理，因而为取得好的经济效益奠定了基础。国有制经济中出现的种种弊端，并不是国家所有制所固有的，而是建立在产品经济、自然经济基础上的错误指导思想、僵化管理体制的产物，而这些问题如果得以克服，国家所有制经济是完全可以获得好的经济效益的。因此，对国家所有制不是要否定或取消，而是要通过改革予以完善和发展。

第三，民主原则。既然国家所有制归根结底是劳动者所有制，其基本要求是为劳动者谋利益，那么在生产中乃至整个经济的管理中，充分地发扬民主，就是国家所有制改革必须坚持的一条重要的原则。这是保证劳动人民广泛地积极地参与社会生活的各个领域、克服原有的种种弊端、避免许多失误的重要保证。民主的实质在于劳动者享有对生产资料的占有权、支配权和使用权，而这些权利在现代生产中又往往要通过代表人物去实施，所以坚持民主原则最重要的是要使劳动者拥有对经济决策者和管理者的民主选举的权利以及监督他们活动的权利。只有通过不断地发展社会主义民主，国家所有制的改革才能不断前进。

第四，适合生产力实际水平的原则。国家所有制建立的必要性及其优越性的发挥是以适应生产力发展状况为前提的，不是任何什么情况都会促进生产的发展。从实践中的社会主义看，特别是我国的实际情况表明，生产力的发展状况是呈现多层次状态，而且在地区、部门之间是参差不齐的，由此就决定了在我国不能只有国家所有制一种形式，而必须有多种经济成分。这样就提出了一个问题，即国家所有制的范围，在国民经济中的比重究竟以多大为宜，这是在对原有的国家所有制进行改革中不可回避的问题。而对这一问题的认识和解决，只能从我国生产力发展的实际状况以及由此而决定的实际可能出发。

二、国家所有制改革的基本思路

基于上述分析，国家所有制的改革应该集中到两个方面：一方面是不该实行国家所有制的，要从国家所有制退下来；另一方面是必须实行国家所有制的，要改革管理体制，提高经济效益，确实发挥出劳动者在全社会占有生产资料的优越性。

关于第一个方面，道理是明显的，既然所有制形式应该适合生产力的发展状况，那么对于那些社会程度不是很高，没有必要或者虽有必要但目前没有现实可能实行全民所有制的企业，特别是大量的小型国营企业、服务业企业，应该退回到劳动者集体所有制，即劳动者局部范围的共有制。至于是通过出卖、租赁还是股份制的途径完成这一过程，无碍问题的实质，可根据不同情况予以选择。对此，不少文章已有论述，这里恕不重复，但需要特别提出的一点不同看法是，我主张国营小企业宜出卖给劳动者集体而不宜卖给个人。理由有三条：一是这些国营小企业中，虽然生产力水平不很高，但并不是低到非个体经营不可的程度；二是从个体经济的发展趋势看，随着生产规模的扩大和生产力水平的提高，要么劳动者联合，走集体道路，要么雇工，按资本主义方式经营，在社会主义条件下，应该倡导前者；三是随着收入差别的扩大，作为所有者的个人同企业劳动者的矛盾势不可免，而这种矛盾对生产力的阻碍作用是有前车之鉴的。所以那种把国营企业卖给个人的主张是很值得商榷的。

问题的关键是另一方面。对于必须实行国家所有制的企业，主要是那些生产力水平和社会化程度都相当高，而又关系国家经济命脉的银行、铁路、邮电、矿山等大中型企业，一定要坚持国家所有制。这些企业数目虽少，但举足轻重，是国民经济赖以正常运转的骨干和栋梁。这些企业体制的改革是所有制改革真正的难点。近一两年来，不少同志主张股份制作为这些企业所有制改革的方向，这虽然值得重视，但股份制是扩大筹集资金的一种经营机制，它所造就的实际上是一种新型的集团所有制或称企业所有制，对于前述国营企业退格到集体所有制是一条可供选择的思路，但对真正应该坚持国家所有的企业来说，只此一条途径恐怕是不够的。

我认为，国家所有制的改革，即国有企业的改革，最根本的是抓住以下两个方面：

第一，继续在所有权与经营权适当分离的基础上实行经营责任制，以深化国家与企业关系的改革。

国家所有制的基本要求不是全体劳动者直接支配使用生产资料（这不仅因为在社会化大生产的条件下，所有权与支配使用权的适当分离是一个必然趋势，同时也因为在实践中是根本办不到的，很难想象，我国全民所有制的生产资料，难道还要 10 亿人都去直接支配使用吗？只能委托代表人在企业内经营和管理），而是要适应社会化生产的要求，将生产力作为全社会的生产力来对待，以保证社会化生产不因生产资料的局部范围所有而受到抑制。它的劳动者所有的经济本质不是通过个别劳动者或部分劳动者获取经济利益实现的，而是通过劳动者整体在宏观与微观的结合上获取经济利益实现的。

明确国家所有制的这一特点非常重要，由此可得到两点认识：（1）国家所有制企业中所有权同经营权的分离是一种必然趋势，但企业在行使经营权时要以服从生产力发展的要求为前提；（2）国家所有制企业的经营方向要符合全体人民利益的要求，要保证有好的经济效益，以满足人民经济利益的需要。两点之概括，即国家所有权同经营权要适当分离。

　　这就从根本上否定了试图把所有权同经营权的统一作为国家所有制改革理论基础的思路。有人主张要把所有权同经营权在企业统一起来，使企业的劳动者成为真正的生产资料所有者，似乎只有这样才能解决国家所有制存在的弊端。这是值得商榷的。其一，这是违背国家所有制的本质要求的。企业的劳动者是全民的一部分，但局部不等于全体，把必须由国家代表全体人民所有的生产资料变为企业劳动者所有，这就等于取消了国家所有制。其二，这是违背生产力发展要求的。国家所有制之所以必要，就是因为它使生产资料成为社会的生产资料，从而保证了生产力成为社会的生产力。所有权与经营权在企业的完全统一，就意味着以企业所有制完全取代了国家所有制。这不仅与社会化生产的发展趋势相背离，而且一旦失去了国家所有制，宏观经济的有效管理就没有保证，生产力发展的社会性就将受到限制。其三，国家所有制的生产资料是为全体劳动者的整体利益提供保证，企业劳动者物质利益的直接获取，全民所有制的生产资料所提供的应该仅仅是极少的一部分，而最主要的是靠自己作为集体中的一员的劳动获得的。所有权与经营权的完全统一，实际是将国家代表全体人民占有的、为全体人民谋利益的生产资料变成为部分劳动者谋利益的手段，这是全体劳动者不能接受的。

　　综合上述，国家所有制的改革，就实质上说，是在所有权与经营权适当分离的基础上国家对企业实行经营责任制，以明确国家作为整个国民经济的宏观管理者、调节者，企业作为自主经营、自负盈亏的相对独立的商品生产者的地位，以及国家作为所有者与企业作为经营者之间的利益分配关系。至于实行什么形式的经营责任制，是承包经营责任制、资产经营责任制、股份资产经营责任制、信托经营责任制，还是几者的配合，宜通过实践经验的总结，区别不同企业进行选择。

第二，在深化国家与企业关系改革的同时，改革企业经营机制，以推动企业内部改革。

国家所有制的改革，在明确国家与企业关系之后，国有企业内部经营机制的改革就具有决定性的意义。为什么在外部条件相同的情况下，企业对市场的应变能力、内部管理水平、经济效益、自我约束和自我发展的能力相差悬殊，其关键取决于企业内部的经营机制。企业内部经营机制，即适应有计划商品经济的要求，企业内部各种素质相互作用、相互制约，推动生产经营活动的机能。它的改革包括健全企业领导制度，完善厂长负责制，提高经营者素质，加强民主管理，发挥劳动者主人翁作用，建立健全科学高效的企业管理制度，建立健全严格的监督制度，以及切实实行能够贯彻按劳分配原则的收益分配制度等若干个方面，其中最重要的是领导制度、民主管理和利益分配这三项。

企业领导制度具有决定性的意义，因而需要率先改革。首先要建立一套完善的能够培养真正的企业家并能把这些企业家推上领导岗位充分发挥作用的机制。一个企业的潜力能否得到发挥，能否经营得好，关键取决于这个企业的管理人员的能力和才华。国内外一大批在商品经济激烈竞争中迅速崛起的企业，其秘诀往往都是"能人效应"。因此，（1）一定要打破原有的"封官派干"的老办法，完全实行民主选举或招聘，把有实际管理经验、经过各种专门培训、有知识、有才华、有判断能力、责任心强的人才推上领导岗位，组成企业家集团。（2）企业家集团形成后，要全面推行厂长或总经理负责制，让厂长或总经理对企业负全面责任，处于中心地位，起中心作用，并且，实行厂长任期目标责任制。企业除了必须遵守国家政策法令和完成必不可少的指令性计划外，实行完全自主经营，既要切实地割断企业对国家的行政依赖，又要坚决地排除国家机关对企业的行政干预。（3）要有严格的监督。在大型国营企业中应增设监事会，由党组织代表、工人代表和银行代表组成。监事会一方面监督厂长职责的履行情况、业务的进行情况，另一方面也监督并制止外来的非正常干预。当厂长有严重失职而危及企业生存时，监事会可提请职代会予以免职。

在进行企业领导体制改革的同时，要坚定不移地实行民主管理。民主管理是国家所有制的本质实现的一个重要方面，其核心是高度重视劳动者的地位和作用。为什么过去出现国家所有制不如集体所有制，集体所有制不如个体经济的怪现象？其症结是劳动者并没有觉得企业是自己的，缺乏主人翁感，而根源除了利益方面的原因外（关于这一点后面还要讲到），重要的在于民主管理差。我们过去搞了"鞍钢宪法"，效果不错，日本人受到启发搞了"丰田精神"，对缓和劳资矛盾起了作用，他们尚且能利用此点，我们的社会主义国家本来是人民当家做主，民主管理应该搞得更好。所以除了在选拔企业领导人中要充分发扬民主外，还要建立奖励提合理建议、及时提拔成绩突出者、厂长定时同职工对话等一整套机制，保证劳动者在企业中地位的提高、聪明智慧的发挥及抱负的实现。

民主管理同厂长的统一指挥、严格管理是相辅相成的。现代化生产必须有一套严格的管理制度和统一的指挥，但这些规章制度必须是在民主的基础上产生的，同时，也只有靠民主管理才能调动职工自觉遵守规章制度、服从指挥的自觉性，保证规章制度的顺利实行。

除上述两条之外，还必须要改革企业内部分配机制。其基本原则是使劳动者从自身利益上关心企业的发展。主要是应抓以下几点：（1）要有一套规章制度，保证企业在完成上交国家税收后的自留资金中，确定积累和奖励基金的合理比例，应该以企业资金积累的不断扩大来提高奖励的标准，从而引导企业自我约束，使企业行为长期化。（2）企业内部工资、奖金分配的具体形式和办法，以及调升级的时间、对象等等，在国家规定的工资总额和政策范围内由企业自主决定，但要坚持按劳分配的原则，把职工劳动报酬同劳动成果挂起钩来。企业职工收入的差别取决于经营成果和竞争能力，坚持优高劣低，并且国家要利用有效的调节手段，防止企业间工资的互相攀比激发矛盾。

论提高经济效益的
紧迫性及主要途径[*]

　　治理整顿进入了攻坚阶段，经济形势发生着急剧的变化，国民经济面临的困难日趋严重。但问题已经明朗化：经济效益是一切经济问题的纽结，效益低下已成为治理整顿必须跨越的陷阱，绕此，不能达到治理整顿的目标，绕此，不能实现社会主义发展经济的目的。

一、效益下滑已成为制约经济发展、阻碍
治理整顿深化改革的巨大障碍

　　提高经济效益是经济社会发展中的一个根本问题。1978 年开始的经济体制改革，曾经极大地推动了生产力的发展，促进了经济效益的提高。但毋庸讳言，1984 年以后，由于种种复杂的原因，我国一些重要经济效益逐渐

　　＊ 本文发表于《南开经济研究》1990 年第 5 期。

下滑，以致成为国民经济发展中出现的许多问题的重要原因。

　　据统计，我国工业企业全员劳动生产率增长率 1979 年为 6.3%，1984 年达到 7.8%，其后便出现下降趋势，1986 年只有 4.8%，1987、1988 年虽有回升，但 1989 年又跌至 1.6%。[①] 国营工业企业资金利税率，1978 年为 24%，1984 年上升到 25.1%，1988 年下降为 22.6%；资金利润率的情况是，1978 年为 15.2%，1984 年为 15%，1988 年下降为 10.5%，比 1984 年下降 4.5 个百分点，每下降一个百分点，意味着少实现利润 100 亿元。投资系数（每新增一元的国民生产总值总需的投资），1984 年为 1.59，1988 年上升到 3.09，大量投资被占压在建设过程中，或者形成的固定资产没有发挥应有的效益。[②] 1989 年经济效益进一步下滑，到年底，预算内国营工业企业实现利税 1559 亿元，比上年仅增长 0.2%，其中利润下降 18.8%，税金上升 16%；亏损企业增亏 1.2 倍；可比产品成本上升 22.4%。12 月末，产成品资金占用比年初增加 391 亿元，相当于同期全国工业流动资金贷款增加额的 56%。国营商业和供销社系统实现利润 77.4 亿元，比上年下降 37.9%，亏损企业亏损额增加 43%，商品流通费用率普遍提高，资金周转速度放慢，[③] 进入 1990 年，经济

---

　　① 根据国家统计局：《中国统计摘要 1989》，中国统计出版社 1990 年版，第 48 页数字测算。

　　② 参见《求是》1990 年第 11 期。

　　③ 1990 年 1 月 25 日《经济参考》。

效益不高的状况没有明显好转。

经济效益下滑已经产生了一系列严重后果：

第一，严重阻碍了国民经济持续、稳定、协调发展。积建国40年来经济建设的经验教训，最重要的一条就是必须坚决贯彻国民经济持续、稳定、协调发展的方针。但在经济效益下降的情况下，或高投入低产出，或只投入不产出，其结果必然导致财政、信贷、物资等多方面关系紧张，造成整个国民经济总量失衡。由此，不得不采取紧缩的方针，压缩财政支出，抽紧银根，降低增长速度。这便使国民经济发展中出现剧烈的波动。1984年以后在短短五年左右时间内，国民经济呈现出两次膨胀——紧缩的摇摆状态，原因固然很多，但无疑这是一种经济效益低下的明显症状。

第二，导致通货膨胀的发生和扩展。对于通货膨胀成因的分析，西方货币学派的经济学家看重的是货币，我国不少经济学家则注重对总需求的分析。实际上最重要的因素是经济效益低下。道理很简单，如果一种经济的投入产出率很高，经济效益很好，那么只要投入的货币不是绝对地超出经济的需要，经过一段或长或短的时滞，便会引起产出（供给）的增加，从而达到供求的平衡。在这样的情况下，货币的增加只能引起物价的暂时上升，而不会导致物价持续的上涨。如果情形相反，那就很难引起供给的相应增加（或很少增加），在这样的情况下，货币的增加，必然导致供求的失衡和通货膨胀的发生。

1984年以后，当我国经济效益开始下滑的时候，通货膨胀的威胁事实上就具有现实性。但我们不仅没有采取得力措施抑制货币投入的增加，也没有采取坚决措施扭转经济效益下滑的局面。其结果，不仅导致了通货膨胀发生，而且也导致了通货膨胀的扩展，使我国国民经济在一段时期内陷入了经济效益下滑——通货膨胀——效益更下滑——通货膨胀扩展的恶性循环。下图可以清晰地表示出效益下滑和通货膨胀的这种关系。

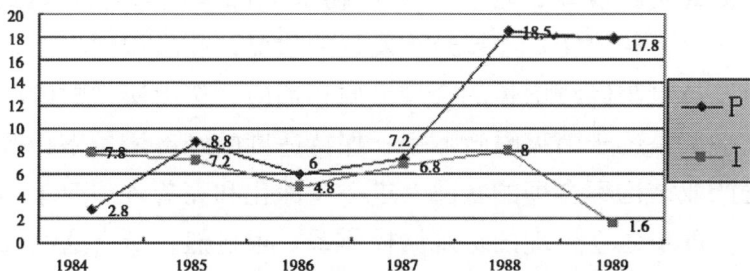

图1　根据国家统计局：《中国统计摘要1989》，中国统计出版社1990年版，第48、89页数字绘制。

图中 P 为1984—1989年社会零售物价总指数曲线，I 为劳动生产率增长率曲线，它可以近似地代表效益下降的情况。图中两条曲线的走向和形状不仅表明了经济效益下滑同通货膨胀的因果联系，而且也表明了二者的走势呈现明显的反向性：P 曲线上扬、I 曲线下降。

第三，严重地影响了改革的正常进行和治理整顿目标的实现。经济效益下降和由此引起的国民经济失衡、通货膨胀，使许多已经出台的改革措施得不到有效地实施，许多即将出台的措施不得不延缓实施。为了调整国民经济的重大比例关系，消除通货膨胀造成的危害，中央实行了治理整顿深化改革的方针。无疑，改革开放仍要进行，但很显然，步伐要放慢，在过去的二三年时间内，改革服从于治理整顿的要求，各项改革措施必须紧紧围绕治理整顿这个中心，做到有利于压缩需求，调整结构，有利于增加有效供给，提高经济效益。

治理整顿是要达到一定目标的。这些目标包括：逐步降低通货膨胀率，使全国零售物价上涨幅度逐步下降到10%以下；扭转货币超经济发行的状况，逐步做到当年货币发行量与经济增长的合理需要相适应；努力实现财政收支平衡，逐步消灭财政赤字；保持适度的经济增长率；改善产业结构不合理的状况，进一步深化和完善各项改革措施，逐步建立合理的宏观调控体系。很显然，所有这些目标的实现，都要以提高经济效益为前提，没有经济效益的稳定提高，治理整顿就不能算达到了目的。

值得注意的是，已经过去的近两年的治理整顿虽然取得了比较明显的成效，但经济效益下滑的问题尚未好转，直到目前国家统计局发布的 1990 年 1—5 月国民经济统计资料中仍然指出："市场销售不畅，工业产成品积压，生产效益低下，财政困难等状态仍未明显改善。"[①] 情况再一次表明，经济效益下滑不仅是制约经济发展，导致通货膨胀的症结所在，也是治理整顿深化改革的巨大障碍。如果不采取措施，从根本上扭转这种被动局面，国民经济发

---

① 1990 年 6 月 19 日《经济日报》。

展中所出的各种矛盾，即使被暂时地扼制下去，但从长远看，也难以出现持续、稳定、协调发展的局面。

二、效益下滑的根本原因在于二元经济体制下经济运行机制的扭曲

从动态的角度，把经济的发展作为一个不断运动的过程看，经济效益既是许多问题发生的原因，也是一系列因素互相作用的结果，为了寻求提高经济效益的途径，有必要首先把它作为一种结果，以分析导致经济效益下滑的原因。

应该指出，影响经济效益的因素极其复杂，即使将政治的、社会的、思想的因素存而不论，单就经济因素而言，就包括：科学技术的发展和应用程度，劳动者的素质及技术熟练程度，生产资料的归属及生产工具的装备水平，劳动组织和生产组织的状况，以及经济管理体制及市场发育的状况，等等。但从我国 1984 年以后的实际情况看，在导致经济效益下滑的诸种因素中，最根本的因素在于经济体制改革进程中所形成的二元体制以及在二元体制下运行机制的扭曲。

我国改革的理想目标是要变高度集中统一、排斥市场机制的旧经济体制为新的适应有计划的商品经济发展的经济体制。但 1984 年以后，经济体制却呈现出了以下的特点：

第一，企业双重依赖加强。一方面，企业开始摆脱各级行政部门对企业日常生产经营活动的直接干预，有条件地扩大了供产销人财物诸方面的自主权。企业行为主体由政府向厂长（经理）和企业职工转变，企业行为方式从高度单向依赖政府向对政府和市场的双向依赖转变。企业开始注意市场信号和市场规则，试图在市场活动中显示出自己的独立性并力图学会在市场规则的约束下为争取有限的盈利机会而竞争。它们开始依照市场状况安排自己的投资方向和产品结构，吸纳包括劳动力在内的各种生产要素，从而增强自我积累、自我发展的能力。另一方面，又依然要受到政府主管部门的直接控制，相当数量企业产品的生产销售要实行指令性计划，所需资金要受到指标控制。在这些情况下，企业行为主体实际上仍然是政府，企业的行为只能依赖于政府的指令性计划。

第二，宏观管理体制"二元"或"多元"的特征加强。首先是计划的"多元"化。1984年后的计划管理形式，不仅有指令性计划，而且有指导性计划和市场调节。指令性计划管理，基本上沿袭过去的做法，原材料上级调拨，低价配给，资金无偿拨付或银行低息贷款，产品计划收购，统包统销。而市场调节则放任价值规律自动调节，国家基本上不予干预。根据三种计划管理形式的要求，企业产品都分类排队，有的属指令性计划由国家直接控制，有的则可以自由购销，有的虽然也要接受上级指导性计划，但这种计划很少约束力，只是参考而已。这样的情况下，企业没有公平竞争的宏观环境，也很难建立自我约束的内部经营机制。

其次是投资体制的多元化。1984 年以后，不仅中央政府仍然拥有相当部分的投资权，而且各级地方政府由于财政分灶吃饭和财政包干措施的实施而拥有了相当大的财力，加上投资可以使地方在就业、增加财政收入等方面有利可图而不必承担风险，所以也成为重要的投资者，而企业，由于预算机制软化和投资饥渴的问题并没有解决等原因，投资欲望也未削减。所以实际形成了投资主体多元化的格局。

再次是宏观调控手段多元化。就金融手段说，一方面中央银行依然隶属于中央政府，传统体制下弥补赤字靠向银行透支的方法依然实行；另一方面专业银行又开始实行"企业化"。利率大部分是固定的，但也出现了浮动利率和完全由市场决定的自由利率。财政体制，一方面统收统支、吃大锅饭的体制仍然延续，但另一方面，由于利改税、承包制、地方财政包干措施的实施，预算外资金比重越来越大，地方财务和企业留利比重越来越大，而这些资金的使用越来越分散化和市场化。

第三，价格机制多轨化。1984 年以后，形成了多种价格：计划价格、浮动价格、自由价格，等等。有的情况是不同商品采用不同的价格形式，有的情况是同一商品采取多种价格形式。不管那种情况，一般都是计划价格较低，而自由价格较高，计划内外价格差别悬殊。这样，作为市场主体的企业一般都要处理复杂的比价关系：本企业产品计划价和市场价的比价关系，本企业产品计划价和所需原材料市场价的比价关系，本企业产品市场价和所需原材料计划价的比价关系，本企业产品市场价和所需原材料市场价的比价关系。而作为整个国民经济，则要靠多种价格信号的引导而进行资源配置。

从以上特点可以看出，改革进程中我国的经济体制已由原来的一元体制（高度集中的计划体制）演变为多元体制，其中最基本的是计划体制和商品经济体制并存的二元体制。这二元体制并存、摩擦、碰撞和对峙，大大抵消了改革的积极效果，导致了经济效益的下降。

首先，二元体制扼制了企业特别是国有大中型企业活力的发挥，导致了微观效益的下降。从 1984 年以后的实际情况看，实行指令性计划管理的对象往往是国有大中型骨干企业。对于这些企业说，尽管技术、人力、装备都具有较大的优势，但由于生产、交换、分配诸环节都受到指令性计划的制约，企业对于生产技术的改进、产品方面的调整、企业内部的挖潜都缺乏内在的动力和应有的自主权。由于留利水平也受指令性计划的制约，所以企业可自主支配的财力也极其有限。这样大企业犹如被缚住手脚的力士进入拳击场，尽管相对其对手优势明显，但在争斗中因其优势不能发挥，也只能败下阵来。改革进程中曾出现"国营的不如集体的（企业），集体的不如个体"的扭曲现象，就是上述问题的反映。当然，这与二元体制下，产权制度改革滞后也不无关系。对于众多的小企业来说，由于大都实行市场调节，受到的体制束缚小，在竞争中可能暂时处于优势，获利甚多，但由于二元体制下经济秩序的紊乱和宏观调控的乏力，所以稍有波折（如通货膨胀发生），即经不住打击，轻则亏损，重则倒闭。这样，就整个企业来说，在二元体制下，效益好的是少数，大多数可能维持原状或者效益下滑。

　　其次，二元体制的对峙和摩擦，使宏观调控机制呈现出扭曲、混乱、失范的状态，导致了宏观经济效益的下滑。二元体制下，由于有计划的商品经济体制正在发育过程中，其作用十分弱小；传统计划体制则被冲得七零八落，大大减少了原有的效力，因而整个国民经济的调控机制陷于失范状态。最主要的表现是：1. 计划与市场的板块结合，使国民经济的运行中大量地出现调节真空。2. 不完全的计划调节与不完全的市场调节并存，使宏观控制的力度大大削弱。3. 扭曲的计划机制和扭曲的市场机制交互作用，使宏观调控的合理性受到很大的局限。4. 计划与市场的矛盾和摩擦，使民经济协调发展的难度大大加强。

　　宏观调控机制的扭曲和失范，造成了国民经济的总量失衡和结构失衡，使宏观经济效益逐年下滑。财政连年赤字，1986 年至 1989 年四年累计达 322.93 亿元；信贷连年膨胀；进出口贸易连年逆差，以美元计，1985 年为 149 亿元，1986 年为 119.7 亿元，1987 年为 37.7 亿元，1988 年为 77.1 亿元；国民收入连年超分配，1985 年为 449 亿元，1986 年为 519 亿元，1987 年为 214 亿元，1988 年为

329 亿元。[①]

再其次，二元体制下价格机制的紊乱，导致资源配置的扭曲和整个经济效益的下降。在直接计划控制逐步削弱的情况下，价格在资源配置中的作用日益加强。如果价格是合理的，那么价格机制的调节作用不仅可以促进微观效益的提高，也可以促进资源配置的合理化，从而促进宏观效益的提高。但在二元体制中价格"双轨"或"多轨"，价格体系扭曲的条件下，价格不是引导资源的合理配置，而是进行"逆向"调节，使社会劳动不断地分配到本来属长线但价高利大的行业，从而使国民经济结构失衡加剧并进一步使经济效益下降。同时，价格的不合理使那些价高利大的企业失去了改进生产经营管理的外在压力，不利于生产技术的提高；使那些价低利微的企业失去了改进生产经营的内在动力和自我积累、自我发展的能力，所有这些都不利于微观效益的提高。除此之外，价格机制的紊乱，还使流通秩序紊乱，社会分配不公，从而不利于劳动者积极性的提高，从而影响经济效益不高局面的改善。

三、提高经济效益的根本措施
在于治理整顿深化改革

根据以上的分析，在当前扭转经济效益下滑、开创经

---

① 根据国家统计局：《中国统计摘要 1989》，中国统计出版社 1990 年版，第 29、36 页数字计算。

济效益稳定提高的局面，根本的措施在于治理整顿深化改革。因为只有治理整顿深化改革，才能够创造国民经济持续、稳定、协调发展所需要的环境，只有治理整顿深化改革，才能建立良好的经济体制，促进科学技术的发展、管理水平的提高和国民经济总量状态和结构状态的改善，从而为经济效益的提高奠定坚实的基础。

围绕提高经济效益的中心，当前治理整顿深化改革需要突出抓的措施有：

一是在继续治理整顿的同时，要适时地把深化改革摆到议事日程上来，强化企业机制、价格机制和宏观调控机制的改革。

在治理整顿已经取得比较明显的成效、经济效益下滑的矛盾日益突出的情况下，应该适时地调整治理整顿和深化改革的关系，由改革服从于治理整顿，尽快过渡到治理整顿和深化改革并进，并进而转变为治理整顿服务于深化改革。在当前治理整顿继续进行的过程中，深化改革应抓紧三个方面的内容：

第一，深化企业改革。要充分利用治理整顿、结构调整的机遇，围绕搞活企业，提高经济效益，进行两方面的改革：一是在所有权与经营权适当分离的基础上继续实行、发展和完善企业承包经营责任制，进一步明确国家作为整个国民经济的宏观管理者、调节者，企业作为自主经营、自负盈亏的相对独立的商品生产者的地位，以及国家作为所有者与企业作为经营者之间的权益分配关系，理顺国家与企业的关系。在当前，要对大中型企业实行保护性的倾斜政策并要避免侵犯企业自主权以及因集中必要的财政收入而发生违章侵犯企业留利的问题，从而使企业的自我改造自我发展能力和企业的竞争意识、市场观念、质量观念在治理整顿中得到加强。二是增强企业内部经营机制的改革。在当前，要特别注意健全企业领导制度，完善厂长负责制，加强民主管理，发挥劳动者主人翁作用，建立健全高效的企业管理制度，并推行"成本控制"等行之有效的管理办法。

第二，深化宏观调控机制改革。当前应突出深化计划体制改革，建立计划与市场相结合的宏观调控体系。要继续转变计划工作的重点，将计划工作从具体地管理企业的生产经营活动中，从进行实物分配中摆脱出来，转向规划整个国民经济的发展方向和目标，制定发展经济的经济政策，并且逐步确立以政策性计划管理为主的计划管理形式。同时要特别强调产业政策、财政、金融政策的综合调节，并进行相应财政体制和金融体制的改革，逐步建立有利于总量平衡和结构优化的宏观调控体系。

第三，深化价格机制的改革。目前市场供求形势的变化和物价总水平的趋于稳定，为价格机制改革提供了较有利的时机，应抓住这种时机选择煤炭等主要产品进行价格调整，逐步地变价格"双轨"或"多轨"制为单轨制。同时，要抓紧进行价格体系的调整，适当调高一些偏低的产品和劳务的价格，适当调低一些偏高的产品的价格，使价格体系趋向合理，使价格机制能充分发挥对提高经济效益的调节作用。

二是治理整顿要以提高经济效益为中心，在紧缩总量的同时，进行结构调整，促进国民经济结构的优化，增加有效供给。

提高微观效益的关键在于企业改革，改善宏观效益的关键在于产业政策的实施和国民经济结构的优化。围绕产业政策的实施和结构调整，第一，要坚决地改变条块分割的局面，为产业政策的实施创造良好的经济环境。要通过财政体制、计划体制的改革，正确处理中央与地方的关系。在中央作出正确决策之后，要强调地方服从中央。地方应该根据全国产业政策的要求，发挥地区优势，以本地大中型企业为龙头组织协作和联合，将地方经济纳入整个国民经济协调发展的调整轨道，成为其有机的组成部分。第二，要利用治理整顿的机遇，花大力气进行经济结构的调整。首先是产业结构的调整。从我国人口多、土地少的实际情况出发，任何时候都要坚定不移地保农业的发展。同时，对于能源、交通运输、原材料等"瓶颈"产业长期内都应给予支持，使其得到较快的发展。除此之外，对于教育、科技的发展应该作为战略重点给予特殊的支持。其次要进行企业结构和产品结构的调整。把结构调整同企业兼并、发展企业集团，讲求规模效益等措施结合起来，达到优化组织结构的目标。把结构调整同调整产品方向结合起来，大力增加适销对路的产品，以促进经济效益的提高。

三是坚决地变速度型的赶超战略为效益型战略，把经济发展的指导思想切实地转变到以提高经济效益为中心的轨道上来。

推行赶超战略，重速度轻效益，是我国经济发展指导思想方面的痼疾。我们已开始强调要以提高经济效益为中心发展经济多年，但成效甚微，现在应抓住治理整顿的机遇，坚决地实现由速度型发展战略向效益型、科技先导型、资源节约型战略的转变。治理整顿深化改革都应该把提高经济效益摆在首位，开创一切为了促进生产力发展，一切有利于提高经济效益的经济工作的新局面。

再论提高经济效益的
紧迫性及主要途径[*]

进入 1992 年以来，我国新一轮经济快速增长已经开始，以工业增长为例，第一季度全国乡及乡以上工业企业总产值比上年同期增长 18.2%，其中 3 月份增长 20.1%，4 月份又增长 18.2%。[①] 在这样的形势下，保持清醒的头脑，强调在加快经济增长的同时提高经济效益的重要性、紧迫性，分析 20 世纪 80 年代的效益状况及其原因，提出 20 世纪 90 年代提高经济效益的切实措施，具有特殊的重要意义。

一、20 世纪 80 年代我国经济效益状况回顾

对于 20 世纪 80 年代以来我国经济效益的状况，理

---

* 本文与研究生曹晓华合作完成，发表于《经济纵横》1992 年第 8 期。

① 见国家统计局公布的经济形势报告，1992 年 3 月 15 日《经济参考报》、1992 年 5 月 19 日《经济日报》。

论界有两种截然不同的观点：一种观点通过对我国 20世纪 80 年代的资金利税率、可比产品成本和企业亏损额等三方面的效益指标与改革前 29 年的比较，认为 20世纪 80 年代我国的经济效益呈下降趋势；另一观点则以我国 20 世纪 80 年代国民生产总值年平均增长率为全世界最高（9%），人民生活水平提高较快的事实为根据，认为 80 年代国营工业企业经济效益是显著提高的，只是在 1989 年出现工业生产滑坡以后，经济效益才开始下降。

我们认为，20 世纪 80 年代我国的经济确实增长了，人民生活水平确实提高了，但这并不足以说明 20 世纪 80年代我国的经济效益也在提高。

马克思曾肯定过李嘉图的下述观点："真正的财富在于用尽量少的价值创造出尽量多的使用价值，换句话说，就是在尽量少的劳动时间里创造出尽量丰富的物质财富。"[1] 经济效益反映的正是这种投入与产出、消耗与成果的对比关系。判断经济效益提高或降低，不仅要看产出的增长速度，同时还要看物化劳动和活劳动的节约程度，要看二者的对比。如果以投入产出率作为衡量经济效益的主要指标，令其为 Y，那么就有：

$$Y = Q/I$$

式中 Q 表示产出，I 表示投入。

---

[1]　马克思恩格斯：《马克思恩格斯全集》第 26 卷（Ⅲ），人民出版社 1974 年版，第 281 页。

在实际经济运行中，至少可以有以下三种情况：

第一种情况是，Q 与 I 以同样的倍数增加，则 Y 不变。即经济增长了，产出增多了，但经济效益状况未有改观，产出的增加是靠投入的增加（通常经济学中讲的是外延式扩大再生产）而实现的。

第二种情况是，Q 没增加，I 增加了。或 Q 增加了，I 也增加了，但 I 比 Q 增加的更快，因而 Y 的值下降了。这种情况说明，尽管经济增长了，产出增多了，但产出的增加是靠投入的更快增加实现的，因而，经济效益是下降的。

第三种情况是 Q 增加了，I 或不变，或下降，或 I 的增长幅度小于 Q 的增长幅度，在这种情况下，Y 的值上升。这种情况说明，经济的增长是与投入的相对或绝对减少同时实现的，经济效益提高了。

以上三种情况说明，在国民经济的产出增加，经济增长的情况下，经济效益可以不变，也可以下降或提高。

我国 80 年代的效益状况属于哪一种情况呢？不妨先看以下图表。

表1　各部门物质消耗占总产值的比重

年份（时期）	1980	1981	1982	1983	1984	1985	1986	1987	1988	1989	"一五"	"二五"	"三五"	"四五"	"五五"
物质生产部门消耗占总产值比重（%）	56.8	56.6	57.3	57.5	57.1	57.7	58.7	59.6	60.6	62.1	44.8	50.8	48.1	51.8	56.1

资料来源：国家统计局：《中国统计年鉴1990》，中国统计出版社1991年版，第63页。

表2 全国全民所有制独立核算
工业企业主要经济效益指标

年份	1980	1981	1982	1983	1984	1985	1986	1987	1988	1989
每百元固定资产原值实现产值(元)	101.16	95.71	94.78	95.13	96.13	94.97	89.03	104.15	113.09	116.85
每百元固定资产原值实现利税(元)	24.32	22.90	22.22	21.60	22.30	22.40	19.89	19.27	20.18	17.45
每百元资金实现利税(元)	24.76	23.84	23.45	23.20	24.24	23.81	20.65	20.30	20.63	17.18
可比产品成本降低率(%)	-1.10	-1.17	-0.38	0.24	-1.97	-7.70	-7.34	-7.04	-15.59	-22.17

资料来源：根据国家统计局：1982—1990 年《中国统计年鉴》数字整理。

表1、表2 的数据表明，20 世纪 80 年代我国的单位消耗和成本都有不断上升的趋势，而每百元的投入产出率都呈现下降的趋势。这说明，我国 20 世纪 80 年代产出的增加，经济的增长，很大程度上是靠投入的增加来实现的。由此不难判断，20 世纪 80 年代我国在经济增长的同时，经济效益呈现的是下降的趋势。20 世纪 80 年代的这种效益下降的状况，进入 90 年代以后并未有明显的改观。

1990 年预算内国营工业企业实现利税下降 18.5%，其中实现利润下降 58%，企业亏损面达 30%，亏损额比上年增加 1.5 倍；1991 年 1—10 月份预算内工业企业产值增长 1.14%，实现利税增长 10.2%，其中实现利润下降 5.4%，企业亏损面达 35.9%，亏损额 224.6 亿元，比 1990 年同期增长 15.3%。[①] 这表明经济效益低下已经成为阻碍我国经济发展的痼疾，提高经济效益过去是现在依然是摆在我们面前的非常紧迫的任务和十分重大的课题。

二、经济效益下滑原因的分析

出现经济效益下滑趋势的原因是什么？以下仅从经济运行机制和经济体制的角度进行分析。

第一，产权关系模糊。20 世纪 80 年代初期，在"所有权与经营权适当分离"的构想下，国营企业的产权关系改革主要体现在以承包制为主的多种经营责任制中。产权关系的这种两权分离被设想为，既不改变全体人民的终极所有权和国家的所有者代表身份，又使企业或承租人拥有对企业的经营权。然而，由于承包的短期合同制，承包者本身既无资产，也无风险抵押，其利益相对弱小，由此使得两权分离关系模糊。国家一方面要取得承包盈利的"大头"，同时又要保证国有资产不流失，这就必然要干

---

① 参见中国人民银行金融研究所形势分析课题组：《改革宏观调控　稳定经济增长》，《经济研究》1991 年第 1 期。

涉企业的具体经营活动；同时，由于国家控制着资产的处置权，承租人没有根据市场需求处置资产和辞退劳动力的权力，承租人经营权实际上是有限的。在国家不可能、企业又无权根据市场供求合理配置物质资源和劳动资源时，企业内资源的配置效率必然呈现下降趋势。这是承包制在一定程度上导致宏观效益下滑的重要原因之一。在实行承包制过程中出现的这种名义上的两权分离，实际上是国家继续干预企业经营权的表现，其后果是使承租人形成一种追求短期利益的"任期效应"，而对为企业添置新设备，采用新技术等需要进行大量投资但需要较长期内才可获得收益的举措持消极态度，这必然会阻碍经济效益的提高。此外，国家与企业经营权限不明晰状态，又会导致各级主管部门对企业继续实行管卡压，使企业承受来自各方面的摊派、赞助、援助和罚款等，导致企业成本上升，效益下降。

　　第二，市场不完善。20 世纪 80 年代以来，在确定有计划商品经济的改革模式后，我国逐步建立起各类市场。但由于这些市场是不完善的市场，因而导致在企业之间形成了不规范、不公平竞争的状况，其结果是遏制了先进，保护了落后，扭曲了资源的配置导向，形成了不合理的资源配置格局，由此使国民经济各部门的比例关系不协调，从而降低了宏观经济效益。具体表现是：（1）商品市场不完善，集中表现为价格的双轨制。价格双轨制通过不合理的价格信号和行政手段，在企业之间配置资源，在市场需求复杂多变的情况下，必然降低资源的配置效率。同时，行政干预既使企业在"父爱主义"条件下丧失积极性，又容易造成交易"灰市"化，使微观和宏观的经济效益受到损失。(2)资金市场不完善，表现为银行对低利率贷款实行信贷计划控制。由此形成企业之间对低利率贷款的获得机会和数额的不均等。这种不均等使企业为取得较多的低利率贷款而互相竞争，其结果必然使部分贷款"灰市"化，造成资金的收益率降低，宏观经济效益下降。(3)技术市场不完善，具体表现为，传统的科研项目由国家统一安排，科研人员职称资历化，科研成果与科研人员利益关系脱节的局面没有从根本上改变，科研成果与技术服务的商品率低，科研与生产脱节，使得科技向产业转换的渠道梗阻，科研的成果不能及时应用于生产以提高经济效益。这种不完善的技术市场在承租人的短期行为与低折旧率下，必然使我国企业技术设备陈旧落后的状况得不到改变，使企业的原材料和能源消耗提高，导致经济效益下降。

第三，宏观调控机制扭曲。在20世纪80年代的改革过程中，我国宏观经济管理方式与调控机制走向多元化。(1)计划的"多元"化。我国的计划管理在理论上是实行指令性计划，指导性计划和市场调节相结合，然而由于指导性计划对企业的约束力很小，实际上使计划体制形成一种计划调节与市场调节板块结合的二元格局。由计划调节的企业可以得到各种供产销方面的优惠，由此使企业间在市场上形成不公平竞争。而市场调节的企业由于生产成本相对较高，即使有较高的效率也难以获得较高的经济效益，从而其发展受到抑制。这种保护低效率抑制高效率的做法，必然使宏观经济效益降低。（2）投资主体多元化。1984 年后，由于财政分灶吃饭和财政包干，使地方财力日益增强，各级政府和企业一起参入投资活动。由于地方政府的投资意图在于增大地方就业和财政收入，其投资方向往往是投资少、见效快、就业多、利税多的长线产业，如加工业等，而能源、交通、原材料工业等需要发展的行业却得不到投资，从而损失资源在各部门间的配置效益。（3）宏观调控主体多元化。由于改革使地方政府的权力增强，地方政府也同中央政府一样，根据本地的需要使用财政政策和货币政策来调节地方经济，同时财政、银行、税务等部门从自身的利益出发，充当宏观调控主体角色，由此使宏观调控主体多元化。各主体的宏观调控行为相互摩擦，整个国民经济的调控陷入无序状态，导致资源流向不合理，国民经济各部门比例关系不协调，从而降低宏观经济的效益。

三、提高经济效益的途径

基于以上的分析，提高经济效益应采取以下措施：

一是进一步进行产权改革。要使国家拥有国有资产的所有权，企业拥有完全的经营权。产权的明晰必须通过立法的形式来解决。为此，建议国家尽快建立保护两权分离的国有资产保护法。这一法律，要规定国家作为所有者代表有根据企业资产的货币价值（价格变化时按价格指数折算），按一定资产利率向企业取得一定纯收入的权力，企业作为经营者拥有独立经营的权力。同时，国有资产管理部门要经常监督检查企业的经营状况以保证国有资产的增值，企业法人则有责任保护国有资产的增值。对于国有资产的价值流失，国家应根据法律让法人给予补偿或追究企业法人的责任，对于国有资产的价值增值，国家本着极大地调动企业法人经营的积极性的目的，把增值的相当部分作为股份奖给企业法人或法人集团，使国营企业逐步走向国家股占主导地位的股份制企业形式。

二是逐步建立完善的社会主义市场体系，把企业推向市场。（1）加快放开商品市场价格的步伐，建立完善的商品市场和生产资料市场。据报载，到1991年我国农副产品收购总额中，国家定价部分已缩减到25%，国家指导价已减少到20%，市场价部分占55%；工业生产资料价格国家定价部分占60%，市场价部分占40%；市场零售总额中，国家定价31%，国家指导价24%，市场价占45%。在这样的基础上，应抓住近两年物价上涨幅度较低的有利时机，加快放开生产资料和消费资料价格的步伐，为生产资料旧货市场的创立和明晰产权创立条件。（2）建立企业存量资产市场。目前，有些国营工业企业停产和放长假。国家可根据这些企业资产和折旧情况，进行实际考察和估算，向社会招聘法人，把企业交给企业法人独产经营，国家则通过国有资产保护法来约束企业行为。如果这些企业为淘汰产业，国有资产管理部门则可以估算值为基础变卖企业资产直到降价变卖或作废品出卖，以收回资金，投向新兴产业。若企业法人发现其企业存在闲置资产或过时资产，可按照国有资产保护法赋予的权力，把这些资料作为旧资产或废品卖掉，以达到企业资产的合理配置。若企业法人发现其企业在从事生产一段时间后无利可图，可同样把整个企业的资产大部分资产卖掉，以购买新的生产资料改变产品结构或转入另一有利可图产业。变卖旧资产的过程，就会形成日益完善的资产存量交易市场。这一市场与完善的商品市场和生产资料市场一起，使国有资料的评估找到了日益精确的市场标准，同时也为明晰整个国营工业企业部门甚至所有的国营企业的产权提供了保证。（3）改革现有的劳动就业制度，彻底废除职业终身制，逐步建立社会主义的劳动力市场。随着商品经济的发展，劳动力市场的建立势不可免。由于我国劳动力供给充足，所以在劳动力供求日益受市场调节的情况下，失业的存在不可避免。而失业增多到一定数量，必然形成社会的不安定因素。因此，在建立劳动市场的同时，国家不仅要经常通过稳定的客观经济政策进行调控，使失业率保持在某一幅度以内，而且还必须建立对失业者的社会保障和救济制度，以保证劳动者在失去工作后也能维持基本的生活需要和不至于生活陷入困境。由国家来建立劳动者的退休保险制度，以保证退休老人的生活和福利费用。（4）逐步建立和完善其他要素市场，如资金市场、技术市场和房地产市场。资金市场的完善必须先完善其基础，使各专业银行日益实行企业化管理。要一改过去那种由信贷计划指令性控制贷款的方法，采用由市场利率来调节资金供求、融通资金。考虑到我国银行的融资和服务于经济的性质，可由中央银行根据资金供求来确定利率，使资金市场基本达到供求平衡，尽量避免货币的超经济发行。在此基础上，根据市场情况和必要的信贷计划，使资金供求的结构尽量保持平衡。技术市场的建立除了继续完善专利法、保护科技人员的劳动成果外，还要使技术成果和技术服务商品化，即技术服务与技术成果的价格由技术市场的供求来决定，对于应用性技术尤其要这样。对于基础科学研究，则不能完全实行市场调节，国家应根据其劳动的复杂程度来统一资助，辅之以市场调节的办法，以鼓励基础科研的发展，使基础科学和应用科学研究之间保持一个合理的比例，以促使整个国家科技水平的提高，国家还可资助科技应用的开发，以尽快使科研成果转化为生产力，为全面提高经济效益打下坚实的基础。房地产有工商用和民用之分，过去由于我国长期没有房地产市场，房地产使用主要由国家计划来安排，征用约束软化，造成房地产浪费与短缺并存，导致在不同企业间成本的差异，而损害企业的公平竞争。这就要求房地产商品化，建立完善的房地产市场。我国目前居民的消费水平普遍偏低，由于长期奉行高积累政策，居民的存款数额不足难以在短期内大面积对房地产实行商品化。因此对我国房地产市场的建立，尤其对于居民的生活用房的商品化要循序渐进。对工商用房地产必须根据市场供求确定使用价格，而民用房地产可采用逐步提高租金与拍卖相结合的办法逐步完善房地产市场，同时对职工工资给予房租补贴，即在国家确定职工工资的最低限额的失业费用时把房租考虑进去，以避免居民生活负担过重。

三是改革现有的宏观经济管理体制，统一宏观调控主体，提高宏观经济效益。在社会主义商品经济条件下，宏观经济管理与调控的职能在于确定经济发展方向，弥补市场之不足和稳定经济，而不是直接干预企业。国家的计划工作和投资要有利于矫正市场配置资源的偏差，如建立基础设施、原材料和能源等产业，因为这些是市场趋利性无法配置的产业，或市场配置无法达到规模经济的产业。国家不应用大量投资参加市场的趋利性配置或打乱合理的宏观经济格局。宏观调控的目的在于稳定经济，消除经济超常波动并避免由此造成的损失，促进经济的发展。有鉴于此，国家必须规范宏观经济管理行为，用经济的、行政的和法律的手段规范各级政府的计划工作和投资方向；同时逐步增大中央政府财力，统一宏观调控主体，为宏观经济的稳定、协调发展和宏观效益的提高奠定基础。

要使国营企业经济效益不断提高，除了有效的动力机制、激励机制和有效的宏观调控主体外，还必须有稳定合理的宏观协调政策。国家必须经常不断地通过宏观经济管理体制和调控体制控制国民经济的规模，防止经济过热，不断地用经济手段协调国民经济各部门的比例关系，以达到不断提高国营企业和整个国民经济的宏观经济效益的目的。另外，还应逐步消除向银行透支的财政赤字，在经济萧条时可采用国债方式来弥补的财政赤字。同时还要废除一切违背科学的产业政策。

论我国经济体制改革的基本经验[*]

开始于 20 世纪 70 年代末的我国经济体制改革，已经取得了举世瞩目的成就。1979 年到 1991 年，我国国民经济总值年平均增长率为 8.6%，速度为世界第二；工业产值年平均增长 12.2%，高出世界年平均增长水平近 10 个百分点；农业产值年平均增长 5.9%，高出世界年平均增长水平 4 个百分点；人均国民生产总值年平均增长 7.5%，高出世界年平均水平 6 个百分点；人民生活水平有了大幅度提高。[①]

为什么我国的经济体制改革会取得如此成就，换句话说，我国的经济体制改革的基本经验是什么？今后的改革如何能保持这种健康的势头，取得更大的进展？这是海内外人们普遍关心的问题。对此，本文将进行初步的总结和分析。

---

[*] 本文是作者 1992 年赴台湾参加海峡两岸现代化学术讨论会提交会议的论文，发表于《南开经济研究》1993 年第 3 期。

[①] 数字来源：中华人民共和国国家统计局：《中国统计年鉴 1991》，中国统计出版社 1992 年版。该统计数字不含香港、澳门和台湾。

一

如果要以简洁的语言对我国改革的经验进行概括，那么，坚持改革的市场取向，经过反复探索终于确立社会主义市场经济目标模式，是改革取得成功的首要经验。

十几年的改革，虽然内容十分繁多，几乎涉及经济领域的各个方面；道路也颇多曲折，中间不乏反复；但从总体说我们坚持的却是市场取向的改革：指令性计划越来越少，市场因素越来越多。发展社会主义商品经济，进而发展社会主义市场经济，已经成为人们的共识，并且贯彻到整个改革的过程之中。

为什么要坚持改革的市场取向，大力发展市场经济呢？这与其说是一个理论问题，毋宁说首先是一个实践问题。世界经济史和我国的实践都证明，发展市场经济是促进生产力发展、增强综合国力的最有效的途径。

人类社会由资本主义制度取代其他旧的私有制以后，由于市场经济的发展，曾经产生了超过以往几千年生产力总和的巨大生产力，这是历史的事实。第二次世界大战以后，在一些主要资本主义国家，尽管由于生产资料的私人占有同生产社会化的矛盾使这些国家的经济依然周期性地发生衰退，但由于沿着市场经济的轨道前进，再加上其他一些历史因素的作用，这些国家经济的发展速度是大大地加快了。世界经济的进程表明，凡是市场经济发展得好的国家和地区，经济发展得就快，凡是市场经济发展得差或

得不到发展的国家和地区，经济发展就慢，甚至发生严重
的问题。战后的日本是国际社会公认的经济发展快的国
家，1952年它的人均国民生产总值仅200美元，1957—
1965年国民经济以平均19.6%的速度高速增长，到1991
年人均国民生产总值则达到21020美元。韩国1962年人
均国民收入只有82美元，此后经过30年的发展，到1991
年则达到6498美元。我国的台湾省，1952年人均国民收
入为196美元，1984年也只不过3040美元，到1989年就
达到7512美元。这些国家和地区之所以经济发展迅速，
一个最重要的原因是它们大力发展市场经济。与上述国家
和地区形成对照的是，进入20世纪90年代，前苏联解
体，东欧一些国家相继发生剧变，原因固然很多，但这些
国家长期忽视商品经济，更不发展市场经济，而是沿袭高
度集中的、僵化的计划经济体制模式，结果束缚了生产力
的发展，使经济结构畸形，人民生活得不到应有的改善，
以致使社会主义失去了应有的吸引力和凝聚力，是重要的
原因之一。

　　我国自20世纪70年代末开始至1992年前的14年
间，经济增长年平均8.6%，进出口总额增长5.6倍，人
民消费水平提高1.3倍，城乡居民储蓄余额增长42.3
倍。[①] 其原因当然是多方面的，但我们对高度集中的、僵
化的计划体制进行改革，大胆地发展商品经济，这不能不
说是一个重要的原因。从国内各地区的经济发展状况看，

---

　　① 《大放光彩的十四年》，1992年10月5日《文汇报》。

沿海地区快于内陆地区和边疆地区，南方快于北方，其原因固然有资源、环境、历史等因素的影响，但沿海地区和南方省份改革动作快，市场经济发展早则是重要原因。实践证明，坚持改革的市场取向，大力发展市场经济，对于推动社会主义经济的发展是十分有效的。

要坚持改革的市场取向发展市场经济的另一个重要原因还在于，市场经济作为人类社会经济发展必经阶段所实行的一种经济形式，在相当长的历史时期内具有不可否认不可替代的生机和活力。

社会经济发展史已经证明，商品经济的发展是人类社会经济发展不可逾越的阶段，市场经济的发展是人类经济社会发展的驱动器。它表现在几个方面：其一，市场经济中尊重各经营主体的自主地位和对利益的追求，从而可以保证经济发展有内在的动力。其二，市场经济以市场机制为基础进行人、财、物资源配置，可以大大提高资源配置的合理性和有效性。其三，市场经济以价值规律的自动调节为最基本的调节手段，从而可以自动地有效地促进社会总供求的总量平衡和结构协调。其四，市场经济通过竞争，优胜劣汰，奖勤罚懒，可以给各经营主体以足够的外在压力，从而有效地促进经济发展。既然市场经济具有上述刺激经济发展的内在动力机制和平衡机制、外在压力机制，社会主义条件下何乐而不为呢？

正是基于上述的判断，所以我国的经济体制改革，而且经过十几年的艰苦探索，最终确立了社会主义市场经济的目标模式，这是合乎理性的选择。

　　当然，人们对于市场取向的改革和发展市场经济的认识有一个反复的过程。

　　早在 1979 年，理论界就有同志提出过，社会主义经济也是商品经济，即市场经济。有的同志提出社会主义经济是有计划的商品经济，并把这样的观点写进教科书。[①]但由于种种原因，未能引起全社会的足够重视和普遍承认。当时社会上的主流观点是，社会主义经济实行计划调节与市场调节相结合。直到 1980 年 9 月，国务院经济体制改革办公室在《关于经济体制改革的初步意见》中才提出："我国经济体制改革的原则和方向应当是：在坚持生产资料公有制占优势的条件下，按照发展商品经济和促进社会化大生产的要求，自觉地运用经济规律……""把单一的计划调节，改为在计划指导下充分发挥市场调节的作用。"这一提法受到理论界的普遍赞成，认为承认社会主义是商品经济是理论上的一个很大进步，是一个飞跃。

　　但是随后就发生了反复。1981 年到 1982 年，报刊上发表一系列文章，批评社会主义经济是商品经济和社会主义经济是有计划的商品经济的观点，认为社会主义经济只能是计划经济，如果把社会主义经济概括为商品经济或有计划的商品经济，就会模糊社会主义经济和资本主义经济的本质区别，如果按照商品经济的原则，把国营企业改变为完全独立核算、自负盈亏的经济单位，确认竞争是经济

---

① 谷书堂、宋则行主编：《政治经济学社会主义部分》，陕西人民出版社 1979 年版。

发展的动力，实际上就不是按社会主义计划经济的原则而是按资本主义市场经济的原则进行我国经济管理体制改革。在这样的背景下，党的十二大报告中就提出了计划经济为主市场调节为辅的观点，认为"我国在公有制基础上实行计划经济。有计划的生产和流通，是我国国民经济的主体。同时，允许对于部分产品的生产和流通不作计划，由市场来调节……这一部分是有计划生产和流通的补充，是从属的、次要的"。此后，不同的提法基本上从报刊上消失。

直到1984年7月，理论界有同志又重提有计划商品经济的主张，并批评把计划经济同商品经济对立起来的认识。这种观点得到了理论界许多同志的认可和支持。党的十二届三中全会肯定了这种意见，在全会通过的《中共中央关于经济体制改革的决定》中提出："要突破把计划经济同商品经济对立起来的传统观念，明确认识社会主义计划经济必须自觉依据和运用价值规律，是在公有制基础上的有计划的商品经济"。① 商品经济的充分发展，是社会经济发展的不可逾越的阶段，是实现我国经济现代化的必要条件。这是我们党的文件中第一次明确我国经济改革的目标是建立社会主义商品经济的观点，是一次重大的理论突破。

嗣后，党的十三大又进一步提出，社会主义有计划的商品经济的体制，应该是计划与市场内在统一的体制，计

---

① 《中共中央关于经济体制改革的决定》，人民出版社1984年版，第17页。

划与市场都是覆盖全社会的，我们的任务就是要善于运用计划调节和市场调节这两种形式和手段，并且提出了"国家调节市场，市场引导企业"的具体运行模式。这样，就把对计划与市场关系的认识从旧观念中解放出来，在广大群众中形成了计划与市场在社会主义商品经济中应该统一而且能够统一的共识。

党的十三大以后，一方面人们的思想进一步解放，认识进一步深化，理论界有人重新提出了社会主义也要实行市场经济的主张；另一方面也出现了少数人否定改革社会主义性质的倾向。在这种情况下，有人对于改革是否一定要坚持市场取向发生了疑问，理论界也对此展开了激烈的争论。党的十三届四中全会对于改革目标的提法也发生了某种程度的变化，提出要建立适应有计划商品经济发展的计划经济与市场调节相结合的经济体制和运行机制。此种提法持续大致两年时间，至1992年邓小平同志南方谈话以后，举国上下，发展社会主义市场经济的呼声大作，所以十四大明确提出，我国经济体制改革的目标是建立社会主义市场经济，以进一步解放生产力，发展生产力，从而完成了关于改革目标模式的又一次重大理论突破，使改革进入一个崭新的阶段。

回顾以上的过程是为了总结经验。这个过程说明了什么呢？

它说明，一个正确的认识往往要经过反复和曲折的探索过程才能得出，而最终为它开辟道路的是实践。我国14年来关于改革目标的认识过程，实质上是改革向纵深发展、不断遇到矛盾和不断解决矛盾继续前进的过程。在这个过程中，改革实践提出了对理论的要求，检验、矫正了理论，并推动了理论的形成和发展。正是从这样的意义上，可以说，没有改革也就不会产生社会主义市场经济理论。同时，它也说明，解放思想、实事求是，一切从实际出发，无论是对于正确理论的形成，还是对于改革实践的发展，具有何等的重要意义！

改革目标认识上的飞跃，是同对商品经济、市场经济、计划与市场关系的理解相联系的。传统的理论认为社会主义经济只能是计划经济而不能是商品经济，后来这种看法被突破了，但还相当普遍地把市场经济看做是与社会主义不相容的东西。然而，事实是，市场经济作为一种运行机制，它是商品经济发展到一定阶段的产物，是同社会化大生产相联系的，资本主义可以利用，社会主义也可以利用。如果我们人为地拒绝市场经济体制，就等于拒绝吸收人类的进步成果用以发挥社会主义制度的优越性，其结果就会窒息社会主义的生机和活力，使其长期落后甚至最终断送社会主义。就是这样一个现在看来十分明显的道理，由于囿于传统观念的束缚和"左"的影响，在相当长一段时间内使多少人畏葸不前，望而却步。如果没有邓小平的南方谈话，没有解放思想、实事求是的理论勇气，这样的一种认识恐怕至今也不一定成为人们的共识。此外，它还说明，正确的理论一旦付诸实践，即将成为改革巨大的推动力量。14 年来，尽管认识有所反复曲折，但商品经济、市场理论日益为人们所接受，市场机制以其不可抗拒的力量冲击着传统的旧体制，并渗透到生产建设的各个领域，推动着改革和建设取得巨大的成就。

社会主义市场经济改革目标的确立，是我国经济体制改革进程中所取得的最具伟大历史意义的进展。当这个目标尚未确立的时候，理论工作者的责任是为它的诞生而努力探索，奔走呼告；而当它得以确立，全中国人民为之奋斗的时候，理论工作者则应在积极参与、支持的同时，坚持严格的科学态度和特有的谨慎。为此，必须指出的是：

第一，社会主义市场经济体制的建立，是一个长期艰苦的过程，决不可企望一蹴而就。社会主义市场经济体制目标的实现，有赖于社会主义市场经济的高度发展和体制改革的深化。党的十四大确立了社会主义市场经济的目标模式，并不是说，我国已经是发达的市场经济，相反我国仍处在社会主义初级阶段，从总体上说，市场经济尚不发达。应该从这样的基本国情出发，脚踏实地地培育市场，发展市场，加快改革的步伐，向着社会主义市场经济的体制目标前进，而决不可简单化和急躁，把设立了几个自由交换的场所误认为建成了市场经济，也不可奢望不经过艰难曲折在几天内建成市场经济。

第二，建立社会主义市场经济体制一定要从中国实际出发，而决不可盲目照搬某一国家的模式。市场经济体制并非只有一种模式，世界上发达国家的市场经济不仅有英美自由市场经济模式，而且有日本政府主导型市场经济模式和德国社会市场经济模式等。在发展市场经济、建立市场经济体制过程中，要吸取一切国家和地区的先进经验，但决不能照搬，要从我们国家的实际出发，建立符合我国特点的市场经济体制，这是一项开创性的事业，必须付出艰苦的努力才能成功。

第三，建立社会主义市场经济体制，一定要进一步妥善处理计划与市场的关系。发展社会主义市场经济，必须确立市场在资源配置中的基础地位，充分发挥市场在经济运行中的积极作用，这是毫无疑义的。但作为商品经济发展到高级阶段的市场经济，不但不排斥反而要加强计划性，必须而且可能实现计划与市场的统一。计划经济被作为一种等同于社会主义的制度，历史地结束了，但计划作为发展社会化生产、现代化市场经济的一种调节手段，则还具有无限的潜力和发挥作用的充分余地。认为发展市场经济就可以不要计划不要政府调控的观点是不正确的。在我国市场经济发展和经济体制改革的现阶段，尤其要正确发挥政府的作用，以便使以建立社会主义市场经济体制为目标的改革能够健康顺利地进行。

二

选准改革的突破口和中心环节，抓住改革的关键，实施综合配套改革，是我国改革取得成功的又一条经验。

一场大的革命，选准足以带动全局的突破口，并保证首战必捷，无疑具有重大的战略意义。

我国的改革是从农村开始的，其内容包括：（1）实行以家庭为单位的农业生产联产承包责任制，把土地以外的生产资料所有权和包括土地在内的全部生产资料使用权，农业生产过程的决策权全部交到农户手中。（2）把农村人民公社改建为乡，把生产大队和生产队改建为村民委员会和村民小组，使它们分别成为国家的基层政权组织和农民群众的自治组织，而不再是经济实体。（3）改变了由各级政府下达农业生产计划的传统形式，国家对农业生产的调节由直接指令计划方式逐渐转向了间接引导的方式。同时大幅度提高了农产品价格，改农产品的统购制度为合同定购制度，合同定购以外的农产品全部放开经营。（4）确立了以公有制为主体、多种所有制形式长期并存的方针，放宽了对个体和私人在农村非农产业领域从事生产经营活动的限制，推动了农业剩余劳动力的转移，促进了农村非农业的发展和产业结构的调整。（5）对粮棉收购实行保护价，建立粮食风险调节基金，发放粮棉预购定金，对农业生产资料实行最高限价，降低农林特产税税率，重点扶持粮棉主产区发展生产。等等。

这些改革措施收到了巨大的成效。改革以来，我国农业和农村经济飞跃发展，农民生活水平有了大幅度提高。现在看来，作为一个拥有8亿农民的农业大国，面对当时农业和农村经济相当落后的局面，为了为整个经济改革和经济的起飞奠定基础，选择农村为改革的突破口、以农村改革为起点是非常正确的决策。正是农村改革取得了决定性的胜利，农业和农村经济有了迅速的发展，才为整个经济体制改革奠定了坚实的基础，并使得改革的中心能够顺利地由农村转入城市。

　　以城市为重点的整个经济体制改革是从 1984 年开始的，在此之前，虽然也进行了许多试验和探索，采取了扩大企业自主权等一些重大措施，取得了一定成效和重要经验，但这些改革是初步的，城市经济体制中严重妨碍生产力发展的种种弊端还没有从根本上消除。到目前，已在若干方面取得了突破性进展：

　　1. 在企业改革方面。企业改革的重点是搞活国有大中型企业，至 1992 年底，我国 1.3 万家国有大中型工业企业已经和正在发生深刻的变化，这些企业的经营管理开始步入适应市场经济的新阶段。主要表现在：一是以执行国家指令性计划为中心的企业管理观念开始转变，以市场需求为导向，以提高经济效益为目标的企业经营管理思想逐步树立。二是一支新型的企业经营队伍正在形成。三是企业劳动、人事、分配管理制度改革不断深化。至 1992 年底，实行这三项管理的国有大中型企业达 1190 户；参加劳动制度改革的 3.9 万户，职工 1767 万人，精简富余人员 98 万人。四是各项基础工作和专项管理得到加强。五是企业普遍结合实际，选用了一些现代管理方法。①

　　2. 在市场机制作用的发挥和市场体系建设方面。改革以来，我们按照商品经济发展的要求，积极进行了价格改革，大幅度缩小了国家调拨、收购和定价的范围，积极培育和发展了各种市场。至 1992 年底，市场调节的比重在工业经济中上升到84％，而指令性计划在工业产值中

————————————

①　1993 年 4 月 4 日《经济日报》。

的比重已经下降到 16%。国家统一分配的生产资料已减
少到 19 种，价格由国家定价的比重降到不足 30%，由国
家定价的消费品价格比重，按社会商品零售总额计算仅为
10% 左右。① 劳务市场、资金市场、房地产市场等各种市
场也都有了较快发展。这说明原有高度集中的以指令性计
划为主要特征的经济体制已经发生了多方面变化，市场在
经济活动中的调节作用显著扩大。

　　3. 在宏观调控方面。改革以来，随着企业经营方式
的改变和经济运行方式的变化，我国宏观调控的方式逐渐
由直接调控为主转向间接调控为主，并且通过财政税收体
制、金融体制，劳动工资体制和政府管理机构等方面的改
革，改进了间接调控的手段和机构。特别是适应市场经济
发展的需要，金融手段的作用有所加强。至 1992 年，在
全部生产建设资金中，依靠财政直接拨款的比重已经从
75% 左右下降到不到 20%，依靠银行贷款的比重，已经
从 25% 左右上升到 80% 左右。

　　4. 在所有制改革方面。改革以来，在坚持公有制为
主体的同时，采取了鼓励集体经济、个体经济和私营经济
发展的政策。同时，由于对外开放的迅速发展，中外合
资、合作企业和外国独资企业、台湾独资企业、港澳独资
企业也迅速发展起来。这样，我国的所有制形式已经发展
到 9 种，各种所有制经济在整个经济中所占比重也发生了
变化。1978 年，在我国的工业生产中，公有制几乎占

————————

　　①　1992 年 11 月 12 日《经济日报》，1992 年 12 月 22 日《人民日报》。

100%，其中国家所有制占80%；在商业零售额中，公有制占97.5%，其中国家所有制占90.5%。按全部国民生产总值计算，国家所有制要占55%—60%。到1991年，国家所有制在工业生产中已下降到52%，在商业零售额中已下降到40%。在整个国民生产总值中，国家所有制比重已下降到35%—40%。相应地，集体经济和其他经济成分都有了一定发展。

现在，再回过头来审视以城市为中心的经济改革所走过的历程，如下几点是值得肯定的：

第一，把增强企业活力作为经济体制改革的中心环节，是正确的选择。

以城市为重点的经济体制改革一开始，中央吸取理论界讨论的成果并在实践经验总结的基础上，就明确指出："城市企业是工业生产、建设和商品流通的主要的直接承担者，是社会生产力发展和经济技术进步的主导力量。""仅城市工业企业提供的税收和利润，就占全国财政收入的80%以上。这些情况表明，城市企业生产经营的积极性、主动性、创造性能否充分发挥，8000多万职工的积极性、主动性、创造性能否充分发挥，就是说城市企业是否具有强大的活力，对于我国经济的全局和国家财政状况的根本好转，对于党的十二大提出的到本世纪末工农业年总产值翻两番的奋斗目标的实现，是一个关键问题。具有中国特色的社会主义，首先应该是企业有充分活力的社会主义。而现行经济体制的弊端，恰恰集中表现为企业缺乏应有的活力。所以，增强企业活力，特别是增强全民所有制的大、中型企业的活力，是以城市为重点的整个经济体制改革的中心环节。"① 围绕这个中心环节，我国 14 年来做了三个方面的不懈努力：一是按照商品经济和市场经济发展的要求，扩大企业自主权，把企业改造成独立的经济实体，使其成为自主经营、自负盈亏、自我约束的社会主义商品生产者和经营者，成为具有法定权利和义务的法人。二是转换企业经营机制，使企业在市场经济的发展中不仅具有内在的生产经营动力，而且也具有外在的压力。三是按照所有权同经营权适当分离的理论，实行包括承包、租赁在内的多种形式的经营责任制，并进行股份制试点，以探索产权明晰的企业组织新形式。所有这些措施，方向是正确的，收效是明显的。正是有了这些措施，企业才开始从旧体制中摆脱出来，初步具有活力，成为整个经济体制改革的中心、主体和支撑者。

毋庸回避的是，在企业改革进程中，曾经出现过不同思路的争议，这些争议甚至到现在也并不统一。例如，有人主张承包制，有人主张资产经营责任制，有人主张股份制。这应该说是正常的积极的现象。对于这样的理论讨论应该予以鼓励，并尽可能将各种不同思路付诸试验，以便进行总结、比较、优选，使企业更快更好地发展。

同样毋庸回避的是，在企业改革中也还存在一些问题，突出的是：在管理体制上，机构重叠，运转不灵、效率降低，对市场反应迟钝；在运行机制上，企业动力机制

① 《中共中央关于经济体制改革的决定》，人民出版社 1984 年版，第 11—12 页。

不强，激励机制乏力，约束机制软弱；在观念上，一些企业仍抱有依靠国家吃大锅饭甚至"吃皇粮"的思想，对投身市场、开展竞争显得诸多不适应；特别是企业活力不够强，企业效益状况不很理想的状况还严重地存在着。这从另一侧面说明，继续抓住改革的中心环节，加快深化企业改革仍是一项十分急迫的任务。

第二，把价格改革作为整个经济体制改革的关键抓紧抓好，也是十分必要的。

价格是市场的晴雨表，价格机制是市场经济中最基本的调节机制，要发展市场经济必须充分发挥价格机制的作用。

我国原有的价格体系，既不反映价值，也不反映供求关系。不改革这种不合理的价格体系，就不能保证企业生产经营的正常进行，不能正确评价企业的生产经营成果，不能保障城乡物资的顺畅交流，不能促进技术进步和产业结构合理化，就必然造成社会劳动的巨大浪费，也会严重妨碍按劳分配原则的贯彻执行。随着企业改革的深化和企业的搞活，价格对企业生产经营活动的调节作用日益显著，建立合理的价格体系更为急迫。各项经济体制的改革，它们的成效都在很大程度上取决于价格体系的改革。正是基于这些判断，所以我国的以城市为重点的改革一开始，就明确地把价格改革作为关键，并采取了一系列改革的措施。这些措施主要的有两类：

一类是采取调放结合的办法，有步骤改革不合理的价格体系。通过提高农副产品和能源、交通、原材料价格的途径，改变某些原材料、交通、能源价格偏低，主要农副产品价格偏低并且购销价格倒挂的状况，使同类商品的质量差价拉开，不同商品之间的比价趋于合理。另一类是改革价格的形成机制和过分集中的价格管理体制。在调整价格的同时，逐步地缩小国家统一定价的范围，扩大浮动和自由定价的范围，直到使大部分产品价格由市场定价，使价格确实能够比较灵敏地反映劳动生产率和市场供求关系的变化，比较好地符合市场经济发展的需要。

从总体上看，价格改革已经获得了成功。这不仅表现在价格体系、价格形成机制、价格管理体制都正趋向合理，更重要的是价格改革为其他各项改革创造了良好的条件，推动了整个的经济体制改革的进展。

当然，在价格改革进程中出现的"双轨制"也曾带来了一些弊端，某一时期也出现了比价复归的问题，通货膨胀也曾经困扰改革和国民经济的发展。这些问题虽然大都得到了克服，但它告诉我们：价格改革是艰巨的复杂的系统工程，在今后的改革进程中，仍然需要慎之又慎，决不可掉以轻心。

第三，一定要坚持配套改革。

改革初期，理论界发生过是"一揽子配套改革"还是"单项突进"改革的争论。主张单项突进改革的学者认为，我国生产力水平低，经济上存在二元结构，地区发展极不平衡，管理人才和经验不足；同时，旧体制中集中化、实物化、封闭化、平均主义化程度很深，改变这种状态需要很长时间；所以改革很难同时同步，只能波浪式地逐渐进行。他们曾分别地提出了"宏观体制改革先行"、"市场——价格改革先行"、"企业——所有制改革先行"的主张。而主张"一揽子配套改革"的学者则认为，旧体制的各个环节、各个方面盘根错节，犬牙交错，牵一发动全身，如不配套改革，任何单项改革都难取得预期的成功，只有一揽子配套改革，才可能取得进展。

现在看来，配套改革的思路似更符合实际情况。道理很明显，改革是一场革命，是一项巨大的系统工程，任何一项单兵独进的改革如果没有整体改革的配合，或者是不能获得成功，或者是虽获进展但其正效应最终为旧体制的制约而抵消。而只有配套改革，才能既保证单项改革措施的落实，又可取得整体效应。当然，所谓配套改革，也并非各项改革齐头并进，而是指对于改革要有总体规划，又有分步措施，而改革进程中既要保证重点改革措施的落实，又要兼顾其他措施的跟进。这样就可以使各项改革措施相得益彰。

配套改革是已为我国十几年改革证明了的成功思路。但这并不是说，过去和目前的改革中就不存在不配套的问题，相反，不配套的问题还比较普遍。例如，社会保障体系不配套；政府机构改革不配套；市场建设不配套；法制建设不配套；等等。所有这些"不配套"都严重影响着改革的深化。这说明配套改革任务艰巨，依然是深化改革的必须解决的重大课题。

三

任何时候，都要把改革和发展紧密地结合起来，也是我国改革成功的经验之一。

如何处理经济改革和经济发展的关系，是我国从 20世纪 70 年代末以来一直面临的一个重要问题。发展是目的，改革是手段，以改革促进生产力的发展，经济建设才能搞得更快更好；经济建设搞好了，又能够为改革创造良好的环境和条件。

改革的根本目的是解放和发展社会主义社会的生产力，提高人民的生活水平，这是十几年改革实践所验证了的科学结论。通常说，改革是对社会主义制度的完善和发展。但完善和发展社会主义制度的根本目的是什么？从我国以及世界上曾经实行社会主义制度的国家的经验教训看，归根到底就是为了创造出比其他制度更高的生产力，使人民的生活水平不断得到提高。只有坚持这样的根本目的，并始终不渝地为实现这一目的而努力，改革才能得到广大人民群众的拥护支持和参与，才能取得最后的成功，社会主义制度也才能够显示出它的优越性，才可以名符其实地被称之为比其他一切社会制度都具有生命力的社会制度。

对于上述改革的目的和改革与发展的关系，我们的认识是清楚的。早在 1984 年《中共中央关于经济体制改革的决定》中就明确指出："我们改革经济体制，是在坚持社会主义制度的前提下，改革生产关系和上层建筑中不适应生产力发展的一系列相互联系的环节和方面。""改革的进行，只应该促进而绝不能损害社会的安定、生产的发展、人民生活的改善和国家财力的增强。社会主义的根本任务就是发展社会生产力，就是要使社会财富越来越多地涌现出来，不断地满足人民日益增长的物质文化需要。社会主义要消灭贫穷，不能把贫穷当做社会主义。必须下决心，以最大的毅力，集中力量进行经济建设，实现工业、农业、国防和科学技术现代化，这是历史的必然和人民的愿望。全党同志在进行改革的过程中，应该紧紧把握住马克思主义的这个基本观点，把是否有利于发展社会生产力作为检验一切改革得失成败的最主要标准。"[①]《决定》所提出并阐述的这一观点，在其后一些重要文件中曾多次重复肯定，特别是到1992年，对这一问题的认识又达到了更新的高度，认识到改革是解放生产力发展生产力，发展是硬道理，并且认识到一定要抓住时机，发展自己，力争每隔几年使国民经济都上一个新的台阶。

在改革和建设的实践中，我们是努力按上述观点做的，并且取得了巨大的成功。1978—1984年，伴随农村改革的成功和城市经济体制改革试点工作的展开，国民经济上了一个台阶，1984—1988年，伴随城市为重点的经济体制改革的成功，国民经济又上了一个台阶。经过这两次飞跃之后，国民生产总值由1978年的3588亿元增长到

---

① 《中共中央关于经济体制改革的决定》，人民出版社1984年版。

1988 年的 13853 亿元；工业总产值由 1978 年的 1659 亿元
增长到 1988 年的 18104 亿元；农业总产值由 1978 年的
1397 亿元增长到 1988 年的 5618.5 亿元。1992 年改革开
放与经济建设的高潮又起，伴随一系列新的改革措施出
台，国民经济在 1991 年稳定增长的基础上，出现了加快
发展的新局面。农业 1992 年粮食达 44258 万吨，为历史
上第二个丰收年；国内生产总值比上年增长 12.8%，工
业总产值增长 20.8%，是改革以来增长最快的一年，外
贸出口增长 18.2%，进口增长 26.4%；城镇居民人均生
活费收入增长 18.2%（扣除价格上涨因素实增 8.8%），
农民人均收入增长 0.6%（扣除物价上涨因素实际增长
5.9%）。[①]

　　同任何正确的认识都要经过反复、比较才可能得出一
样，对于改革的目的和改革与经济发展的关系，我们也经
历了一个逐步深化过程。

　　理论界曾经发生过经济体制改革是否需要相对宽松
的经济环境的争论，其实质是对改革与发展关系的认
识。主张改革要有相对宽松的经济环境的学者认为，经
济发展和经济改革必须相互协调，相辅而行。经济发展
的剧烈波动往往会导致经济改革的挫折。一旦出现总需
求总供给及其结构的严重失衡，就会使通过改革利用市
场机制来优化资源配置的作用受到削弱，而通货膨胀的
压力又会迫使人们强化行政手段来控制经济生活，使改

---

　　① 数字来源：国家统计局统计公报。

革陷入停顿或倒退。虽然在改革的过渡时期因有旧体制惯性的影响和许多不确定因素的存在，难以指望出现全面稳定的宽松环境，但是我们不能因此而放弃为改革创造一个相对宽松的经济环境的努力。[①] 与此相反的观点则认为，改革只能在比较紧张的经济条件下进行，试图在模式转换之前建立买方市场是不现实的。改革之所以必要，就是因为卖方市场的存在。超高速和卖方市场的存在不是建立新体制的障碍，而是进行模式转换的良机。[②] 现在看来，似应把这两种观点统一起来，一方面要通过改革创造良好的经济环境，促进经济的发展；另一方面除了改革之外，还要实行合理的经济发展战略和有效的经济政策，创造良好的经济环境，以保证改革的顺利进行。这是已为十几年改革实践所证明了的。

　　在实际决策中，关于改革与发展关系，也曾有一些不同的指导方针，例如：《中共中央关于制定第七个五年计划的建议》中提出：坚持把改革放在首位，使改革和建设互相适应，互相促进。……建设的安排要有利于改革的进行。而在中共中央关于治理整顿深化改革的决定中又提出，改革要服从治理整顿，有利于治理整顿的进行。以历史的观点看，当时的指导方针是针对当时的实际情况提出的。但是，从根本上说，改革的根本目的是解放生产力，发展生产力，改革要服从和服务于经济建设这个中心，而

---

　　① 刘国光：《经济体制改革策略选择的理论问题》，1988 年 8 月 19 日《人民日报》。

　　② 厉以宁：《社会主义政治经济学》，商务印书馆 1986 年版，第 470—471 页。

不是相反。即使在一些特定情况下，由于旧体制严重束缚着经济发展，非改革就不能发展，因而把改革摆在突出位置时，也仍然需要清醒地认识到改革的目的是为了发展，改革采取的措施要有利于发展。为改革而改革，尤其是因改革而影响了生产力的发展，是绝对不能允许的，这也是为十几年改革实践所证明了的。

需要指出的是，在改革与发展关系的处理上，我们取得了成功，这是问题的主要的方面；但另一方面也存在一些问题，主要是：（1）在某些年份，在改革和经济发展都呈现加快的势头的同时，国民经济总供求缺口拉得较大，物价上涨较快，从而给改革和经济发展都带来了困难和消极影响。例如，1984—1988 年供求差率分别为 16.56%、11.25%、13.45%、13.60% 和 16.20%，物价上涨率分别为 2.8%、8.8%、6.0%、7.3%、18.5%。如果不是这样，改革可能进展得更顺利一些，经济发展也会更好一些。（2）重复建设的问题，结构不合理的问题没有得到根本的解决。（3）经济效益虽然有所提高，但仍不乐观。以 1992 年为例，企业经济效益综合指数虽然比 1991 年提高了 5 个百分点，达到 89，但仍低于"七五"水平，其中产品销售率低 3.74 个百分点，流动资金利税率低 3.51 个百分点，成本利润率低 3.81 个百分点，净产值率低 1.88 个百分点，流动资金周转次数低 0.24 次，而且仍有 1/3 的国有大中型企业亏损。这些问题的存在不仅阻碍了经济更快更好地发展，而且增加了改革的难度，加大了改革的成本。这从另一个角度说明，妥善地处理改革与发展的关系不仅十分重要，而且任务也还十分艰巨、十分急迫。

四

经验是一种财富。总结我国改革的基本经验（包括正反两方面的经验），是为了更快更好地深化改革。20 世纪 90 年代是我国建立社会主义市场经济体制的关键时期，在这一时期，经济体制改革任重而道远。为了尽可能快地构建起社会主义市场经济的基本框架，必须坚持和发展前十几年来改革所采取的卓有成效成功思路和做法，抓住以下几个关键环节，力争有突破性的进展。

首先，要牢牢地抓住企业改革特别是国有大中型企业改革这一中心环节，加快国有企业经营机制的转换。企业改革的核心问题是企业要以独立市场主体的身份进入市场。对于企业来说，要加快转换内部经营机制，继续深化劳动、人事、分配三项制度改革，主动进入国际、国内两个市场，形成面向市场、富有效率和活力的机制。对于政府来说，要逐步落实企业的 14 项经营自主权。当前要认真落实《全民所有制工业企业转换经营机制条例》，完善承包制，发展股份制，鼓励发展跨地区、跨行业、甚至跨国经营的企业集团。对于一些小的国有企业，也可以租赁、出卖给集体或个人经营。

其次，要继续进行价格改革，积极发展各类市场。要抓住当前总供求基本平衡的有利时机，继续扩大市场调节价格的范围，逐步理顺价格体系，建立健全以市场形成价格为主的价格机制和国家对市场物价的调控体系。要以建立健全市场法则、发展生产要素市场为重点，逐步建立比较完善的市场体系。在继续发展商品市场、农副产品和生产资料市场的基础上，重点发展金融、劳动、技术、产权市场。要打破地区与部门的分割与封锁，促进商品的合理流通，并加强市场管理，维护市场秩序，保护合法经营和公平竞争。

再次，要围绕改革和加强宏观经济管理，进行配套改革。改善和加强宏观经济管理，是建立社会主义市场经济体制的重要组成部分。从总体思路说，要以市场调节为基础，对国民经济实行间接调控和管理。这就要求：（1）要进一步改革财政税收体制，完善复式预算制度，强化财政预算约束。要按照中央和地方分税制和国有企业利税分流的方向，加紧改革，尽快出台落实措施。（2）加快金融体制改革的步伐。人民银行要从宏观上调节货币供给和信贷资金总量，稳定货币抑制通货膨胀，其他银行要逐步向商业银行过渡。要按照国际惯例和通行规则，改革银行和其他金融机构的业务制度，积极推广通过金融机构转账的结算办法，减少现金流量。（3）继续改善计划工作。计划的形式要以中长期计划为主、指导性计划为主。计划工作的主要任务是搞好经济发展预测、总量调控和重大项目建设，促进经济结构优化，使国民经济能够以较快速度稳步协调发展。（4）要综合运用各种经济手段，加强经济法制，并辅之以必要的行政手段，发挥审计、监察、统计和工商行政管理部门的作用，逐步形成完善的宏观调控体系，保证国民经济的高效健康运转。

最后，要加快政府职能转变和机构改革。政府职能转变和政府机构改革是建立社会主义市场经济体制的重要条件。前十几年的改革中，这方面的改革严重滞后，以致造成当前政企不分、关系不顺、机构臃肿、效率低下的局面，阻碍了改革和建设的顺利发展，因而必须加快改革。改革要贯彻转变职能，理顺关系，精兵简政，提高效率的原则，要以转变职能为突破口，把精简机构、人员同提高效率紧密结合起来。通过改革，真正建立起高效的政府，并使高效的政府管理同有效的市场结合起来，推动社会主义市场经济的高速健康地发展。

发挥市场机制的作用
加强和改善宏观调控[*]

——学习江泽民同志《正确处理社会主义现代化建设中的若干重大关系》的体会

市场机制与宏观调控的关系是我国社会主义现代化建设过程中必须正确认识和妥善处理的一个带有全局性的重大问题。江泽民同志在党的十四届五中全会闭幕时的讲话，对市场机制与宏观调控的关系作了科学的论述，为我们正确认识和处理这二者关系指明了方向。

一、充分发挥市场机制的作用和加强宏观调控，都是社会主义市场经济体制的基本要求

市场经济即市场对资源配置起基础性作用的经济。市

---

* 本文发表于 1995 年 12 月 28 日《人民日报》。

场经济的基本调节机制即市场机制。社会经济发展史表明，市场机制的作用，可以使生产者按照消费者的偏好安排生产，投入的生产要素能够自由流动，价格具有弹性，市场信息灵通，专业分工精细，社会分工灵活易变，从而使资源得到有效配置，生产效率可以不断提高。因此，要使我国经济富有活力和效率，必须充分发挥市场机制的作用。

但市场机制并不是完美无缺的。当市场经济发展到一定程度后，如果还完全由市场机制调节，经济会由于竞争过度或竞争不足（垄断）导致比例的失调、资源的浪费或利用不足。此外，完全由市场机制调节，也无法建立和维护正常的市场秩序，无法解决整个经济社会的协调发展，因此，必须有一种超市场机制的力量对经济进行调控。这就是通常所说的现代市场经济内在地要求宏观调控。

我国是一个市场发育尚不充分、市场经济尚不发达的发展中国家，在今后的十几年乃至几十年中都将处于经济快速发展、产业结构迅速升级换代的发展阶段，还将处于由粗放型经济增长方式向集约型经济增长方式、计划经济体制向社会主义市场经济体制转变的时期。在这样的发展阶段和转变时期，既充分发挥市场机制的积极作用，又实行科学而有效的宏观调控，实现市场机制与宏观调控的有机结合，更具有特殊的必要性和重要意义。

第一，它是促进国民经济持续、快速、健康发展的重要条件。作为市场经济的后起国家，我国面临着加速经济发展的艰巨任务，为实现 2000 年人均国民生产总值比 1980 年翻两番，2010 年国民生产总值比 2000 年翻一番，一定要大力发展市场经济，充分发挥市场机制刺激经济发展的潜力。但我国追求的经济发展，不仅仅是国民生产总值数量的扩张，而且是比例、结构的协调、优化，质量、效益的提高，要做到速度和效益相统一，总量增长和结构优化相统一。因此，就必须在充分利用市场机制的同时，加强和改善宏观调控，以抑制通货膨胀，避免经济的大幅度波动，保持社会总供求的基本平衡。从这样的意义上说，实现市场机制与宏观调控的有机结合，是实现国民经济持续、快速、健康发展的重要前提。

　　第二，它是以建立社会主义市场经济体制为目标的经济体制改革顺利进行的重要保证。我们目前正在进行的改革，其基本的方向就是要强化市场机制的作用。企业改革，市场体系的建立与完善，政府职能的转变，都是要按照市场经济规律的要求去进行。但这种改革，不但不排斥宏观调控，反而一定要有宏观调控作保证。市场经济的发展是一个渐进的长过程，为加快这一进程，并避免发生大的社会震荡，不仅要求有一个有效的市场机制，有一个能够灵活反映市场经济要求的有效政府，而且还要求有一套便于引导和约束所有市场主体行为的公共规范、市场秩序以及法律体系，而所有这些都应该由宏观调控去完成。从这样的意义上说，能不能实现宏观调控与市场机制的有机结合，将关系到改革的成败。

　　第三，它也是巩固和发展社会主义经济制度的重要保证。以公有制为主体的多种经济成分的快速发展和公平竞争，既是巩固和发展社会主义基本经济制度的要求，也是我国市场经济发展的要求。要保证各种经济成分都能健康发展，特别是要发挥公有制的优势和潜力，有效的途径是按照市场经济规律，让它们在公平竞争中锻造成自主经营、自负盈亏、自我积累、自我发展的市场经济主体。与此同时，政府也必须通过宏观调控，为多种经济成分的发展创造公平的市场环境，提供公平的发展机会、施加公平的竞争压力。因此，市场机制同宏观调控有机结合是以公有制为主体的多种经济成分健康发展的可靠保证。坚持以按劳分配为主体、多种分配形式并存的原则，体现效率优先、兼顾公平，是社会主义基本经济制度和社会主义市场经济的共同要求。为实现这一要求，一定要将市场机制的作用引入分配领域，充分发挥分配的作用，刺激经济效益的提高；但与此同时，又要避免由于非劳动因素在分配中占的比重过大，而导致两极分化的现象发生和蔓延，这就要求发挥政府宏观调控的作用，利用税收等政策进行调节。因此，只有实行市场机制与宏观调控的结合，才可能在实行以按劳分配为主体、多种分配形式并存的过程中，实现公平与效率的兼顾和结合，调动各方面的积极性。

二、加速市场体系的培育和发展，
为充分发挥市场机制的作用
积极创造条件

　　江泽民同志指出："要使我国经济富有活力和效率，必须充分发挥市场机制的作用，这是改革开放以来所积累的重要经验"。[①] 市场机制作用的发挥是与市场经济的发展程度相适应、以市场经济的发展为条件的。目前，我国市场发育还不成熟，必须加快市场体系的培育和发展。但市场体系的培育和发展是一个长期的过程。在加快市场体系的培育和发展、充分发挥市场体制影响和作用的过程中，有两种倾向应引起重视。一是传统的体制影响和某些工作滞后，束缚了市场经济的发展和市场机制作用的发挥。最主要的表现是，企业改革特别是国有企业改革明显滞后，从而妨碍了市场主体的发育和形成；法制建设滞后，影响了市场规则的建立和市场规范的形成。二是超越了市场经济的发育程度，使市场机制的作用在某些领域、某段时间内发生了扭曲。如房地产市场、股票市场、期货市场等一度过热发展，致使金融秩序发生紊乱并由此影响了改革和发展的进程。这两种倾向在今后的工作指导中要努力加以注意和克服。

---

　　① 江泽民：《正确处理社会主义现代化建设中的若干重大关系》，人民出版社1995 年版。

在当前，加速市场经济的发展，发挥市场机制的作用，要抓住：1. 加快以建立现代企业制度为目标的国有企业改革，抓住产权明晰、职责明确、政企分开、管理科学四个环节，尽快塑造真正的市场主体。2. 加速市场培育，特别是要加速生产要素市场培育，完善市场体系。3. 进一步深化价格管理制度的改革，理顺价格体系，让价格机制能够灵活地反映供求关系，调节资源配置。4. 加快社会保障制度改革，为破产机制、竞争机制的充分发挥作用奠定基础。5. 进一步加快法制建设，建立并维护正常的市场秩序，为市场机制的充分发挥作用提供良好条件和保证。

三、建立健全新的宏观经济调控体系，
加强和改善宏观经济调控

在加快市场体系的培育和发展，充分发挥市场机制作用的同时，我们还必须看到，"市场也存在着自发性、盲目性和滞后性的一面，国家必须对市场活动加以正确的指导和调控。"[1] 经过十几年的改革，在建立新的调控体系方面，我们已取得了一系列的重大进展，但从总体上说，如何搞好宏观调控，我们的知识和经验都还不足。与社会主义市场经济的要求相比，在调控的科学性、有效性上还有很大差距。

---

① 江泽民：《正确处理社会主义现代化建设中的若干重大关系》，人民出版社1995 年版。

当前，加快健全和完善宏观调控体系，首先，要从我国国情出发，选择建立"国家指导型"的调控模式，即建立由国家导向的市场经济调控模式。国家通过制定社会发展目标和经济发展目标发挥其经济职能，并以间接手段为主，更多地运用经济的和法律的办法进行调控。其次，要加强信息搜集和预测，提高决策民主程度，努力提高决策的科学性。要妥善处理中央与地方的关系，充分发挥中央与地方两个积极性。鉴于我们国家大，人口多，地区之间发展水平不平衡的客观实际，中央在进行宏观调控时，要考虑到地方合理的利益及要求，要赋予地方必要的经济调节权；让地方在中央的统一调控下，从本地区实际出发办更多的事情，以发挥地区优势，充分调动地方发展经济的积极性。但与此同时，为顺利推进改革开放，发展社会主义市场经济，必须保证中央的强有力的集中宏观调控，以保证使整个经济既充满生机活力又协调有序地向前发展。这里，有必要指出的是，宏观调控，就一个国家而言，只能是指中央政府从国民经济的总体要求出发进行的调控，地方政府对经济的管理必须是在国家宏观调控的大政策下进行，必须根据本地区实际自觉贯彻中央政府的要求。要注意认真研究经济体制转换期和经济增长方式转换期国民经济呈现的复杂特点，努力提高宏观调控的科学性和有效性。

根据我国的实际经验并借鉴国外的一些做法，在加强和改善宏观调控过程中，强调以下几点是必要的：

1. 宏观调控一定要以市场为基础，尊重和发挥市场机制对于资源配置的基础性作用。凡是应当由市场调节的经济领域和经济活动，都要放开搞活，让市场去调节，激发经济活力。特别是竞争性产业，应主要由市场配置资源，基础性产业、社会公共事业也要引入市场竞争机制。宏观调控要建立在尊重和发挥市场机制作用的基础上。

2. 国家对于市场活动必须加以正确的指导和调控。这里需要强调的是，国家对于市场活动加以指导和调控，既不是要取代更不是要否定市场机制的作用，而是要通过政府与市场功能性分工，实现二者的有机结合。一般地说，政府调控的作用在于通过制定社会发展目标和经济发展目标，从宏观上促进国民经济的发展。政府调控的作用领域主要是宏观总量调控、结构调整、经济布局，以及一些重大的经济活动，通过产业政策、财政手段、金融政策、出口导向政策等解决好重大资源和社会利益的调整等问题。市场机制与宏观调控相结合，就是要使市场机制与宏观调控都能充分发挥作用，互相借鉴互相补充，使二者都能覆盖全社会。

3. 关键是转变政府职能，加强和改善宏观调控。正如江泽民同志在讲话中正确指出的："充分发挥市场机制的作用和加强宏观调控，都要求加快政府职能的转变。关键是要实行政企分开，继续进行行政管理体制和机构的改革。"①

---

① 江泽民:《正确处理社会主义现代化建设中的若干重大关系》，人民出版社1995 年版。

　　社会主义国家政府管理经济的职能，包括相互联系的四个方面：对国有资产管理的职能；对国民经济进行宏观调控的职能；对经济基础设施建设的职能；健全法制，对市场秩序建立和维护的职能。严格地说，这四种职能都直接和间接地与加强和改善宏观调控，充分发挥市场机制的作用有关。

　　对国有资产管理的职能，是宏观经济调控的重要组成部分，其实质是确保并实现国家对国有资产的最终所有权和对国有资产的宏观管理权，以保证国有资产不受侵害并能增值。转变政府职能，体现在对国有资产管理方面，就是要改变原有的国家直接经营国有企业的做法，而按照建立现代企业制度的要求，实现国家最终财产权同企业法人财产权的分离，国家拥有对国有投资企业财产的最终所有权，并凭借这种所有权集中必要的纯收入，对国有企业进行政策管理；而企业则是法人财产代表，可以根据市场需要，在国家法律、政策允许的范围内自主地进行生产经营活动。加强和改善宏观调控，转变政府职能，就是要将原有的国家对经济管理实行指令性计划的做法，转变为对整个国民经济统筹规划，制定政策，信息引导，组织协调，提供服务和检查监督；以预测性、指导性计划的方式和间接管理的方式，将国民经济管得更好。为适应社会主义市场经济要求，国家作为经济基础设施的建设者，也应该运用市场机制，讲求经济、社会效益，使基础设施的建设服务于市场机制，并有利于国民经济的结构优化和总量平衡。转变政府职能，加强法制建设，建立完备的法规体系，运用法律的规范性、强制性、稳定性的特点，建立并规范市场秩序，保障市场机制的正常运行，是加强和改善宏观调控的迫切要求，也是国家宏观调控逐步科学化的重要标志，因而要努力做好。

国家经济职能的发挥是同整个经济体制的状况联系在一起的。为了加强和改善宏观调控，就必须根据建立社会主义市场经济体制的要求，继续改革和健全宏观调控体制（包括计划体制，财政体制，金融体制，投资体制，等等），继续进行行政管理体制和机构的改革，并且在这些改革中，切实实现政府职能的转变。

坚持以经济建设为中心不动摇[*]

一代伟人邓小平同志的逝世，对全党、全军、全国各族人民是不可估量的巨大损失。邓小平同志是我国社会主义改革开放和现代化建设的总设计师，是建设有中国特色社会主义理论的创立者。邓小平同志留给我们的遗产极其丰富，其中坚持以经济建设为中心，加快生产力的发展是重要的组成部分。我们对于邓小平同志最好的悼念是化悲痛为力量，沿着建设有中国特色的社会主义道路继续前进，坚持以经济建设为中心不动摇，加快生产力的发展，为实现现代化建设的宏伟目标而努力奋斗。

---

* 本文是作者在悼念邓小平同志座谈会上的发言，发表于 1997 年 2 月 28 日《天津日报》。

一、加快生产力发展是建设有中国特色
社会主义的根本任务,是邓小平对
马克思主义基本原理的坚持和发展

在改革开放近20年中,中国共产党和中国人民在理论和实践探索上所取得的重大突破之一,就是认识到解放生产力、发展生产力是社会主义本质的重要组成部分,是社会主义的根本任务。而这一重大突破,首先应归功于邓小平。

中国共产党从建立和领导中国革命的那一天开始,就明确提出要坚持马克思主义,坚持社会主义。但什么是社会主义,如何建设社会主义,在改革开放以前的相当长时期内,我们并没有很好地把握住发展生产力的基本方向和经济建设的中心。在十年动乱的特殊时期,甚至否定发展生产力而实行以阶级斗争为纲。

是邓小平同志以其无产阶级革命家的理论勇气首先带领全国人民拨乱反正,提出:我们的政治路线就是搞社会主义现代化建设。社会主义如果老是穷的,它就站不住。我们一定要、也一定能拿今后的大量事实来证明,社会主义制度优越于资本主义制度。这要表现在许多方面,但首先要表现在经济发展的速度和效果方面。没有这一条,再吹牛也没有用。其后,邓小平同志又反复指出:什么是社会主义,什么是马克思主义?马克思主义最注重发展生产力。我们讲共产主义,共产主义的含义是什么?就是各尽所能，按需分配。这就要求社会生产力高度发展，社会物质财富极大丰富。所以，社会主义要消灭贫穷。不发展生产力，不提高人民的生活水平，不能说是符合社会主义要求的。到1992年，邓小平更明确地提出：社会主义的本质，是解放生产力，发展生产力，消灭剥削，消除两极分化，最终达到共同富裕。

邓小平同志关于解放生产力、发展生产力是马克思主义的基本原则，是社会主义的根本任务的论述，恢复了曾经被模糊甚至被颠倒了的马克思主义的本来面貌，在中国现代化建设新的历史条件下丰富发展了马克思主义，构成建设有中国特色社会主义理论的重要内容，成为指导我们前进的根本指针。在这一指针的指引下，我国过去近20年改革开放和现代化建设事业已经取得了举世瞩目的伟大成就，只要我们坚定不移地坚持这一指针，现在和将来也一定能够取得更加伟大的成就。

二、坚持以经济建设为中心不动摇是坚持党的基本路线不动摇的关键，是邓小平对我国社会主要矛盾的准确判断

在确立社会主义根本任务的同时，还必须明确社会主义的中心任务和党的基本路线、方针、政策，以保证根本任务的实现。

在改革开放以前的长时期内，由于把我国社会的主要矛盾确定为阶级矛盾，在工作指导上坚持以阶级斗争为

纲，因而把经济建设摆在次要的地位，甚至把搞经济建设视为修正主义，其结果是扼制了经济发展，严重地阻碍了社会主义优越性的发挥。其危害是人所共知的。

邓小平同志坚持把马克思主义同我国的实践相结合，明确地指出：我们的生产力发展水平很低，远远不能满足人民和国家的需要，这就是我们目前时期主要矛盾，解决这一矛盾就是我们的中心任务。在同一个讲话中，他还指出：我们当前以及今后相当长一个历史时期的主要任务是什么？一句话，就是搞现代化建设。能否实现四个现代化，决定着我们国家的命运、民族的命运。在中国的现实条件下，搞好社会主义的四个现代化，不从这个实际出发，就是脱离马克思主义，就是空谈马克思主义。社会主义现代化建设是我们当前最大的政治，因为它代表着人民的最大的利益、最根本的利益。在其后的实践中，邓小平同志又反复地强调这一思想，指出：我们党在现阶段的政治路线，概括地说，就是一心一意地搞四个现代化。这件事情，任何时候都不要受干扰，必须坚定不移地、一心一意地干下去。现代化建设的任务是多方面的，各个方面需要综合平衡，不能单打一。但是说到最后，还是要把经济建设当做中心。离开了经济建设这个中心，就有丧失物质基础的危险。其他一切任务都要服从这个中心，围绕这个中心，决不能干扰它，冲击它。经济建设是我们的大局，一切都要服从这个大局。

在邓小平同志这一思想的指导下，我们党确立了"一个中心、两个基本点"的基本路线。在基本路线的指引下，在过去的近20年中，尽管国际国内发生了这样那样的重大事件，我们始终坚持以经济建设为中心，一心一意地搞现代化建设，使我国的社会主义改革开放和现代化建设取得了一个又一个的伟大成就。积近20年伟大实践的经验，集中到一点，就是要毫不动摇地坚持党的基本路线，这是我们事业能够经受风险考验，顺利达到目标的最可靠的保证。而坚持党的基本路线不动摇，关键是坚持以经济建设为中心不动摇。

三、继承邓小平遗志,坚持以经济建设　　为中心,把国民经济搞得更好

邓小平同志离开我们了，但他的关于以经济建设为中心、解放生产力、发展生产力的伟大思想是宝贵的财富，将永远指引我国的现代化建设事业胜利前进。

我们悼念邓小平同志，需要做的事情很多，但最根本的就是要化悲痛为力量，把现代化建设事业搞得更好。

我们一定要继承邓小平遗志，把发展生产力，逐步提高人民的物质文化生活水平摆到首位，扭住不放，抓紧抓好。应该清醒地看到，虽然改革开放以来，我国的生产力水平有了很大的提高，人民的生活也得到了较大的改善，但相对于发达国家而言，无论是生产力发展水平还是人民的生活都还存在差距，离我们所追求的物质条件极大丰富、各尽所能、按需分配的目标更是差得很远，因而我们一定要排除各种干扰，集中精力发展生产力，以便使社会

主义优越性更加充分地发挥出来。只有这样，邓小平为我们规划的现代化的宏伟目标才能够得到实现。

要坚持党的基本路线不动摇，关键是要坚持以经济建设为中心不动摇。经济是基础。现代化建设的任务是多方面的，坚持党的基本路线也包括多方面的内容，但归根结底还是要把经济建设当做中心。离开了经济建设这个中心，就有丧失物质基础的危险。

改革开放是解放生产力发展生产力、搞好经济建设的必由之路，因而我们一定要把改革开放坚持下去。坚持改革开放则前途光明，不坚持改革开放则没有出路，现代化建设的宏伟目标就不可能实现。当然，必须把改革开放同四项基本原则统一起来，必须坚持两手要抓，两手都要硬，必须巩固和发展团结稳定的政治局面，但所有这一切，都是为了更好地解放和发展生产力，把经济建设搞得更好。

让我们更加紧密地团结在党中央周围，同心同德，艰苦奋斗，把国民经济搞得更好，把社会主义现代化事业推向前进，以寄托我们对小平同志的哀思。

国有企业改革进程中的就业问题[*]

在中国国有企业改革中出现的失业和下岗职工增多以及这些职工如何再就业的问题，引起了国内外有识之士的关注，本文拟对此发表一些看法，以供讨论。

一、国有企业改革中的就业状况及特点

中国劳动力供给充裕，就业不甚充分，早在若干年前就已经存在，但在传统计划体制下，表现为隐蔽性的，在改革开放的前 10 年虽然公开化了，但并不突出，只是近几年来特别是 1995 年后，随着以建立社会主义市场经济体制为目标的改革的深化，尤其是国有企业改革的深化，问题才日益突出，成为全社会关注的热点问题之一。

从统计数字看，中国的失业率并不高，1983—1996

---

* 本文是中日国有企业改革合作研究项目的交流论文，发表于《南开学报》1998年第 1 期。

年平均大致每年在 3% 左右，根据国家统计局公布的数字，城镇登记失业率 1994 年为 2.8%，1995 年为 2.9%，1996 年为 3%。但如果将国企改革、体制转型过程中下岗人数也计算在内，其绝对数则相当可观。1994 年末中国城镇登记失业人数为 480 万人，1995 年末为 520 万人，1996 年末为 553 万人。[①] 另据有关资料估计，目前城市失业人口 500 多万人，下岗职工 1000 万人。[②] 其中大部分来自国有企业。

中国目前出现的失业和下岗人数增多的问题具有以下几个特点：

第一，失业和下岗职工增多与改革深化相伴发生。中国国有企业冗员甚多是大家公认的事实，有人估计占全体职工的 30%，有人估计占 50%，据 1992 年劳动部对 1500 个企业的调查，其富余人员比例为 12%，如果按当时全国国有企业职工 8000 万人计，富余人员接近 1000 万人。[③] 这么多的冗员在传统体制和改革初期的用工制度和分配制度下，基本上是以降低效率的形式（也有人称为在职失业）表现出来，但随着企业改革的深化和劳动用工制度等一系列制度的改革，这些冗员不再为企业所接受，而是以下岗、待业、失业的形式表现出来。

---

① 见 1994、1995、1996 年中华人民共和国国家统计局关于国民经济和社会发展的统计公报，分别载于 1995 年 3 月 1 日、1996 年 3 月 2 日、1997 年 4 月 5 日《人民日报》。

② 郭树清：《中国能解决社会保障问题》，《信息时报》1997 年 9 月 25 日。

③ 王彦田：《一千万富余人员哪里去？——劳动部负责人就〈国有企业富余职工安置规定〉答记者问》，1993 年 5 月 1 日《人民日报》。

第二，失业和下岗职工增多与经济快速增长相伴发生。改革开放以来，中国经济获得了空前的发展，1979—1996年平均年增长率超过9%，1992年以后增长更快一些，1992年为14.1%，1993年为13.1%，其后虽然政府采取调控措施，有意识地降低经济增长率，避免经济过热引起消极影响，但1994年依然达到12.6%，1995年为10.5%，1996年为9.7%。按照经济学的一般理论和西方大部分国家经济发展进程的表征，经济增长往往带来充分就业，但从表1中的统计数字不难看出，中国近几年出现的问题基本上是反其道而行之：经济增长较快但失业和下岗人员增多。

表1　中国国民生产总值增长速度及就业状况

年份	1985	1986	1987	1988	1989	1990	1991	1992	1993	1994	1995	1996
GNP增长率（%）	13.2	8.5	11.5	11.3	4.2	4.2	9.1	14.1	13.1	12.6	10.5	9.7
城镇失业人数（万人）	238.5	264.4	276.6	296.2	377.5	383.2	352.2	369.9	420.1	476.4	519.6	553
城镇登记失业率	1.8	2.0	2.0	2.0	2.6	2.5	2.3	2.3	2.6	2.8	2.9	3.0

资料来源：《中国统计年鉴1996》，中国统计出版社1997年版，第42、114页。1996年数字见1996年中华人民共和国国家统计局关于国民经济和社会发展的统计公报，载1997年4月5日《人民日报》。

第三，失业和下岗职工增多具有明显的结构性特点。从行业看，第二产业下岗职工的数量大大地高于第三产业；从企业看，下岗职工多集中在建立时间长的国有企业；从下岗或失业职工的构成看，低学历、低文化、年龄高者居多。以天津市东亚毛纺厂为例，据调查，该厂下岗职工平均年龄为 39.8 岁，其中 40 岁以上者占将近一半，35 岁以上者占 78.5%，从性别看，女性占 60%，男性占 40%，从其文化水平和工作特征看，90% 以上为高中或中专以下学历，并多为毛线生产操作中的非熟练工。

在改革和发展进程中发生的失业和下岗职工增多的问题，客观地说，有利有弊。对于曾经在无失业经济（传统计划经济）中生活了几十年的中国居民而言，失业和下岗人数增多无疑带来了观念、生活等诸多方面的冲击；对于正在集中精力、朝气蓬勃带领 12 亿人民保持社会稳定，进行现代化建设，力争在本世纪奔向"小康"的中国政府而言，失业和下岗人数增多也无疑增加了一定压力。但是越来越多的人逐渐认识到，改革进程中产生的失业和下岗人数增多的现象，在一定意义上是好事：它为国有企业改革创造了较为宽松的环境，为结构调整提供了现实的可能，为职工增强竞争意识、提高科学技术水平和劳动技能增加了压力和动力，特别是为社会主义市场经济就业机制和劳动用工制度的形成提供了"催化剂"和契机。

二、国有企业改革中就业不足的原因

在中国国有企业改革和经济发展进程中，造成失业和下岗职工增多的原因是多方面的，主要原因有：

第一，经济体制改革中企业制度的变革和企业内在经营机制的转换，使劳动力供求关系从形式上的均衡转为突发性的失衡。

从总量上说，无论是改革前还是改革后，中国的劳动力供给一直是处于充裕的状态，劳动人口众多，劳动力供给增长过快是中国劳动力供求关系的一大典型特点。据统计，"七五"时期劳动年龄人口（指16岁—59岁的男性人口及16岁—54岁的女性人口的总和）净增加5697.23万人；"八五"时期净增加5630.33万人。这么多的劳动力供给，如果还沿用传统计划体制下指令性计划就业和平均主义分配的做法，实行高就业、低收入、低效率政策，或许依然可以维持劳动力供求形式上的平衡。然而由市场经济发展的大势所决定，这种选择是不可能的。一旦改革要从根本上否定原有体制，而按照现代企业制度的要求建立起企业自主经营、自我约束、自我积累、自我发展的经营机制时，这就必然同时发生两种现象：一方面企业要剥离原有过多的冗员，使原来企业中的"隐性失业"变为公开失业或下岗；另一方面，对新增人员企业将持择优聘用、效率优先的态度，从而使企业吸纳社会就业的能力大为减弱。这是目前导致失业和下岗人员增多的一个直接的也是带有根本性的体制原因。

有关资料表明，1978年国有部门吸收新增就业人数392万人，等于当年城镇新增劳动力和大学中专毕业学生数之和（312.6万人）的125%，这意味着，除了城市新增的全部劳动力之外，国有部门还能够为进城的农村劳动力提供80万个工作岗位。到1985年，国有部门只能吸收城镇本身新增劳动力（包括大中专毕业生）的84%，占城镇新增就业总数的61%。1994年这两个比率又进一步降为41%和61%。从绝对数看，1994年全国城镇新增就业总数715万人，比1978年增加170万人，但国有部门吸收城镇就业的总数反而从392万人降为294万人，减少近100万人。① 这意味着国有部门作为吸纳新增就业劳动力主渠道的格局已经发生了变化。

国有经济吸纳新增劳动力的减少和历年冗员存量的释放，乃使国有企业改革过程中失业和下岗职工增多成为事实。

此外，随着企业改革的深化，企业破产、兼并力度加大，据新华社1997年10月23日报道，到1997年7月底，在全国110个优化资本结构试点城市中，已有282家企业破产，501家企业被兼并，其破产和被兼并的企业总数相当于1996年底以前全国破产兼并企业总数的70%。② 一些破产和被兼并企业的职工在一段时间内得不到就业，也是失业和下岗人数增多的原因之一。

第二，经济增长方式转换过程中经济结构的调整和新技术的应用，导致了阶段性的劳动力供给大于劳动力需求的局面。

中国正处于社会主义初级阶段，为改变生产力发展水平落后的局面，全国正致力于经济增长方式由粗放型向集

---

① 周其仁：《体制转型、结构变化和城市就业》，《经济社会体制比较》1997年第3期。

② 1997年10月24日《今晚报》。

约型的转变，产业结构的调整、新技术的应用和技术密集型产业的增加是这一转变的重要内容。

在产业结构调整中，一方面第三产业有了较快发展，其增加值在国民生产总值中所占比重有了明显的提高，从而吸纳了相当数量的劳动力；但另一方面，一些传统产业部门中的某些技术落后的企业被关闭、停产、合并，由此也使一大批在这些部门和企业中就业的职工被从岗位上排除下来，从而增加了下岗人数。在这些行业中，比较典型的是纺织行业，据报道：1996 年天津市纺织行业有 3 万职工下岗，约占全市下岗职工的 1/4。济南纺织行业1996—1997 年两年就转移出 1 万职工，约占全行业职工的 1/6。[①] 在一段时期内，当新增就业岗位少于下岗需要再就业人员和新增就业人员的需求时，就发生了失业和下岗待业人过多、就业不充分的问题。

在产业结构调整中，技术密集型产业的发展是符合规律的必然趋势。从长远来看，技术密集型产业的发展可以推动经济的发展，使经济总量扩大，从而使就业的绝对量增加，因而不会导致失业人数的增加。但与劳动密集型产业相比，等量资本技术密集型产业吸纳的劳动力要少，所以从短期看，技术密集型产业比重的增加，在经济规模一定的前提下，则会使就业减少，从而使一部分就业的职工在技术密集型产业增加、产业结构升级的过程中失去劳动

[①] 潘剑凯等：《富余人员是怎样产生的》，1996 年 7 月 27 日《光明日报》。于勇、姜波：《下岗是压力也是机遇——济南市长谢玉堂一席谈》，1997 年 10 月 16 日《经济日报》。

岗位而成为下岗人员或失业人员。中国目前出现的下岗人员增多的现象与此有相当大的关系。

第三，经济超常波动的影响使劳动力供求出现失序的状态。

在中国现有的经济体制和经济增长方式下，劳动力的就业与经济增长的快慢依然有紧密的联系。一般地说，经济增长快，企业开工足，市场需求旺，对劳动力的需求就大；经济增长放慢，市场需求疲软，企业开工不足，对劳动力的需求就减少。

经济增长的波动，如果保持在适度的幅度内，可被视为国民经济运行的正常状态，但如果超出适度范围，大起大落，那将会给经济带来危害。就业的波动随经济的超常波动而超常波动。

经济增长的超常波动，改革开放以来已经发生过多次，1978—1985 年为第一次，1985—1988 年为第二次，1988—1994 年为第三次，现在处于第三次波动增长高峰过后的稳定发展期。前几次的超常波动波峰过后，虽然也发生了就业不足的问题，但由于以下两方面的原因，并未引起全社会的关注。一是由于企业改革力度不大，所以下岗和失业的程度不甚严重；二是通货膨胀问题是当时社会面对的首要问题，而相对于通货膨胀而言，就业问题处于次要的位置。现在形势发生了变化，通货膨胀问题得到有效控制，1994 年通货膨胀率达到最高点 21.7%，其后由于宏观控制措施的奏效，通货膨胀率直线下降，1995 年为 14.8%，1996 年为 6.1%，1997 年 1—9 月份为 1.3%。

在这样的形势下，职工下岗和失业问题就突出出来了。经济高涨时上新项目、铺新摊子所吸收的职工，随着宏观从紧政策的实施又被抛向社会成为下岗人员。这虽然不是导致下岗和失业问题的根本原因，但显然也是原因之一。

三、解决就业问题的思路和政策选择

从上述分析中我们不难看出，目前发生在中国的失业和下岗职工过多的问题，是在体制改革和经济发展过程中产生的具有阶段性特征的问题。改革发展中产生的问题的根本解决，除了要采取一些一般性常规措施外，从根本上说，要依赖于改革的深化和经济发展水平和质量的提高。所以，解决目前国有企业改革过程中失业和下岗职工过多问题的基本思路是：深化以国有企业改革为中心的经济改革，拓宽就业渠道；加快以结构调整为重点的经济发展步伐，提高发展质量，增加就业岗位；实施再就业工程和有利于扩大就业的宏观政策，扩大再就业范围；加快建立和发展社会保障制度，为缓解就业压力创造宽松的社会环境。

第一，深化以国有企业改革为中心的经济改革，拓宽就业渠道。

首先，深化国有企业改革，要着眼整个国有经济，抓好关系国民经济命脉和必须由国家所有才能实现经济效益和社会效益统一的大型国有企业，通过改组、联合、兼并等措施组建企业集团，对国有企业实施战略性改组。要通过资本联合，转变经营机制，建立规范的公司制，并最终建立起现代企业制度。对于大量的中小国有企业要放开、放活，通过改组、联合、破产、兼并、承包、租赁、股份合作制、售卖等多种措施将其推向市场，通过竞争机制的作用优胜劣汰。国有企业改革的真正目的是提高国有经济质量，增强其控制力，提高经济效益。国有企业搞好了，用工质量可以提高，而且经过一段时间的"阵痛"之后，可以解决由亏损、破产而导致的职工就业不稳、无序的状态，甚至可以增加就业的数量。

其次，进一步发展多种经济成分。随着市场经济的发展，在国有经济质量提高、控制力增强的同时，国有经济的比重有可能减少，因而吸收就业劳动力的比重也有可能减少，而其他经济成分，特别是私营、个体及乡镇企业吸纳的就业人员会逐渐增多，所占比重会加大。这种趋势自改革开放以来已早露端倪，今后可能还将继续（见表2）。

这并非坏事，公有制经济和其他经济成分都是社会主义市场经济的组成部分，发展多种成分的经济，增加就业岗位，以吸纳新增劳动力和国企改革中下岗或失业的职工，是今后改革的一项重要任务。当然，在进一步发展多种经济成分的同时，人们只偏好在国有单位就业的就业观念也应该发生变化。

再次，发展劳动力市场并改革分配机制。在市场经济条件下，劳动力资源配置要以市场为基础，劳动力的流向和供求关系要以市场为基础进行调节。与此相适应，劳动者收入分配也应该以市场为基础进行调节，这有利于劳动

表2 1991 年以来在各种经济成分就业的
职工数及所占比重 单位:万人

年份	国有经济职工(1)		城镇集体职工(2)		其他经济成分职工(3)	
	人数	比重(%)	人数	比重(%)	人数	比重(%)
1991	10664	73.5	3628	25	216.04	1.5
1992	10889	73.6	3621	24.5	281.78	1.9
1993	10920	73.5	3393	22.9	535.69	3.6
1994	10890	73.3	3211	21.6	747.40	5.0
1995	10955	73.5	3076	20.6	876.95	5.9

注:(1)+(2)+(3)=100%

资料来源:根据《中国统计年鉴 1996》,中国统计出版社
1996 年版第 102、104、106 页数字整理测算。

力的供求趋于平衡。但中国目前劳动力市场尚不发达,分配关系也还没有完全消除传统体制下的"大锅饭"体制,因而在很多地方和行业仍存在有工作没人干,有人没工作干的问题。有人做过调查,1995 年北京五星啤酒厂 400 多职工下岗,但厂内有 600 多个搬箱、装卸等辛苦的工作岗位却没职工愿意选择。北京市 10 万下岗工人拿着最低生活费,无活可干,然而却有 100 万就业机会不得不让进城的农民干。[①] 如果按市场经济规律办事,充分由市场调节工资水平,使无人愿干的岗位工资提高,同时给劳动力流动以充分的自由,这可以有效地将下岗职工配置到那些需要人干的岗位上,从而大大地增加就业。

---

① 张和云等:《下岗中的都市现象》,1996 年 7 月 23 日《光明日报》。

第二，加快结构调整步伐，促进经济发展，提供更多的就业机会。

盲目投资、重复建设导致的"大而全"、"小而全"，一遇结构调整，便使一些原已就业的职工无工可做，这是结构调整必须付出的代价，是问题的一个方面。另一方面，如果忍受住结构调整的阵痛，加快调整的步伐，则至少可从三个方面增加就业：一是调整地区结构，使发达地区和不发达地区优势互补，发达地区更加发达，欠发达地区发达起来，从而增加就业。二是调整产业结构，使吸纳劳动力较多的第三产业更加发达，从而也可以增加就业。据统计，中国在第三产业就业的劳动者人数占整个就业人数的比重虽然从 1978 年的 12.1% 提高到 1995 年的24.1%，但仍然远远低于世界上一些发达的国家，第三产业吸收就业的潜力还是很大的（见表 3）。在这方面，济南市的做法是个好例子。济南是山东省省会，老工业城市，有大中型企业 134 家，产业工人 57 万人，但以前第三产业不发达，1992 年第三产业增加值仅占生产总值的33.4%。在职工大面积下岗的近两年，济南大力发展第三产业，使第三产业的增加值占生产总值的比重迅速上升为42%，仅 1996 年第三产业就新增就业人员 5 万多人，其中 60% 是从第二产业中下岗后转过来的。到 20 世纪末，第三产业的比重要上升到 48%，还要吸纳 20 万人就业，第三产业将成为下岗职工的蓄水池。[①] 三是调整企业结构，集中力量搞好数量不多的大企业，大力发展数量众多的小企业，从而吸收更多的就业。

表3　中国与世界一些国家第三产业就业状况比较（1994年）

国家	中国	美国	日本（1993年数）	德国	法国	意大利	澳大利亚	韩国	印度
第三产业就业人数所占比重（%）	23	72.8	59.7	59.4	67.2	59.8	71.4	53.2	58.3

　　国内资料来源：根据《中国统计年鉴1996》，中国统计出版社1997年版第814页数字测算。

　　国外资料来源：国际劳工组织：《劳动统计年鉴》1995年。

在结构调整的同时，要努力提高经济效益，使等量资本投入能获得更多的产出，从而增大产出资本总量，吸纳更多的劳动者就业。应该强调的是，经济发展是解决就业不足和下岗人数增多的根本措施。

第三，继续实施再就业工程，拓宽再就业思路，实行有利于扩大就业的宏观政策，以减少下岗和失业人数。

自1995年4月以来，中国开始实施再就业工程，其中心任务是：综合运用政策扶持和各种就业服务手段，充分发挥政府、企业、劳动者和社会多方面的积极性，实行企业安置、个人自谋职业和社会帮助安置相结合，为失业职工和下岗职工提供就业指导、职业介绍、转业转岗培

---

　　① 于勇、姜波：《下岗是压力也是机遇——济南市长谢玉堂一席谈》，1997年10月16日《经济日报》。

训、生产自救等多种服务和帮助，促使他们尽快实现再就业。实践证明，通过多方面的努力，实施再就业工程对于缓解下岗和失业职工过多的问题是有效的。据统计，1995年和1996年全国通过实施再就业工程分别帮助140万和200万长期失业者和企业富余职工再就业。① 今后还应该继续实施这一工程。

在实施再就业工程的同时，还应该大力发展继续教育。面对科技迅猛发展和信息经济、知识经济的出现，从中国普通教育不甚发达，近期难以大幅度提高受高等教育人数的实际出发，可以大规模地发展继续教育、职业教育、岗前教育等，使新增劳动力和下岗职工，甚至在岗职工能有时间集中学习科学知识、学习管理，提高综合素质，这无论对于缓解就业矛盾，还是对于促进中国的发展都是切实可行的具有战略意义的措施。另外也还可以调整目前的工时制度，适当压缩劳动时间，这既可以增加在职职工学习、休息时间，提高职工生活质量，又可以吸纳更多的人就业。

除上述之外，在宏观政策选择上，特别是财政政策选择上，在下岗人数特别高峰的年份可以有目的地增加有利于吸收职工就业的支出，也可以对大量安置职工就业的一些企业减税，以示对吸纳社会劳动力就业的鼓励。

第四，加快建立和发展社会保障制度。

---

① 见1995年、1996年中华人民共和国国家统计局关于国民经济和社会发展的统计公报，分别载于1996年3月2日、1997年4月5日《人民日报》。

建立和发展社会保障制度并不能直接解决失业和下岗人员过多的问题，但却可以为失业和下岗人员提供基本的生活保障，减轻由失业和下岗人员过多所造成的社会压力，从而为国企改革和发展提供宽松的社会环境。而国有企业发展了，又可以增加就业。所以，建立健全社会保障制度可以间接地为充分就业创造条件。当前，应加紧建立和发展失业保障制度、退休保障制度、医疗保障制度等，这方面的工作虽然难度很大，但只要规划好、思路对，经过若干努力，一个适应市场经济发展的、有利于增加就业的社会保障制度是可以建立起来的。

解决失业和下岗人员增多的问题是一项需要付出长期努力的系统工程。我们所追求的，不应该是零失业率和完全没有下岗人员，而是要将其控制在不损害经济改革和发展，人民能够承受的幅度之内。

对国有企业改革若干问题的再认识[*]

中国的国有企业改革，从 1978 年算起，已经进行了20 多年。在 20 多年的历程中，作为整个经济体制改革中心环节的国有企业改革，取得了巨大成就，积累了极其宝贵的经验，也遇到了一些困难，并面临着一些亟待解决的问题。从 1998 年开始，中国将用三年左右的时间，使大多数国有大中型骨干企业初步建立现代企业制度，经营状况明显改善，开创国有企业改革和发展的新局面。在这样的背景下，在已有实践的基础上，对有关国企改革的若干重大问题进行再认识，无疑具有重要的意义。

一、关于国有企业改革绩效的评价

国有企业的改革和发展，牵动着中国整个经济体制的改革，也牵动着每一个中国居民。对于 20 多年国有企业

---

* 本文发表于《南开经济研究》1999 年第 5 期。

改革的绩效的评价，似乎有不同的看法：有人认为成效巨大，有人认为问题不少。造成这种认识上的反差的原因主要是看问题的方法。本文认为，对国企改革绩效的评价最主要的是要把握一些基本的事实，并要看主流、看本质、看发展。

资料显示，从 1978 年改革开放开始到 1997 年，中国国有工业的总产值由 3289 亿元迅速增长到 29759 亿元，增长了 8 倍多，国有资产总量年平均增长 15.5%，高于新中国成立以来年平均增长 12.9% 的水平。到 1997 年底，在全部独立核算的工业企业中，国有企业数量只占 17%，但资产总额占 59.9%，销售收入占 46.2%，工业增加值占 49.6%，实现利税占 46.9%。另一方面，国有企业承担了相当大的改革成本，随着改革的不断取得成功，国有经济在财政收入中的比重有所下降，但仍高达 60%，远远高于其他所有制企业；在全国城镇社会就业人员中，有近 70% 是国有企业和其他国有单位接受的；同时国有企业长期以来承担了大量投资大、周期长、社会效益好但经济效益低的建设项目；全国 1/3 的学校和医院 1/3 的病床是由国有企业开办的。可以说没有国有企业为改革承担巨大的成本，我国经济建设就很难有如此巨大的成就，其他所有制经济也不可能有这么快的发展。① 此外，到目前，在铁路、民航、邮电通讯、城市水电煤气等基础产业部门，在科研、教育、国防、金融、保险等重要

---

① 王若竹：《靠什么实现既定目标》，载 1999 年 3 月 2 日《经济日报》。

领域，国有经济仍具有绝对优势和较强的控制力。这说明，虽然随着多种所有制经济格局的形成和发展，国有经济的比重有所降低（这是改革的预定目标之一），但仍然是国民经济的支柱，控制着国民经济的命脉。

从上述统计数字和基本事实看，国有企业的改革，应该说成效是显著的。它除了使国有经济自身得到了量的扩张和对国民经济的控制力增强以外，更重要的是它以自身的发展，承担了大部分的改革成本，支持了改革开放和国民经济的发展。同时，也以其自身的改革，改变了过去在计划经济体制下公有制经济一统天下的局面，促进了多种所有制经济成分的出现和发展，以致使中国基本上形成了以公有制经济为主体、多种所有制经济共同发展的格局，初步建立了社会主义初级阶段与市场经济发展要求相适应的基本经济制度。这是国有企业改革绩效的本质和主流的方面。

毋庸讳言，在中国国有企业改革的进程中，也遇到了许多的困难，例如在减员增效过程中失业人员和下岗职工增多，在生产经营活动中，亏损企业比较多，亏损额比较大，有些企业的负债率比较高等等。据中国经济景气监测中心分析，由于受东南亚金融危机及国内特大洪涝灾害等诸多特殊因素的影响，截至 1998 年 10 月底，国有及国有控股工业企业的亏损面是 49%，比上年同期扩大了 3 个百分点，从亏损额看，1998 年 1—5 月亏损额一直大于盈利额，到 6 月份基本持平，到 10 月份实现了盈利235亿元。[①] 另有资料表明，在5.8万家国有企业中，根据新的企业划型标准，中国目前有国有及国有控股大中型企业6842家，其中亏损企业1654家，亏损面为24.2%。[②]

对国有企业改革进程中出现的这些问题必须给予高度重视，但必须明确其性质是过渡性的，这是因为造成这些问题的原因具有历史性和体制性。造成这些问题的原因主要是：第一，中国经济建设50年积累的历史负担现在主要是由国有企业承担。建国初期和其后的几十年间，国有企业为中国的经济发展作出了重大的贡献，但几十年后的今天，国有企业负担的退离休职工及其工资福利、就业压力、税负水平等明显高于其他类型的企业，这种情况在社会保障制度尚未建立、健全的情况下，不可能彻底改变。第二，在长期计划经济体制下形成的国有企业管理体制和内部经营机制的彻底转变需要经历较长的时间，在旧的管理体制和经营机制没有退出历史舞台之前，国有企业要彻底摆脱困境难度是很大的。第三，我国工业化过程发展到今天，为适应世界范围内的挑战，正面临产业结构的转换和资产的重组，为此付的代价也主要要由国有企业负担。第四，长期重复建设，导致生产能力过剩，使不少企业开工不足，销路不畅。

不难看出，以上造成国有企业困难的这些因素，随着

---

① 中国经济景气监测中心，金玫执笔：《国企改革任重道远　三年脱困可以实现》，载1998年12月28日《经济日报》。

② 王若竹：《靠什么实现既定目标》，载1999年3月2日《经济日报》。

体制改革的深化和时间的推移，不是不可以解决的。

二、关于国有企业改革的基本方向

经过新中国成立 50 年特别是改革开放 20 年来的探索，中国已经明确确立，建立现代企业制度是国有企业改革的方向，并且提出，要按照"产权清晰、权责明确、政企分开、管理科学"的要求，对国有大中型企业实行规范的公司制改革，使企业成为适应市场的法人和竞争主体。应该说，这是经过几十年不懈探索得出的符合中国国情的正确结论。

但对建立现代企业制度这一方向的理解和认识是否一致呢？未必。我认为，在理解和把握国企改革方向时，以下几点宜特别给予重视。

一是现代企业制度的一般性和特殊性。现代企业制度是现代市场经济条件下企业基本制度。就其一般性而言，它的基本要求是产权明晰、权责明确、政企分开、管理科学，它的基本组织形式是公司制。现代企业制度是适应市场经济的发展要求而产生的，是人类智慧的结晶。作为一种企业制度，尽管它是首先在生产资料私有制基础上产生和发展的，但就其基本规定性而言，它与所有制的性质没有必然的联系，私有制条件下企业可以采用现代企业制度，公有制条件下的企业也可以采用现代企业制度。正如其他若干适应社会化生产所产生的生产组织形式一样，它只是一种适应市场经济发展要求的企业组织制度。

在不同的社会形态和不同的所有制条件下，现代企业制度又有其特殊性。例如在社会主义市场经济条件下，它可能与生产资料的公有制相联系，也可能与生产资料的非公有制相联系；由于控股的主体不同，它可能服从特殊的生产经营目的；等等。但必须明确，现代企业制度的这些特殊性，不是由其本身决定的，而是由它所存在的社会经济制度决定的。

认识现代企业制度的一般性和特殊性的意义在于说明，中国按照现代企业制度的方向进行国有企业改革，无疑要按照现代企业制度的一般性要求改革原有的一切不合理的国有企业管理体制和企业运行机制，在这个过程中，无疑要认真学习和借鉴世界上一切国家包括资本主义国家的先进经验。但同时也必须明确，中国进行国有企业改革，必须从中国的实际出发，要适应社会主义市场经济发展的要求。中国进行国有企业改革，不是要废除国有制，而是要对国有制进行改革和完善。

二是关于产权明晰与私有化问题。建立现代企业制度，必须做到产权明晰，这是毫无疑义的。但关于产权明晰，有三个方面的问题有必要明确：一是产权明晰的根本目的，是使生产要素的所有权即归谁所有的问题要清楚，并且更重要的是要使生产要素的所有者能够凭借这种所有权获得经济利益。二是产权明晰还要使所有权所包含的所有者的终极财产权和法人财产权以及经营权明晰。在现代市场经济条件下，所有权与经营权是可以分离的，所有者的终极财产权与法人财产权也是可以分离的。三是产权明晰与私有化是不同的概念。生产资料私有可以做到产权明晰，但产权明晰不一定要求一定生产资料要私有。在私有制条件下可以做到产权明晰，在公有制条件下也可以做到产权明晰。认为只有实行私有制才可以做到产权明晰而实行公有制就不能做到产权明晰，是一种误解。

强调以上三点的现实意义在于：

首先，有助于找准原有的经济体制条件下国有企业的弊端究竟是什么。从产权方面看，国有企业最主要的问题不是生产资料归谁所有不清楚（其实国有制经济中，生产资料归国家代表的全体劳动者所有是清楚的），而是生产资料的终极所有权与法人财产权、所有权与经营权没有分离，模糊不清。从总体看，除了产权方面的问题之外，国有企业的要害问题还是管理体制和内部经营机制不合理，特别是缺少在市场经济条件下能够娴熟驾驭企业的企业家。

其次，有助于深化旨在建立现代企业制度的国有企业改革。找准了国有企业原有的弊端，深化改革就有了重点。深化国有企业改革，应该在实行财产终极所有权与法人财产权相分离、所有权与经营权相分离上下功夫；在实行政企分开的基础上，转换企业的内部经营机制，使企业真正成为适应市场经济要求，具有竞争和发展实力的独立的法人和商品生产者和经营者上下功夫。此外，有必要特别强调，在深化国有企业改革过程中，要在建立培育和选拔企业家的机制上下功夫。企业家即企业的管理者和经营者，是企业的灵魂人物，对企业经营的好坏具有举足轻重的决定作用。在同样的体制和市场条件下，有的企业兴旺发达，有的企业资不抵债，其原因尽管很多，但企业管理者经营者往往是决定性的因素。在最近举行的全国人民代表大会上，一位代表讲，"兵熊熊一个，将熊熊一窝"，很中肯地强调了企业家的重要地位。他呼吁："一定要搞企业家市场，让经营者市场化、职业化。"① 我十分同意这位企业家的观点，应该把建立培育和选拔企业家的机制作为国有企业改革的关键去抓。

　　再次，有助于摆脱私有化的困扰。国有企业改革要不要搞私有化，事实上是困扰人们的一个比较敏感的问题。明确了国有企业改革的方向，特别是明确了产权明晰的真正含义，将有利于我们认识这一敏感的问题。在中国，私有制，私营经济，个体经济，在计划经济体制下曾经受到过歧视、限制，甚至被割过资本主义尾巴。但经过改革开放以来的探索，其作用和地位都已经得到了肯定和确认。中国共产党的全国第十五次代表大会的文件中确认"公有制为主体、多种所有制经济共同发展，是我国社会主义初级阶段的一项基本经济制度。""非公有制经济是我国社会主义市场经济的重要组成部分。"这次全国人民代表大会新修改的宪法中也对此给予了同样的肯定。这说明，在中国现在并不像过去那样怕私有制经济，也不像过去那样对私有经济存有偏见，而是要鼓励和引导其健康发展。问题是，国有企业改革是否要搞私有化呢？我认为，应该

---

① 韩文高：《听蔡东晨谈国企脱困》，载 1999 年 3 月 7 日《经济日报》。

给予否定的回答。

私有制不是社会主义制度的占主导地位的经济基础，这是不争的事实。私有制与社会化生产有矛盾，这也是不争的事实。正因如此，所以现代企业制度的规范公司制，才采取股份制的形式，股份制形式的最初产生，正是反映了资本主义制度在其基本制度不变的框架内对私有制不适应社会化生产要求的一种局部调整，使分散的私有制向着共有制的方向迈进了一步。既然如此，为什么我们要将已经国有制了的生产资料再完全地私有制了呢？当今世界发展中的一些现象值得注意。这些现象是：大部分国家和地区都不同程度地有国有企业，即使在私有化浪潮中，一些国家也没有完全取消国有企业；① 在全球化进程中方兴未艾的跨国公司大多数实行多种所有制成分的联合、兼并，实际上是混合所有制组成的股份制；像俄罗斯等国最近实行的新经济政策内容之一是，停止出售国有企业，他们的实践证明，国有企业的私有化改革没有带来效益的增加和经济的振兴。世界上一些实行私有制制度的国家尚且如此，我国这样的以公有制为主要经济基础的国家为什么要放弃国有制而私有化呢？

认真研究世界经济中的现象可以发现，实行私有制的国家也有经济不发达的，实行私有制的企业也有亏损甚至破产倒闭的。所以不能对私有制太理想化，更不能把国有

① 例如法国在从1987年开始的私有化过程中，4000多家国有企业中有1082家实行私有化，占整个国有企业数的35%。参见刘中露：《法国国有企业的管理办法》，《中外管理》1997年第10期。

企业改革的希望寄托于私有化。这在中国是行不通的。

三、关于国有企业改革过程中的抓大放小问题

抓好大的，放活小的，是国有企业改革的一条重要方针。在贯彻这一方针的实践中，取得了成效，但也出现了一些问题。我们认为，对这一方针也有进一步理解和把握的必要。

首先，抓大放小中的大与小，最主要的是指企业在国民经济中的地位和作用而不仅仅是指企业的规模。就规模而言，国有企业的大小可以有一个量的界定，例如资产的多少，产出的多少，职工的多少等等，但从国有企业在国民经济中的作用考虑问题，企业的规模则不是主要的，而重要的是企业的作用和地位。在现代市场经济条件下，之所以世界上绝大多数国家仍然都有国有企业，其基本原因在于，现代市场经济的发展，需要一些国有企业承担一些其他非国有企业无力承担、也不该承担的任务，例如公益性行业的发展、国民经济要害部门和特殊行业的发展，以及作为政府干预经济和弥补市场缺陷的经济手段等。在中国，国有企业存在的必要性，除了这些原因以外，还因为，国有企业必需作为社会主义经济制度的主要支柱，引导国民经济发展的基本方向，控制国民经济的命脉。从国有企业负有的这种特殊使命看，国有企业改革中的抓大放小，实质是要抓住、抓好那些关系国民经济命脉的重要行业和关键领域的国有企业，提高其质量和效益，增强其控

制力。

其次，抓大放小中的抓与放，是一个统一体，无论对于大企业还是对于小企业，都有抓和放的问题。相对于国有小企业而言，国有大企业一般都分布在国民经济的重要行业和关键领域，控制国民经济的命脉。对于大企业而言，要抓紧抓好，首先要放开放活。从其重要性和大企业在计划经济体制下受的影响最严重的角度说，大企业应该率先从传统的计划经济体制中彻底解放出来，放开搞活。只有这样，国有大企业才能积极参与市场竞争，才能成为独立的法人，也才能以资本为纽带，通过市场形成具有较强竞争力的跨地区、跨行业、跨所有制和跨国经营的大企业集团，并建立起现代企业制度。对于国有中小企业，采取改组、联合、兼并、租赁、承包经营和股份合作制、出售等形式，加快放开搞活的步伐，是极其必要的，但与此同时也要加强对国有中小企业改革和发展的指导、引导和调控，使其健康地发展。在过去一段时间国有小企业改革中出现了"一卖了之"的倾向，证明了对国有小企业进行指导和引导的必要性。

再次，抓大放小要着眼于整个国有经济。无论是国有大企业的改革还是国有中小企业的改革，都应该从搞好整个国有经济出发，而不必拘泥于某个企业。从整个国民经济的所有制结构看，由于计划经济长时期造成的影响，国有经济过分的庞大，而非公有经济很不发展。1978 年在我国工业总产值中，国有经济占 77.2%，而非公有经济只占 2.1%。经过 20 年的改革开放，尽管这种状况有了明显改变，但国有经济占的比重可能还是偏高，战线偏长。到 1997 年，在工业增加值中，国有经济仍占 36.9%，而非公有经济占 14%。随着多种所有制经济的发展和国有经济控制力的加强，国有经济在国民经济中的比重可以适当减少一些。在一些不一定非由国有企业去经营的行业和领域，可以通过资产重组和结构调整，以加强重点，提高国有经济的整体质量。

随着市场经济的发展和优胜劣汰竞争机制作用的加强，在国有企业改革过程中，有的企业被淘汰，有的职工暂时下岗或失业是正常的现象，需要做的工作不是要去保护这些企业和职工不被淘汰，而是要规范破产和下岗的程序，并创造条件和环境有利于下岗职工再就业，以支持企业不断深化改革。

四、关于当前国有企业改革的进展状况和急需做的工作

当前是国有企业改革的关键时期。自从 1998 年初提出利用三年时间力争使"大多数国有大中型骨干企业初步建立现代企业制度，经营状况明显改善"的目标以来，经过一年多的努力，国有企业改革取得了重要的进展。

一是国有企业的管理体制和监管体制改革取得重大进展。随着中央政府机构的改革和职能的转换，有 500 多家大型国有企业与以前的"婆婆"脱离关系。国家建立了向重点国有企业派出稽查特派员制度，国务院任命的 38

名稽查特派员已陆续派往企业。有 94 户重点煤矿及 200
多家相关企业下放给地方管理，军队、武警和政法机关所
办经营性企业与主办单位脱钩，中央党政机关与所办的经
济实体和所管理的企业脱钩工作也已在 1998 年底完成。
二是国有企业战略性改组和"抓大放小"工作迈出了新
步伐。组建了一些有一定国际竞争力的大企业、大集团。
石油、石化两大集团的资产分别达到 3800 亿元和 2800 亿
元，新组建的上海宝钢集团净资产达 704.6 亿元。120 家
试点企业基本享有了自营进出口权、对外担保权、外事审
批权。加强了对中小企业改革的指导工作，加强了对中小
企业的扶持力度。三是兼并破产、减人增效和实施再就业
工程进展较快。纺织行业作为突破口已压锭 480.8 万，
1998 年 1 月—9 月已分流安置下岗职工 60 万人，1 月—10
月减亏 13.8 亿元；关闭非法和布局不合理煤矿的工作已
经启动。400 亿元呆坏账核销规模集中用于重点行业和重
点企业。至 9 月底，有下岗的企业都建立了就业服务中心
或类似的机构，全国 714.4 万下岗国有企业职工中，已有
701.1 万进入再就业服务中心，全年共有 600 多万下岗职
工实现了再就业，覆盖全社会的统一的社会保障体系正在
逐步形成。① 当然，由于多方面的原因，多年重复建设造
成大多数工业行业生产能力过剩，经济结构矛盾突出，部
分国有企业经营困难加剧，这说明国有企业改革面临的任

---

① 参见国家经贸委主任盛华仁答记者问：《国有企业改革取得重要进展》，载
1998 年 12 月 1 日《经济日报》。

务依然十分艰巨。

1999 年是实现国有企业改革三年脱困目标的关键一年。按照国家经贸委确定的目标，1999 年的任务是 1/3 的亏损企业要消除亏损，到 2000 年，要使国有和国有控股大中型工业企业的亏损面下降到 15% 以下。当前深化国有企业改革，除了要继续抓好已经出台的思路、方针政策的落实外，还要突出地抓好几个方面：

第一，加快国有企业的战略性改组和调整。加强增量调整，坚决制止重复建设，下决心不再上新的加工项目。新增投资的重点要放在基础设施建设上。对存量，要继续压缩纺织、煤炭、冶金、石化、建材、机电、轻工等行业过剩的生产能力，坚决淘汰那些技术落后、浪费资源、产品质量低劣和污染浪费严重的企业。同时，要继续鼓励竞争，打破垄断，通过联合、兼并、改组，组建技术水平高、有竞争能力的企业集团。

第二，加大兼并破产、减员增效、下岗分流和再就业工作的力度。要紧紧围绕三年脱困的国有企业改革的目标，实施企业兼并、破产和减员增效。企业兼并破产和减员增效要和国有企业的战略性改组结合起来，同建立企业优胜劣汰的机制结合起来，促进生产要素的合理流动和优化配置，要有利于优势企业发展壮大，有利于国有企业扭亏增盈和经济效益的提高。为了给国有企业改革创造良好的条件，要继续做好国有企业下岗职工基本生活保障和再就业工作。要尽快实行企业、社会和财政各负担 1/3 的办法，建立和完善失业的社会保障制度，并拓宽就业渠道，转变就业观念，采取多种措施扩大下岗职工再就业。

第三，进一步改革企业管理体制和内部经营机制，加强企业家队伍建设和企业管理。要进一步推进政企分开，健全监管制度。要继续改革，促进建立市场形成和选拔企业家的机制，把优秀的生产经营人才选拔到企业管理的要害岗位上，并通过激励机制、约束机制的改革，营造有利于企业家发挥聪明才干的氛围和环境。要加强企业内部的改革，要按照社会主义市场经济的要求，以市场为中心，转换经营机制，实行科学决策制度，推行现代管理科学，加强技术开发，努力开拓市场，全面提高企业活力和竞争力。

关于价值论、劳动价值论
与分配理论的一些思考*

目前，理论界对于劳动价值论的讨论明显增多，其针对性主要有两个：一是在世界科学技术取得重大突破，信息经济、知识经济兴起并发展的情况下，如何看待知识、技术、信息等在价值形成中的作用；二是在社会主义市场经济条件下，如何认识和处理在分配领域出现的新情况和新问题。讨论已经取得了一些突破。总的感觉是，对劳动价值论的讨论比较深入，而对价值论从总体上把握得不够；一些重要范畴如价值形成、价值决定等尚未得到明确区分，有关的重大问题尚未达成共识。本文拟谈一些看法，以参与这一讨论。

---

* 本文发表于《南开经济研究》2001 年第 5 期。

一、价值论与劳动价值论

价值论与劳动价值论是马克思主义经济学中两个紧密联系又相互区别的重要基本理论。在讨论知识、技术、信息等在价值形成中的作用和社会主义市场经济中的分配关系时，如果仅限于劳动价值论而忽视对整个价值理论的研究，可能使本来可以分析清楚的问题，显得非常复杂。

人类社会自产生商品生产、商品交换以来，所有的经济学理论几乎都与价值理论有关，这是因为价值理论确实是理解商品、商品经济、市场经济的基础和核心。在马克思主义政治经济学产生之前，资产阶级政治经济学中的价值理论已经有了相当的发展，并包含有许多科学的成分。马克思的不朽功绩在于，在继承资产阶级古典政治经济学科学成分的基础上，运用历史唯物主义的原理分析资本主义社会，创立了科学的价值论特别是劳动价值论，并在这一理论的基础上进一步发现了剩余价值理论，从而揭示了资本主义社会的剩余价值的来源、资产阶级与工人阶级的剥削与被剥削的对抗关系和资本主义为社会主义代替的必然趋势。

对于马克思主义的价值论和劳动价值论，有两点需要特别指出：一是马克思的价值论和劳动价值论是紧密联系的但并不完全等同，劳动价值论是其价值理论的重要组成部分但不是全部；二是马克思的劳动价值论是在对资本主义社会经济关系研究的基础上形成的，其主要目的是揭示资本主义剩余价值的来源和资本主义剥削工人阶级的实质，而并不是为了解决社会主义社会的经济问题，因为很显然，马克思设想，在社会主义社会并不存在商品生产商品交换，不需要著名的"价值"插手其间。对于后一个问题，我们暂且不论，对于前一个问题，先进行如下的分析。

马克思主义的价值理论，包括十分丰富的内容，价值形成理论、价值创造理论、价值实现理论、价值分配理论等等都是价值理论的重要组成部分。其中，最重要的当然是劳动价值论。

劳动价值论，即价值创造、价值决定的理论，它回答的主要问题是价值是谁创造的和如何被决定的。劳动价值论的基本内容包括：第一，商品有二因素：价值和使用价值，使用价值是商品的自然属性，价值（包括生产中转移的价值 C 和新创造的价值 V + M）是商品的社会属性，生产商品的劳动分为具体劳动和抽象劳动，具体劳动生产使用价值，抽象劳动生产价值。商品的价值，不仅有质的规定性，而且有量的规定性，商品的价值量是由生产商品的社会必要劳动时间决定的，是由社会总劳动时间分配到生产该类商品的劳动时间决定的，"只是社会必要劳动量，或生产使用价值的社会必要劳动时间，决定该使用价值的价值量。"[①] 第二，生产商品的劳动有简单劳动和复

---

① 马克思：《资本论》第 1 卷，人民出版社 1975 年版，第 52 页。

杂劳动，"少量的复杂劳动等于多量的简单劳动。"① 第三，劳动生产率与商品价值量有着密切关系，"商品的价值量与体现在商品中的劳动的量成正比，与这一劳动的生产力成反比。"② 第四，劳动力创造价值和剩余价值。"变为劳动力的那部分资本，在生产过程中改变自己的价值。它再生产自身的等价物和一个超过这个等价物而形成的余额，剩余价值。"③ 劳动力的劳动，是价值和剩余价值的源泉。

价值形成理论，即价值是如何形成的理论，它回答的是劳动力如何与其他生产要素相结合形成价值，在形成价值过程中各生产要素发挥什么作用。劳动力创造价值和剩余价值，必须以与其他生产要素相结合为前提，没有这种结合，商品不可能被生产出来，价值也自然不可能形成。在劳动力与其他生产要素相结合形成价值的过程中，劳动和生产要素发挥的作用虽然有所不同：劳动创造新的价值，而其他生产要素只是随着它的物质形态在生产中的改变，将其旧价值转移到新的产品上去，因而价值量不会增加，但是，其他生产要素在商品价值形成中的作用是不可不得到承认的。

价值实现理论也称资本循环、周转和社会再生产理论。它回答的是在生产过程中形成的价值如何得到实现，即实物和价值如何都得到补偿。马克思把社会总产品分为

---

① 马克思：《资本论》第 1 卷，人民出版社 1975 年版，第 58 页。
② 马克思：《资本论》第 1 卷，人民出版社 1975 年版，第 53—54 页。
③ 马克思：《资本论》第 1 卷，人民出版社 1975 年版，第 235 页。

生产资料和消费资料两大部分，与之相适应，社会生产部门也可划分为生产生产资料的部类和生产消费资料的部类，然后经过分析，得出社会再生产顺畅进行必须保持的两大部类之间和部类内部的比例关系，即社会再生产的实现条件。马克思的价值实现理论的意义，不仅是提出资本主义社会化生产必须保持的比例关系，而且，也提出了决定商品价值量的社会必要劳动时间的第二重含义，因而实际上也是对劳动价值论的重要补充和丰富。

价值分配理论回答的是实现了的价值如何分配。工业资本家和商业资本家得到了利润，农业资本家得到了地租，金融资本家得到了利息，资产阶级瓜分了工人阶级创造的剩余价值。而工人只得到了其必要劳动创造的工资。

从上述可以看出，马克思的价值理论是包括劳动价值论在内的极其丰富的理论体系。构成价值理论体系的各个理论部分是互相联系的，但又彼此有不同的适应性。在我国理论界的一些讨论中，特别是在关于社会主义市场经济中分配关系的讨论中，有学者似乎比较多地关注马克思的劳动价值论，而对马克思价值论的总体内容注意不够，在一些情况下，没有区分价值形成理论和价值创造理论，使本来宜用马克思的价值形成理论分析的问题而用劳动价值论去说明，这不能不说是一种缺憾。

二、价值理论与分配理论

马克思的分配理论有两个主要的组成部分，一个部分是研究并揭示资本主义社会分配关系的，可称为资本主义的分配理论；一个部分是预测未来社会分配关系的，即通常所说的社会主义按劳分配理论和共产主义按需分配理论。

按照马克思的分析，分配包括生产资料的分配和消费品的分配，它们都体现着生产关系，消费品的分配关系是由生产资料的分配关系决定的。生产资料的分配实际上就是生产资料所有制，消费品的分配即社会做了必要扣除之后，个人消费品的分配。在资本主义社会，生产资料实行的是资本家私有制，这是资本主义基本的生产关系和经济基础。在个人消费品的分配中，工人获得的工资是劳动力的价值或价格的转化形式，在量上只是劳动力创造价值的一部分，而剩余价值被资本家瓜分了。资本家之所以能够占有工人的剩余价值，不仅仅并且最主要的不是因为他们作为共同劳动的指挥者进行指挥和管理，而是因为资本家占有了生产资料。这些基本内容和观点是马克思关于资本主义社会分配理论的基本组成部分，也是马克思关于资本主义价值理论的组成部分。

在深刻剖析资本主义制度的基础上，马克思对未来社会作了预测，其中影响深远的是提出的关于个人消费品实行按劳分配的设想。按照马克思的设想，在共产主义社会的第一阶段即社会主义社会阶段，对个人消费品实行按劳分配原则。按劳分配的基本要求是：第一，在全社会范围内，社会在对社会总产品作了各项必要的扣除之后，以劳动者提供的劳动（包括劳动数量和质量）为唯一的尺度分配个人消费品，实行按等量劳动领取等量报酬和多劳多得，少劳少得，不劳动者不得食的原则。第二，按劳分配所依据的劳动排除任何客观因素如土地、机器等生产资料的影响，只包括劳动者自身脑力与体力的支出。第三，作为分配尺度的劳动，不是劳动者实际支出的个别劳动，而是劳动者在平均熟练程度和平均劳动强度下生产单位使用价值所耗费的社会平均劳动。

　　按照马克思的设想，按劳分配的实现，要有一些前提条件，包括：（1）在全社会范围内实现生产资料公有制。消费资料的分配是生产条件本身分配的结果。只有实行全社会范围的生产资料公有制，才可能使全体劳动者能够平等地占有和使用生产资料，这样才能够消除由于生产条件占有的不同造成的劳动者在分配上的差别，使劳动成为消费品分配的唯一因素。（2）经济社会条件要能够保证劳动者各尽所能。这些条件包括，要有足够的生产资料可供投入生产，要有足够的就业机会并且劳动者有充分选择职业的自由。只有这样，才能实现按劳分配所要达到的目标。（3）商品经济已经消亡。在没有商品货币关系的条件下，每一个人的劳动，无论其特殊用途是如何的不同，从一开始就成为直接的社会劳动，而不需要著名的"价值"插手期间。这样，劳动者付出的劳动可以简单地用时间衡量，一般都可以得到社会的承认。（4）社会可以统一对社会总产品做各项扣除。劳动者除了可供个人消费的消费资料之外，没有任何东西可以成为个人的财产。①

从马克思对于按劳分配论述的本来意义看，按劳分配主要是由社会主义社会生产资料公有制的基本条件决定的，其实现是有包括生产力发展水平、消除商品货币关系等在内的严格条件限制的。劳动创造价值是按劳分配的重要尺度，但显然不是理解和贯彻按劳分配原则的充分必要条件。在目前的讨论中，有一种观点认为按劳分配只是由劳动价值论决定的，只要承认劳动创造价值，就得实行按劳分配，或者反过来，只要不实行全面的按劳分配，就是否定劳动价值论，其实这并不全面。

从马克思的设想看，实行按劳分配，可以排除凭借对生产资料的占有而占有他人劳动成果的可能，从而对消除剥削具有重要意义；能够把每个劳动者的劳动和报酬直接联系起来，从而使每个劳动者从物质利益上关心自己的劳动成果，这有利于促进社会生产力的发展；实行按劳分配，实现了劳动平等和报酬平等，有利于实现社会分配的公平与公正，从而可以调动劳动者的积极性。从这样的意义上说，实行按劳分配是人类历史上分配制度的一场深刻革命。但是，科学分配理论的实现，需要具备这种理论发挥作用的必要前提条件，当这些条件不具备或不完全具备时，必然要求有另外的分配形式作为补充，这是合乎理论和实践逻辑的。

---

① 马克思：《马克思恩格斯全集》第 19 卷，人民出版社 1995 年版，第 19—20 页。

三、马克思的价值论、劳动价值论 和按劳分配理论的现实意义

马克思的价值论、劳动价值论和分配理论都是在分析当时资本主义经济制度基础上得出的结论。这些理论对今天我们建设有中国特色的社会主义是否还有现实意义呢？

回答是肯定的。其理由主要是：

第一，商品生产、商品交换、市场经济依然存在。马克思分析的当时的资本主义经济具有两重性质，一重性质是社会化生产条件下的货币经济即今天我们说的市场经济，一重是资本主义的生产关系。就资本主义生产关系而言，从总体上说（不是局部，就局部而言，初级阶段的社会主义也还存在资本主义性质的生产关系，对此下面要专门分析），社会主义生产关系与之相比，在所有制关系、劳动者所处的地位等方面已经发生了根本性的变化，所以在马克思价值论、劳动价值论和分配理论中那些揭示资本主义生产关系的分析和结论，如工人阶级与资本家阶级在生产资料占有和分配中的那种对抗性的阶级关系、生产商品的个别劳动与社会劳动之间的对抗性矛盾、资本主义生产目的与资本主义生产手段之间的矛盾、资本主义生产条件与资本主义实现条件之间的矛盾、资本主义生产力和资本主义占有形式之间的矛盾等等，显然是不适应我们今天要发展的社会主义市场经济的。但就社会化条件下的市场经济而言，作为一种经济发展采取的方式，资本主义

市场经济与社会主义市场经济显然有共同的内在规定性而没有本质的区别，所以在马克思价值论、劳动价值论和分配理论中那些揭示社会化生产和市场经济一般规律的分析和结论，对我们今天发展社会主义市场经济依然有重要的指导意义。

例如，认识和处理社会主义市场经济条件下的分配关系，就可以从马克思的价值理论、劳动价值论和分配理论中吸收科学的思想作为指导。我国已建立了以公有制为主体多种所有制经济共同发展的所有制关系，实行多劳多得、少劳少得、不劳动者不得食的按劳分配原则就有了基本的基础，但我国仍要发展市场经济，而市场经济条件下消费品分配的就不仅仅是对劳动创造的价值的分配，还要包括各种生产要素共同作用形成的并经过市场实现了的价值的分配。由这些条件所决定，在个人消费品的分配中，在实行按劳分配的同时就不能不承认除劳动以外的各种生产要素的作用，包括在市场实现过程中各种要素所发挥的作用。从这样的意义上看，马克思的价值理论、劳动价值论和分配理论仍然是我国实行以按劳分配为主多种分配形式并存的分配制度的重要理论依据。

第二，由于社会主义初级阶段的国情所决定，我们在发展社会主义市场经济和对外开放过程中，还要保留、利用甚至发展一些资本主义的经济关系。我国现在和今后相当长时间仍处于社会主义初级阶段，这是大家没有疑义的。社会主义初级阶段的重要特点是要适应生产力发展状况，实行以公有制为主体、多种所有制经济共同发展的经济制度。多种所有制经济就包括外商独资经济、私营经济、外资或私有资本控股的股份制经济等，而外商独资经济、私营经济、外资或私有资本控股的股份制经济中的私有部分，就其性质而言，实际上是资本主义经济。这些经济中的分配关系，除了会受到社会主义公有经济的制约和政府的引导之外，马克思对资本主义经济的分析和得出的若干结论对其是适应的。

例如，工人与雇主之间的分配实际上要实行以按资分配为主，除劳动力以外的生产要素的作用在分配中要得到充分的体现，雇主要占有工人的部分剩余价值，雇主与工人之间存在着剥削与被剥削关系。再例如，这些企业的劳动存在个别劳动与社会劳动之间的矛盾等等。承认这种经济事实，并不意味中国的改革和发展要改变社会主义方向，而相反，是为了更好地引导和利用多种所有制经济的发展，为建立更加发达的名副其实的社会主义奠定坚实的物质基础。

在研究马克思价值论、劳动价值论和分配理论的现实意义时，有一种观点是需要讨论的。有学者将劳动价值论区分为革命的劳动价值论和建设的劳动价值论，认为马克思主义创始人之所以研究劳动价值论并在此基础上建立资本和剩余价值理论，主要是为了揭示资产阶级如何剥削工人阶级所创造的剩余价值的关系，揭露资本主义生产方式的内在矛盾，以此来唤醒、武装、鼓动工人阶级和广大群众，拿起武器来革命，推翻资产阶级统治，埋葬资本主义。因此，当时的劳动价值论是完全用来为无产阶级革命服务的，因而可称为革命的劳动价值论。而如今，我们研究劳动价值论主要不是为了推翻资产阶级政权、建立无产阶级专政为主要内容的革命，而是为了建设新社会，建设有中国特色的社会主义，总的来说是用它来为社会主义服务的，因而可称它为社会主义建设的理论。[①] 这种认识虽有一定的道理，但并不一定准确。劳动价值论作为一种反映商品经济、市场经济客观经济关系的科学理论，其科学内核只有一个，即揭示劳动与价值之间的本质联系。至于在资本主义和社会主义不同的经济制度下，它揭示的经济关系不同，这是两种经济制度存在根本性的差异使然，这恰恰是劳动价值论的科学性和生命力所在，而不在于它有革命的和建设的区分。无论是革命的劳动价值论还是建设的劳动价值论，关键都应该是科学的。只有科学的劳动价值论才是能够解释现实并为实践服务的。

四、深化对社会主义市场经济条件下价值论、劳动价值论和分配理论的研究和认识

马克思主义的价值论、劳动价值论和分配理论深刻揭示了价值与劳动、价值与分配、劳动与分配之间的本质联系，并运用这种联系深刻地揭示了资本主义生产关系的实质。马克思的研究方法和所得出的许多结论都为我们今天

---

① 宋养琰：《怎样区别看待革命的劳动价值论和建设的劳动价值论》，《深圳特区报》2001 年 8 月 20 日。

研究和认识社会主义市场经济条件下价值论、劳动价值论和分配理论提供了重要的理论指导。但我们今天建设的中国特色的社会主义，无论是国内的条件还是国际的条件都发生了巨大的变化，许多新问题、新情况都是前所未有的，如果只是停留在已有的理论上肯定是不够的，所以必须研究新情况，在坚持马克思主义价值论、劳动价值论和分配理论基本原理的基础上，有所发展，有所创新。

首先，要研究在社会主义市场经济条件下创造价值的劳动的内涵。对于在资本主义经济制度中创造价值的劳动，马克思曾经在不同的条件下给出了多种界定，例如，从事物质生产的生产性劳动创造价值；从事剩余价值生产的劳动都是生产性劳动，都创造价值；科技人员、管理人员的劳动是生产商品"总体"劳动的组成部分，都被列在生产劳动的概念之下，都创造价值；资本家作为共同劳动的指挥者，其劳动虽然是为了获取剩余价值，但也有社会化生产必要劳动的一面，而这一面也是生产价值的劳动，等等。

在社会主义市场经济条件下，马克思关于创造价值劳动这些界定的基本原理都是适应的。除此之外，由于在社会主义市场经济中，用于交换的物质产品和劳务都是商品，同时也由于公有制主体地位和提高人民物质文化生活需要生产目的的确立，所以创造价值的"总体"生产性劳动的范围应该大大的拓宽。一切为解放生产力、发展生产力，提高人民生活水平所付出的被市场检验证明是有效的劳动，都是整个社会劳动的组成部分，都应该被视为创造价值的劳动。

其次，要研究在知识经济条件下知识、信息、科技等在价值形成和价值创造中的特殊作用。与马克思创造科学的价值论、劳动价值论和分配理论所处的时代相比，今天我们所处时代的一个重要特征是，科学技术的重大突破、信息经济的发展、知识经济的兴起，极大地推动了世界范围内生产力和人类经济社会的发展，引起了并将继续引起经济学理论发生革命性的变革。知识、信息、科技在价值形成和创造中的作用比历史上任何时期都要强得多。

知识、信息、科技是如何参与价值形成和创造的？理论界有不同看法。其分歧的焦点在于，知识、信息、技术是否创造价值。有的学者认为，过去是劳动创造价值，现在是知识、技术创造价值，主张用知识价值论取代劳动价值论；有的学者则认为，科学技术本身并不创造价值，人的劳动依然是价值的唯一的源泉。[①] 对这个问题的认识，我认为关键是要区分价值形成和价值创造，因为知识、信息、科技对于价值的作用是在价值形成和价值创造两个不同层次以不同的形式发挥作用的。

价值形成是劳动与生产资料（包括劳动对象和劳动手段）结合，生产和实现价值的过程；价值创造是人类抽象劳动凝结在商品中创造新的价值的过程。在实践中，价值形成过程与价值创造过程是同一个过程，价值形成过程包括价值创造过程。但为了研究的需要，我们可以进行

————————

[①] 杨国昌：《科学技术在价值创造中的作用》，《人民日报》2001 年 8 月 21 日。

必要的理论抽象，分别对在这两个过程中知识、信息、科技的作用进行研究。

在价值形成过程中，知识、信息、科技的作用是通过提高劳动对象和劳动手段的效率实现的。由于新知识新技术的应用，作为劳动对象的旧材料变成了高科技含量的新材料，厂房的改造甚至虚拟化使厂房的利用效率大大提高，利用成本大大降低。而劳动手段，由于知识、信息、科技的应用也大大提高了效率。所有这些，都会使生产资料的价值在价值形成过程中被转移的效率极大提高，从而使单位商品的价值中"C"的部分大大下降。在价值创造过程中，由于劳动者对新知识、信息、高科技的掌握和应用，可以大大提高直接劳动的生产效率、管理效率和服务效率，从而使单位商品价值中的"V"的成本大大下降。总之，随着世界科技的高速发展和信息经济、知识经济的出现，知识、信息、科技在价值形成和价值创造中的作用将越来越大。从这样的意义上说，在剧烈的国际市场竞争中，谁掌握了知识、信息、科技的领先权，谁就会处于竞争的优势地位。

再次，要研究社会主义市场经济条件下生产要素参与分配的合理性。经过对几十年社会主义建设实践的总结和理论探索，在我国社会主义初级阶段，个人收入分配既不能实行单一的按劳分配，也不能实行完全的按生产要素分配，而必须要坚持以按劳分配为主体、多种分配方式并存的制度，把按劳分配和按生产要素分配结合起来。对于这样一个不争的客观事实，应该说大家已经基本形成了共识。但是，对于如何从理论上说明这一现象，我国经济学界存在争论。有的学者认为，由于劳动、土地、资本等生产要素在价值形成中都发挥着各自的作用，所以，社会主义的工资、利息、地租，不过是根据劳动、资本、土地等生产要素所做的贡献而给予这些要素所有者的报酬。社会主义的分配原则，就是在社会必要劳动所创造的价值的基础上，按各种生产要素在价值形成中所做的贡献进行分配，或简称按贡献分配。① 另有学者不同意这种观点，认为，这种观点是错误的，其"错误在于混同了价值创造和收入分配问题，硬把取决于生产关系的收入分配说成是取决于生产要素在创造价值中的贡献"，"把特定历史阶段上索取权的合法性当做自然的必然性和永恒的合理性"。②

我认为，理解在我国社会主义市场经济条件下在坚持按劳分配为主体的同时还要按生产要素分配的关键有四点：

第一，必须把价值形成和价值创造予以区别，把价值论和劳动价值论予以区别。生产要素在价值形成中发挥了作用，但它本身并不创造价值；劳动创造了价值，但离开了其他生产要素，劳动创造价值就没有可能。所以在收入分配中，要承认劳动创造价值的作用，同时也要承认其他

---

① 谷书堂主编：《社会主义经济学通论》，上海人民出版社1989年版，第112页；高等教育出版社2000年版，第141页。

② 吴易风：《价值理论新见解辩论》，见《当代理论界的意见分歧》，中国经济出版社2000年版，第58页。

生产要素在价值形成中的作用。否则，谁可能持久地提供生产要素呢？这样的认识问题，不是对劳动价值论的否定，而是在肯定劳动价值论的基础上对价值形成理论的认可。这是我为什么在本文中坚持必须把价值论、劳动价值论与分配理论放在一起进行讨论，而不仅仅是就劳动价值论与分配理论进行讨论的初衷所在。

第二，必须明确，我国社会主义初级阶段实行的基本经济制度是实行以按劳分配为主体、多种分配方式并存的分配制度的根本性决定因素。"消费资料的任何一种分配，都不过是生产条件本身分配的结果。"[1] 这里说的生产条件，是指包括劳动力在内的生产要素的所有制关系。社会主义初级阶段实行以公有制为主体、多种所有制经济共同发展的基本经济制度，公有制为主体要求实行按劳分配为主体的分配形式，多种所有制经济并存要求实行多种分配方式并存的分配方式。多种分配方式就包括按生产要素的作用进行分配。例如，国家和企业发行债券筹集资金，会要求凭债权获得利息；股份经济的产生和发展，会要求凭股权取得股息和红利；某些企业经营者的收入中，包括部分风险补偿；私营企业雇佣一定数量的劳动力，会给企业主带来部分非劳动收入；还有其他属于个人的资本、技术、信息等生产要素也参与分配。由此构成了社会主义初级阶段十分丰富的分配内容。

第三，必须把我国现阶段的分配关系放在市场经济条

---

① 马克思：《马克思恩格斯全集》第19卷，人民出版社1995年版，第23页。

件下进行考察。社会主义初级阶段的经济是市场经济。在社会主义市场经济条件下，需要发展劳动、资本、技术、信息等要素市场，以发挥市场对资源配置的基础性作用。由于在商品生产过程中，活劳动创造价值，而且随着科学技术和"知识经济"的发展，掌握了科学技术、拥有知识的复杂劳动者创造价值的作用和创造的价值越来越大，这就要求实行以按劳分配为主体；同时，由于资本、技术、信息、土地等其他要素是商品生产不可缺少的重要条件，这就要允许各种要素参与收入分配，把按劳分配与按生产要素分配结合起来。更重要的是在社会主义市场经济条件下，分配是经过市场进行的分配，分配的商品价值是经过市场实现了的价值，在市场实现过程中，实际上，不仅劳动创造的价值进行了交换，而且生产要素参与形成的价值也进行了交换。共同进行交换和市场检验的价值分配，如果只承认劳动创造的价值而不承认其他生产要素形成的价值是不符合市场经济要求的。

第四，社会主义初级阶段实行以按劳分配为主体、多种分配方式并存的制度，承认生产要素也要参与分配，归根到底是由生产力的发展状况决定的。社会主义初级阶段生产力发展的不平衡、多层次和不够高的状况是分配方式呈现多样性的最深层次原因。

关于京津经济一体化的建议[*]

为实现 21 世纪京津经济的更快更好发展，建设我国北方最大的在世界经济发展中也具有重要影响的经济中心，以带动中华民族经济的进一步腾飞，南开大学京津经济一体化战略研究课题组经过认真研究，现提出制定并实施京津经济一体化战略的建议，要点如下。

一、京津经济一体化的含义及实施京津经济一体化战略的必要性

经济一体化是指两个或多个经济体联合成经济区域的过程或者状态。它是在经济全球化和经济区域化过程中出现的一种必然趋势。从世界范围看，国家（或地区）与

---

* 本文是由作者主持的《京津经济一体化研究》课题成果的总报告，由作者执笔，曾以内部报告形式报中央和地方政府有关部门参阅，公开发表于《南开学报》2002 年第 4 期。参加该课题研究的有：季任钧、郭鸿懋、王迎军、刘秉镰、江曼琦、罗润东、马志光、景普秋、阎二旺。

国家（或地区）之间，通过合作和交流建立友好的经济关系以至结成经济同盟、合并、联合以及统一，一般以经济一体化来表示。目前，从世界上已建立起来的经济一体化组织看，都以市场一体化为基础，通过逐步放宽、最后取消阻碍商品、生产要素在区域内部自由流动的种种限制，协调并统一经济政策，促进相互之间的经济合作，增强竞争力，以促进经济的共同发展。特惠关税区、自由贸易区、关税同盟、共同市场、经济同盟、完全的经济一体化等都是经济一体化的具体形式。

京津经济一体化特指为适应经济全球化和市场经济发展的要求，应对 21 世纪国内外激烈竞争的挑战，北京和天津两个北方最大的城市，作为经济实体，从互惠互利、共同发展的目标出发，在遵循市场经济规律和经济发展内在规律的基础上，通过紧密合作，实现资源配置统一协调规划，经济结构调整优势互补，基础设施共享共用，经济政策协调统一，建立起我国北方最大、在世界上也具有重大影响和竞争力的经济中心，为带动中华民族的腾飞做出贡献。

京津经济一体化的必要性和意义在于：

1. 京津经济一体化是加快经济发展，增强综合国力，适应 21 世纪经济全球化过程中国内外激烈竞争挑战的需要。

20 世纪末和 21 世纪初，世界经济发展最具深远意义的重大现象是经济全球化的进程在一步步地加快。经济全球化是科学技术进步和社会发展的必然结果。当数字技术被广泛应用，IT 产业迅猛发展，日益发达的交通和通讯设施把不同国家和地区的经济组织更方便地连接在一起时，世界变成了一个统一的大市场。由此引起的重大变化是，资源的配置超越了时空，冲破了国界，在世界范围内进行。市场机制的作用不再区分发达和落后，不再拘泥于亚洲、美洲或欧洲，而是在全世界发生作用。竞争规律的作用，优胜劣汰，使后发的、落后的国家和地区面临着前所未有的关系民族前途命运的剧烈挑战。应对这种挑战，在一国（或地区）内部选择一些发展基础好、发达水平高的中心城市，率先建立具有不仅在国内而且在世界上也具有竞争力的经济区，作为本国走向世界的领头羊，进而带动整个国家或地区经济的飞跃，是已为世界经济发展实践证明了的成功经验。

在世界上，在经济全球化过程中产生了一个令人瞩目的新的经济现象是聚集经济。聚集经济的一个突出特征，是一批大城市或特大城市联合在一起形成了所谓全球城市区（Global city – region），这些城市区（如美国的波士顿、纽约、费城、巴尔的摩、华盛顿等城市组成的城市经济区，洛杉矶到旧金山的"加州湾区"，日本东京和横滨等城市组成的"日本关东区"）成为所在国家经济发展的先锋，并成为该国参与世界竞争的主力军，它们实际上成为全球生产、消费、金融、企业管理等中枢城市区域，对全球经济发挥着决定性的影响和调节作用。

经过几十年特别是改革开放 20 多年的发展，从区域经济的角度看，我国有可能发展成为全球城市区的城市群主要有三个，即以上海——南京——杭州为中心的长江三角洲城市群，以香港——深圳——广州为中心的珠江三角洲城市群，和以北京——天津为中心的京津城市群。这些城市群都具有优越的区位优势，拥有丰富的人力资源、技术资源、良好的基础设施和发达的国际商贸联系。其中，京津地区在直径 120 公里的范围内集中着两个超大型城市，又有着广阔的经济腹地，这种经济地理结构在全世界亦是极其罕见的。

然而，必须看到，虽然北京、天津两市在经济总量、增长速度等诸多方面，分别都居于全国前列，但相对于国内另外的两个经济区，其市场经济的发展程度尚不高，相对于上海，其经济总量也不够大。如果与国际上一些发达国家的国际性大都市比，差距则更大一些。无论是北京还是天津，无论是其经济总量还是其影响力，分别而言，都尚不足以真正成为中国北方的经济中心，更不足以与世界发达国家和地区实力雄厚的经济中心相抗衡。而如果实现京津经济一体化，通过经济的联合，使京津成为一个统一的经济联合体，经过若干年的努力建设，则完全可以发展成为一个不仅在国内而且在世界上也具有强大竞争力的全球城市区。

表1　1999年京津沪主要经济指标比较

类别 市别	人均 GDP （元）	总人口 （万人）	社会消费 品零售额 （亿元）	地方财政 预算收入 （亿元）	储蓄余额 （亿元）	工资总额 （亿元）	职工数 （万人）	利用外 资总额 （亿元）	金融系 统贷款 增加额 （亿元）
北京	19846	1257	1313.3	281.37	2680.7	577.3	621.9	18.26	513.4
天津	15976	959	657.3	112.81	1130.19	225.4	421.1	27.45	196.14
京津 合计	35822	2216	1970.6	394.18	3810.89	802.7	1043	45.71	709.54
上海	30805	1474	1590.4	419.95	2597.12	560.5	677.3	76.28	602.24

	邮电业 务总量 （亿元）	货物 运输量 （万吨）	最终消费（亿元）			旅游外 汇收入 （亿元）	全社会 固定资 产投资 （亿元）	第三产业 增加值 （亿元）	社会消 费品零 售总额 （亿元）
			总计	居民消费	政府消费				
北京	156.6	45589.3	954.14	633.76	210.38	25.0	1313.3	1246.75	1313.3
天津	56.72	27052	716.80	503.82	212.98	2.09	657.3	667.12	657.28
京津 合计	213.32	72641.3	1670.94	1137.58	423.36	27.09	1970.58	1913.87	1970.58
上海	168.99	48398	1719.48	1352.86	366.62	13.64	1590.38	2000.98	1590.38

资料来源：中国统计出版社：《2000 年中国统计年鉴》，北京统计出版社：《2000 年北京统计年鉴》，上海统计出版社：《2000 年上海统计年鉴》，天津统计出版社：《2000 年天津统计年鉴》。

2. 京津经济一体化是市场经济发展的客观要求，对京津两市都具有十分重要的意义。

市场经济的发展，要求打破人为的、行政的界限，按照经济发展的内在规律进行经济活动。以中心城市为核心的区域经济一体化是市场经济发展的大势所趋。在世界范围，目前区域经济一体化已成为一种潮流，而且呈现越来越强化的发展态势。欧盟、北美自由贸易区、南美共同体、亚太经合组织等区域经济一体化组织，范围越来越大，联系越来越紧密，一体化的内容也越来越丰富。欧盟在前几年边境互相开放、市场统一的基础上，进一步实现了货币一体化。随着改革的日益深化和市场经济体制的逐步形成，我国的区域经济一体化趋势也在扩大和发展，例如珠江三角洲、苏锡常、厦漳泉等经济区，发展势头良好。国际、国内经验证明，经济一体化是市场经济发展到一定阶段的必然产物，是区域经济联合的必然选择，体现了经济运行的客观规律。

对于京津两地而言，实现经济一体化具有以下明显意义：第一，有利于提高两市规模经济效益，增强整体经济实力。第二，促进两市优势互补，结构协调，实现共同繁荣。第三，形成区域性统一市场，促进经济的发展，并为建立全国统一的大市场，积累经验，奠定基础。

博弈理论来告诉我们，假定每个经济体均具有经济人的特性，均希望在相互经济交往中扩张自己的利益，强化自己的优势，同时假如每个经济体都明确知道自己的处境及其面临的选择，在这样的情况下，如果两个经济体进行合作，则可谋求共同成长和发展，如果不合作，竞争极易导致双方失去发展机会。对两个经济体来说，双方可以获得的最佳结果源于紧密合作，通过合作谋求共同发展，实现双赢。

3. 京津经济一体化是迎接加入 WTO 挑战的重要准备。

中国加入 WTO 已指日可待，从总体上说，加入 WTO

将促进我国朝着健全社会主义法制、完善社会主义市场经济体制这一总目标迈进，但是，在涉及具体行业、企业和不同区域时，其影响是不同的，往往表现出机遇与挑战的不对称性。在这种情况下，强化京津间的有效合作，增强区域政策、产业政策的科学性、联系性和互补性，早日实现生产、贸易及资本流动同国际惯例接轨，是积极迎接 WTO 的重要举措。中国加入 WTO 后，必将在更广的领域和更深的层面融入世界经济体系，利用外资的空间变得更广阔，中外企业之间的互动性进一步增强。在这种情况下，引进外资不会成为一件难度较大的事情，而困难表现在如何将全球著名的大跨国公司吸引进来，形成中国企业同外国企业之间的良性互动，提升经济运行的总体质量，促进产业结构升级。京津作为我国两个北方最大的中心城市，加强密切合作，实施经济一体化，将更加有利于开展国际合作，增强经济实力。

二、实施京津经济一体化战略的可行性[①]

实施京津经济一体化，不仅具有必要性而且具有可行性。

1. 共同的责任感和共同的利益将把京津两市紧密地

---

① 本文中涉及北京、天津的资料来源：《2000 年中国统计年鉴》，中国统计出版社；《2000 年北京统计年鉴》，北京统计出版社；《2000 年天津统计年鉴》，天津统计出版社。以下有关数字出处不再一一注明。

凝结在一起。

从上述已经可以看出，在 21 世纪中国经济的进一步腾飞进程中，北京天津两城市实际上将共同担负率先建成全球城市区，以带动中国尽快实现现代化的神圣使命。这一使命将是京津经济一体化的最紧密的纽带和坚实的基础。

共同的利益是实施京津经济一体化的根本保证。从各种因素分析，京津两地唇齿相依，互补性强，存在共同的根本利益。

（1）京津优越的区位优势为京津经济一体化提供了广阔的空间。京津地处渤海湾的西端，位于环渤海区域的中部，仅距百余公里，背山面海，不仅是北方入海的重要通道，而且也是北上关外塞北，南下湖广、江浙的纽带。铁路公路航空运输四通八达，得天独厚。如果实施京津经济一体化，这种区位优势将会转化成巨大的现实经济力。（2）京津两地的经济互补性有利于区域内资源的合理优化配置。北京拥有较为丰富的煤铁资源；天津滨海新区则有 120 多平方公里的盐碱荒地。北京是全国的铁路枢纽，有全国最大的航空港；天津则有规模巨大的现代化海港。北京是首都，全国的政治、文化、信息中心和国际交流中心；天津是北京的门户，又是传统的商贸、金融中心。如果实施京津经济一体化，这种经济资源和结构的互补将会促进经济潜力的充分发挥，带来经济效益的几何级数的增长。（3）京津两地发达的工业基础是促进经济发展的重要因素。北京和天津都已建立起较强的工业体系，北京是新建工业基地，属于偏重型工业结构，技术设备先进，门类较为齐全；天津是老工业基地，轻型加工工业比较发达，中小企业多，配套能力强。如果实施京津经济一体化，发挥原有工业基础的优势，克服某些工业部门和产品雷同的问题，两市经济将会出现新的飞跃。（4）京津拥有的科技力量的优化组合将产生推动经济发展的强大动力。京津是中国科技人才最密集之地，这里不仅仅集聚了中国第一流的科研与教学机构，而且是全国最大的图书资料和科技信息中心。如果实施京津经济一体化，加强人才交流和科技合作，一定能够充分发挥两市的科技潜在优势，从而加速形成中国北方最大的"硅谷"。（5）京津已有开发区、保税区的建设为对外开放奠定了坚实的基础。天津港保税区吸引了59个国家和地区的企业投资及国内25个省市自治区和中央部委所属企业来投资，进出保税区的货物迅速增长，天津经济技术开发区多项指标连续多年居全国第一。北京经济技术开发区在接纳高新技术企业、外商投资企业和出口创汇企业，重点发展光纤通信、微电子、计算机、精细化工、生物工程等高技术产业等方面具有明显的优势。如果实施京津经济一体化，京津地区在新形势下，统一实施开放政策，统一规划区域设施建设，进一步改善投资大环境，联合起来，有目的、有重点地引进外资和扩大参与国际市场的竞争，必将促进经济迅速发展。

综上所述，京津经济一体化有百利而无一害，是有利国家，有利人民，永载史册的战略之举。

2. 京津两市紧密合作的历史为实施京津经济一体化

奠定了坚实基础。

北京与天津两个城市从古以来就有密切的合作关系，相互依赖，共同发展。早在金代，北京成为首都，成为政治军事中心，京师漕粮最高达100万石，为保卫京师粮道，海河三岔河口设立直沽寨。元代，北京进一步发展成为全国的政治文化中心，海运漕粮最高年份为326万石，为保卫京师粮道，特派京官接粮，改直沽寨为海津镇。明代时，北京成为全国政治军事文化中心和北方经济中心，河运漕粮常年达400万石，运丁12万人，有官民商船4万只，水陆驿站1357处，通达全国。天津设卫城，建仓储谷，成为护卫京师的军事重镇，漕粮与芦盐转运的枢纽。清代，北京依然是全国政治军事文化中心，北方经济中心。南方漕粮400余万石，东北杂粮数十万石。全国水陆驿站1970处，急递铺2万所。天津为漕粮芦盐转运枢纽，盐商大本营，山西票号发祥地，并发展成为仅次于京师的华北内贸型商业中心。1840年鸦片战争后，中国沦为半封建半殖民地社会，1860年第二次鸦片战争使北方的门户洞开，天津被迫开埠，成为外国资本主义国家打开华北市场的门户，逐步形成为中国北方最大的金融商贸中心。对京津两市来说，开埠既是城市耻辱史的开始，又是城市近代化的肇始，同时标志着两城市的关系进入相互依赖的高峰时期。民国初期，北京成为北洋军阀政府驻地、直皖奉军阀角逐的场所，这一时期，北洋军阀官僚聚集天津，天津租界成为阴谋策划所，驻天津的英、法、德、日四国租界在这一时期成倍扩大，奥、意、俄、比四国租界也先后在天津建立，总面积为天津卫城的 7 倍。天津大力发展北洋实业，教育为世人瞩目，成为北方近代文化中心和工业、商业、金融、外贸发达的港口城市，北方金融商贸中心。京津工商学各界携手合作，成为五四运动及新文化运动的发祥地。1928—1949 年，我国首都南移，国民政府定都南京，其间，由于日本的侵略，曾将重庆作为陪都，南京和重庆先后作为全国的政治军事和文化中心，北京成为日本华北驻屯军司令部驻地和华北伪政权所在地，国民党统治的华北政治、文化中心。北京从首都降为一般城市，其工商业获得了一定发展。天津时称特别市，是日本掠夺和统制华北的兵站基地，美蒋控制华北地区的桥头堡。

新中国成立以后，北京作为新中国的首都，其工业化建设也进入了快速发展时期。天津的经济地位开始相对下降。在长达近 30 年的计划经济时期，两市虽有合作，也都得到了发展，但由于市场机制的作用未得到发挥，两市经济内在联系被割裂，致使重复建设、经济结构雷同，北京与天津的功能分工不甚合理，各自的优势未能充分发挥，特色不突出。由此不仅制约了两市各自的发展，也制约了整个北方经济的腾飞。改革开放开始以后，党中央和国务院先后于 1980 年、1983 年和 1995 年，对北京城市总体规划作出了一系列指示和要求，北京市在总结经验的基础上，贯彻中央的指示，突破了长期以来以工业为核心发展经济的思路，打破自成体系、品种齐备的工业格局，确立了发展高新技术和技术密集型行业，限制和淘汰那些耗能高，严重污染环境，低附加值，高成本，工艺装备落后，产品没有市场的行业和产品的新思路；充分发挥首都的科技、信息、人才等优势，走技术密集、适合首都特点的道路。1998 年初，在充分认识和尊重经济规律的基础上，从北京的实际出发，北京市又进一步确立了"首都经济"的新模式，提出了以知识经济为方向，发展高新技术产业，并以高新技术优化和提升第二产业，同时大力发展第三产业的指导方针。而天津也乘改革开放的大势，摈弃了传统的思维模式，不断提出新思路。在天津经济技术开发区、保税区以及滨海新区的创业方面，天津独树一帜，使开发区成为我国沿海各城市开发区中的佼佼者，经济结构的调整，技术创新，取得可喜成果。自"八五"后期，天津已步入改革开放的快车道。1997 年中央对天津的定位明确后，天津努力向着环渤海经济中心并努力建成北方重要的经济中心、国际化港口城市的目标前进。所有这些都为京津联合，实现京津经济一体化铺平了道路。

三、实施京津经济一体化战略的基本思路和指导方针

实施京津经济一体化的基本思路可概括为：以邓小平理论和江泽民"三个代表"重要思想为指导，以建设中国北方经济辐射力和带动效应最大的、在世界上也具有强大竞争力和影响力的经济中心为目标，贯彻国家"十五"经济社会发展计划的指导方针，按照市场经济规律和区域

经济分工合作的要求，通过京津两市经济有计划的紧密联合，优势互补，结构协调，政策统一，实现京津经济增长质量和效益的显著提高，为 21 世纪中国经济的全面腾飞做出重大贡献。

实施京津经济一体化的指导方针是：

坚持发展是硬道理，把发展作为主题。促进经济发展，提高经济实力，增强经济竞争力，是京津经济一体化的出发点和落脚点，要坚持以发展促进联合，以联合促进发展，在联合和发展中实现联合和合作的双赢效应和 1 + 1 > 2 的效应。

坚持结构调整是主线，把交通结构的调整作为京津经济一体化的先行官和突破口。结构调整特别是产业结构的调整是关键。要在京津经济一体化进程中优先进行经济结构的调整，以经济结构的调整带动京津经济一体化的进程和经济发展。要以交通结构的调整为先行官和突破口，大力发展高科技产业、信息产业，加快工业改组和结构升级，大力发展服务业，实现京津经济结构的互补和优化。

坚持分工合作、优势互补，实现互惠互利、共同发展。按照经济地域系统理论和分工理论，在京津经济一体化过程中，京津两市要分工合作，优势互补，在资源配置、产业发展及区域布局等方面要实现有序、有机的联系，达到两市经济的均衡发展和功能最优。在经济和社会活动中，两市都要将京津经济作为一个有机的整体来考虑，每个城市的发展要纳入整体区域的发展之中，实现区域资源配置系统化、产业结构系统化及企业生产系统化。

要按照互惠互利的原则，实现优势互补，达到强强联合、共同繁荣发展。

坚持尊重经济规律和市场经济发展要求，把改革开放作为实施京津经济一体化的动力。

京津经济一体化是社会主义市场经济发展的必然趋势和内在要求，要坚持将市场机制作为实现京津经济一体化的基本手段，要充分尊重市场经济规律，要通过旨在建立完善的社会主义市场经济体制的改革，加快市场体系建设，充分发挥企业作为市场主体在京津经济一体化过程中的创造性和能动性。与此同时，要充分发挥政府在京津经济一体化过程中的关键性作用。两市政府要成为京津经济一体化的优秀的领导者、坚定的推动者和精诚的战略合作者。

四、京津经济一体化的先行官和
突破口：京津交通一体化

京津两市都有良好的交通设施和优越的交通条件，除了四通八达的公路、铁路之外，相比而言，北京的空港优势明显，而天津的海港得天独厚。如果在实施京津经济一体化过程中，首先选择京津交通一体化作为突破口，在京津空港已经实行联合的基础上，把京津两市陆上交通尽快一体化、现代化，在京津两市间尽快建设高速铁路，开通快速列车，将两市的空间距离缩短到半小时至一小时路程，则可以很快地实现两市的优势互补，为整个经济一体化奠定基础。国际上通过交通一体化而实现城市经济一体化已不乏其例。日本的东京与横滨，交通发达，人们的生活和从业没有不同城市的概念；荷兰的阿姆斯特丹与海牙，发达的公路和铁路把两市紧紧地联系在一起，两市的功能清晰，优势得到充分的互补。

应该看到，北京、天津两市在交通运输的协同发展方面已有良好的合作基础，取得了较好成绩。两市在货物运输方面的协作，较集中地反映在对天津港的利用和北京陆路口岸的建设方面。1995 年，在北京开通了朝阳口岸，北京进出口货物可以在该口岸直接通关，经由天津港进出口。到 1996 年，天津港货物吞吐量中 30% 为北京货物；北京市外贸进出口货物总量的 38.1% 经由天津港进出口。在客运方面。1997 年，北京、天津间公路客运量达 613.2 万人，铁路客运量达 477.8 万人。两市间投入营运的高档豪华客车达 60 多辆，直达旅游及快速列车 8 对。除此之外，北京、天津在公路—水路、铁路—水路联运，海运代理，公路大件运输等领域也已进行了多年的协作。水陆联运主要依托天津港客运码头，开辟了北京—大连、北京—烟台等客运线路。由天津港承运的超大型设备，经由公路以联运方式发送到北京厂矿企业的公路大件运输，为北京的经济建设做出了贡献。

当然，由于两市所处地位和体制演变历史不同，京、津交通运输协同发展中也存在一些问题，主要是：管理体系不尽相同，交通基础设施建设缺乏统一规划，运输组织尚不够协调，形不成综合能力等，这些有待在经济一体化过程中予以解决。

京、津交通一体化的目标是：（1）通过交通运输管理体制与管理方式的协调改革，逐步实现两市交通运输发展规划、运输市场管理、交通基础设施建设与运营的协调统一，从而达到两市的优势互补。（2）加快提高两市及两市间交通运输服务质量和水平，建立能适应两市经济发展的高效、快速的现代化综合交通运输服务体系。（3）建立两市共同的综合运输市场体系和政策体系，以两市现有交通基础设施为依托，通过合理规划和建设相关交通枢纽设施和配套设施，建立以两市为核心，辐射整个环渤海经济区，并与其他经济区及中心城市能够便利沟通的高效综合运输系统。

京、津交通一体化的措施包括：

1. 加快交通基础设施的改造和建设，尽快形成京津经济一体化的交通运输系统。内容有：（1）以天津港为依托建立外贸运输体系。（2）以首都机场、天津机场为核心建立航空客货运输系统。（3）以铁路、公路客运枢纽及站点为基础建立综合旅客快速运输系统。（4）以天津港及两市现有铁路、公路货运枢纽及站点为依托建立货物运输系统。（5）以两市发达的通信设施和科技人才为依托建立交通运输信息系统。

2. 加快建设两市统一、开放、竞争有序的交通运输市场。定两市统一的运输管理规章和公平统一的市场准入规则；全面开放两市公路、铁路、民航的客货运市场以及客货运代理市场，积极发展多式联运等先进运输方式，鼓励两市运输企业兼并联合，实现两市异地购票、异地托运。

3. 建设两市间快速客运通道，组建大型客运集团，向专业化、规模化方向发展。用大型班车、出租车，利用高速公路和机场联络线，开通京、津两市机场之间的快速客运通道；打破地域界限，允许出租车异地营业，拓展异地租赁汽车和还车业务；加大两市间公交车和列车密度，最终实现城际客运公交化。

4. 创造条件建立两市高效货运系统。依托两市高效货运系统和京津塘高速公路，建立两市机场间、两市与港口间的快速货运班线；结合货运代理网络建设，组建大型货运集团。

5. 加强口岸建设。鼓励两市企业以各种方式参与天津港建设，联合组建"港口开发投资公司"；明确天津机场的地位与发展方向，对其作为北京第二国际机场的可行性做出明确结论；实现北京国际海运集装箱内陆通关，同时做好北京十八里店等几大集装箱中转站的配套建设。

6. 建立共用的交通运输信息网络。天津港 EDI 网络为中心，与海关部门以及两市的货运站场和航空口岸联网；两市加速各自公用与专业网络建设。

7. 实现两市交通运输统一规划、协调运作。两市组建专门机构，共同负责统一制定交通运输发展规划，加强彼此的衔接与支持。

五、京津经济一体化的主体和基础：
企业跨市的生产经营和改组联合

　　企业是国民经济的细胞，也是京津经济一体化的主体和基础。企业在京津的联系密切了，京津经济一体化的进程自然就会加快，反之，京津经济一体化就失去了根基。这样一个道理，从经济全球化过程中可以看得非常清楚。经济全球化之所以发生和发展，第一的推动力是企业。跨国公司的跨国生产经营活动打破了国界，加强了国家与国家、地区与地区之间的联系，从而使经济全球化成为不可阻挡的潮流。

　　京津企业的跨市生产和经营可以从两市企业的联合开始。这里说的企业联合，是指企业间通过生产、销售协议而形成的契约式联合，不涉及资产、产权交易，也不影响地方财政体制，因而易于操作。京津两市企业跨地区联合是企业内在的要求，也是规模经济的要求。追求规模经济是现代经济发展的必然趋势，也是企业参与市场竞争的必然选择。随着经济全球化，许多大型国际企业和企业集团进入中国市场，对以中小型规模为特征的中国企业造成极大的压力，从而使中国的企业形成扩大规模的强烈要求。在京津两市工业企业中，北京市小型企业个数占总数的97％，产值占总值的50％。天津市小型企业占总数的87.5％，产值占总值的42％。一般地说，这些小企业不具有成本优势、创新优势和市场优势，若不进行企业形态的变化，就面临在竞争中被淘汰的可能。因而在京津两市甚至更大范围内实施联合，进一步扩大规模就成为迫切选择。

企业联合是企业生产一体化的一种初级形式，适用于企业生产经营一体化的初期和低级阶段。从京津两市企业合作的现状出发，目前联合可主要集中于两市共同的支柱行业领域，如汽车、钢铁、电子工业、化学工业，重点选择这些行业中的大中型国有企业或重点非国有企业进行，如首钢总公司与天钢集团有限公司、北京吉普汽车有限公司与天津汽车工业有限公司、北京化学工业集团有限公司与天津联合化学有限公司等企业集团等。合作初期，可先成立京津两市各类行业协会，促进两市同行业企业洽谈、协商。在此基础上，逐步向产、供、销一体化协定或协议过渡。

企业重组是京津企业生产经营一体化的较高形式。它是指对企业存量生产要素（包括企业本身），运用经济、行政、法律的手段，并按照市场规律实施的重新组合。企业重组涉及企业产权的交易，引起企业形态的变化，是企业获得规模经济、提高资源利用效率，进而形成企业竞争优势的重要途径。

根据重组中有关各方的地位，企业重组分为合并式重组、控制式重组和吸纳式重组。合并式重组是指两个或两个以上市场地位相当或相近的企业为增强在市场竞争中的实力，而实施的平等性重组。重组使原有的两个企业消失，形成一个独立的新企业。吸纳式重组，是指优势企业以收购、兼并等方式完全占有弱势企业的资源。这种方式以弱势企业的彻底消亡为特征，而优势企业以此获得扩张。控制式重组是指优势企业为扩大市场份额，增强对市场的影响能力，以参股、控股、技术转让、商标转让等方式取得相对弱势企业的控股权，进而实现自身低成本扩张。在控制式重组过程中，各企业建立不同程度的依存关系，进而发展成为企业集团。企业集团适宜于以一个或若干个实力雄厚的大企业为核心，以资本为主要纽带，并以产品、技术、经济、契约等多种形式，把多个企业连接在一起，形成具有多层次结构的、以母公司为主体的，在经济上统一控制，法律上各自独立的多法人一体化的经济联合体。比较前述几种不同的重组模式，比较适用于京津两市企业重组的模式是企业集团。这是因为：一是合并与重组在现有体制下，很难通过市场机制来完成。而控制式重组在两市企业间进行，具有较大的现实性和可操作性。二是企业集团是比企业联合体联系更为紧密的组织，能进一步提高要素在两市的流动与交易。三是企业集团是一个多层次的经济联合体，它通常由核心层、紧密层、半紧密层和松散层构成。核心层即集团母公司，是实力强大的大型企业或资本雄厚的控股公司，它通过多种连接纽带决定、影响、引导众多企业的经营方向、发展战略、产品结构、市场定位以及对一个国家、一个地区、一个产业的经济发展起到重大影响作用。京津两市可以通过企业集团实现产业结构协调的宏观经济目标。四是企业集团实力雄厚，技术创新能力强大，有利于增强京津经济的抗风险能力和市场竞争能力。当然，在实际重组过程中，各种方式都在相互渗透，而且随着我国市场经济体制改革的深入，合并、兼并、收购等重组形式也将发挥重要作用。

通过改组、联合、兼并而形成的企业集团将成为京津经济一体化的中坚力量，积极地培育和扶植企业集团，支持企业集团的发展，是实施京津经济一体化的战略举措。

京津企业集团的形成与发展，应遵循企业自愿、政府推动的原则，根据两市产业协调的目标，通过市场机制调节，有重点、有顺序地展开。根据两市优先发展行业的企业状况，应首先选择和培养企业集团的母公司，通过参股、控股、技术转让等方式使其取得对其他同行业企业的控制权。对于两市各自最优先发展的部门或行业，应以其中一市企业为主，发展单一母公司，如高新技术产业可以北京市企业作母公司，而技术密集型行业，如汽车、钢铁行业等可考虑在天津市企业内选择。对于两市均需大力扶持的行业，可分别在两市共同培养两个或两个以上的母公司，逐步连接，形成企业集团，如建材工业、医药工业等行业。在企业集团母公司形成之后，要突破地域行政范围，加快发展紧密层，由母公司与其他弱势公司进行产权交易，实现对紧密层企业的直接或间接控制。同时，还要逐步扩大半紧密层和松散层。半紧密层和松散层是由集团公司参股企业组成（集团公司一般持有股份分别为50%以下和20%以上），他们是集团活动的补充力量，是在母公司和紧密层的不断扩张中发展形成的。

六、加快产业结构调整,在结构优化、升级
过程中实现京津产业结构一体化

经济结构特别是产业结构的调整、优化和升级,是贯穿京津经济一体化整个过程的一条主线。其基本的思路是:

从京津两市担负的历史使命出发,把握世界产业结构变动的趋势和机遇,根据两市的功能定位和已有的基础、优势,按照优势互补、合理分工的原则,统一规划、协调京津两市的产业结构调整和优化升级。北京市产业结构主要向科技型、服务型和文化型经济结构调整,其产业优先发展的顺序为:高新技术产业——知识密集型和以优势资源为基础的现代服务业——传统工业技术改造、生态农业建设。天津产业结构向生产型、开放型和服务型经济结构调整,其产业优先发展的顺序是:知识技术密集型产业——信息、金融保险业、现代商贸物流业、旅游、房地产业——沿海都市型农业。

京津两市产业结构的协调表现在以下几个关系中:

1. 北京依托雄厚的科研、教育实力,推动科技开发,发展高新技术产业;天津充分利用北京的科技成果推进科技的产业化,以及对传统工业及其他产业进行技术提升。二者的联合可以不断增强区域的科技实力,提高作为全国科技中心的地位,并实现经济快速、稳定的增长。

2. 北京依托首都的优势,强化为发展知识、信息、

技术产业的服务功能；天津市依托港口优势，强化为现代物流、资本流、人流服务的功能，二者互补形成功能齐全的第三产业服务体系。

3. 北京发展生态农业，改善首都生态环境；天津发展沿海都市型农业，使区域农业生产及产品结构趋于多样化。

在产业结构调整、优化升级的同时，还要加强行业内部结构的调整和升级。鉴于京津两市各行业技术水平相近，两市行业内的分工基本属于水平分工，从有利于发挥双方的比较优势、竞争优势和实现紧密合作达到的要求出发，行业内部结构调整可采取的形式有：

1. 产业转移型：主要是将不适合于首都发展的行业特别是重化工工业，逐步向天津及外围扩散。如；黑色金属冶炼及加工业的发展不符合北京市功能定位，应该转移。而天津市的天钢等企业又具有较强的接纳能力，合作条件成熟。类似的情况在石油加工及炼焦业、化学原料及化学制品制造业等行业中也存在。

2. 行业产品协调型：京津两市有许多相同的区域性行业，例如：电子及通信设备制造业、交通运输设备制造业、电器机械及器材制造业等。这些行业主导产品的性能、价格均十分相似，市场竞争十分激烈。产品协调型的形式就是根据各种产品的竞争优势，两市各取所长，侧重发展不同的优势产品，进而实现行业协调。另外也可采取同一产品标准配件分工生产的形式，强化共同品牌，提高技术水平，增加生产规模，扩大辐射的范围，亦可实现行业协调。

3. 优势互补型：京津两市同一行业发展所依赖的自然资源及经济、社会条件互补性较强，这是两市联合发展同一行业的有利条件。两市应充分依托行业发展优势，建设有各自特色的行业种类，并互相支撑、互相促进，打造区域行业优势。交通运输、仓储和邮电通信业的合理分工，有助于京津成为人流、物流、信息流畅通的地区。根据各自优势，天津应重点建设港口，发展海运及相关的仓储业，转口贸易业；北京继续扩大铁路、公路等路上枢纽和航空枢纽的功能，强化信息港口的建设。这样，两市优势互补，形成各种要素流动的综合性枢纽。金融保险业也具有相似的分工与合作特点，即北京是许多国有商业银行总行所在地，具有发展货币市场和资本交易市场的优势；天津则应联合北京积极建成金融期货交易中心，组建全国证券第三交易所，两市联合形成全国重要的金融中心。

4. 协调开发型：这是一种建立在两市同一行业共同开发某些资源基础上的合作。两市应本着互惠互利、共同发展的原则，联合开发、协同发展。旅游业的发展就很具有典型性。北京市是中国的历史文化名城，又极具现代化都市的风貌，人文旅游资源具有较大的吸引力；而天津具有较长的海岸线和优良港口，海洋旅游资源优势明显。两市联合开发旅游资源，既能够满足人们对人文、历史的了解与欣赏，又能享受到海滨旅游的乐趣，增强了区域旅游资源的吸引力。两市可以协同开发，建设首都——天津滨海旅游专线，推进区域旅游资源开发水平和规模。

　　5. 资源共享型：以信息市场的建设为基础，两市共享信息资源。这种类型主要发生在教育文艺广播电影电视业、卫生体育社会福利业及科研综合服务业等行业，两市合作的重点在于信息资源的共享，扩大两市间信息流量、增加沟通、促进各方面的合作。两市可建设一些区域性电台、网站，促进信息开发一体化。

七、京津经济一体化的纽带:京津市场一体化

　　市场是推动京津经济一体化的无形的但却是持久的根本性的力量。市场机制通过价格—竞争—供求—价格的循环往复运动，使市场要素充分流动，最后达到资源配置的绩效。要实现京津经济一体化，必须大力发展各类市场，尽快完善市场体系。

　　在过去长时期计划经济体制下，京津区域市场发育不充分，甚至出现严重的分割。改革开放20多年来，这种状况有了改观，但离市场经济发展的要求尚有距离。主要是：相对于比较完善的消费品市场而言，京津生产资料市场发育滞后，特别是产权市场、劳动力市场和资本市场发展比较缓慢；市场机制的作用尚不充分；市场规则在某些方面尚不统一。

　　京津市场一体化建设，可以从以下方面入手：

　　1. 建设完善的区域商品市场体系。充分发挥各种市场组织形式的作用，在京津区域内实现商品市场、商品流通的现代化，形成集商品批发市场、零售市场、保税市

场、期货市场、商品博览等多样化的商品市场体系。重点要建设较大规模的各类大型区域性批发市场，建立联合的北方销售网络体系，实现商流系统的信息一元化管理，实现整个流通领域的零库存和无限贸易，即 EDI（电子数据交换）和电子电视购物。

2. 培育完整的生产要素市场。

首先是产权市场，包括：（1）股权市场的自由转让。（2）企业间跨市参股、控股。（3）产权交易逐步走上市场化、法制化。（4）产权交易形式趋于多样化。

其次是劳动力市场，包括：（1）改革现行的户籍制度，实现京津两市人口及劳动力的自由流动。（2）逐步形成劳动力双向选择机制、工资收入调节机制、劳动力流动与竞争机制、失业机制和信息反馈机制。（3）建立完善的劳动力市场宏观调控体制。（4）建立两市劳动力市场信息网络。

再次是金融市场，包括：（1）两市金融机构互设。（2）两市银行间业务代理。（3）联合争取建设中国第三家证券交易所。

最后是其他要素市场的建设和发展，包括：（1）实现信息市场的市场化、多元化、现代化、网络化和产业化。重点在于三个领域：建立区域性宏观经济管理系统；建设好为生产要素市场服务的各类信息市场；强化以科教、文化、信息资源为主的区域性信息网络的建设。（2）加快技术市场的发展与完善。重点是抓好京津科研开发与产业化的协同，繁荣区域科技市场。（3）发展和完善城市土地市场。依据京津土地统一规划，允分利用市场机制，实现区域土地资源的合理利用。

3. 建立并维护规范的市场秩序。要联合建立规范的市场竞争秩序，反对过度竞争和垄断，反对并有效制止任何形式的假冒伪劣和坑蒙拐骗行为。

八、把深化改革扩大开放作为京津　　经济一体化的强大动力

为保证京津经济一体化的顺利实施，要坚定不移地推进改革，扩大开放，突破影响生产力发展和京津经济一体化的体制障碍，为京津经济一体化提供强大动力。

要继续深化国有企业改革，加快建立和完善现代企业制度，转换企业经营机制，健全企业法人治理结构，建立健全激励机制和约束机制，强化科学管理；要结合京津一体化过程中的产业结构调整，推进京津两市国有经济布局的战略性调整。通过改革，使企业真正成为独立的经济实体和法人，在京津经济一体化过程中发挥主体的和基础的作用。

要进一步发展和完善市场体系，大力规范市场经济秩序。要重点培育和发展要素市场，尤其是资本市场，使其成为京津经济一体化过程中融通资本的重要渠道。要打破部门、行业垄断和地区封锁，反对地方保护主义，尽快建立和完善公平竞争、规范有序、和谐统一的市场体系。

要加强和改善宏观调控，继续深化财税、金融、投资

体制改革，实施统一的有利于京津经济一体化的财政政策、金融政策和投资政策。

要加快政府职能转变，使政府成为京津经济一体化的积极促进者。

适应经济全球化的趋势，要进一步扩大对外开放，提高对外开放水平。要在京津经济一体化过程中，充分发挥联合优势，进一步发展进出口贸易，努力提高利用外资水平。可以联合吸引更多的外资，加快开发天津滨海新区的速度，扩大已有开发区、保税区的规模，使之产生更大的内部效益和外部效益。

九、充分发挥政府的作用,为京津经济
一体化提供领导支持和组织保证

京津经济一体化要有领导、有组织、有计划、有步骤地进行。中央和京津两市党和政府的领导是京津经济一体化顺利实施并获得成功的根本保证，在充分尊重经济规律、运用市场机制推动京津经济一体化的基础上，要加强对京津经济一体化整个进程的领导。

在京津经济一体化过程中，除了要以党的思想、路线、方针指导外，两市政府要做的工作是：

1. 制定京津经济一体化的战略规划，领导、组织规划的实施。

2. 制定、实施有利于促进京津经济一体化进程的经济政策，包括产业政策、财政税收政策、金融政策、就业

政策、科技教育政策、人口和人才流动政策等等。

3. 对实施京津经济一体化所需要的公共基础设施建设资金，除了通过市场运作的方式筹集之外，政府要有必要的财政投入。

4. 带头解放思想，统一认识，更新观念，破除一切不利于京津经济一体化的传统观念的束缚。

5. 提供组织保证。京津经济一体化关系我国现代化建设全局，必须要有强有力的组织保证其实施。建议京津两市组成领导小组，在各市党委、政府的授权下对京津经济一体化工作进行决策和领导，组成工作班子专门负责京津经济一体化日常工作。

十、借鉴国际经验，加快京津经济一体化进程

两个或多个大城市通过紧密合作，实行经济一体化，成为区域的或国家的甚至全球的经济中心，已经成为世界经济发展的一种趋势，其实例在世界上并不少见。

从 20 世纪 50 年代以来，世界性的城市化进程大大加快，城市空间影响范围发生了根本变化，大城市逐步被城市化区域所取代，形成规模庞大的大都市连绵带，这些地区成为各国经济发展最具活力的地区，在全球经济和区域经济中起着重要的经济中心作用。

例如，美国大西洋沿岸是最早出现的大都市连绵带。在美国大西洋中部沿岸，北起波士顿、南至华盛顿，以波士顿、纽约、费城、巴尔的摩、华盛顿等一系列美国的主

要大城市为中心，其间分布了众多中小城市，并将大的中心城市连成一体，在沿海岸带600多公里长、100多公里宽的地带形成一个由5大都市和近200多个中小城市组成的巨大城市带，拥有近20%的美国人口，它与芝加哥——匹兹堡大都市带一起，集中了美国70%以上的制造业，构成美国的特大工业化区域，并在生产职能上高度分工，形成了巨大的制造业产业带。进入20世纪70年代以来，经济全球化推动了管理、金融和服务业的国际化进程，一些城市作为主要的国际商务中心迅速发展，大都市连绵带也出现了经济重构，体现出一种新城市经济现象正在形成。

例如，韩国的汉城—仁川城市带。汉城作为韩国的首都，是韩国政治、经济、文化、交通的中心，其人口占韩国总人口的24%，国民生产总值占全国的22.46%，以科技、金融、外贸和服务业为主要经济部门。仁川市是韩国西海岸最大的港口和工业中心，其第二产业占本市GDP的比重为46.3%，工业的最大特点是：以大型企业为主，以重化工业为主。汉城和仁川通过高速公路连接，仅有15分钟路程。在企业联合的强力推动下，两市结成了密不可分的经济联系和特征明确的专业分工，带动了周边多个城市的发展，形成了韩国经济发展的中心，在世界上也产生了一定的影响。

再例如，欧洲荷兰的兰斯塔德城市群。政府议会在海牙，贸易港口在鹿特丹，购物和文化中心在阿姆斯特丹。这些城市通过方便的交通联系在一起，功能分工明确，互相合作，共同发展，不仅在荷兰经济的发展中发挥了一个城市不可能发挥的作用，而且发展成为在世界上也具有重要影响的城市群。

此外，美国的洛杉矶到旧金山的"加州湾区"，日本东京和横滨等城市组成的"日本关东区"等也都成为全球生产、消费、服务、企业管理等中枢城市区域，对本国并对全球经济发挥着重要的影响和调节作用。

分析这些城市经济中心形成的过程，可以发现，以交通运输为枢纽实行经济一体化和以金融贸易为枢纽实行经济一体化，是城市经济中心形成的两种重要机制。在这些机制的作用下，优越的经济地理位置和良好的交通通讯等基础设施条件发挥了重要支撑作用；产业结构的适时调整，促使城市中心地位不断提升和城市功能不断变化；政府的经济政策导向作用，特别是对待生产者服务业的扶植和地区开发政策的作用，无疑也对经济中心形成、发展有极大的促进。

分析这些城市经济中心形成的过程，同时还可以发现，国际化大都市在参与国际分工与国际竞争时，并不是以单个城市的力量，而是集中了城市群的整体力量。城市群的整体优势是增强大都市在国际分工中的地位，使之成为全球性经济中心的重要因素。以大都市为核心，实行城市经济的联合，是迅速提升城市竞争力、加快现代化建设的宝贵经验。

此外，分析这些城市经济中心形成的过程，还不难发现，城市经济中心的形成与世界经济增长重心转移有着密切关系。从 18 世纪 60 年代以后，世界经济增长重心先后由英国转向欧洲大陆、及北美洲东部，这为在这些地区形成国际大都市提供了重要的环境条件。20 世纪 60 年代以后，世界经济增长中心表现出向亚太地区转移的态势，它为亚太地区国家和我国国际化大都市的崛起带来了极好的历史机遇。北京与天津在"十五"规划中都把建立国际化大都市当做自己的目标之一，审时度势，实施京津经济一体化，已是刻不容缓的重要日程。

中国的问题依然是经济发展[*]

经过 20 多年的改革开放和现代化建设，中国经济已今非昔比，经济增长速度是全世界最快的国家之一，GDP总量跃居世界前列。特别是 2001 年，"申奥"成功，加入世界贸易组织，成功抵御世界经济不景气的影响，可谓好事迭出，喜事盈门。但问题尚多，"三农"问题，就业问题，国企改革问题，结构调整问题，需求不足问题，收入分配差距问题，等等，确也多艰待攻。对于中国经济的这种状态，有人说好得很，前途光明；有人说糟得很，即将崩溃。如何看待中国经济的现状和前景，似乎成了世人注目的热点。其实，对于中国经济的实际情况，大可不必说好得不得了，更不必以"即将崩溃"危言耸听，比较客观的态度应该是，实实在在地看待成就，实实在在地对待问题。对于国人而言，最根本的不是停留在对已经过去的如何评价，而是要一如既往，集中精力搞经济建设，努

---

* 本文摘要发表于 2002 年 7 月 11 日香港《文汇报》。

力促进经济发展。

　　应该看到，中国经济取得巨大成就是客观的事实。1995 年，中国提前实现 20 世纪末国民生产总值翻两番的目标，1979—1998 年 GDP 年均增长率高达 9.7%，即使 1997 年亚洲金融危机给中国经济造成严重影响之后，中国经济依然保持了较快的增长，1998 年增长率为 7.8%，1999 年为 7.1%，2000 年为 8%，2001 年为 7.3%，2002 年第一季度为 7.6%。经济增长速度是一国经济水平的综合表现，而支持中国经济增长速度的还有一系列另外的数字。改革开放以来，中国的生产能力迅速扩大，谷物、肉类棉花等农产品，钢、煤、水泥、化肥、电视机等工业产品，都居世界最前列。产业结构发生了重大变化，1979—1998 年，第一产业增加值平均每年增长 5%，第二三产业分别增长 11.7% 和 10.5%，三次产业增加值在经济总量中的比例关系由 1978 年的 28.1∶48.2∶23.7 变为 2001 年的 15.2∶51.1∶33.7。居民收入大幅度增长，城镇居民收入人均可支配收入由 1978 年的 348 元 1998 年提高到 5425 元，扣除价格因素实际增长 2.3 倍，2001 年又进一步提高到 6860 元；农村居民家庭人均纯收入 1978 年为 134 元，到 1998 年已提高到 2162 元，扣除价格因素，平均每年增长 7.9%，2001 年又进一步提高到 2366 元。随着收入的增加，城乡居民储蓄迅速增加，1978 年为 210.6 亿元，2001 年增加到 7.8 万亿元。对外贸易迅速发展，进出口总额 1978 年为 206.4 亿美元，2001 年增长到 5098 亿美元，外汇储备 2001 年末达到 2122 亿美元。[①]

有人怀疑，数字是真实的吗？为什么中国的能源消耗增长速度低于 GDP 增长速度，为什么农业和农民收入的增长速度在下降，为什么香港回归中国后经济增长不像大陆经济那样辉煌？

要说宏观统计数字百分之百的没有误差，似乎世界上还没有哪个国家有足够的把握。这倒不是决策者或统计者有意去掩盖什么和制造什么虚假，而在于统计学的发展还不可能达到那样精确的程度。就中国的统计数字而言，虽然不排斥个别地方、个别单位会有不真实的情况发生，但在国家统计部门那里，是要按照统计科学的规律，抽样调查，反复核实，挤掉水分，使最后公布的数字尽可能接近客观经济的真实水平。如果说改革开放以来中国有了许多进步，统计数字的尽可能符合实际，应该是进步之一。

至于能源的消耗增长低于 GDP 的增长速度，这是中国经济结构改善和经济增长方式转变的结果。近些年，中国关停并转了一批能源消耗大产出效益差的企业，而大力发展了第三产业，由此改善了能源消耗与 GDP 增长的比例，这是一种进步的表现。至于农业和农民收入的增长速度在下降，这虽然是事实，但由此推论 GDP 增长速度的不真实，显然有违经济学的常识。从中国产业结构已经发生的变化可以看出，随着结构的调整，农业在

---

① 数字来源：国家统计局：《中国统计年鉴 2002》，中国统计出版社 2002 年版。

GDP 中的比重有了大幅度的下降，农业增长对 GDP 增长的显著推动作用已逐步让位于第三产业，这也是合乎现代化进程规律的。以能源消耗增长低于 GDP 增长和农业增长的速度缓慢推论中国经济增长速度的不真实是不科学的。关于香港经济，世人自有公论。香港回归祖国以后，香港经济与大陆的经济联系进一步加强，与此同时，在一国两制下，香港经济继续保持与世界经济充分联系的传统。决定香港经济发展的因素很多，中国经济只是因素之一而不是唯一因素。机械地以香港经济的增长与中国经济完全等同既不合乎实际，也不合乎历史的逻辑。

当然，在看到中国经济发展成就的同时，也应该看到中国经济发展中还存在许多问题，这也是客观事实。在中国经济存在的诸多问题中，最突出的是农业问题、农民问题和就业问题以及与之有关的需求不足。近些年，由于农业结构的调整，中国粮食产量有所下降，同时受农产品价格普遍下降的影响，农民的粮食生产积极性受到挫伤，造成农业增加值的增长速度进一步降低，2001 年仅增长 2.8%。同时，自 1996 年以来，中国农村居民人均收入的增长速度连续四年不断下降，1996 年为 9%，1997—2000 年分别为 4.6%、4.3%、3.8%、2.1%。2001 年农民收入虽增长 4.2%，出现了低幅回升，但 2002 年，价格因素和外出打工对农民收入增长的作用将减弱甚至消失，如无重大政策措施，农民收入增幅可能再次下降。农民收入增速下滑，使一度缩小的城乡居民收入和消费差距呈再度扩大之势。2000 年全国城镇居民可支配收入与农民纯收入之比为 2.8：1，比 1985 年扩大了近 50%。就业问题是困扰中国经济的又一严重问题。2001 年中国剩余劳动力达到 1406 万人，比 2000 年的 1195 万人增加 211 万人，失业率上升为 3.6%，约 681 万人，下岗 515 万人。[①] 随着就业高峰的到来，中国就业不足将会持续成为中国宏观经济中的难题。与农民收入和就业不足相关，加上近几年出口增长速度放慢，中国的总需求不足也成为制约经济发展的重要因素。

综观中国的经济，其成就的取得主要靠经济发展，而问题的解决也只能靠经济发展，所以中国的根本问题依然是经济发展。中国的事情中国人办，不管别人怎么说，国人要坚定不移地集中精力促进经济发展。

促进经济发展，当务之急首先要采取切实措施发展农业，包括加快农业内部结构调整，加快城镇化进程，大力发展科技农业，改革农业体制，对农民减负，提高农民收入。由此，既可以调动农民的生产积极性，增加生产，又可以拉动市场需求。其次，在实行扩张性财政政策、货币政策拉动需求的同时，要着眼调整经济结构，选准投资方向，提高投资效益，大力发展第三产业，把刺激有效供给与提高有效需求结合起来。再次在深化企业改革的同时，要继续鼓励支持发展包括私营经济、个体经济、外商

---

① 数字来源：国家统计局：《2001 年国民经济和社会发展统计公报》，2002 年 3 月 1 日《人民日报》。

独资、合资经济在内的多种经济形式，以多渠道扩大就业，增加生产，增加收入。最后，要利用加入世界贸易组织的机遇，广开渠道，灵活多元，扩大出口，拉动需求并进而刺激供给。

经济体制改革的新阶段[*]

一

　　如果说，我国的经济体制改革从 1978 年党的十一届三中全会开始到 1992 年邓小平南方谈话之前处于探索阶段，从 1992 年邓小平南方谈话开始到 2003 年党的十六届三中全会之前处于社会主义市场经济体制初步建立阶段，那么，以党的十六届三中全会通过《中共中央关于完善社会主义市场经济体制若干问题的决定》为标志，[①] 我国经济体制改革则进入了完善社会主义市场经济体制的新阶段。

　　改革新阶段的主要特点是：

---

　　* 本文是由作者组织的关于改革开放笔谈中的一篇短文，发表于《南开学报》2004 年第 1 期。

　　① 《中共中央关于完善社会主义市场经济体制若干问题的决定》（2003 年 10 月 14 日中国共产党第十六届中央委员会第三次全体会议通过），人民出版社 2003 年版。

首先，改革面临并要适应新的形势。

这种新形势主要表现为：第一，社会主义市场经济体制初步建立，但若干方面尚不完善。例如，公有制为主体、多种所有制经济共同发展的社会主义初级阶段的基本经济制度已经基本建立，但无论是公有制的实现形式还是其他多种所有制经济的健康发展都有待进一步探索和完善；再如，以按劳分配为主体、多种分配方式并存的社会主义初级阶段的分配制度已经基本确立，但如何在贯彻按劳分配为主体、生产要素按贡献分配原则的过程中防止和消除收入差距过分拉大的问题也有待进一步探索和解决等等。第二，改革与发展的关系提出了新的课题。改革 20 多年来，我国经济发展取得了举世瞩目的成就，国内生产总值占世界 GDP 的比重由 1978 年的 2.4% 上升到 2002 年的 3.85%，在世界的位次也由 1978 年的第 7 位上升到 2002 年的第 6 位[①]。随着经济增长的加快，人民生活水平有了大幅度的提高。但是，在经济发展的同时，也出现了许多亟待解决的重大课题，例如环境污染问题、资源过度消耗问题、就业不足问题，以及产业结构、城乡结构、地区结构需要继续改善等等；社会精神文明和政治文明建设也亟待进一步加强。这些问题说明，改革不仅仅是要极大地解放生产力、发展生产力，促进经济发展，同时还要妥善地处理经济发展和社会全面发展、全面进步的关系。第三，改革必需应对世界经济发展的新挑战。以加入世界贸

---

① 资料来源：World Economic Outlook，April 2003，IMF。

易组织为标志，我国经济实现了由对外开放向开放型经济的转变，2002 年我国外贸依存度达到 50. 1%①。经济全球化和世界多极化的发展、科技进步的加快、加入世界贸易组织，都要求我国改革所建立的一系列制度、体制、规则、法律，在保持中国特色的同时，要适应世界发展的潮流，并能够应对在经济全球化过程中提出的一系列新问题，做好一系列的工作，包括转变政府职能，建立和完善法律、法规，跟上世界性结构调整的步伐，熟练地处理贸易纠纷，等等。这些新要求，概括地说，就是要求我国的经济体制改革不仅要从本国实际出发，同时要密切注意和适应世界经济政治等国际环境的新变化。

其次，改革要实现新的阶段性目标，完成新任务。

我国经济体制改革的总体目标早在改革伊始就已明确确定，即要实现社会主义制度的自我发展和自我完善，以最大限度地解放生产力，发展生产力，提高人民的物质文化生活水平。但不同的改革阶段，又有具体的阶段性目标。在起始和探索阶段，从农村到城市，改革的目标是革除传统计划经济体制方方面面的弊端，探索改革的道路和方法；在 1992 年以后的深化阶段，改革的目标是建立社会主义市场经济的基本架构；在今后的新阶段，改革的目标则是要完善社会主义市场经济体制，更大程度地发挥市场在资源配置中的基础性作用，增强企业的活力和竞争力，健全国家宏观调控，完善政府社会管理和公共服务职

---

① 根据国家统计局公布的资料，按当年汇率计算。

能，为全面建设小康社会提供强有力的体制保障。这样的改革新阶段的目标，相对于前两阶段的目标而言，应该说更复杂，要求也更高。与这样的目标相适应，阶段性改革任务也更艰巨，主要有：（1）完善公有制为主体、多种所有制经济共同发展的基本经济制度；（2）建立有利于逐步改变城乡二元经济结构的体制；（3）形成促进区域经济协调发展的机制，建设统一开放竞争有序的现代市场体系；（4）完善宏观调控体系、行政管理体制和经济法律制度；（5）健全就业、收入分配和社会保障制度；（6）建立促进经济社会可持续发展的机制。

论劳动价值论与生产
要素按贡献参与分配[*]

经过改革开放以来 20 多年的实践和理论探索，我国已经确认，要"确立劳动、资本、技术和管理等生产要素按贡献参与分配的原则，完善按劳分配为主体、多种分配方式并存的分配制度。"这是对我国社会主义经济建设和经济体制改革实践经验的总结，是对马克思主义分配理论的创新和发展。准确地理解、深入地贯彻这一分配原则，努力建立和完善这样的分配制度，对于深化经济体制改革，调整和规范国家、企业和个人的分配关系，具有重要的意义。

一、要准确地理解生产要素按贡献参与分配

什么是生产要素按贡献参与分配，为什么要确立劳

---

* 本文发表于《南开学报》2004 年第 5 期。

动、资本、技术和管理等生产要素按贡献参与分配的原则？我国学术界的理解并不完全一致。有代表性的观点主要是两种：一种观点认为，生产要素按贡献参与分配，"就是在社会必要劳动创造的价值的基础上，按各种生产要素在价值形成中所做的贡献进行分配。""由于劳动、资本、土地等生产要素在价值形成中都发挥着各自的作用，所以，社会主义的工资、利息和地租，不过是根据劳动、资本、土地等生产要素所做的贡献而给予这些要素所有者的报酬。"① 另一种观点则认为，生产要素按贡献参与分配，是指按生产要素在生产财富即使用价值中的贡献分配，而不是指它们在创造价值中的贡献。②

两种观点分歧的焦点在于，生产要素究竟是在财富形成中还是在价值形成中做出了贡献，因而生产要素是按在财富形成中的贡献还是按在价值形成中的贡献进行分配。

如何评论这两种看上去似乎并不一致的观点？这里，涉及到两个关键的问题：第一，什么是财富，财富是否就只是使用价值；第二，确立劳动、资本、技术和管理等生产要素按贡献参与分配的原则，其依据是否只是因为生产要素在价值形成或财富形成中做出了贡献。

关于第一个问题，马克思为了强调劳动是价值的唯一源泉，确实把价值和物质财富进行过严格的区分，提出使

---

① 谷书堂主编：《社会主义经济学通论》，高等教育出版社 2000 年版，第 141 页。

② 卫兴华：《按贡献参与分配的贡献是指什么》，2003 年 2 月 18 日《人民日报》。

用价值即物质财富，物质财富即使用价值。但这仅仅是马克思论述的一个方面。另一方面，马克思从来没有否认，劳动和自然界一起构成财富的源泉。这就是说，财富不仅仅是自然界给予的，而且是劳动创造的。这样，逻辑的结论应该是：财富，不仅仅是指使用价值，而且也包括价值。马克思在《资本论》第 1 卷的开头明确地写道："资本主义生产方式统治下社会的财富，表现为'一个惊人庞大的商品积堆'，……"① 很显然，这里马克思是把社会财富与商品相等同的，而商品既包括价值又包括使用价值。上百年的实践也证明，在市场经济条件下，从一般意义上讲，财富即商品，而商品，就不仅仅有使用价值，而且有价值，是使用价值和价值的统一。

　　如果上述观点成立，那么财富的创造过程，也是价值和使用价值形成的过程，价值和使用价值形成过程，也是财富创造过程。在这个过程中，劳动和劳动以外的生产要素互相结合，又发挥了各自的作用：作为生产要素重要构成部分的生产资料（包括劳动对象和劳动手段）在价值和财富形成中提供了条件，被转移了价值，但它本身并不创造新的价值；作为生产要素另一重要构成部分的劳动在价值和财富形成中则创造了新的价值，但离开了生产资料，劳动创造新价值就没有可能。所以应该说，市场经济条件下的财富创造和价值形成是包括劳动、资本、土地、管理、知识、技术等多种生产要素共同做出贡献的结果。

---

① 　马克思：《资本论》第 1 卷，人民出版社 1975 年版，第 5 页。

对于各种生产要素做出的贡献，应该在财富包括价值和使用价值的分配中得到承认，即要确立和贯彻劳动、资本、技术和管理等生产要素按贡献参与分配的原则。

在对这个问题的理解上，理论界之所以长期把使用价值等同于财富而价值似乎就不是财富，其重要原因是把物质财富和财富完全等同了。实际上财富不仅仅是物质财富，也包括价值形式的财富，严格地说，财富是价值和使用价值的统一。

关于第二个问题，应该明确的是，确立劳动、资本、技术和管理等生产要素按贡献参与分配的原则，其依据不只是因为各种生产要素在价值形成或财富形成中做出了贡献，而更重要的是由所有制关系所决定的。按照马克思主义政治经济学的原理，社会分配关系是生产资料所有制关系决定的，在分配中形成的利益关系只不过是所有制关系的实现。在资本主义市场经济条件下，资本家占有生产资料，所以资本、土地等生产资料都要参与剩余价值的分配。在社会主义市场经济条件下，多种所有制经济共同发展的所有制关系也决定了必须实行生产要素按贡献参与分配的原则。

以上对生产要素按贡献参与分配的含义和依据分析所得出的结论，从总体上说揭示的是市场经济的共性，社会主义市场经济条件下的分配和资本主义市场经济条件下的分配概莫能外，所不同的只是生产要素的所有制不同，因而生产要素按贡献参与分配的后果不同。

二、生产要素按贡献分配与劳动价值论的关系

学术界关于生产要素按贡献分配的争论，涉及的更深层次问题是生产要素按贡献分配与劳动价值论的关系。

按照马克思的劳动价值论，只有活劳动的抽象劳动才创造价值，而除劳动以外的其他生产要素是不创造价值的。确立劳动、资本、技术和管理等生产要素按贡献参与分配的原则，是否是对马克思劳动价值论的否定呢？对此，学术界也有两种有代表性的观点：一种观点认为，"价值和财富是由劳动和其他生产要素共同创造的，原来那种认为价值是由劳动创造，其他生产要素不创造价值，只参与创造财富的观点应予突破。"[1] 另一种观点则认为，"劳动是价值的唯一源泉"，"创造新价值的只是劳动"，如果认为"劳动、知识、技术、管理和资本都创造价值，那就把创造财富与创造价值、把财富的源泉与价值的源泉混淆起来了。" "确立生产要素按贡献参与分配的原则，完全符合马克思劳动价值论"。[2]

谁是谁非？要判断清楚这一问题，有必要首先对马克思劳动价值论的科学性有明确的认识。为了揭露资本家占有雇佣工人剩余价值的秘密和资本主义社会的本质，马克

---

[1]　劳动和社会保障部劳动工资研究所课题组：《深化劳动价值和分配理论认识》，2002 年 3 月 18 日《经济日报》。

[2]　卫兴华：《按贡献参与分配的贡献是指什么》，2003 年 2 月 18 日《人民日报》。

思在继承资产阶级古典政治经济学承认劳动创造价值科学成分的基础上，进一步区分商品的价值和使用价值、生产商品的抽象劳动和具体劳动，并分析了劳动和劳动力的区别和劳动力作为商品的特殊性，进而发现只有活劳动的抽象劳动才能创造价值，并且劳动力可以创造比自身价值大的剩余价值，从而创立了科学的劳动价值论和剩余价值理论。从劳动价值论的全部内容看，活劳动创造价值（包括剩余价值），是马克思劳动价值论的核心和灵魂。而劳动价值论的这一核心和灵魂所揭示的，现在看不仅仅是资本主义制度下而且也是社会主义制度下商品生产商品交换的客观实际和规律。既然是客观实际和规律，那么社会主义条件下发展市场经济，就不仅不能否定和抛弃，相反，应该倍加尊重和坚持。

确立劳动、资本、技术和管理等生产要素按贡献参与分配的原则，是否与马克思劳动价值论相悖呢？回答是否定的。如前面所述，生产要素按贡献参与分配，承认的是各种生产要素在价值形成和财富创造中的贡献，对于非劳动的其他生产要素而言，这种贡献只是为价值形成和财富创造提供了条件，而并非说它们本身也创造了价值，这与活劳动创造价值（包括剩余价值）不但并行不悖，而是更好地承认并保证了劳动创造价值的实现。

马克思的劳动价值论是应该不断丰富和发展的，但丰富和发展不是要承认价值是由劳动和其他生产要素共同创造，而是要在坚持劳动创造价值、是价值唯一源泉的基础上，努力研究如何面对科技迅猛发展、知识经济已经出现的世界大势和发展社会主义市场经济的生动实践，更加充分地发挥劳动者的创造性和各种生产要素的潜力，以便使社会财富能够滚滚涌流。

三、关于生产要素按贡献分配与按劳分配

严格地说，生产要素包括劳动要素，生产要素按贡献参与分配包括劳动要素也按贡献参与分配。但劳动要素按贡献分配是否就是马克思主义政治经济学中说的按劳分配呢？党的十六大报告提出要"完善按劳分配为主体、多种分配方式并存的分配制度"与生产要素按贡献分配是怎样的关系？这是需要认真研究的问题。

按照马克思的设想，在共产主义的第一阶段即社会主义社会阶段，对个人消费品实行按劳分配原则。按劳分配的基本要求是：有劳动能力的社会成员，都必须参加社会劳动，在全社会范围内，社会在对社会总产品作了各项必要的扣除之后，以劳动者提供的劳动（包括劳动数量和质量）为唯一的尺度分配个人消费品，实行按等量劳动领取等量报酬和多劳多得、少劳少得、不劳动者不得食的原则。按照马克思的设想，按劳分配的实现，要有一些前提条件，包括：（1）在全社会范围内实现生产资料公有制，排除任何客观因素如土地、机器等生产资料的影响，只包括劳动者自身脑力与体力的支出。（2）经济社会条件要能够保证劳动者各尽所能。这些条件包括，要有足够的生产资料可供投入生产，要有足够的就业机会并且劳动者

有充分选择职业的自由。(3)商品经济已经消亡。在没有商品货币关系的条件下，每一个人的劳动，无论其特殊用途是如何的不同，从一开始就成为直接的社会劳动，而不需要著名的"价值"插手其间。(4)社会可以统一对社会总产品做各项扣除。劳动者除了可供个人消费的消费资料之外，没有任何东西可以成为个人的财产。

　　从我们现实中已经实行的按劳分配和要完善的"按劳分配为主体、多种分配方式并存的分配制度"看，实际上已经不完全是马克思当时预测的按劳分配，而是从我国实际出发，发展了的马克思主义的按劳分配，是中国特色的按劳分配。这种中国特色的按劳分配，一方面坚持了马克思公有制要为劳动者在分配上带来利益和劳动创造价值劳动者要在分配中得到报酬的基本原理，另一方面还与时俱进，具有显著的时代特点，这些特点是：(1)按劳分配的内涵是劳动要素按其在价值创造、价值形成和财富创造中的贡献分配；(2)按劳分配是在社会主义市场经济条件下进行的，要有"价值"插手其间；(3)按劳分配与其他生产要素按贡献分配结合在一起，共同构成按劳分配为主体、多种分配方式并存的社会主义初级阶段的分配制度；(4)按劳分配已经不局限于个人消费品的分配，而且也包括对生产资料的分配。劳动者通过劳动做出贡献分配所得，不仅可以满足生活消费需要，而且可以用于扩大再生产的投资，形成劳动者的个人财产。

　　所有这些特点表明，生产要素按贡献参与分配与按劳分配都是中国特色社会主义分配原则和分配制度的组成内容，其作用都将调动一切积极因素，"让一切劳动、知识、技术、管理和资本的活力竞相迸发，让一切创造社会财富的源泉充分涌流，以造福于人民。"这是马克思主义与时俱进的结果，是马克思主义生命力所在。

关于进一步振兴环渤
海区域经济的若干建议[*]

——在环渤海区域经济振兴与
发展座谈会上的发言

环渤海经济区域的概念自 20 世纪 80 年代提出以来，得到了国内外理论界和经济实际部门的广泛重视。作为中国最具发展潜力和影响力的经济区域之一，近若干年来，环渤海经济区各经济实体之间、政府之间合作逐步加强，区域经济迅速发展。但毋庸讳言，相对于落实科学发展观和全面建设小康社会、构建和谐社会的要求，相对于适应日益激烈的国内外竞争挑战的要求，与珠江三角洲、长江三角洲等经济区域相比，环渤海区域经济发展的差距也明显存在。其原因是多方面的，包括：区域内核心城市的带动作用和经济辐射力不够强大，城市和地区之间尚未建立

---

* 本文是作者在 2005 年 4 月 17 日环渤海区域经济振兴与发展座谈会上的发言，其中的第二部分曾以《让京津成为名副其实的"龙头"》为题发表于 2005 年 5 月 30 日《经济日报》。

起密切的分工与协作体系；市场发育程度不够高，市场体系不够完善，市场作用发挥不够充分，区域内生产力布局和资源配置的关联性和整体性不够强；经济体制改革有待进一步深化，政府与市场的关系的处理和各自作用的发挥还需要进一步规范；等等。如何抓住新一轮发展机遇，采取得力措施，充分发挥潜力，加快区域经济与社会发展，为我国国民经济的可持续发展和和谐社会的构建做出贡献，是环渤海经济区所有政府、企业和有识之士的共同课题和重大使命。

为环渤海区域经济的进一步振兴和发展，拟提出如下建议：

一、抓住机遇、转变观念，增强振兴环渤海区域经济的紧迫感

以经济全球化和区域化的视野，站到中华民族振兴的高度，抓住落实科学发展观和构建和谐社会的机遇，转变观念，增强进一步振兴环渤海区域经济的紧迫感。经济全球化和区域化是现代世界经济发展不可逆转的潮流。大力发展区域经济并以区域经济的发展带动整个国民经济的发展，提高我国的综合国力，应对经济全球化和区域化提出的挑战，是关系国家兴衰全局的大事。

世界经济的持续增长，国际贸易的继续扩大，国际资本流量的继续增多，国际经贸合作的继续拓展，跨国公司转移中高级制造业和研发功能的趋势增强，所有这些为环

渤海区域经济的发展提供了有利的国际环境。科学发展观的确立，构建和谐社会目标的提出，中央对环渤海区域经济的关心，改革开放 20 多年奠定的物质基础，为环渤海区域经济的进一步振兴提供了有利的机遇和条件。

我们国家够得上世界级经济中心的城市和区域不是多了而是太少，应该把进一步振兴环渤海区域经济提高到应对经济全球化挑战和落实科学发展观的高度，提高认识，转变观念，增强使命感和紧迫感。

二、造就核心城市,构建城市圈结构,统筹协调,促进区域经济共同发展

造就"龙头"核心城市，作为环渤海区域经济的"增长极"，构建分工与协作紧密联系的"多心多核"的城市圈结构，统筹城乡的协调，促进环渤海区域经济的共同发展。经济学有"增长极理论"、"极化——涓滴效应学说"和"中心——外围模型"等理论，讲的基本都是要在一个区域范围内培植率先发展的"增长极"，由此带动其他地区的发展。从国际经验看，美国等国家区域经济的形成和发展，都与良好的城市圈和城镇体系密切相关。这些国家的每一个发达的经济区域，不仅形成了作为"龙头"的一个或几个核心城市，发挥着自上而下的带动与辐射作用，同时也形成了周边的城市群，发挥着自下而上的呼应作用。同时，每一个经济区域内的城市之间都普遍建立起了互利互惠的密切的分工与协作关系，形成了

"多心多核"的城市圈结构。我国区域经济发展的过程也反映了这一发展轨迹。20世纪80年代以广州、深圳为核心的对外开放带动了珠江三角洲区域经济和我国东南沿海的经济腾飞，20世纪90年代初以上海为轴心的发展带动了长江三角洲区域经济和长江流域经济的开放开发。核心城市经济的迅猛崛起使得珠江三角洲和长江三角洲的经济有了飞跃。

综观环渤海区域经济，尽管北京、天津等城市对于区域经济的发展也发挥着重要的作用，但由于种种原因，其经济辐射能力和带动作用还没有能够使其成为名副其实的环渤海区域经济的"龙头"和核心。而其他地区和城市也尚未真正建立起利益紧密相关、分工协作密切的经济体系，这可能是环渤海区域经济发展相对滞后的重要原因之一。

从振兴环渤海区域经济的大局考量，必须尽快建立区域的"龙头"核心城市和紧密联系的地区分工协作体系，这是环渤海经济区域各经济主体的共同利益，也是全中国人民的共同利益。

如何形成这样的"龙头"和核心，如何建立这样的分工合作体系？区域经济核心既不能自封，也不能用行政手段指定，而是依靠城市自身的雄厚的经济基础和周到的服务优势，凭借便捷的交通网络，将其影响辐射于整个区域范围。这不是每个城市都能胜任的，只有一些区位优越、交通发达，经济技术基础最好的极少数特大城市或集合城市才能承担这一重任。与珠江三角洲和长江三角洲不同，环渤海经济区是一个复合的经济区，其内部又由三个次级的经济区所组成，即京津冀圈、山东半岛圈和辽宁半岛圈。近代历史上，三者各有各的中心、腹地和交通、市场网络。这样的经济区域的"龙头"和核心需要有多个城市联合分级承担。其中以京、津两市为中心的首都经济圈，雄踞环渤海地区的中心地带，无论从历史地位，已有经济实力、投资环境上，还是从潜在的经济影响上，都表明以京、津两市联合周围其他城镇形成集合城市，最适合成为我国参与世界竞争的核心地带，扮演我国北方地区经济发展的"龙头"角色。如果以京津地区为核心，以青岛——济南、沈阳——大连、保定——石家庄、唐山——秦皇岛等多个中心城市为次级核心，建立起密切的分工协作体系，形成"多心多核"的城市圈结构，并以此带动环渤海区域经济的广大城镇和农村，以区域经济整体优势取代目前联系尚不十分紧密的地方经济，完全可能使环渤海区域经济走出发展相对滞后的状态而后来居上，成为21世纪中国乃至世界最具活力的地区。果能如此，环渤海区域经济将与长江三角洲、珠江三角洲区域经济相呼应，形成我国北、中、南三个具有强大竞争力和发展潜力的核心城市群。这对中华民族的腾飞将是历史性的贡献。

京津联合成为环渤海经济区的"龙头"核心城市，迫切需要继续调整现有城市的经济结构，实现两市经济的优势互补和紧密合作，提升城市对于环渤海经济区的辐射和服务功能。值得特别重视的是，天津滨海新区的崛起，将以其良好的基础和已经显现出的活力，成为京津联合和环渤海经济整合的引擎，要充分发挥滨海新区在进一步振兴环渤海区域经济中的潜力和独特作用。

三、以企业和企业集团为中心,多种经济共同发展,促进环渤海区域经济的繁荣

企业是国民经济的细胞，区域经济本质上是一系列跨地区经营企业的有机集合体。经济全球化和区域化的进程表明，没有企业的跨国经营就没有经济全球化和区域化的萌芽，没有跨国公司的跨国投资和跨国贸易的发展，就没有经济全球化和区域化的形成和扩大。在市场经济体制下，独立自主的企业是市场经济中的主体，是区域经济发展的基础条件，企业的自主经营和充分发展是区域经济发展的第一推动力。区域经济的形成和发展，归根到底是由企业的行为决定的。因此，要进一步振兴环渤海经济就一定要造就一大批能够自主经营、自负盈亏、自我发展、自我积累，能够跨地区经营的具有竞争力和辐射力的企业。为此，一是要按照建立现代企业制度的要求，加快国有企业的改革，通过跨区域的改组联合，造就大企业集团；二是要加快所有制改革和产权制度改革，鼓励、支持包括私营经济、个体经济在内的多种经济共同发展。

目前，环渤海经济区域虽然不乏优秀企业，但如果从总体上与长江三角洲和珠江三角洲两个经济区域相比较，就所有制结构而言，环渤海地区国有企业比重不仅高于这两个区域，而且高于全国平均水平；就企业结构而言，由

于环渤海地区工业结构偏重，因而从企业规模结构看，大型企业比重高，中小企业相对较小，中小企业没有形成气候；就企业经营环境而言，环渤海经济区内行政干预经济发展的力量比较强，而市场力量决定资源配置还相对较弱，致使在体制创新上，环渤海经济区域与珠三角和长三角有一定差距。因此，要进一步振兴环渤区域经济，必须加大所有制改革和企业改革的力度，通过加快国有企业改革造就大企业集团、大幅度引进优质跨国企业和壮大发展民营企业，以形成国企、外资、民营"三驾马车"竞相发展的格局，共同促进环渤海区域经济的繁荣和发展。

四、积极培育市场, 完善市场体系, 促进环渤海经济区域的联系和合作

区域经济是以市场为导向，以经济利益为纽带，建立地区经济的合理分工体系，以开展区域经济合作的经济。从本质上说，区域经济是社会分工、市场经济发展的产物，是生产力在区域间的布局和发展。区域经济形成发展的过程，是以市场为基础进行资源配置的过程。在区域经济形成和发展的过程中，市场的力量是基础性的、巨大的、客观的，因而也是所向披靡的。但市场作用的发挥是以发达的市场、完善的市场体系为条件的。环渤海区域经济发达程度之所以逊于珠江三角洲和长江三角洲，重要的原因是市场和市场体系的发育程度、市场机制作用的程度不如这两个区域。因此，要进一步振兴环渤海区域经济，

除了深化企业改革以造就市场主体之外，还必须：一是建设完善的商品市场体系。二是培育完整的生产要素市场。首先是产权市场，包括：股权市场的自由转让；企业间跨市参股、控股；产权交易逐步走上市场化、法制化；产权交易形式趋于多样化。其次是劳动力市场，包括：实现环渤海经济区劳动力的自由流动；逐步形成劳动力双向选择机制、工资收入调节机制、劳动力流动与竞争机制、失业机制和信息反馈机制；建立完善的劳动力市场宏观调控体制；建立劳动力市场信息网络。再次是金融市场，包括：区域内金融机构互设；银行间业务代理。最后是其他要素市场的建设和发展，包括：实现信息市场的市场化、多元化、现代化、网络化和产业化；加快技术市场的发展与完善。要抓好环渤海区域科研开发与产业化的协同，繁荣区域科技市场；发展和完善土地市场，实现区域土地资源的合理利用；等等。

五、充分发挥政府的作用,促进环渤海区域经济的振兴和腾飞

进一步振兴环渤海区域经济虽然企业是主体，市场是基础，但政府的作用是不可忽视的。政府要发挥的作用至少包括：

一是制定区域经济发展规划。区域规划是一定区域内对国民经济建设的部署，是计划的具体体现，它在一定程度上对各种资源在国民经济各地区和各领域以及各层次的

利益主体之间的配置起着调节作用。世界上发达国家以规划指导区域经济发展取得成功的不乏其例，我们可以借鉴。我们国家对于区域经济的规划为环渤海经济振兴提供了宏观层次的指导，环渤海经济区域的各省市应相应制定自己的规划，并使之与国家规划相协调。二是建立规范的协调组织。在国家总体发展规划和政策的指导下，各省市要建立多种类型、多层次的协调机构，监控区域发展并及时协调发展中出现的矛盾，使区域发展的协调经常化、规范化，保证区域经济的持续发展和企业跨区域的正常发展，实现区域发展的一体化。要注意的是，区域协调组织不是一级超级政府，它不涉及区域社会经济的各个方面。它应当是一个开放的、灵活的、生动活泼的、较为宽松的经济合作磋商机构，而不应成为一个封闭的、机制化的经济集团。三是规范市场竞争机制，保护公平的竞争环境，加强全国性的、区域性的、中心城市性的信息收集、发布、咨询中心网络的建立，建立一个以中心城市为依托的信息反馈系统，包括产品信息网、行业信息网、价格信息网，将经济信息收集、并准确地发布出去，这样指导企业、个人进行决策，减少决策的盲目性；指导区际贸易和区际要素流动，减少交易的成本和降低交易风险。四是实施有利于区域经济发展的经济政策，包括财政税收政策、产业政策、政府采购政策等，联合建设发达的区域性基础设施和交通体系，合作解决区域经济发展过程中可能出现的环境问题、资源问题、公平问题等关系国民经济可持续发展的重大问题。

关于马克思劳动
价值论的若干理论问题[*]

　　劳动价值论是马克思主义政治经济学理论的基石。在劳动价值论的基础上，马克思创立了资本主义条件下的工资理论、剩余价值理论、积累理论、资本循环周转和社会再生产理论、分配理论和周期危机理论，揭示了资本主义社会最终将为更加美好的未来社会（共产主义社会其初级阶段是社会主义社会）所取代的必然趋势，同时对未来社会进行了预测和展望。

　　马克思劳动价值论诞生后的 150 多年以来，资本主义发展和变化，社会主义诞生和发展，理论界认识深化和争鸣，都从不同的角度证明马克思劳动价值论的科学性和生命力。但是，实践在不断发展，人类社会在不断前进，特别是第二次世界大战以后，与科技革命相伴随的经济信息

　　* 本文是作者为《马克思劳动价值论的继承与发展》一书写的前言，《马克思劳动价值论的继承与发展》是国家哲学社会科学规划同名项目的最终成果，由作者主持完成，经济科学出版社于 2005 年出版。

化和全球化，使全球经济具有许多新的特点。改革开放以来，中国社会经历了从计划经济体制向市场经济体制的伟大转变。原来单一的社会主义公有制和按劳分配被以公有制为主导、多种经济形式共同发展的所有制结构和按劳分配为主、多种分配形式并存的分配结构所取代。伴随着经济体制的重大改革，我国的经济、社会发展出现了一些新现象和新问题。例如，传统的劳动密集型产业的比例逐渐下降，而资本密集型和技术密集型企业则逐渐增多；相对第一二产业来讲，三次产业地位和在国民生产总值中占的比重不断上升；信息、金融和流通在经济活动中所发挥的作用越来越大，对社会经济发展的作用越来越重要等等。我国社会主义市场经济的实践历程，与马克思经典作家在深刻剖析和揭示资本主义基本矛盾之后，对未来社会所进行的预期有很大的不同。社会主义市场经济条件下社会劳动的内容和社会财富积累的方式也与马克思经典作家的论述发生了深刻的变化：社会主义条件下生产性劳动的范围在扩大、科技等生产要素的作用在加强、按劳分配与按生产要素分配的关系在发展，等等。对于上述这些新的变化和由此引起的一些新问题，如果不创新和发展经济学基本理论，就难以从基本理论的层面上给出科学的解释，这就势必妨碍中国经济改革的进一步深化和社会主义市场经济的进一步发展。而这些问题都直接或间接地与社会主义劳动、劳动价值论有关。根据变化了的情况，深化对在社会主义市场经济条件下的劳动和劳动价值论的认识和研究，继承和发展马克思劳动价值论，不仅对于在新的历史条件下坚持和发展整个马克思主义理论体系，而且对于指导我国社会主义实践的健康发展，都具有重要的理论意义。而深化对在社会主义市场经济条件下的劳动和劳动价值论的认识和研究，也就因此而成为理论界的一项重要使命。

出于这样的使命感，本课题在对国内外关于劳动价值论研究状况进行评述的基础上，对下述一系列重大问题进行了研究，并试图有所前进，有所创新。

一、进一步阐发马克思劳动价值论的
基本内容和在新的历史条件下继
承和发展马克思劳动价值论

继承和发展马克思的劳动价值论，首先需要弄清楚马克思当时创立劳动价值论的历史条件，并澄清哪些是马克思劳动价值论原本的内容、实质，哪些是后人对马克思劳动价值论的不全面理解或强加于马克思劳动价值论的不正确的东西。本课题首先对这些问题进行研究，认为：

马克思创立劳动价值论的时代是工业化初期。在工业化初期，一方面相对于在此之前的社会，生产力有了极大的发展；另一方面相对于今天后工业化时代而言，生产力的发展又是较低层次的。由此所决定，马克思劳动价值论无论是研究的主要对象还是所得出的结论，不能不受到当时条件的制约，反映当时生产力和由生产力决定的生产关系状况。同时，马克思劳动价值论创立的时代，面对的是无产阶级和资产阶级的尖锐斗争，其根本的使命是揭示资本主义经济制度的不合理性和为新社会制度所取代的必然性，以便为无产阶级提供革命的武器，所以这一理论的鲜明特点是具有强烈的阶级性和革命性。

今天我们所处的时代，与马克思创立劳动价值论的时代相比，不仅生产力水平有了极大的提高，而且，在我国由于社会主义制度的建立和发展，社会的主要矛盾已经不是无产阶级与资产阶级的矛盾，而是如何进一步发展生产力，以满足广大人民群众日益增长的物质文化需要。深化对劳动价值论的认识和研究，必须深刻认识这种历史条件的变化，把马克思劳动价值论作为一种富有时代特征的科学理论来认识，既深刻把握并继承其实质，又与时俱进，将其作为不断发展着的指导社会主义经济建设的有力武器。

对于马克思劳动价值论的基本内容，本课题进行了新的概括，认为以下内容是相互联系不可或缺的：（1）商品具有二因素，价值与使用价值一起共同构成商品的实体；（2）劳动二重性决定商品的两因素，价值是人类劳动一般即抽象劳动的产物，是一种经济关系与社会关系；（3）商品价值量决定于生产商品的社会必要劳动时间；（4）价格是价值的表现形式；（5）劳动力创造价值和剩余价值，剩余价值理论是在劳动价值论基础上创立的。

对于马克思劳动价值论的历史地位，本课题在肯定它是政治经济学的基石，是指导无产阶级革命的理论的同时，指出：马克思劳动价值论虽然是在对资本主义条件下商品生产商品交换的分析中得出的，但它包含了关于商品生产、商品交换和市场经济发展最一般最基本的理论。马克思在阐述劳动价值论过程中所阐述的商品使用价值的数量、质量的规定性，商品价值实体和价值量的规定性，特别是关于价值规律的理论，等等，都是对商品生产、商品交换和市场经济发展一般规律的揭示。这些理论不仅适应于资本主义社会条件下的市场经济，也适应于包括社会主义条件下的市场经济在内的一切市场经济。这是马克思劳动价值论产生以来虽然遭到来自资产阶级各个方面的攻击和否定，但依然放射真理光芒的根本原因所在。今天，继承和发展马克思劳动价值论的最重要任务，就是要进一步阐发马克思劳动价值论对发展社会主义市场经济和社会主义现代化建设的指导意义，并根据新的历史条件进行创新。

二、对价值创造价值形成与财富
创造等基本范畴再界定

任何一种科学的理论都有其基本的范畴，对这些基本范畴进行科学理解和进一步的界定是继承和发展这一科学理论的基础。对于马克思劳动价值论来讲，价值与使用价值、价值形成、价值创造以及财富创造等就是这样一些基本范畴。

在对马克思关于价值、使用价值范畴阐发的基础上，本课题对价值形成、价值创造进行了独到的阐释，指出：价值形成讲的是，商品的价值是由几个部分构成和如何形成的，回答的是价值的结构性问题和形成条件。而价值创造讲的是价值的实体和来源，回答的是什么劳动创造价值。在价值形成过程中，生产资料的价值是以转移的方式进入商品价值的，其本身不会增值；而劳动力的使用，不仅会创造出自身的价值，而且还会创造出一个新价值，实现其自身价值的增值。因此，要说明价值的创造，实际上就是要回答活劳动怎样在生产过程中物化在它的使用价值之中，即"计算物化在这个产品中的劳动"。① 这说明，价值创造的唯一源泉是劳动，而不应包含其他任何因子。但要考察价值的形成，就离不开价值形成过程中诸要素的作用。在这里，劳动力的活劳动以及表现为生产资料的物化劳动，都是不可缺少的基本要素。当然，它们的作用是有区别的。

出于揭示资本主义特定条件下剩余价值来源的需要，在论述价值和剩余价值源泉的时候，马克思特别注重抽象劳动创造价值，而对生产资料在价值形成过程中的作用并未给予特别的关注，这无疑是符合实际、极端重要的，没有这种科学的揭示，就无法说明资本主义条件下剩余价值的真正来源。但是，从市场经济一般而言，在强调抽象劳动创造价值和剩余价值的同时，强调非劳动生产要素在价值形成中的作用，也是符合实际和极端重要的，这有利于说明全部财富（包括价值和使用价值）价值的来源，从而调动多方面的积极性，使更多

① 马克思：《资本论》第1卷，人民出版社1975年版，第211页。

的生产要素投入到社会生产和再生产过程中，以产出更多的社会财富。资本主义制度的不合理，不在于生产要素在价值形成中发挥作用，而在于本来不该属于资本家所有的生产要素为资本家所有，并且资本家凭借着对生产资料的这种所有权无偿占有工人创造的剩余价值。作为对这种现象的理论揭示，坚持马克思劳动价值论的精髓即抽象劳动创造价值的同时，也应该实事求是地承认非劳动生产要素在价值形成中的作用。

在市场经济条件下，社会财富是使用价值和价值的统一，没有没有价值的财富，也没有没有使用价值的财富。在我国现代化建设的全过程中，必须全面地理解财富的创造，必须既重视人类劳动包括具体劳动和抽象劳动的作用，也要重视对自然界和其他一切生产要素作用的合理开发和应用，要将人类的劳动与自然界作用的发挥有机地、协调地结合起来，使一切生产要素的潜力充分发挥出来。这实际构成我国社会主义市场经济条件下可持续发展的新发展观的理论基础。

三、对生产性劳动与非生产性劳动进行再探讨

生产性劳动和非生产性劳动理论是马克思劳动价值论的重要组成部分，也是理论界长期存在争议的问题。准确地理解马克思关于生产性劳动和非生产性劳动划分的实质，根据发展了情况创新马克思生产性劳动的理论，是在新的历史条件下坚持和发展马克思劳动价值论的重要任

务。

　　本课题在对马克思的生产劳动理论的来源和基本内容进行梳理的基础上，指出：马克思对生产劳动社会形式的分析可分为两个层次，即：商品经济社会的生产劳动与非生产劳动和资本主义社会的生产劳动与非生产劳动。在商品经济条件下，生产劳动是指生产商品和创造价值的社会劳动。在资本主义条件下，只有直接在生产过程中为了资本的增值而消费的劳动才是生产劳动。马克思关于生产性劳动和非生产性劳动划分的实质在于：任何社会形态下的劳动无不包含自然形式（劳动内容）和社会形式（形式规定性）两个方面。自然形式和社会形式都不是一成不变的，而是随着生产力的发展和社会生产关系的变化而变化的。

　　根据马克思研究生产劳动理论的方法论，对于社会主义条件下生产劳动的界定，提出：一方面，各种有用的、实现在社会所需要的商品中的劳动，包括物质生产领域与非物质生产领域的劳动，都创造财富，因而都是生产劳动；另一方面，所有为社会创造价值和新价值的满足人民需要的劳动，或者说是生产"剩余价值"的劳动，都是生产劳动。这样，就在继承马克思关于生产性劳动和非生产性劳动理论精髓的基础上，拓宽了对社会主义条件下生产性劳动和非生产性劳动理论的范围。

四、对科学技术经济增长与价值
创造关系的新探讨

马克思劳动价值论，是以 19 世纪中叶工业化初期的蒸汽机时代和资本主义经济发展的上升期实践为考察对象建构的。时间过了一个半世纪，今天的世界与马克思所处的时代相比，社会经济条件发生了巨大的变化，最突出的现象是，新的科技革命和知识经济蓬勃发展。在这样的条件下，继承和发展马克思劳动价值论，最核心问题就是要在理论上科学地解释、在实践上妥善地处理科学技术、经济增长和价值创造的关系。

本课题在对中外有关理论进行评论的基础上，运用规范分析与数量经济分析相结合的方法，论证了科学技术、经济增长和价值创造的关系，提出：科学技术是人们在改造世界的反复实践中所获得的认识与经验的总和，它来源于人们的生产实践和科学实践，是人类劳动特别是脑力劳动的结晶，它本身就具有价值。但正是由于科学技术是人类劳动的结果，而不是人类劳动本身，所以，它不属于活劳动的范畴，它本身是不能创造价值的。不是科学技术本身创造了价值，而是掌握和运用科学技术的人的复杂劳动创造了价值。知识经济的发展和劳动生产率的极大提高，并没有否定而是丰富了抽象劳动创造价值的理论。

对于理论界长期争论的生产商品的劳动生产率与商品使用价值量和价值量之间的关系，本课题也进行了不同于传统的解释，认为：生产商品劳动生产率的提高，引起的变化是两个：一是对部门内部同类商品而言，劳动生产率的提高，使凝结在单个商品中的劳动量减少了，所以从理论上说即如马克思所说，"商品的价值量与生产商品的劳动生产率成反比"；二是对整个社会而言，科技的发展，使社会分工进一步细化和发达，劳动生产率大大提高，复杂劳动在社会总劳动占的比例大大增加，并使新产业、新部门不断出现，全社会的劳动总量不断增加。这两种变化的结果，不仅增加了社会财富的数量和种类即使用价值总量增加，也增大了全社会的价值总量。因此，那种认为劳动生产率的提高只增加社会使用价值，而价值总量却会减少的看法，如果只对一个部门而言是正确的，而对整个社会的所有部门而言则是不符合实际的。如果上述分析是正确的，那么就可以解释科技的发展、劳动生产率的提高在增加社会使用价值总量的同时，也增加了价值总量的命题。一句话，劳动生产力的提高增加了社会财富。

五、关于按劳分配与生产要素按贡献分配

本课题对两类不同的分配理论——马克思政治经济学的分配理论和西方经济学的分配理论进行了较深入系统的比较和评述，指出：马克思政治经济学的分配理论和西方经济学的分配理论是两种不同的分配理论。马克思政治经济学的分配理论，既揭示了资本主义经济制度中资本家阶级瓜分工人阶级创造的剩余价值的分配关系的实质、分配

的规律性和分配的量的关系，也预测了未来共产主义社会（其初级阶段是社会主义）的分配关系和分配原则，是指导我们认识资本主义分配关系和处理社会主义制度中分配关系的科学理论。西方经济学的分配理论是研究资本主义制度下的分配关系的，在西方经济学的分配理论中特别是在西方庸俗经济学的理论中，包含了许多为资本主义经济制度辩护和掩盖资本无偿占有雇佣工人剩余价值的理论，但由于其研究的对象同时又是市场经济，所以其中也包含有揭示市场经济条件下分配关系的科学成分，如关于通过市场进行分配的理论，关于政府要进行调控的二次分配的理论，等等。这些成分对我们认识和处理社会主义市场经济条件下的分配关系不无借鉴作用。

在比较两种分配理论的基础上，本课题对马克思按劳分配的思想产生的背景，理论前提、基本内容和实质，进行了分析，对按劳分配在社会主义现阶段的特点进行了概括，指出：社会主义制度的建立，使马克思按劳分配的理论从预测变为现实。但是，与马克思当时设想的实行按劳分配的社会条件相比，现实的社会主义既具有与马克思设想相吻合的一面，也与马克思设想有较大的差异。我国现阶段的经济是社会主义市场经济，在现阶段的社会主义市场经济中，虽然建立了生产资料公有制，但也存在着一些非公有制形式，实行的是公有制为主体的多种所有制经济共同发展的基本经济制度；而且，我们不仅没有消灭商品经济，还要大力发展市场经济。从我们现实中已经实行的按劳分配看，实际上已经不完全是马克思当时预测的按劳分配，而是从我国实际出发，发展了的马克思主义的按劳分配，是中国特色的按劳分配。这种中国特色的按劳分配，一方面坚持了马克思公有制要为劳动者在分配上带来利益和劳动创造价值、劳动者要在分配中得到报酬的基本原理，另一方面还与时俱进，具有显著的时代特点，这些特点是：（1）按劳分配的内涵是劳动要素按其在价值创造、价值形成和财富创造中的贡献分配；（2）按劳分配是在社会主义市场经济条件下进行的，要通过商品交换后进行分配，即要有"价值"插手其间；（3）按劳分配已经不局限于个人消费品的分配，而且也包括对生产资料的分配；（4）按劳分配与其他生产要素按贡献分配结合在一起，共同构成按劳分配为主体、多种分配方式并存的社会主义初级阶段的分配制度。

关于按劳分配与生产要素按贡献分配相结合，本课题指出：确立在社会主义现阶段实行按劳分配与生产要素按贡献分配相结合的原则，其依据不只是因为劳动、资本、技术和管理等生产要素在价值形成或财富形成中做出了贡献，而且更重要的是由所有制关系所决定的。按照马克思政治经济学的原理，社会分配关系是生产资料所有制关系决定的，在分配中形成的利益关系只不过是所有制关系的实现。在资本主义市场经济条件下，资本家占有生产资料，所以资本、土地等生产资料都要参与剩余价值的分配。在社会主义市场经济条件下，多种所有制经济共同发展的所有制关系也决定了必须实行生产要素按贡献参与分配的原则。按劳分配和生产要素按贡献分配相结合主要是在市场机制的作用下通过国民收入分配来实现的。首先，在国民收入的初次分配中，各种非劳动生产要素如货币资金、厂房建筑和土地等的所有者凭借资产所有权和投入经济活动中的价值量，和劳动要素共同以一定比例参与社会总产品的分配。其次，在实行租赁和承包经营的国有和集体企业中，承租人依据市场运行规律对市场进行预测，决定企业生产发展方向、产品选择、经营策略，组织和协调企业的生产经营管理活动，取得经营收入和风险收入。在按劳分配和生产要素按贡献分配的结合中，出现一定的收入差距是不可避免的。但必须注意，收入差距过大，也会产生消极效应，甚至引起严重的社会后果，所以必须要在再分配领域中建立健全收入分配的约束、调控机制，强化国家政策对收入分配的宏观调控功能，加大调控力度。

六、关于剩余价值、剥削与劳动价值论

与马克思劳动价值论密切相关、在社会主义市场经济条件下需要给予新的理论解释的另一个重大而敏感的理论问题是关于剩余价值、剥削和劳动价值论的关系。

以剩余价值为核心，马克思创立了剩余价值理论。在资本主义条件下，劳动价值论是剩余价值论的基础，剩余价值论是在劳动价值论基础上揭示资本家剥削工人秘密的理论。在社会主义条件下是否存在剩余价值，社会主义条件下的剩余价值与资本主义条件下的剩余价值有何异同？该课题进行了研究，认为：

剩余价值作为一般形态就是社会剩余，即一个经济体系所生产的全部年产品中，扣除为生产这些年产品的必要投入之后的余额。它的实体是剩余劳动或剩余产品，剩余价值是剩余劳动时间的凝结或物质化的剩余劳动。在商品经济条件下，剩余劳动及其所形成的剩余产品表现为剩余价值一般，成为商品经济的一般范畴。但由于商品经济存在于不同社会制度中必然受不同社会制度的制约，所以存在于不同商品经济形态中的剩余价值，虽然它们的实体都是剩余劳动，但却有着不同的内涵，即剩余价值的归属、使用及体现的经济关系不同。这就构成了剩余价值在不同社会经济制度条件下的特殊形态。剩余价值的特殊性是由社会生产关系即经济制度的性质决定的，是生产资料所有权的体现，生产资料所有权不同，剩余价值所体现的经济关系也就不同。在社会主义条件下，当家做主的劳动者，以主人公的身份与以生产资料公有制为主多种所有制经济共同发展的基本经济制度下的各种生产要素相结合，产出越来越多的价值和剩余价值，这是社会主义条件下剩余价值生产的特点，它体现的是公有制为主体、多种所有制经济共同发展基本经济制度下的劳动者之间、劳动者与各种要素所有者之间的关系。

在明确了剩余劳动和剩余价值在社会主义条件下的一般性和特殊性的基础上，该课题进一步探索了社会主义条件下是否存在剥削的问题。认为：在我国，社会主义初级阶段实行的是以公有制为主体、多种所有制经济共同发展的基本经济制度。由这种基本经济制度所决定，剩余价值的分配也有多种形式。在公有制经济内部，不存在剥削的关系，在私营经济、外资经济中虽然存在着剥削现象，但只要依法管理，将其限制在一定的范围内，就可以趋利避害，使之为发展社会主义初级阶段的经济服务。

最后，该课题对我国现阶段的收入分配状况和由此引致的社会阶层的变化进行了实证的分析。结论是：改革开放和现代化建设，使我国城乡居民收入水平以较快的速度增长，居民家庭财产性收入增长迅速。但在收入正常增长的过程中，也存在着一些不容忽视的问题，主要是：收入分配的差距不断扩大；财产的集中度越来越强，居民家庭财产的差别越来越大。对此必须给予高度重视并加强调节。

这种收入变化，使我国的社会阶层构成出现了新现象。(1)两大基本阶级——工人阶级和农民阶级自身出现了力度很大的变化与调整。白领和蓝领的划分已经成为无可争辩的事实，在所谓"9亿人口"的农民阶级中，真正从事种植业和养殖业劳动的已经只剩下了不到3亿人，超过1/3的农村劳动力转移到非农产业。(2)出现了1亿多人的乡镇企业职工、企业经营者等新兴阶层。(3)重新出现了个体劳动者、私营企业主等与非公有制相联系的复新阶层。(4)在原有的城乡差别、工农差别没有根本解决，社会保障制度没有真正建立起来的情况下，阶层性、行业性等的收入分配差距日益凸现，并由此引起了一系列新的社会矛盾。当代中国的社会进步，包括阶级阶层关系的分化与组合，是改革开放和社会主义市场经济体制建设的直接产物，应当成为中国共产党进一步发展和壮大的基本社会条件和政治基础。

以上所研究的这些主要问题和取得的一定进展，虽然构成了《新的历史条件下马克思劳动价值论的继承和发展研究》课题的最终成果，但对于马克思劳动价值论的全部研究而言，还只能算是阶段性成果，更深入的研究应该是随着实践的发展而无止境的。在这阶段性成果中，本书的一些观点还是带有探索性的，不成熟的，有的甚至不一定正确，欢迎大家批评指正。

在研究方法上，首先，本课题坚持以马克思主义历史唯物主义、辩证唯物主义的世界观和方法论为指导。马克思主义不是马克思个人的，而是继承了前人包括资产阶级的科学成果，是人类文明的结晶。我国当代的马克思主义还包括了毛泽东思想、邓小平理论、"三个代表"重要思想等后人对马克思主义的继承和发展。之所以坚持以马克思主义世界观和方法论为指导，根本的原因是因为马克思主义是科学。正是在马克思主义科学的世界观和方法论指导下，我们才开创了建设社会主义的新纪元。因此"马克思主义是我们立党立国的根本指导思想，是全国各族人民团结奋斗的共同理论基础。马克思主义的基本原理任何时候都要坚持，否则我们的事业就会因为没有正确的理论基础和思想灵魂而迷失方向，就会归于失败。"坚持马克思主义，从根本上来说就是坚持马克思主义的认识问题、分析问题方法论。正如恩格斯指出的那样"马克思的整个世界观不是教义，而是方法。它提供的不是现成的教条，而是进一步研究的出发点和供这种研究使用的方法。"① 只有把马克思主义理解成为一种科学的世界观或方法论，我们才能抓住马克思主义的灵魂，在纷繁复杂、急速变化的世界中，发挥马克思主义旺盛的生命力和创造力，才能在科学的基础上丰富和发展马克思主义劳动价值论。

其次，坚持从实践出发，解放思想，实事求是。马克思政治经济学本质上是一门实践的发展的科学，必须根据现实情况的变化而不断发展。以历史唯物主义为基础的马克思主义经济学深深扎根于现实经济生活的沃土之中，实践是马克思主义经济学发展的客观源泉，创新是马克思主义经济学的生命力所在。马克思主义具有与时俱进的理论品质。社会实践是不断发展的，我们的思想认识也应不断前进，应勇于和善于根据实践的要求进行创新。我们必须始终反对以教条主义的态度对待马克思主义理论，要坚持一切从实际出发，自觉地把思想认识从那些不合时宜的观念、做法和体制中解放出来，从对马克思主义的错误的和教条式的理解中解放出来，从主观主义和形而上学的桎梏中解放出来。坚持科学态度，大胆进行探索，使我们的思想和行动更加符合客观实际，更加符合社会主义初级阶段的国情和时代发展的要求。丰富和发展马克思主义劳动价值论，应是对现代经济生活客观运动规律的科学反映，它

---

① 马克思恩格斯：《马克思恩格斯选集》第 4 卷，人民出版社 1995 年版，第 742—743 页。

要说明新现象，回答新问题，揭示新规律，要有新的范畴和理论。这些新现象和新问题，从马克思主义经典作家的著作中不可能找到现成答案，照抄照搬西方的经济理论也不可能得出科学正确的结论。坚持马克思主义的方法，探索和创立与不断变化的现实相适应的新理论，这是发展马克思主义经济学的根本途径。

再次，必须坚持真理，坚持科学。坚持以马克思主义为指导，坚持从实际出发，归根结底是要坚持真理，坚持科学。要不唯书，不唯上，要站在时代前列，立足于新的实践，把握住时代特点，运用马克思主义基本理论研究现实中的重大问题，不断深化对劳动和劳动价值论的认识。

作为以上方法的具体体现，该课题对于马克思劳动价值论作到了三个坚持和三个发展。三个坚持是：坚持抽象劳动、活劳动创造价值的基本观点；坚持除劳动以外的其他生产要素在价值形成和财富创造中也起重要作用的观点；坚持劳动者付出劳动创造价值之后要得到应有报酬，其他生产要素对创造财富做出了贡献也要得到报偿的观点。三个发展是：马克思关于只有生产物质财富的劳动才是生产性劳动，只有生产性劳动才创造价值的观点需要发展；马克思关于剩余价值是资本主义特有的范畴，体现资本主义生产关系的观点需要发展；马克思关于社会主义按劳分配的观点也要发展。

改革开放需要构建公平的
游戏规则[*]

从 1978 年改革开放开始到 2005 年年底，我国累计吸收外商直接投资 6224 亿美元。尽管利用外资对经济的发展起到了极大的促进作用，然而早在几年之前就有专家学者呼吁，中国对外开放进程中对内开放却不足，而人为地将国内资本与境外资本一分为二，采取不统一的游戏规则，这种状况如不适时改变，就有可能成为对内开放的严重桎梏。

[**记者**] 开放应该包括对外开放和对内开放。对外开放，我国成就斐然，已为世人瞩目，但对内开放不足的话题早在几年之前就有专家、学者在不同场合提出。现在之所以很多人又旧话重提，很大程度上是有些行业对外资的依赖过重而内资发展不足。比如外贸出口、电子行业，对

* 本文是接受《中国改革》杂志记者周颖采访时的谈话，发表在《中国改革》2006 年第 6 期。

外资的依存度是很高的。在这个背景下，对内开放是不是应该加速呢？

[**逄锦聚**] 首先应该肯定外资的进入对中国经济发展起到了不容忽视的作用：缓解了现代化建设中资金短缺的矛盾、弥补了一些行业的技术不足，吸收了劳动力就业，带来了先进的管理理念等。在对外开放已经达到了一定的程度，收到明显成效的基础上，深化体制改革，加快对内开放的步伐，是非常必要的。

[**记者**] 美国麻省理工学院黄亚生教授 2006 年 2 月在接受《华盛顿观察》周刊的专访时说：中国重外资轻民企的发展模式不仅效率低，而且不公平，对外资优惠实际上是以穷人的钱补贴富人。一些民营企业家对这种观点表示认同。在他们看来，最根本的是要改变目前实行的对内外投资者有差别的政策，建立公平的游戏规则。你认为建立规范的游戏规则是否是当前对内开放关键的问题呢？

[**逄锦聚**] 建立规范的游戏规则，构建公平的竞争环境，是市场经济健康发展的重要保证。只有建立起规范的游戏规则，构建好公平的竞争环境，市场主体才能够公平竞争，市场机制的作用才可以正常的发挥。从这样的意义上说，建立规范的游戏规则，构建公平的竞争环境，当前既是对外开放也是对内开放的关键问题。

[**记者**] 按照这样的理解是否是说，对内、外投资者差别待遇的问题应该改变。这使我想到，近两年呼声比较高的是关于"两税"合并的问题。一些经济学家认为，内、外资企业所得税率应该统一，否则对内开放就不会真

正落实。你如何看待这个问题？

[**逢锦聚**] 我国在改革开放开始以后的长时间内的确存在对内、外投资者差别待遇的问题，其中对内、外资企业实行差别所得税率是具体表现之一。这种差别待遇在改革开放初期的特定情况下，对于我国吸引外资、发挥外资的作用是必要的，实际效果也做出了证明。但这种差别待遇如果长此下去，将会导致内外企业的不平等竞争，这与市场经济的发展要求是相悖的。所以从方向上说，改变这种状况，是深化改革扩大开放的重要内容，这应该是没有疑义的。

[**记者**] 现在实行的所得税率，对外资企业比较低，对内资企业比较高，如果实行统一税率，是就高还是就低，会产生怎么样的影响？

[**逢锦聚**] 这是一个很复杂很敏感的问题。我国现行对外资企业的所得税率最低是 15%，而对内资企业的所得税率是 33%。一般地说，统一税率无非五种可能：就低 15%、就高 33%、二者平均或之间、低于 15%、高于 33%。从许多国家实行低税率的趋势和我国仍将继续吸收外资、搞活企业的实际出发，再加上既得利益一般都呈刚性，所以可行的选择可能在低限 15%、高限 33% 的区间。再高了不利于企业发展，再低了不利于公共利益的保证。税率的调整实质上是利益关系的调整，至于究竟什么样的税率更好一些，需要按照经济合理性原则多方面论证、比较和选择，按经济学的流行语言说，这也将是政府与企业博弈的过程。

[记者] 会不会因为实行统一汇率而使我国税收减少，或者挫伤外商投资的积极性，从而使我国利用外资受到影响？

[逄锦聚] 税率的提高或降低与税收总量的增加和减少并不一定是同向正比的关系，这个道理早为经济学家所发现并为实践所证明。由于统一税率而使税率适度降低，有利于调动企业投资和生产经营的积极性，可以增加产出，提高效益，从而使税收总量增加。如果因为统一税率而使外资企业税率提高，完全不产生负面影响不太可能，但如果提高的幅度是适度的合理的，理智的决策者也不一定因此而减少在中国投资。外商究竟在中国投不投资，投资多少，除了取决于税收的因素以外，更重要的还取决于投资利润率的高低，取决于在中国投资与在其他国家或地区投资收益的比较等多种因素。如果在中国投资依然有利可得，并且优于在其他国家或地区投资，外商在中国的投资热情不会减弱。这不完全取决于人为的因素，而是由经济规律决定的。

[记者] 统一税率会不会造成中国改革开放发生逆转的错觉？

[逄锦聚] 我想不应该。对内外资企业实行统一税率，不是中国的发明，而是国际通行的规则。实行统一税率，进而建立规范的游戏规则，构建公平的竞争环境，是向着完善的市场经济体制前进，因而不但不是改革开放的逆转而是改革开放在新条件下的深化和扩大。在中国，改革开放取得如此巨大的成就，如此深入人心，继续推进改

革开放是大势所趋，不可逆转。

　　[**记者**] 如果要真的对内外资实行统一税率，你对企业有什么建议？

　　[**逢锦聚**] 未雨绸缪，提高素质，增强竞争力。对于外资企业而言，我想他们对于所在国体制和政策调整应该具有很强的适应力。对于我国的企业包括国有企业和其他多种所有制企业而言，要抓住机遇，按照建立现代企业制度的方向，深化改革，优化企业治理结构，提高管理水平，努力提高效益，使企业的整体水平再上新的台阶。

努力实现科学发展
与社会和谐的统一 [*]

科学发展观和构建社会主义和谐社会理论，是我国在改革开放和现代化建设进程中创立的两大理论，是对科学社会主义理论的丰富和发展。现在的任务是，要以科学发展观为统领，努力实现科学发展与社会和谐的统一，使国民经济和社会发展得更好更快。

一、两大理论创新

一个急剧变革的时代是新思想新理论层出不穷的时代。随着改革开放和现代化建设实践的发展，我国经济理论实现了一系列创新。在诸多理论创新中，以下两大理论的创立具有特殊重大的意义：

一是从重视经济增长到重视经济发展，再从重视经济

---

[*] 本文发表于 2007 年 4 月 15 日《光明日报》。

发展到强调经济社会的科学发展，标志着我国发展理论实现了重大的飞跃。

作为一个后发国家，面对急需改变的相对落后面貌，在改革开放初期的一段时间内，我们重视经济增长，强调国民经济保持较快的增长速度，有其特定的历史条件和不可否定的积极意义。无论从什么角度说，改革开放近30年时间内，我国国民经济保持了年均9%以上的增长速度，到2006年我国经济总量已超过20万亿人民币，位居世界前列，这是了不起的成就。但实践使我们认识到，经济增长不等于经济发展，经济发展相对于经济增长更加重视经济效益的提高和国民经济结构的改善，如果忽视经济发展而片面追求经济增长，有可能导致资源浪费、环境破坏、国民经济结构失衡和效益低下，即有增长而无发展。从重视经济增长到讲求经济发展，是在对发展问题认识上的深化。而最近几年来，我们又从重视经济发展再到强调以人为本，全面协调可持续发展，即树立和落实科学发展观，则进一步揭示了发展的出发点和归宿，实现了经济发展与社会发展的统一和人与自然的协调，这标志着在发展问题上实现了新的突破。

二是从"三步走"发展战略到全面建设小康社会，再从全面建设小康社会到构建社会主义和谐社会，标志着我国社会主义建设目标理论实现了重大的飞跃。

改革开放初期，我国制定了现代化建设的"三步走"战略，即：第一步，到1990年实现国民生产总值比1980年翻一番，解决人民的温饱问题。第二步，到20世纪末，使国民生产总值再增长一倍，人民生活达到小康水平。第三步，到 21 世纪中叶，人均国民生产总值达到中等发达国家水平，人民生活比较富裕，基本实现现代化。经过努力，我们实现了现代化建设的第一步、第二步目标，人民生活总体上达到小康水平。但是，我们清醒地认识到，我国正处于并将长期处于社会主义初级阶段，已经达到的小康还是低水平的、不全面的、发展很不平衡的小康，人民日益增长的物质文化需要同落后的社会生产之间的矛盾仍然是我国社会的主要矛盾。2002 年我们不失时机地提出了要在 21 世纪头 20 年，集中力量，全面建设惠及十几亿人口的更高水平的小康社会，使经济更加发展、民主更加健全、科教更加进步、文化更加繁荣、社会更加和谐、人民生活更加殷实。在此基础上，再继续奋斗几十年，到 21 世纪中叶基本实现现代化，把我国建成富强民主文明的社会主义国家。从"三步走"战略的制定和实现到全面建设更高水平的小康社会，是对社会主义建设目标认识的深化。而近几年来，又从全面建设更高水平的小康社会再到构建社会主义和谐社会，则将社会主义经济建设、政治建设、文化建设和社会建设统一起来，深化了对中国特色社会主义本质和目标的认识，标志着我们对科学社会主义的认识发生了新的飞跃。

二、同一根本宗旨

科学发展观和构建社会主义和谐社会理论的创立，为我国改革开放和现代化建设提供了重要的理论保证。这两大理论各自都有深刻的产生背景、丰富的内涵和明确的针对性，但它们的出发点和落脚点又是一致的，体现了同一的根本宗旨，即：以人为本，一切从广大人民群众的根本利益出发。

利益关系是人们社会关系中的根本关系，而物质利益关系又是人们一切利益关系的基础。我们正在进行的现代化建设和为之奋斗的共产主义，归根结底就是要努力满足人民群众的需要，谋取最广大人民群众的根本利益。这是马克思主义经济学的真谛。科学发展观和构建社会主义和谐社会恰好在最根本点上结合起来，反映了马克思主义经济学理论的根本要求。

以人为本，全面协调可持续发展的科学发展观，第一要义是发展，基本要求是全面协调可持续发展，其实质是实现经济社会又快又好发展，而所有这一切，核心是以人为本，一切从广大人民群众的根本利益出发。社会和谐是中国特色社会主义的本质属性，构建社会主义和谐社会是要实现一个"民主法治、公平正义、诚信友爱、充满活力、安定有序、人与自然和谐相处"的社会主义和谐社会，其核心是人与人的和谐，和谐的根本目的是为了实现人民群众的根本利益。通常我们说，构建社会主义和谐社会，要使人民的权益得到切实尊重和保障、区域发展差距扩大的趋势逐步扭转、建立合理有序的收入分配格局、使家庭财产普遍增加，人民过上更加富足的生活，等等，都反映出构建社会主义和谐社会的根本目的是为了人民，为了广大人民群众的根本利益。所以，科学发展观和构建社会主义和谐社会二者具有统一性，二者统一于以人为本，统一于一切为了广大人民群众的根本利益。

当前，理论界对科学发展观和构建社会主义和谐社会二者的关系有两种不同的理解：一种观点认为，构建社会主义和谐社会更具有全局性，科学发展观应该从属于和谐社会的构建。另一种观点则相反。我认为，发展观是人们对于发展问题的总体看法和根本观点。科学发展观坚持马克思主义的基本原理，深化了对社会主义发展规律的认识，指明了实现经济社会又好又快发展的科学道路，是指导我们推进发展的根本理论和根本方法，因而更具有全局性和根本性的意义。况且，社会要和谐，基础在发展，首先要发展。因此，我们应该自觉地树立和落实科学发展观，妥善处理经济社会发展中的各种关系，实现经济社会和谐发展。

三、贵在付诸实践

理论的意义在于揭示事物运动的本质，从而能够进一步指导实践。科学发展观和构建社会主义和谐社会理论的创立，实现了马克思主义辩证唯物主义认识论从实践到理论的第一次飞跃，但如果有了正确的理论，只是把它空谈一阵，并不实行，那么，这种理论再好也是没有意义的。所以，当前和今后的重要任务是，要把这两大理论付诸实践，用以指导和促进我国经济社会全面协调可持续发展。

这是一个更加重要而需要付出艰苦努力的过程。

毋庸讳言的是，我国改革开放和现代化建设在取得了巨大成就的同时，也存在一些非科学发展和影响经济社会和谐的因素。如城乡、区域、经济社会发展很不平衡，个人收入分配差距过大；人口、资源、环境压力加大；社会保障、教育、医疗、住房、社会治安问题比较突出；一些领域腐败现象比较严重等等。这些非科学发展和不和谐因素如果得不到及时有效的克服，必将使改革开放和现代化的进程受到阻碍甚至逆转，而要克服这些因素，只停留在理论层面上是不可能的，必须在科学理论的指导下通过实践才可能解决。从这样的意义上说，落实科学发展观，构建和谐社会，实践是最关键的。

目前，在一些地方存在理论与实践相脱节的现象，这是与科学发展观和构建社会主义和谐社会的要求格格不入的。要落实科学发展观，构建社会主义和谐社会，必须在实践中坚决地将这种现象予以克服。

四、经济学要做出新贡献

在从实践到理论，再从理论到实践这个认识过程中，从实践到理论的飞跃无疑十分重要，而从理论再到实践这一飞跃也是极其重要甚至是更为重要的，舍此，认识就将是一个半拉子工程，理论就会失去了真正的意义。因为从理论到实践的过程不仅可以达到认识世界改造世界的根本目的，而且可以检验理论是否正确，并使已经形成的理论得到完善和发展。

科学发展观和构建社会主义和谐社会两大理论创新，是科学理论进一步发展的开始而不是终结，这两大理论需要在实践中得到进一步完善和发展。在科学发展观和构建社会主义和谐社会由实践向理论的飞跃过程中，经济学功不可没，而在两大理论完善和发展的过程中，经济学应该同其他学科一起，作出进一步的更大的贡献。在这方面需要做的工作主要有：

一是要对理论进行广泛的宣传和阐释，以便使广大群众能够真正理解和掌握科学理论的内涵和精髓，使理论被自觉地运用到实践中去，变成亿万群众的实际行动。二是要进一步研究和探索落实科学发展观和构建和谐社会的机制和制度保证，为把抽象的理论政策化、应用化和可操作化作出贡献。例如，在这些理论指导下制定相应的收入分配政策、就业政策、支农惠农政策、环境保护政策、节约能源、资源政策等等。三是经济学理论工作者要不断深入实践，在实践中及时发现和总结广大群众落实科学发展观构建社会主义和谐社会的丰富经验和遇到的新情况，为科学发展观和构建社会主义和谐社会理论的不断丰富和发展持之以恒地进行研究，做出贡献。

我国正在进行的现代化建设和构建社会主义和谐社会的实践是伟大的实践，在这千载难逢的时代，中国的经济学工作者是可以大有作为的，中国的经济学是最具有发展潜力的经济学！

改革开放的伟大历程和基本经验[*]

——纪念我国改革开放 30 周年

2008 年是我国改革开放 30 周年。1978 年党的十一届三中全会开启了改革开放历史新时期，从此，改革开放成为我国各项工作的主旋律和新时期最鲜明的特点。改革开放是一场伟大的革命，它极大地调动了亿万人民的积极性，使我国成功实现了从高度集中的计划经济体制到充满活力的社会主义市场经济体制、从封闭半封闭到全方位开放的伟大历史转折，促进了生产力的快速发展、综合国力的显著增强和人民生活的明显提高。今天，一个充满活力的社会主义中国正日益走向繁荣富强。

* 2008 年是我国改革开放 30 周年，本文为纪念改革开放 30 周年而作，也是教育部重大课题"马克思主义中国化"的阶段性成果。发表于《南开学报》2008 年第 2 期。

一、伟大的历程

从中华人民共和国成立到 1978 年党的十一届三中全会的 30 年，是全国各族人民进行社会主义建设取得巨大成就、同时又经受严重挫折的 30 年。新民主主义革命的胜利和社会主义制度的建立，为我国的经济建设和经济发展奠定了根本的政治前提和制度基础，提供了建设现代化国家的根本保证。但是，由于我们进行社会主义经济建设的经验不多，又受到苏联的影响，加上当时的特殊情况，所以在一段时间内实行了计划经济体制，在指导思想上也发生过一些失误，在经济建设和经济发展中走了不少弯路，造成了一些损失，有些甚至是重大的损失，以致使得本来应该更加充分发挥的社会主义优越性没有充分发挥出来。

1978 年 12 月召开的党的十一届三中全会，是新中国建立以来具有深远意义的伟大转折。三中全会开始全面地认真地纠正"文化大革命"中及其以前的"左"的错误，确定了解放思想、实事求是的思想路线，作出了把工作重点转移到社会主义现代化建设上来的战略决策。它揭开了伟大的改革开放的序幕，开辟了建设有中国特色社会主义的新道路，标志着我国从此进入了社会主义事业发展的新时期。

始于 1978 年的改革开放至今已经进行了 30 年，这 30 年，有康庄大道、光明坦途，也有艰难曲折、激流险滩，大致分为四个重要阶段。①

　　第一阶段：改革启动和局部试验（1978 年 12 月—1984 年 10 月）。改革从农村开始。安徽省凤阳县小岗村18 户农民在一张包产到户的约定上按上自己的手印，拉开了农村改革的序幕。长期在"左"的思想束缚下的广大农民，率先冲破了人民公社体制，创造并推行了以家庭承包为基础的责任制和统分结合的双层经营体制，迸发出巨大的社会主义积极性。其后，农村经济向专业化、商品化、现代化迅速转变。这种改革和转变不仅对城市改革提出了要求，而且为以城市为重点的整体经济体制改革提供了极为有利的条件和可供借鉴的经验。与此同时，在城市，从扩大企业自主权入手，进行了综合和专项改革试点，取得了初步的成效。在沿海，创办了深圳、珠海、汕头、厦门四个经济特区，打破了我国经济多年的封闭半封闭状态。在这一阶段，理论创新和思想准备也完成了三个转变，即：从以阶级斗争为纲转到以经济建设为中心；从封闭、半封闭状态转到对外开放；从墨守成规转到大胆改革。从此，我国进入了一个改革开放现代化建设的新的历史时期。

　　第二阶段：以城市为中心的全面改革探索（1984 年

　　　① 关于改革开放阶段的划分，理论界观点不完全统一。本人在为纪念中华人民共和国成立 50 周年而写的《辉煌的成就　宝贵的经验》一文中，曾将 1978—1999 年的改革开放划分为三个阶段，本文延续这样的划分，另外从 21 世纪初叶的实际出发，增加了完善社会主义市场经济的阶段。参见拙作《辉煌的成就　宝贵的经验》，载《南开学报》2000 年第 1 期。

10 月—1992 年 10 月）。以 1984 年 10 月党的十二届三中全会通过《中共中央关于经济体制改革的决定》为标志，经济体制改革进入了以城市为中心的全面改革探索的阶段。在这一阶段，改革从农村扩展到城市，从经济领域扩展到政治、科技、教育及其他社会生活领域，在若干个方面都取得了一系列重大的突破：企业改革在继续扩大企业自主权的同时，积极推行承包制；价格改革使原有的不合理的价格体系和价格管理体制有了很大的变化；所有制结构的改革迈开了步伐，以公有制为主体、多种经济成分并存的格局初步形成；对外开放继续扩大，初步形成了多层次、宽领域的对外开放格局；开始探索科技体制改革；政治体制改革提到了议事日程。在这一阶段的探索中，我国经受了 1989 年的国际国内政治风波的考验和 1988—1991 年经济发展剧烈波动的考验。经过这种考验，我们克服了一系列困难，实现了经济、政治和社会的稳定，为正确处理改革、发展和稳定的关系积累了经验，为继续深化改革和扩大开放奠定了有利的基础。在这一阶段，在理论上也取得了突破：突破了把计划经济与商品经济对立起来的传统观念，提出我国的社会主义经济是在公有制基础上的有计划的商品经济，从而为经济体制改革提供了新的理论指导；党的十三大第一次比较系统地阐述了社会主义初级阶段理论，为开辟建设有中国特色的社会主义道路奠定了重要的理论基石。

第三阶段：全面推进，改革攻坚，以建立社会主义市场经济体制为核心内容进行综合改革（1992 年 1 月—

2002 年 10 月）。1992 年初，邓小平同志视察南方发表重要谈话，同年召开党的第十四次全国代表大会，确立了邓小平建设有中国特色的社会主义理论在全国的指导地位，确定我国经济体制改革的目标是建立社会主义市场经济体制。这一阶段的改革探索，取得了显著的成效：在企业改革中，提出要进一步转换国有企业经营机制，建立适应市场经济要求，产权明晰、权责明确、政企分开、管理科学的现代企业制度，加快股份制试点；在宏观调控领域改革中，加快财政、金融、投资体制改革，有效治理经济过热，增强防范和抗御金融风险的能力；此外，粮食流通体制、住房制度、医疗制度、社会保障制度、政府机构等方面的改革也都取得了重大进展。通过这些改革，社会主义市场经济体制的基本框架已经初步形成。在这一阶段的探索中，我们曾经经受了 1997 年亚洲金融危机冲击等经济风险的考验，积累了消除需求不足、经济增长速度下降、通货紧缩的经验，为国民经济持续快速健康发展奠定了基础。在理论上，在坚持以邓小平理论为指导的同时，坚持改革开放，与时俱进，创立了"三个代表"重要思想，继续将改革开放沿着正确的方向推向前进。

　　第四阶段：完善社会主义市场经济体制（2002 年 11 月—至今）。2002 年 11 月召开的党的十六大是在我国发展进程中具有重大历史意义的大会。党的十六大坚持以党的基本理论和基本路线为指导，总结了建设中国特色社会主义的基本经验，确立了"三个代表"重要思想的指导地位，作出了全面建设小康社会的战略决策。党的十六大以来，我国以邓小平理论和"三个代表"重要思想为指导，顺应国内外形势发展变化，抓住重要战略机遇期，发扬求真务实、开拓进取精神，坚持理论创新和实践创新，着力推动科学发展、促进社会和谐，完善社会主义市场经济体制，在全面建设小康社会实践中坚定不移地把改革开放伟大事业继续推向前进，改革开放取得重大突破。农村综合改革逐步深化，农业税、牧业税、特产税全部取消，支农惠农政策不断加强。国有资产管理体制、国有企业和金融、财税、投资、价格、科技等领域改革取得重大进展。非公有制经济进一步发展。市场体系不断健全，宏观调控继续改善，政府职能加快转变，进出口总额大幅增长，实施走出去战略迈出坚实步伐，开放型经济进入新阶段。同时，随着 2007 年 6 月重庆和成都联合获批成立"成渝全国统筹城乡综合配套改革试验区"，12 月，位于中部腹地的武汉城市圈和长沙、株洲、湘潭城市群成为"全国资源节约型和环境友好型社会建设综合配套改革试验区"，我国已初步形成东部发展、西部开发、中部崛起和东北振兴的四大区域经济合作发展的新格局。① 在这一阶段，2003 年 10 月党的十六届三中全会通过的《中共中央关于完善社会主义市场经济体制若干问题的决定》，② 对完善社会主义市场经济体制和更具活力、更加开放的经

---

① 　新华社：《改革试验区相继布局 四大区域新格局形成》，《人民网》2008 年 2 月 9 日。

② 　《中共中央关于完善社会主义市场经济体制若干问题的决定》（2003 年 10 月 14 日中国共产党第十六届中央委员会第三次全体会议通过），人民出版社 2003 年版。

济体系做了全面部署，是改革开放新阶段理论创新和实践创新结合的范例，对我国改革开放产生了并将继续产生重大的影响。

二、辉煌的成就

1978 年改革开放以来的 30 年，是全国人民解放思想，实事求是，同心同德，锐意进取，进行建设有中国特色社会主义的历史性创造活动的 30 年。这 30 年，我国坚持以经济建设为中心，改革开放和现代化建设取得了举世瞩目的辉煌成就。

——实现了由计划经济体制向社会主义市场经济体制的转变。从新中国建立到 1978 年以前的 30 年间，我国逐步建立并一直实行的全国集中统一的经济体制，在初期尚未统得很死，也曾经发挥过积极的作用，但随着我国经济发展的规模越来越大，其统得过死的弊端逐渐显露出来。其后，虽然也进行了几次改革和调整，但都限于调整中央和地方、条条和块块的管理权限，没有触及按照市场经济的要求赋予企业自主权这个要害问题，所以过度集中统一的问题不仅长期得不到解决，而且发展得越来越突出。经过 30 年的改革，原有的这种计划经济体制基本退出历史舞台，社会主义市场经济体制初步建立。一是确立了社会主义初级阶段公有制为主体、多种所有制经济共同发展的基本经济制度和以按劳分配为主体多种分配方式并存的分配制度。二是农村改革取得突破性进展。突破了高度集中的人民公社体制，实行了以家庭联产承包为基础、统分结合的双层经营体制；突破了指令性的统购统销制度，放开绝大部分农产品的价格，对关系国计民生的粮、棉等主要农产品实行保护价，采取多种形式搞活农产品流通；突破"以粮为纲"的单一结构，鼓励非农产业的发展，推进了贸、工、农一体化和产、加、销一条龙建设，农业产业化方兴未艾，乡镇企业异军突起，成为国民经济的重要方面军；突破了单一的所有制结构，形成了以公有制为主体多种所有制经济共同发展的格局。三是国有企业改革取得重大进展。企业改革围绕增强企业的活力和竞争力、建立现代企业制度以重新塑造市场微观主体、最终建立社会主义市场经济体制的中心展开。经过艰苦努力，国有企业的管理体制和企业内部经营机制发生了重大变化，国有企业适应市场的能力和参与市场竞争的程度有了明显的提高，取得了良好的经济效益。四是国民经济市场化程度有了迅速提高。市场成为配置资源的基础。在商品市场上，95%以上的商品资源都由市场配置，国家定价的商品不足5%。各种要素市场不断完善，形成了包括劳动力市场、资本市场、房地产市场、技术信息市场等在内的比较完备的市场体系，并适应经济全球化和加入世界贸易组织的新形势，实施市场多元化战略，积极融通国内市场和国际市场，建立规范的市场秩序。五是经济调控方式发生了重大转变。在转变政府职能的同时，深入地进行了宏观调控体制改革并取得了实质性突破，初步形成了适应社会主义市场经济的宏观调控体系，实现了从以政府直接控制为主向以间接

调控为主的调控方式的基本转变。计划体制改革取得重要
进展，计划工作由原来的年度计划为主转变为以中长期计
划为主，突出宏观性、战略性、政策性，综合协调宏观经
济政策和经济杠杆的运用。财政体制改革取得了突破性进
展。金融体制改革走出了决定性的步伐。统一开放、有序
竞争、严格监管的金融市场体系得到了稳定发展。六是法
制建设取得了重大进展。社会主义市场经济法律体系框架
初具规模，为宏观调控的科学化和有效性提供了有力的保
证。

　　——全方位开放的格局已经形成。一是对外贸易快速
发展，在世界贸易中的地位不断提高。进出口总额，1978
年为 206.4 亿美元，2007 年上升到 21738 亿美元，① 在世
界贸易中的排名从 1978 年的第三十二位，上升到 2007 年
的第三位。我国外汇储备大幅度增加，1978 年为 1.67 亿
美元，② 2007 年达到 1.53 万亿美元。在贸易总量迅速提
高的同时，我国进出口商品结构不断改进。以食品、农副
产品及原油等为主的初级产品出口大幅度下降，工业制成
品特别是机电产品出口有了大幅度增加。我国国际贸易市
场也向多元化发展。1980 年与我国开展贸易往来的国家
和地区只有 180 个左右，到 2007 年已达到 270 个。二是
利用外资规模扩大、效益明显。改革开放以来，我国累计

---

　　① 1978 年数字来源于国家统计局：《中国统计年鉴 2006》中国统计出版社 2007
年版，2007 年数字来源于国家统计局局长谢伏瞻："2007 年 GDP 增长 11.4% 经济增
长过热风险依然存在"，载 2008 年 1 月 24 日人民网经济频道。下同。

　　② 国家外汇管理局网站。

实际利用外资近 9700 亿美元，其中吸收外商直接投资总额 7746 亿美元。1993 年以来，我国已成为世界上吸收外资最多的发展中国家。三是全方位开放格局已基本形成。改革开放之初，我国先后在东部沿海一带创办了 5 个经济特区，开放了 14 个港口城市，形成了包括 290 个县市、2 亿多人口、30 万平方公里的沿海开放地带。其后我们又建立了浦东开发新区，建立了一系列沿边开放口岸、内地开放城市和开发区，基本形成了多层次、多形式、宽领域、全方位的对外开放格局，适应国际惯例的对外经济运行机制已初步建立，在我国的经济发展和现代化建设中已经并且正在发挥着重要的作用。

　　——最显著的成就是快速发展。改革开放极大地解放了生产力，推动了我国的持续快速发展。30 年来，我国 GDP 以年均将近 10% 的速度增长，总量由 1978 年的 3645.2 亿元增长到 2007 年的 246619 亿元，跃至世界第四。全年城镇居民人均可支配收入由 1978 年的 343.4 元增长到 2007 年的 13786 元；农村居民人均纯收入由 1978 年的 133.6 元增长到 2007 年的 4140 元。年末居民储蓄存款余额 2007 年达到 172534 亿元，是 1978 年的 819 倍。农村贫困人口从两亿五千多万减少到两千多万，人民生活从温饱不足发展到总体小康。政治建设、文化建设、社会建设取得举世瞩目的成就。中国的发展，不仅使中国人民稳定地走上富裕安康的广阔道路，而且为世界经济发展和人类文明进步作出了重大贡献，是新中国建立以来最好的时期。

——最重要的是，改革开放开辟了中国特色社会主义道路，为理论创新提供了丰富的实践源泉，极大地推动了中国特色社会主义理论体系的形成。中国特色社会主义道路，就是在中国共产党领导下，立足基本国情，以经济建设为中心，坚持四项基本原则，坚持改革开放，解放和发展社会生产力，巩固和完善社会主义制度，建设社会主义市场经济、社会主义民主政治、社会主义先进文化、社会主义和谐社会，建设富强民主文明和谐的社会主义现代化国家。中国特色社会主义道路之所以完全正确、之所以能够引领中国发展进步，关键在于我们既坚持了科学社会主义的基本原则，又根据我国实际和时代特征赋予其鲜明的中国特色。在当代中国，坚持中国特色社会主义道路，就是真正坚持社会主义。中国特色社会主义理论体系，就是包括邓小平理论、"三个代表"重要思想以及科学发展观等重大战略思想在内的科学理论体系。这个理论体系，坚持和发展了马克思列宁主义、毛泽东思想，凝结了几代中国共产党人带领人民不懈探索实践的智慧和心血，是马克思主义中国化最新成果，是党最可宝贵的政治和精神财富，是全国各族人民团结奋斗的共同思想基础。中国特色社会主义理论体系是不断发展的开放的理论体系。《共产党宣言》发表以来近160年的实践证明，马克思主义只有与本国国情相结合、与时代发展同进步、与人民群众同命运，才能焕发出强大的生命力、创造力、感召力。在当代中国，坚持中国特色社会主义理论体系，就是真正坚持马克思主义。

　　改革开放以来我国取得的辉煌成就雄辩地证明，改革开放是决定当代中国命运的关键抉择，是发展中国特色社会主义、实现中华民族伟大复兴的必由之路；只有社会主义才能救中国，只有改革开放才能发展中国、发展社会主义、发展马克思主义。

　　当然，在我们充分肯定改革开放辉煌成就的时候，不应该也不会否认或者忽视改革开放进程中曾经遇到、有所克服但目前仍然还存在的一些问题，例如：经济增长的资源环境代价过大，资源环境对经济社会发展的制约越来越突出；城乡和区域、经济社会发展仍然不平衡；农业稳定发展和农民持续增收难度加大；劳动就业、社会保障、教育卫生、居民住房、安全生产、司法和社会治安等方面关系群众切身利益的问题仍然较多，收入分配差距过大，部分低收入群众生活比较困难；思想道德建设有待加强；党的执政能力同新形势新任务不完全适应，一些基层党组织软弱涣散；有的干部作风不正，形式主义、官僚主义问题比较突出，奢侈浪费、消极腐败现象仍然比较严重等。这些问题有的属于由我国所处的发展阶段所决定的经济社会发展中的问题，有的属于由改革开放进程中市场发育不充分、市场体系不发达和社会主义市场经济体制不完善所决定的经济体制转换过程中的问题，有的则是由于对改革开放进程中出现的新情况预见不够、调查研究不够、缺乏经验、决策不够科学出现的问题。对于这些问题，我们只能够实事求是地客观分析，积极地加以解决。属于发展的问题用发展的办法予以解决，属于改革开放进程的问题则以深化改革开放予以解决，属于决策方面的问题则努力提高决策的科学性和政策措施的配套性。决不可因为这些问题的存在而否定改革开放的成效和功绩，更不可因此对改革开放动摇、停顿和倒退。改革开放作为一场新的伟大革命，方向和道路是完全正确的，成效和功绩不容否定，停顿和倒退没有出路。

三、宝贵的经验

改革开放 30 年不仅取得了上述巨大的成就，而且积累了极其宝贵的经验。这些经验大大地丰富和发展了马克思主义关于科学社会主义的学说，为我国继续进行社会主义现代化建设奠定了有力的基础。认真总结并结合实践的发展充分运用这些经验，对于把我们的事业继续推向前进具有重大的意义。

第一，最根本的是，改革开放要符合民心、顺应时代潮流，要坚持正确的方向和目标。我国的改革是在取得社会主义革命和建设伟大成就以及艰辛探索社会主义建设规律取得宝贵经验的基础上进行的，同时又是在高度集中的计划体制和生产力还不发达的条件下展开的。这样特殊的历史条件和背景，决定了我国改革的艰巨性和复杂性。改革开放作为一场新的伟大革命，不可能一帆风顺，也不可能一蹴而就，但只要目的、性质、方向和目标明确，就一定会凝聚亿万民众，以坚忍不拔的毅力向着预定的目标排除千难万险取得成功。

关于改革开放的目的和性质，早在改革之初，通过对几十年社会主义建设经验的总结，中央就明确指出：我们改革经济体制，是在坚持社会主义制度的前提下，改革生产关系和上层建筑不适应生产力发展的一系列相互联系的环节和方面。这种改革是在党和政府的领导下有计划、有步骤、有秩序地进行的，是社会主义制度的自我完善和发展。改革的进行，只应该促进而绝不能损害社会的安定、生产的发展、人民生活的改善和国家财力的增强。社会主义的根本任务就是发展社会生产力，就是要使社会财富越来越多地涌现出来，不断地满足人民日益增长的物质和文化需要。社会主义要消灭贫穷，不能把贫穷当做社会主义。必须下定决心，以最大的毅力，集中力量进行经济建设，实现工业、农业、国防和科学技术的现代化，这是历史的必然和人民的愿望。在进行改革的过程中，应该把是否有利于发展社会生产作为检验一切改革得失成败的最主要标准。① 在其后整个改革的进程中，又反复强调并始终坚持改革的这种社会主义制度自我完善和促进生产力发展的目的和性质。这是我国实现现代化建设、发展市场经济和完善社会主义制度有机统一的根本前提和保证。改革进行了 30 年，积 30 年之经验，党的十七大又进一步指出，改革开放是党在新的时代条件下带领人民进行的新的伟大革命，目的就是要解放和发展社会生产力，实现国家现代

---

① 见《中共中央关于经济体制改革的决定》，中国共产党第十二届中央委员会第三次全体会议 1984 年 10 月 20 日通过，人民出版社 1984 年版。

化，让中国人民富裕起来，振兴伟大的中华民族；就是要推动我国社会主义制度自我完善和发展，赋予社会主义新的生机活力，建设和发展中国特色社会主义。①

关于改革的基本任务，中国共产党第十二届中央委员会第三次全体会议 1984 年 10 月 20 日通过的《中共中央关于经济体制改革的决定》明确指出：马克思主义的创始人曾经预言，社会主义在消灭剥削制度的基础上，必然能够创造出更高的劳动生产率，使生产力以更高的速度向前发展。社会主义制度建立之后到改革开放之前，我国经济有了很大的发展，各个方面发生了深刻变化，已经初步显示出社会主义制度的优越性。但是，这种优越性还没有得到应有的发挥。其所以如此，除了历史的、政治的、思想的原因之外，就经济方面来说，一个重要的原因，就是在经济体制上形成了一种同社会生产力发展要求不相适应的僵化的模式。为了从根本上改变束缚生产力发展的经济体制，必须认真总结我国的历史经验，认真研究我国经济的实际状况和发展要求，同时必须吸收和借鉴当今世界各国包括资本主义发达国家的一切反映现代社会化生产规律的先进经营管理方法，解放思想，走自己的路，建立起具有中国特色的、充满生机和活力的社会主义经济体制，促进社会生产力的发展，这是改革的基本任务。②

① 胡锦涛：《高举中国特色社会主义伟大旗帜 为夺取全面建设小康社会新胜利而奋斗——在中国共产党第十七次全国代表大会上的报告》，人民出版社 2007 年版。
② 见《中共中央关于经济体制改革的决定》，中国共产党第十二届中央委员会第三次全体会议 1984 年 10 月 20 日通过，人民出版社 1984 年版。

　　关于改革的方向和目标，我们经历了解放思想、实事求是，不断探索的过程。改革之初，针对计划经济体制的弊端，曾先后提出计划调节与市场调节相结合、计划经济为主市场调节为辅，其后又提出大力发展商品经济，建立有计划的商品经济体制，这是关于体制改革目标认识的第一次飞跃。随着改革的深化和实践的发展，又进一步提出，计划与市场都是资源配置的手段，我国应该大力发展社会主义市场经济，建立社会主义市场经济体制。这是关于经济体制改革目标的又一次飞跃。经过这两次飞跃，不仅使经济体制改革的目标更加科学、明确、具有中国特色，而且，也使与改革目标相关的若干重大理论问题有了重大突破和发展，例如公有制与市场经济是否相容的问题，社会主义市场经济条件下以按劳分配为主多种分配形式并存的问题，公有制实现形式多样化问题等等。这些理论突破和发展，为改革的深化和实践的发展提供了极大的支持和力量。30年改革的实践证明，坚持这样的方向和目标是正确的选择，是改革取得成功的保证。过去坚持改革的正确方向取得了成功，今后坚定不移继续深化改革，推进各方面体制创新，加快重要领域和关键环节改革步伐，全面提高开放水平，还必须坚定不移地坚持改革方向。

　　上述这些现在看来非常明确、正确的结论，在30年的改革开放实践中，并不都是为所有人在任何时候任何情况下都一以贯之和自觉坚持，而是经过曲折反复、不断解放思想排除各种错误认识的基础上才得以坚持和进一步明确的。其间有 1989 年发生的政治风波的干扰，有"姓资姓社"思想的束缚，有计划经济体制惯性作用的阻碍，有对改革开放过程中出现的新生事物认识的局限，也有苏联解体、东欧剧变等国际大环境的影响。但每到关系改革开放前途的重大关头，中国共产党和全中国人民总能旗帜鲜明地坚持解放思想实事求是与时俱进的思想路线，坚持以"三个有利于"作为检验改革成败的标准，力排各种干扰，克服一切困难，持之以恒，探索不止，使改革开放不断取得新胜利。坚持改革方向不动摇，是 30 年改革开放积累的宝贵经验，是全国人民继续深化改革取得更大成就的宝贵财富。

第二，最重要的是，要解放思想，实事求是，实现"十个结合"，走具有中国特色的改革开放之路。从世界范围看，自 20 世纪 80 年代开始原有的一些社会主义国家大都开始了大规模的经济改革，但改革的道路并不相同。其中一些国家的改革采取了所谓"激进式"改革或称"休克疗法"①，实行经济自由化和产权私有化，实际上放弃了社会主义制度。而我国的改革开放，既注意借鉴国际范围内各国的经验，又不盲目照抄照搬，既坚持社会主义基本经济制度，又不拘泥于传统的计划经济模式，在改革开放的历史进程中，坚持把马克思主义基本原理同推进马克思主义中国化结合起来，把坚持四项基本原则同坚持改革开放结合起来，把尊重人民首创精神同加强和改善党的

---

① 参见吴敬琏著：《激进还是渐进》，经济科学出版社 1996 年版，第 159 页。

领导结合起来，把坚持社会主义基本制度同发展市场经济结合起来，把推动经济基础变革同推动上层建筑改革结合起来，把发展社会生产力同提高全民族文明素质结合起来，把提高效率同促进社会公平结合起来，把坚持独立自主同参与经济全球化结合起来，把促进改革发展同保持社会稳定结合起来，把推进中国特色社会主义伟大事业同推进执政党的建设新的伟大工程结合起来，走出了一条具有中国特色的改革开放之路。这样的道路最突出的是：

一是以经济建设为中心，改革开放、经济发展和社会稳定相互促进，相互统一。在改革进程中，我们始终以经济建设为中心，坚持把改革开放和转变经济发展方式结合起来，坚持以是否有利于发展社会主义社会的生产力，是否有利于增强社会主义国家的综合国力，是否有利于提高人民的生活水平，作为决定各项改革措施取舍和检验其得失的根本标准。坚持发展是硬道理，紧紧抓住有利时机，深化改革，扩大开放，加快发展，巩固安定团结的政治局面。坚持四项基本原则，坚持两手抓，保持社会政治稳定，有力地保证改革开放和经济发展的顺利推进。在积极发展经济和改革开放的过程中，注意社会的承受能力，避免大的损失和社会震动。

二是解放思想，实事求是，整体推进和局部突破相结合。在改革进程中，不断转变计划经济的传统观念，提倡积极探索，敢于试验。既继承优良传统，又勇于突破陈规，从中国国情出发，借鉴世界各国包括资本主义发达国家一切反映社会化生产和市场经济一般规律的经验。改革是一个系统工程，所以坚持统一规划，配套进行。我国地域辽阔，生产力发展水平、体制基础都不平衡，所以只能在整体规划的前提下，分领域、分部门、分地区、分行业等有重点、有步骤地不平衡推进。改革先从农村起步后向城市拓展，实现城乡改革结合，微观改革与宏观改革相配套，对内搞活与对外开放紧密联系、互相促进；先从经济领域展开经济体制改革，取得进展后逐步展开政治体制、教育体制、文化体制等领域的相互协调改革。重大的改革举措，根据不同情况，有的先制订方案，在经济体制的相关方面配套展开；有的先在局部试验，取得经验后再推广。既注意改革的循序渐进，又不失时机地在重要环节取得突破，带动改革全局。实践证明，这种将整体规划与局部推进有机结合的改革方略是符合我国国情的。对于不同所有制的改革，实行公有制体制内改革和其他所有制改革相结合。由于公有制经济在计划经济体制条件下几乎是唯一的经济形式，所以改革初始，计划经济体制的弊端对公有制经济的影响是根深蒂固的。鉴于这种情况，我们选择受计划体制束缚较小的非公有经济进行突破，在允许、鼓励、支持、引导的政策下，使之加快发展，并在体制上、竞争力上对公有制经济的管理体制形成竞争态势。在这种态势下，再加快公有制经济特别是国有经济体制的改革，充分发挥公有制经济的优势。很快便形成公有制经济为主体、多种经济成分并存的具有中国特色的所有制格局，并在管理体制改革上取得突破性进展。

三是尊重群众首创精神，重视群众切身利益。及时总结群众创造出来的实践经验，尊重群众意愿，把群众的积极性引导好、保护好、发挥好。在深化改革和发展经济的过程中，妥善处理积累和消费、全局和局部、长期利益和近期利益的关系，不断提高群众生活水平，使改革赢得广泛而深厚的群众基础。

第三，最关键的是坚定不移始终如一地走中国特色社会主义道路，以中国特色社会主义理论体系为指导。中国特色社会主义道路和中国特色社会主义理论体系在改革开放实践中形成，同时又成为指引改革开放沿着正确方向前进取得伟大成就的根本保证。

30年改革开放的实践表明，在改革开放进程中，坚持以中国特色的社会主义理论体系为指导，坚定不移地走中国特色社会主义道路，首先是坚持一切从中国的实际出发。而我国最大的实际就是现在仍处于并将长期处于社会主义初级阶段，即不发达的社会主义阶段。1978年党的十一届三中全会以前我们在建设社会主义过程中出现失误的根本原因之一，就在于提出的一些任务和政策超越了社会主义初级阶段。十一届三中全会以后改革开放和现代化建设取得巨大成功的根本原因之一，就是克服了那些超越阶段的错误观念和政策，又抵制了抛弃社会主义制度的错误主张。这样做，使我们真正地脚踏实地地建设社会主义，使社会主义在中国真正地兴旺发达起来，广大人民群众从切身感受中更加拥护社会主义。

坚持以中国特色的社会主义理论体系为指导，坚定不移地走中国特色社会主义道路，还在于脚踏实地地建设有中国特色社会主义的经济、政治、文化和社会。建设有中国特色社会主义的经济，就是在社会主义条件下发展市场经济，不断解放和发展生产力。这就要坚持和完善社会主义公有制为主体、多种所有制经济共同发展的基本经济制度；坚持和完善社会主义市场经济体制，使市场在国家宏观调控下对资源配置起基础性作用；坚持和完善按劳分配为主体的多种分配方式，允许一部分地区和一部分人先富起来，带动和帮助后富，逐步走向共同富裕；坚持和完善对外开放，积极参与国际经济合作和竞争。保证国民经济持续快速健康发展，人民共享经济繁荣成果。建设有中国特色社会主义的政治，就是在中国共产党的领导下，在人民当家做主的基础上，依法治国，发展社会主义民主政治。这就要坚持和完善工人阶级领导的、以工农联盟为基础的人民民主专政；坚持和完善人民代表大会制度和共产党领导的多党合作、政治协商制度以及民族区域自治制度；发展民主，健全法制，建设社会主义法治国家。实现社会安定，政府廉洁高效，全国各族人民团结和睦，生动活泼的政治局面。建设有中国特色社会主义的文化，就是以马克思主义为指导，以培育有理想、有道德、有文化、有纪律的公民为目标，发展面向现代化、面向世界、面向未来的，民族的科学的大众的社会主义文化。这就要坚持用邓小平理论、"三个代表"重要思想和科学发展观武装全党，教育人民；努力提高全民族的思想道德素质和教育科学文化水平；坚持为人民服务、为社会主义服务的方向和百花齐放、百家争鸣的方针，重在建设，繁荣学术和文艺。建设立足中国现实、继承历史文化优秀传统、吸取外国文化有益成果的社会主义精神文明。建设有中国特色的社会就是要按照民主法治、公平正义、诚信友爱、充满活力、安定有序、人与自然和谐相处的总要求和共同建设、共同享有的原则，着力解决人民最关心、最直接、最现实的利益问题，努力形成全体人民各尽其能、各得其所而又和谐相处的局面，为发展提供良好社会环境。建设有中国特色社会主义的经济、政治、文化、社会的基本目标和基本政策，有机统一，不可分割，我们在整个改革开放和现代化建设的过程中，都要将其建设好，落到实处。这是几十年来经过实践检验的宝贵经验，是我国社会主义事业成功的重要保证。

四、光明的前景

改革开放尚在继续，实践创新永无止境。这就要求我们一定要坚持解放思想、实事求是、与时俱进，勇于变革、勇于创新，永不僵化、永不停滞，不为任何风险所惧，不被任何干扰所惑，把改革开放和现代化建设事业继续推向前进。

第一，一定要坚持和不断发展中国特色社会主义道路和中国特色社会主义理论体系，深入贯彻落实科学发展观，以改革开放作为强大动力推动社会和谐，努力实现全面建设小康社会奋斗目标。科学发展观，是对党的三代中央领导集体关于发展的重要思想的继承和发展，是马克思主义关于发展的世界观和方法论的集中体现，是同马克思列宁主义、毛泽东思想、邓小平理论和"三个代表"重要思想既一脉相承又与时俱进的科学理论。科学发展观，立足社会主义初级阶段基本国情，总结我国发展实践，借鉴国外发展经验，适应新的发展要求，是我国经济社会发展的重要指导方针，是发展中国特色社会主义必须坚持和贯彻的重大战略思想。贯彻落实科学发展观就一定要坚持把发展作为党执政兴国的第一要务，坚持以人为本，坚持全面协调可持续发展，要必须坚持统筹兼顾并始终坚持"一个中心、两个基本点"的基本路线。社会和谐是中国特色社会主义的本质属性。科学发展和社会和谐是内在统一的。要通过发展增加社会物质财富、不断改善人民生活，又要通过发展保障社会公平正义、不断促进社会和谐。深入贯彻落实科学发展观，要求我们继续深化改革开放。要把改革创新精神贯彻到治国理政各个环节，毫不动摇地坚持改革方向，提高改革决策的科学性，增强改革措施的协调性。要完善社会主义市场经济体制，推进各方面体制改革创新，加快重要领域和关键环节改革步伐，全面提高开放水平，着力构建充满活力、富有效率、更加开放、有利于科学发展的体制机制，为发展中国特色社会主义提供强大动力和体制保障。要坚持把改善人民生活作为正确处理改革发展稳定关系的结合点，使改革始终得到人民拥护和支持。

　　第二，一定要深化经济体制改革，提高开放水平，促进国民经济又好又快发展。发展是硬道理，要实现未来经济发展的宏伟目标，关键要在加快转变经济发展方式、完善社会主义市场经济体制方面取得重大进展。要深化对社会主义市场经济规律的认识，从制度上更好发挥市场在资源配置中的基础性作用，完善基本经济制度，健全市场体系，深化财税、金融等体制改革，形成有利于科学发展的宏观调控体系，拓展对外开放广度和深度，提高开放型经济水平。要大力推进经济结构战略性调整，加快转变经济发展方式，更加注重提高自主创新能力，建设创新型国家，统筹城乡发展，推进社会主义新农村建设，加强能源资源节约和生态环境保护，增强可持续发展能力，推动区域协调发展，优化国土开发格局，提高节能环保水平，提高经济整体素质和国际竞争力。

第三，一定要深化政治体制改革，坚定不移发展社会主义民主政治，推动社会主义文化大发展大繁荣，加快推进以改善民生为重点的社会建设。发展社会主义民主政治是社会主义新中国始终不渝的奋斗目标，政治体制改革是我国全面改革的重要组成部分。改革开放以来，在推进经济体制改革的同时我们积极稳妥推进政治体制改革，取得了重要进展。今后随着改革开放的深化和经济社会的发展，政治体制改革必将不断深化，取得更大的进展。深化政治体制改革，必须坚持正确政治方向，以保证人民当家做主为根本，以增强党和国家活力、调动人民积极性为目标，扩大社会主义民主，建设社会主义法治国家，发展社会主义政治文明。在深化政治体制改革的同时，要坚持社会主义先进文化前进方向，兴起社会主义文化建设新高潮，激发全民族文化创造活力，提高国家文化软实力，使人民基本文化权益得到更好保障，使社会文化生活更加丰富多彩，使人民精神风貌更加昂扬向上。要建设社会主义核心价值体系，增强社会主义意识形态的吸引力和凝聚力，建设和谐文化，培育文明风尚，弘扬中华文化，建设中华民族共有精神家园，深化文化体制改革，推进文化创新，增强文化发展活力，完善扶持公益性文化事业、发展文化产业、鼓励文化创新的政策，营造有利于出精品、出人才、出效益的环境。社会建设与人民幸福安康息息相关。必须在经济发展的基础上，更加注重社会建设，着力保障和改善民生，推进社会体制改革，扩大公共服务，完善社会管理，促进社会公平正义，努力使全体人民学有所教、劳有所得、病有所医、老有所养、住有所居，推动建设和谐社会。要优先发展教育，建设人力资源强国，实施扩大就业的发展战略，促进以创业带动就业，深化收入分配制度改革，增加城乡居民收入。合理的收入分配制度是社会公平的重要体现。要坚持和完善按劳分配为主体、多种分配方式并存的分配制度，健全劳动、资本、技术、管理等生产要素按贡献参与分配的制度，初次分配和再分配都要处理好效率和公平的关系，再分配更加注重公平，加快建立覆盖城乡居民的社会保障体系，保障人民基本生活，建立基本医疗卫生制度，提高全民健康水平，完善社会管理，维护社会安定团结，和谐社会要靠全社会共同建设。我们要紧紧依靠人民，调动一切积极因素，努力形成社会和谐人人有责、和谐社会人人共享的生动局面。

深化改革开放任重道远。前进的道路不可能一帆风顺，许多新情况新问题包括许多难题需要我们去解决。但不管道路如何曲折，前途一定是光明的，一个在深化改革开放中不断发展的中国，一定会更加朝气蓬勃，英姿焕发，巍然屹立在世界东方。

下篇 马克思主义与经济学创新

MAKESIZHUYI YU JINGJIXUE CHUANGXIN

经济改革与政治经济学的创新[*]

一

中国正经历着具有重大历史意义的"第二次革命"。这场举世瞩目的经济体制改革剧烈地冲击着中国社会，使整个社会经济运动发生了并正在发生着根本性的变化。

在改革的推动下，社会主义商品生产结束了长期以来被贬斥、被限制的厄运，昂然登上了社会主义经济活动的前台，并以其不可遏止的活力，冲击着自然经济的传统观念以及由此而形成的各种经济活动方式。国家走出了直接经营的圈子，从包揽一切的"总管"开始成为整个经济活动的指导者和服务者。企业挣脱了传统体制的束缚，开始成为社会经济活动的主体，初步呈现出生机和活力。单

[*] 本文是与朱民、常修泽、夏小林三位学者合作完成的，发表于《中青年经济论坛》1985 年第 3 期。

一的、高度集权的、行政性的计划运行机制正为计划和市场相结合的机制所取代，价值规律正以其不依人的意志为转移的魔力，发挥着调节社会生产、流通、分配和消费的作用。社会主义劳动者的生产者主权和消费者主权空前加强，其主人翁地位在完全崭新的意义上获得了新的内容。……隐含在这一切后面的，是社会主义经济利益从"一元"到"多元"，社会经济运动从"封闭"走向"开放"。

机制的变革推动经济结构的变化和调整。单一的所有制结构被多种经济成分并存所取代，全民所有制内部正在酝酿着新的突破。非全民的所有制形式也在发挥着重要作用。长期被扭曲的国民经济各种关系开始被理顺，农、轻、重比例以及内部比例关系日趋协调。第三产业以异乎寻常的速度兴起和发展。生产力要素在地区之间、城乡之间重新配置。……总之，整个国民经济结构出现了全新的格局。

机制和体制的变化，必然地引起社会经济运动形态的变化，使社会经济运动在最直接的表象上呈现出一系列新的特征。企业产供销形式，商品和货币流通的流量和分布，国民收入分配和再分配的形式，都发生了或正在发生着质的变化。

经济机制、国民经济结构和经济运动形态三种变化相互渗透和交错，使社会经济在整体上从过去单一层次、单一侧面、单一色彩的简单运动变为多层次、多侧面、色彩斑斓的复杂运动。

在剧烈的经济变动中，传统的经济秩序被打乱了，旧的、过时的经济规范失效了。为了适时变化了的世界，各种经济主体都在寻找观测社会经济运动的"坐标"系统，探讨自己的行为准则。例如，国家在探求能使经济"活而不乱"的宏观调节理论；企业在寻找能把自己的增殖趋向和增收趋向结合在一起的行为理论；甚至个体经济也在寻求指导自己经营的理论。经济改革每前进一步，都在上述变化了的"三维"空间遇到几何级数增长的新困难，需要经济理论去解释、把握和引导。改革的健康发展，需要改革的理论和政策。可以说，新中国成立以来，社会对经济理论的需求从未达到如此迫切的程度。

新的经济实践需要新的经济理论，中国经济的振兴呼唤着社会主义经济理论的繁荣。以往的社会主义政治经济学不能满足这种需求，它的改革势在必行。

二

由于主观和客观上的各种因素的制约，传统的社会主义经济学无论在方法上，还是在内容上，与经济改革的进展相比，都显得落后了（传统的社会主义政治经济学是指从非商品经济出发而建立的政治经济学）。主要表现在以下几个方面：

第一，研究对象过于狭窄，仅限于狭义生产关系，忽视对于社会生产力以及生产力与生产关系相互关系的研究。由于偏重于用生产关系的抽象运动来揭示社会主义发生、发展的历史过程，因而使理论失之抽象。

第二，在研究客体上，不是立足于中国本国的经济生活，而是片面着眼于具有普遍意义的、一般的社会主义规律分析，并直接以马克思设想的未来模式为研究的起点，往往带有"理想的"色彩，使理论远离中国现实，以至不能很好地说明和解释现实经济建设中出现的问题，从而使理论失去了它应有的力量。

第三，在理论展开上，受苏联教科书的影响较大，从一些既定的经典规范出发，着重于编排社会主义经济体系，推演社会主义客观经济规律存在的原因，以及它们在理想状况下作用的必然结果，显得枯燥和教条。

第四，在方法论上存在某些形而上学的倾向。政治经济学的方法是唯物辩证法，这几乎是所有政治经济学社会主义部分的研究者所承认的。但在实际上，却没有好好地运用矛盾的观点即对立统一的观点来分析和研究社会主义经济，而是把社会主义经济看成是静止的、无矛盾、无冲突的"铁板"一块。这表现在许多方面：在分析全民所有制关系时，只讲所有权同经营权统一，而不讲"两权"的适当分离；在分析社会主义劳动性质时，只讲直接社会性，而不讲局部社会性，只讲为社会劳动，而不讲劳动还是个人谋生手段；在经济决策上，只讲国家一个层次，不讲企业和个人的经济决策；在对物质利益关系的分析上，过分地强调国家利益，而忽视甚至否定企业和劳动者有相对独立的物质利益；凡此种种，不一而足。由于只讲一面，不讲另一面，唯物辩证法就无从谈起，而一旦离开了唯物辩证法，科学理论的得出是根本不可能的。

第五，整个研究是封闭式的，未能很好地吸收世界上新的先进的科学的理论和方法。当今世界各国包括资本主义发达国家的一切反映现代化社会生产规律的先进理论和科学方法，是现代人类文明的结晶。但过去在"左"的思想影响下，对国外的经济理论特别是西方的理论，不加分析地一概加以排斥，使一些科学的理论、方法（比如系统论、控制论、数量分析方法、动态分析法等）都未能较好地吸收过去。

上述问题的存在，导致社会主义政治经济学研究，在最抽象的生产关系历史运动和最表象的具体经济活动描述之前游离，不能很好地把握和说明中国现实社会主义经济运行的内在机制，不能为社会主义建设提供理论基础，从而使政治经济学在相当程度上脱离了社会主义经济运动的实际。

当然，这并非说过去30年社会主义政治经济学研究没有任何功绩，事实上，新中国成立以来社会主义政治经济学在宣传和教育人民大众，在解决高度集权的计划经济运行下一些经济问题，特别是在探索中国社会主义经济理论方面，是作了一些理论分析的，发挥了一定的积极作用，其成绩是不可否定的。造成社会主义政治经济学研究中僵化状态的根本原因，在于"左"的影响。由于"左"的思潮束缚着人们的思想，迫使人们按一个模式思维，不能越雷池半步，理论的停滞发展也就成了必然的结局。需要指出的是，在当时各种教条主义思潮冲击下，仍有一些经济理论工作者，以科学的态度，探索具有中国特色的社会主义经济理论，取得了一些非常可贵的成果，如孙冶方同志的理论，以及其他一些同志对社会主义制度价值规律和按劳分配规律的探讨等等，① 这是我们中国经济学界的光荣。但是总的说来，这样的成果还为数不多，就整个的社会主义政治经济学看基本上未能摆脱苏联教科书的框框。即使是以往取得的一些颇有影响的成果，面对今天经济改革迅猛发展的形势，也难免有些落后的成分。因此，努力研究客观过程已经暴露出来的新矛盾，丰富和发展社会主义政治经济学的内容，就成了经济学界在新时期面临的重要任务。

三

党的十一届三中全会以来，随着思想上清理"左"的影响和经济体制的深入发展，经济理论的研究出现了新的景象。经济理论工作者同实际工作者一起，解放思想，面对现实，在一系列理论问题上进行了探索，提出了若干新观点、新理论。党的十二届三中全会综合了这一阶段理论研究的成果，对社会主义政治经济学从体系到基本理论都有一系列重大突破。② 在《决定》精神的指引下，经济

---

① 孙冶方：《社会主义经济的若干理论问题》，人民出版社 1979 年版；薛暮桥：《中国社会主义经济问题研究》，人民出版社 1979 年版。

② 1984 年 10 月 20 日党的十二届三中全会通过了《中共中央关于经济体制改革的决定》，为我国经济体制改革规划了蓝图。

理论研究在思维方式上打破原有的框框，在理论上开始走出旧有的模式，使社会主义经济研究进入一个新阶段。

在方法论上，主要有以下几方面比较大的突破：

第一，政治经济学开始从课堂上、书斋里解放出来，由过去单纯地注释经典著作转为面对现实，深入探索，研究面大大拓宽了。像经济和社会发展战略问题，经济结构问题，经济效益问题，经济体制问题等一系列曾被认为不属政治经济学研究范围的问题，都开始被纳入政治经济学社会主义部分体系。

第二，政治经济学的研究由封闭式转为开放式。几年来，理论界不仅对世界上社会主义各国进行了考察，而且也对一些发达的资本主义国家和发展中的国家进行了考察，加强了比较分析，找出了值得学习和借鉴的经验教训。在此基础上，吸取了外国一些有用的理论和方法。政治经济学研究在面向世界的同时，也加强了与自然科学之间的渗透、融合，开始将数量分析的方法，系统论、控制论的方法应用于社会主义经济问题的分析中，并且已初步收到成效。

在研究内容上，出现了三个方面可喜的情况：

第一种情况是，一些学者根据《决议》精神开始对社会主义经济运动进行再认识（主要偏重于对社会主义经济基本规范的再认识），诸如，关于社会主义经济是有计划的商品经济的理论，关于在全社会规模上自觉依据和利用价值规律的理论，关于全民所有制经济所有权与经营权适当分开的理论，关于社会主义经济的根本任务是发展社会生产力的理论，关于商品经济条件下的按劳分配理论，关于社会主义条件下的市场竞争理论，关于对外开放的理论，关于宏观经济调节理论，等等，这些研究均是根据马克思主义的基本原理，结合中国实际情况进行的基本理论的探讨。

第二种情况是，一些学者开始注重对经济改革形势的分析和对策研究，包括对中国经济改革的目标模式的探讨，改革步骤和阶段分析，国民经济结构变化分析等；也有一些同志侧重于部门改革的理论和政策研究，如价格改革、计划体制改革、外贸改革、流通体制改革等。

第三种情况是，一些学者开始引进苏东经济理论和西方当代经济学的一些方法来分析中国的经济运行机制，考察各种经济主体的行为，也有的注重模型计量分析等。

但是，就内容上看，仍然不够充实，一些重大的理论问题，有的尚未纳入，有的尚未展开，有的论述不很深入。比如，有计划的商品经济虽然已经提到了重要位置，但未把它贯穿到社会主义经济运动过程的分析之中，有些地方只是贴上了一个"标签"，有的地方甚至仍保持着"产品经济"的痕迹。特别是以往对流通过程分析十分薄弱的状态，并没有从根本上改变，现有的分析大都仍停留在对一些现象的描述上，而对于社会主义条件下的生产资料市场、金融市场、劳务市场等论述极不深刻，有的甚至根本没有涉及。

就体系结构而言，虽然建立完整的政治经济学体系结构目前条件尚不成熟，但在现有条件下努力使各部分内容之间建立起内在联系还是完全必要的，也是可能的。目前的政治经济学中实际上有多种贯穿全书的线索，如，社会主义的物质利益关系，社会主义生产目的，社会主义经济效益，有计划的商品经济等等。但是，这些线索之间的内在联系是什么，尚不明确。特别是还没有找到与计划商品经济紧密联系的、能够揭示社会主义经济关系本质的核心范畴。这是政治经济学社会主义部分至今仍存在的重要缺陷。

就方法论而言，引进一些科学的研究分析方法是完全必要的，但目前看来，一是引进的还不够，二是消化不良，甚至出现照抄照搬，以玩弄某些西方经济学的词汇为时髦的倾向。

《中共中央关于经济体制改革的决定》为政治经济学的发展奠定了基础。经济理论工作者在《决定》精神的指引下，继续探索，努力前进，出现了一些新的气象，但也有人简单理解《决定》的意义，认为政治经济学只对其作注释、论证就可以了，甚至主张用《决定》的结构来取代政治经济学社会主义部分的体系结构。这是一种必须注意的新倾向。

总之，近几年来，政治经济学有了突破性进展，但这仅仅是开始。由于新的经济结构及运行机制尚未全面展开，及其他主观因素的约束作用，它的现状尚不尽如人意。为了适应迅猛发展的经济建设和经济改革要求，政治经济学必须继续奋力探索和认真改革。

四

理论来源于实践。经济改革的深入发展推动着社会主义政治经济学研究的发展和创新。我们认为，社会主义政治经济学的创新，首先是研究中的观念变革，它包括以下五个方面：

第一，从中国的特定国情出发，研究中国式社会主义政治经济学。从理论上说，社会主义经济的发展，必然有一些共同的规律，反映这些规律的政治经济学，就不应该受到国别的限制。然而，在实际上，由于社会主义社会作为一种崭新的社会经济制度确立的时间还不长，支配社会主义经济发展过程的客观经济规律，还没有被人们充分认识和掌握，对社会主义经济的发展还缺乏足够的经验，因而在目前条件下要建立以世界上所有的社会主义国家为对象的、适应于一切社会主义国家的政治经济学是不可能的。

由于历史、民族和文化的条件，我们的国家是一个非常特殊的国家。我们实行的是社会主义制度，但又是发展中国家。国内经济发展非常不平衡，特别是缺乏商品生产的社会经济联系。在经济结构上，是人均收入低水平、人均消费中下水平、国民经济产业结构不合理；在体制上基本上是从苏联移植来的集权模式；……所有这一切，构成了我们国情的特殊性和复杂性。这种特殊性和复杂性决定了，在研究中国的经济问题、探索中国的发展道路时，我们既不能局限于从马克思主义的书本中找现成的答案，又不能直接地照搬其他国家的现成模式，只能老老实实地从中国的实际情况出发，探讨适合中国自己发展道路的社会主义经济理论。

第二，经济理论研究的目的，既要揭示社会主义经济发生和发展的一般趋势，论证社会主义制度的优越性，又要注意社会分析和社会设计的功能。所谓社会分析的功能，即是告诉人们如何分析一个社会、一种体制、一套机制、一项政策，从而有助于提高全民族辨别经济学中的是非和估量经济活动的得失，以更好地实现社会成员的劳动者主权。所谓社会设计的功能，即是计划、设计社会发展的蓝图，引导人们把目标变成现实，实现国民经济的协调发展。通过强化上述两项功能，使经济学真正成为"经邦济世之学"，成为"强国强民"之学。

第三，要以社会经济运行机制为研究主体。诚然，政治经济学是要研究经济规律的，但是过去是就规律谈规律，其结果未能揭示社会主义客观经济规律的本质及作用。我们认为，在客观经济规律和经济现象之间有一个"中介"或"枢纽点"即运行机制。加强对社会主义运行机制的研究，可以更具体地和更现实地揭示经济规律的内在本质及其作用。

由于经济运动是由经济行为主体的各种活动构成的，因此，分析社会经济运行时，可从企业的角度切入，考察企业的生产经营活动，在此基础上进一步探讨众多企业之间的相互作用及其构成的宏观经济行为。

　　第四，研究的方法应当是开放式的。在思想材料上，应坚持马克思主义基本原理，充分运用马克思主义经济学融经济和社会为一体以及横跨度大等等优点，坚持生产关系和生产力二重分析；同时也大胆引进国外经济改革的理论，作为我们改革分析的借鉴；还要引进当代西方经济学的某些方法作为我们的分析工具。但是，所有这些思想材料，我们都不能生吞活剥、直接移植，而必须结合中国国情进行分析、消化和再创造。

　　第五，在现阶段，不宜追求建立一个完美的政治经济学（社会主义部分）体系，而着重寻找在各种现实条件约束下的可行办法。现在，不少同志在试图建立社会主义政治经济学的完整体系，这种探索是难能可贵的，但我们认为在现在条件下，缺乏构成完整体系的现实可能性。因此，我们主张当前可不必不切实际地追求完美的体系，而是脚踏实地从客观已经暴露出的矛盾中进行专题研究。当然，这些专题研究也要放在整个宏观经济运动大背景下来考察，做到一点深入，融会贯通。

　　根据以上思路，我们认为，社会主义政治经济学应当研究以下十个方面的内容：

　　（一）基本规范的研究。主要包括：社会主义经济的商品性质，社会主义公有制内部的结构和层次，社会主义的劳动和物质利益的关系，建立自觉利用价值规律的经济体制等等，这些均是社会主义政治经济学重要的理论支柱。这些基本规范研究好了，经济改革也就有了理论基础。

（二）宏观运行机制的研究。主要包括：社会主义价值流量（即社会主义的总投资、总储蓄、总消费之间的循环流转分析），社会主义的实物流量分析以及二者之间在总量和结构上的均衡，计划和市场在调节二者均衡中的作用机制，以及国家在宏观经济运行中的职能与作用等等，通过分析研究，努力揭示社会主义宏观运行的制约机理。

（三）微观运行机制研究。主要包括：社会主义企业生产行为研究和企业之间价格、投入产出、存储量、投资方向诸方面之间相互关系，以及企业的技术进步机制，等等。

（四）个人经济行为机制的研究。过去的政治经济学没有把个人经济行为作为一个独立的层次来研究，实践表明这是不够的。由于在社会主义条件下个人是社会劳动的主体和最终产品的实现者，因而个体行为对经济运行有重要影响。研究内容包括：社会主义的劳动就业和工资分配，个人的消费支出和消费结构，社会主义条件下的个人投资，以及个人的消费者和投资者行为对企业经济活动和宏观经济运行的影响，等等。

（五）社会主义流通过程分析。重点是揭示社会主义市场机制，诸如：消费品市场、生产资料市场、劳动市场和资金市场四大市场各自的均衡和运动条件，四大市场相互均衡，四种流量的价格运动（即消费品价格、生产资料价格，工资、利率）以及相互作用等等。

（六）第三产业发展研究。传统的政治经济学对第三产业持有强烈的偏见。实际上，在社会经济发展过程中，第三产业必然迅速发展。因此，政治经济学应把第三产业研究放在重要位置。包括：生产劳动和非生产劳动的划分，社会主义经济运动总过程中一、二、三产业之间的相互依赖和相互制约关系，第三产业内部生产性服务行业和生活性服务行业之间的关系，以及第三产业的发展战略等等。

（七）产业组织结构研究。包括以公司取代条块分割，建立横向经济联系，公司内外关系体制，公司行为等。

（八）国民经济地区结构研究。主要包括对于中国东部、中部、西部三个经济带的经济交往和发展制约的研究，梯度转移与跨梯度发展问题，生产力的地区布局，等等。

（九）对外开放的研究。主要包括对外开放的发展战略，对外经济关系的主要形式，价值规律在对外开放中的作用，经济特区和沿海地区的对外开放格局，等等。

（十）具有中国特色的经济模式研究。主要包括社会主义经济模式的含义，经济模式与经济制度之间的关系，社会主义经济模式的多样性及其原因，中国特色的社会主义经济模式的内容，以及我国经济模式改革的步骤等等。

以上是我们对改进社会主义政治经济学研究的一些初步设想。这些想法是非常不成熟的，在此仅作为引玉之砖，与同志们讨论，深切期望得到经济学界同志们特别是老前辈的批评和指教。

论政治经济学的继承与创新*

　　政治经济学的继承与创新，关系学科的兴衰，人才培养质量的高低，也关系社会主义现代化建设和市场经济发展有无科学理论的指导，是举足轻重的大事。政治经济学如何继承与创新？本文谈几点体会，与大家交流。

一、政治经济学可以用经济学代替吗

　　政治经济学的继承和创新，首先涉及对政治经济学地位的认识。在我国，政治经济学从引进到发展已经走过了几十年，但随着理论和实践的发展，有人提出可以以经济学代替政治经济学。这种主张的提出，既源于政治经济学自身存在的问题，也源于人们认识和判断存在的误区。

　　我不主张用经济学或其他什么名称来代替政治经济学。理由是：第一，政治经济学作为以社会生产方式及其

* 本文发表于 2002 年 8 月 27 日《光明日报》。

与之相适应的生产关系和交换关系为主要研究对象的科学，负有为其他经济学科提供理论基础和为改革开放现代化建设提供理论指导的义不容辞的责任。从实践的需要看，我国正在进行的改革、发展和现代化建设，往往不乏具体的对策和建议，但每到重要关头，强有力的理论支持往往显得不足，这说明加强政治经济学建设、发展政治经济学学科是非常必要的。第二，新中国成立 50 年特别是改革开放 20 多年的实践证明，指导中国改革和现代化建设的重大基本理论，不是某一部门经济学或其他经济学学科取得的成果，也不是西方经济学取得的成果，而是政治经济学理论研究取得的进展。继续发展政治经济学，努力取得更多的理论进展，是时代赋予的伟大历史使命。第三，经济学是一个庞大的科学门类，它既包括世界经济、西方经济学、经济思想史、经济史等理论经济学学科，也包括金融学、国际贸易、产业经济学、区域经济学等应用经济学学科，用这样一门庞大的学科门类代替一门以研究经济关系为主要对象和以提供基本理论为基本任务的政治经济学是不适宜的。从科学的发展趋势看，虽然强调学科的交叉和融合，但这种交叉和融合是建立在学科细化、研究深入的基础之上的，而不是简单地以综合取代学科的分工。第四，虽然原有的政治经济学确实存在研究对象过窄，内容滞后，某种程度上脱离实际等弊端，但这些弊端属于要改革的范围而不必因此取消或者用别的学科取代政治经济学。事实上，改革开放以来，特别是 1992 年以后，我国的政治经济学无论是研究对象还是内容都有了很大的发展，这些发展虽然还不充分，但有了这样的基础，进一步坚持进行不懈的探索，一定可以取得更大的进展。

其实，早在19世纪中叶就已经有人提出取消政治经济学或以经济学取代政治经济学的主张。当时，对已有的政治经济学曾经出现过两种批评：一是马克思恩格斯对已有政治经济学的研究范围和方法进行批评，赋予政治经济学研究"资本主义生产方式以及与之相适应的生产关系和交换关系"的新使命。另一种是资产阶级学者对政治经济学的名称进行批评，认为它使人们产生了误解，建议改为财富学或努力满足人类需要的学说，有人提议改称为经济学。其后经过长期发展，大量的西方学者已习惯于运用经济学的概念，实际上用经济学取代了政治经济学，这种经济学在中国也被称为西方经济学、现代经济学。

历史已经走过了近200年，我们不必再回到政治经济学争论的起点。既然马克思开辟了政治经济学发展的道路，我们有理由在继承前人的基础上，坚持发展和创新，把政治经济学的建设推向一个新的阶段。

二、政治经济学可否吸收西方经济学理论与方法

任何一门学科的兴起和完善都是一个继承和发展的过程。政治经济学发展到今天，首先是继承的结果，如果没有对前人智慧结晶的继承，很可能至今还在一些最初级的概念、原理中打圈圈，甚至还在逆道中探索。政治经济学

要继续发展，基本的起点还是要继承，否则，对已有成果推倒重来，既不符合科学发展的规律，也不符合认识论的法则，很可能耗时费力，徒劳无益。

　　要继承，首先需要明确的一个观点是，必须继承一切已有的政治经济学的科学成就而抛弃其非科学的成分和已经不符合实践发展要求的成分。这里所说的一切，既包括马克思主义政治经济学，也包括西方资产阶级的政治经济学。政治经济学的出现和发展，从法国蒙克莱蒂安 1615年第一次使用政治经济学一词，至今经历了近 400 年的历程，其间，经历了无数次的继承和发展。配第使用"政治经济学"和"政治解剖"概念描述他对爱尔兰经济的分析，魁奈在"管理、控制、自然规则"和"经济学组织"双重含义上使用政治经济学概念，建立了《经济表》，斯密将政治经济学视为一门研究国民财富性质和原因的学问。马克思继承了资产阶级古典政治经济学的科学成分，抛弃了其糟粕，创建了科学的政治经济学。从政治经济学的发展历史不难发现，政治经济学的产生和发展，是人类智慧的结晶，是后人继承前人，在继承的基础上不断发展的结果。可以说，没有继承，就没有今天的政治经济学。

　　当前，在继承问题上有两种倾向：一种是认为政治经济学的继承只能是继承马克思主义政治经济学而不能继承西方政治经济学。另一种是政治经济学的继承似乎只能把西方经济学搬过来而马克思主义政治经济学已经过时。这两种倾向都有片面性，必须克服。

政治经济学要继承马克思主义政治经济学是毫无疑义的，之所以要继承是因为马克思主义政治经济学中包含了许多科学的成分，它不仅揭示了人类经济制度变迁、市场经济发展的一般规律，也揭示了资本主义制度的特有规律，还提供了政治经济学研究的科学方法。认为马克思主义政治经济学已经过时，只能搬用西方经济学的倾向是片面的。马克思主义政治经济学原有的许多原理、观点、方法过去是科学，现在依然是科学，这些科学的成分作为政治经济学的基本内容至今仍具有生命力和指导作用。更何况马克思主义政治经济学在马克思之后，已经随着实践的发展而有了新的发展。对于发展了的马克思主义政治经济学来说，虽然尚需进一步完善，但从总体上说并不过时。之所以不能照搬西方经济学，一个重要原因是西方经济学的基本研究对象是私有制基础上的发达的市场经济，所得出的结论更多的是适应西方发达市场经济条件，而对于像我国这样的处在社会主义条件下发展过程中的市场经济而言，虽然可以借鉴其关于市场经济的一般理论，但如果完全照搬则一定会因为经济条件不同而导致许多事与愿违的结果。

在另一方面，西方政治经济学虽然由于阶级的、认识的、方法的某些局限性，包含了许多非科学的成分，但不可否认，它也是人类长期实践经验的总结，在许多领域特别是在对市场经济运行和发展的研究方面也提供了一些科学的方法得出了一些比较符合实际的结论。吸收和继承这些科学的成分对政治经济学的建设和发展是有益的。当年，马克思在创建无产阶级政治经济学的时候，可以实事求是地继承资产阶级政治经济学的科学成分，为什么我们今天在发展马克思主义政治经济学、建设有中国特色的政治经济学的时候，就不能继承西方政治经济学的科学成分呢？

基于以上的认识，我认为我们应当尽可能地吸取人类研究已经取得的科学成果，特别注重吸取和继承国内外理论界最新的适应实践发展需要产生而又被实践证明是科学的政治经济学理论和观点，以丰富政治经济学的体系和内容。这些科学成果，不仅包括马克思主义政治经济学从特殊到一般的抽象研究方法、从一般到特殊的表述方法，包括马克思政治经济学的若干原理和观点，例如生产关系一定要适应生产力发展要求的原理，资本循环、周转、再生产的原理，商品生产和交换的原理，以及劳动创造价值的观点、消费品分配是所有制关系实现的观点、社会主义社会是发展的观点等等，也包括西方经济学重视数量分析、实证分析、运行分析的方法，以及西方经济学中诸如社会总供给、总需求、生产函数、边际生产率等范畴和一些新观点。在继承的过程中，我们不宜再人为地设置障碍，而应该以实践和科学为标准。这是必须积极倡导的实事求是的态度。

三、政治经济学该如何创新

继承是基础，创新是灵魂。没有创新就没有发展，没有发展就没有学科存在的空间。关于政治经济学的创新，有两点需要强调：

一是必须创新而不可守旧。因循守旧，故步自封，无论是赤裸裸的表现，还是冠以"坚持"的美名，都是创新的对立面。政治经济学理论存在不同学派是正常的，但各种学派都应该自觉地进行理论创新。政治经济学如果落在时代后面，不能为生动活泼的实践提供理论指导，就谈不上是什么科学！创新有可能会出错，应该创造良好的环境，允许出错。理论界有一种倾向需要克服，即每到有重大理论突破时，往往先是怀疑，然后才勉强跟上来。如果总是这样，理论就无法前进，更谈不上创新！

二是创新要坚持科学。创新的要旨是实事求是，坚持科学。政治经济学的创新包括研究和表述方法的创新、理论观点的创新、分析角度的创新、材料的创新、理论体系的创新等等。但创新不是为创新而创新，而是要为实践提供理论指导，跟上甚至领先时代的步伐，所以创新是一个严肃的探索过程，只有有科学依据、有实践基础的新发现才算得上真正的创新。近些年政治经济学从理论体系、理论观点、研究方法都有不少创新，例如，确认社会主义经济是市场经济，提出社会主义初级阶段理论，等等。但也有一些倾向需要引起重视，例如，臆造新概念、照抄或者拼凑国外经济理论或观点等，这些不仅不是创新，反而是一种恶劣学风的表现。

在上述认识的基础上，现有的政治经济学的创新应在以下一些方面进行：

第一，在认识和处理特殊和一般的关系上有所创新。这里讲的特殊是指资本主义和社会主义两种不同的社会经济，这里讲的一般是指在不同社会经济中存在的共性。在一般与特殊的关系处理上，现有的政治经济学有两种做法：一种是将政治经济学分为资本主义部分和社会主义部分，资本主义部分研究资本主义经济，社会主义部分研究社会主义经济。这种划分的长处是重视两种经济制度特殊性的研究，不足之处是缺乏对不同经济制度存在的一般性的研究。另一种是用西方经济学的方法，集中研究资本主义经济的特殊性，其长处在于对资本主义条件下现代市场经济的研究有许多重要发展，但这样做的结果是用资本主义经济的特殊性代替不同经济制度的一般。我主张既不把资本主义制度作为一般，也不局限于对资本主义和社会主义两种制度的特殊分析，而是既重视对两种经济制度的特殊分析，也重视在特殊分析的基础上抽象一般，这种一般实际上是市场经济的运行和发展。这种做法既符合客观存在的实际，也符合政治经济学学科发展的要求。

第二，努力反映实践的发展，对新的经济现象提出新的观点和新的解释。自马克思主义政治经济学产生以后，人类经济社会经过一个多世纪的发展，特别是 20 世纪中叶以后，无论是资本主义经济还是社会主义经济都出现了重大的新变化、新特点。诸如：全球范围内由信息革命引起的新经济的出现、经济全球化，发达资本主义国家的科技发展、基本矛盾的调整、经济周期的变化，社会主义在发展中由计划经济向市场经济的转变、社会主义初级阶段理论、社会主义初级阶段的基本经济制度、分配制度，社会主义市场经济，中国特色社会主义，等等。对这些新现象和新问题，要实事求是地进行分析，给出比较科学的解释，并努力达到一个新的理论高度。

科学认识当前中国社会经济
若干热点理论问题[*]

马克思主义政治经济学与西方经济学的关系

▲近些年来，理论界有一种偏好西方经济学而忽视马克思主义政治经济学的倾向，甚至有些人以套用西方经济学的话语体系、研究方法、理论范式为时髦，认为马克思主义政治经济学过时了。我们知道，政治经济学是马克思主义的重要组成部分，您如何看待马克思主义政治经济学与西方经济学的关系？

●要回答关于马克思主义政治经济学与西方经济学的关系，有几个概念有必要先说清楚。首先，今天我们讲马

---

* 本文是接受《当代世界与社会主义》采访时的谈话，刊载于《当代世界与社会主义》2003 年第 6 期、第 7 期。文中▲为记者问，●为作者答。

克思主义政治经济学，我认为应该既包括原本的马克思政
治经济学，也包括发展了的马克思主义政治经济学，在发
展了的马克思主义政治经济学中，特别应包括当代的马克
思主义政治经济学——中国特色社会主义经济理论。其
次，所谓西方经济学，实际上是指西方资产阶级经济学，
在早期称资产阶级古典政治经济学，后来称经济学，现在
在西方有人称经济学，有人称政治经济学，在资产阶级经
济学内部有很多流派，我们统称它们为西方经济学。

　　任何一门经济学，都有其基本立场、理论观点和方
法。要弄清楚马克思主义政治经济学与西方经济学的关
系，就不能不既看到二者在基本立场、理论观点和方法上
的差异，又看到二者的联系。从基本立场看，马克思主义
政治经济学认为，资本主义制度注定要为社会主义制度所
代替，这是由人类社会发展的规律所决定的。而西方经济
学则以资本主义制度是最美好的、永恒的为立论的前提。
由这两种立场所决定，马克思主义政治经济学与西方经济
学采用的基本方法、基本观点显然是有巨大差异甚至是格
格不入的。如果看不到这一点，显然不是实事求是的态
度。但二者毕竟在研究对象上还有一些共同的地方，如都
要研究社会化大生产，研究市场经济，都试图揭示社会化
生产和市场经济的内在规律，所以二者可以相互借鉴。如
果看不到这一点，显然也不是实事求是的态度。

　　当前，有两种倾向值得注意：一种倾向是认为只有马
克思主义政治经济学才是科学，而对西方经济学一概排
斥。另一种是认为马克思主义政治经济学已经过时，似乎

只有西方经济学才是科学，只能照搬。这两种倾向都有片面性，必须克服。我们搞社会主义现代化建设要以马克思主义政治经济学为指导是毫无疑义的，因为马克思主义政治经济学是科学，它不仅揭示了人类经济制度变迁、市场经济发展的一般规律，也揭示了资本主义制度的特有规律；更重要的是马克思主义政治经济学有科学的世界观和方法论。但如果因此而否定吸取和借鉴西方经济学，则是一种片面性。西方经济学虽然由于其阶级的、认识的、方法的一些局限性，使其包含了许多非科学的成分，但不可否认它也是人类长期实践经验的总结，其中在对市场经济运行和发展的研究方面也提供了一些科学的方法，得出了一些比较符合实际的结论。吸取和借鉴这些科学的成分，对马克思主义政治经济学的建设和发展、对我国现代化建设都是有益无害的。当年，马克思在创建科学的政治经济学的时候，可以实事求是地继承古典资产阶级政治经济学的科学成分，为什么我们今天在发展马克思主义政治经济学、建设有中国特色社会主义的时候就不能吸取和借鉴西方经济学的科学成分呢？

　　至于有人认为马克思主义政治经济学已经过时，只能搬用西方经济学的倾向，则更是片面的。如上所述，马克思主义政治经济学原有的许多原理、观点、方法过去是科学，现在依然是科学，这些科学的成分作为政治经济学的基本原理至今仍具有生命力和指导作用。更何况，马克思主义政治经济学在马克思之后，历经实践的检验，已经随着实践的发展而有了新的发展。对于发展了的马克思主义政治经济学来说，虽然尚需进一步完善，但从总体上说并不过时。之所以不能照搬西方经济学，是因为西方经济学的基本研究对象是西方私有制基础上的发达的市场经济，所得出的结论更多的是适应西方发达市场经济条件，而对于像我国这样的处在社会主义条件下发展中的市场经济而言，虽然可以借鉴其关于市场经济的一般理论，但如果完全照搬西方经济学，则一定会因为经济条件不同而导致许多事与愿违的结果。

▲当然，实践在发展，马克思主义政治经济学也必须要发展，要创新。马克思主义政治经济学如何发展和创新？

●第一，要进一步加强和深化对马克思主义基本理论的研究。在研究中，要着重做两个区分：一是区分什么是马克思原本的理论，什么是对马克思原本理论的发展；二是区分在马克思原本的理论中什么是马克思主义的基本立场、基本方法、基本观点，什么是马克思在特定历史条件下针对特殊制度、特殊事物做出的个别结论。在现在的研究中，应该予以区分的这两方面，都在一定程度上存在混淆不清的问题，例如把本来不是马克思的原意说成是马克思的思想，把本来是马克思的原意又说成不是马克思的本意，再例如把本来是马克思主义的基本原理说成是个别结论，或把个别结论看成不可动摇的基本原理。造成这种情况的原因，一是对马克思主义的理解存在不准确、不全面的问题，二是某种程度上的实用主义。这既不利于对马克思主义的坚持，也不利于对马克思主义的创新和发展，必须予以克服。

第二，要妥善处理继承和创新的关系。今天的政治经济学要继承马克思主义政治经济学是毫无疑义的，但继承是基础，目的是创新，创新是一切科学发展的灵魂。关于政治经济学的创新，有两点需要明确：一是要创新但不可以取消。研究基本理论，以便为其他经济学科的分析提供理论基础和工具，是政治经济学义不容辞的责任，也是政治经济学的优势，对此必须坚持，任何试图取消或以别的学科取代政治经济学的主张都是不可取的。二是要创新而不可守旧。政治经济学理论必须跟上甚至领先时代的步伐，否则政治经济学就谈不上为改革发展的实践提供理论指导和支持。

第三，要妥善处理马克思政治经济学和西方经济学的关系。必须明确，马克思主义政治经济学是我国社会主义经济制度完善和经济建设的指导科学。同时又必须看到，西方经济学虽然有非科学的成分，但它毕竟也是人类智慧的结晶，其中也包含科学的成分，特别是它对市场经济有比较深入的研究，揭示了市场经济若干规律，所以要吸取、借鉴西方经济学的科学成分，丰富和发展马克思主义政治经济学。封闭的、一概排斥的态度是不可取的。

第四，加强马克思主义政治经济学基本理论研究队伍的建设。马克思主义政治经济学基本理论研究的深化和对整个马克思主义理论体系的继承和发展，归根到底要靠人。要在全国，上至中央下至基层单位建立一支既坚信马克思主义，又有真才实学、开拓进取的基本理论研究队伍。对这支队伍既要有严格要求，又要从政治上、业务上、研究条件方面给予关心和支持。队伍的建设是能否加强和深化马克思主义政治经济学基本理论研究的关键。

如何看待私有制和剥削问题

▲《共产党宣言》中提出：共产党人的目的归结为一句话就是消灭私有制。如何看待新时期的私有制？

●有两个观点必须明确：一是在社会主义条件下，劳动者个人所有制和劳动者通过一定的组织形式联合起来形成的所有制，不能算私有制，因为社会主义公有制的本质是生产资料归劳动者所有，并凭借这种所有，实现劳动者的经济利益。二是私营经济中的私有制、外资中的私有制是社会主义市场经济的组成部分，要鼓励、支持和引导其发展。

按照党的十六大的精神，就是要"根据解放和发展生产力的要求，坚持和完善公有制为主体、多种所有制经济共同发展的基本经济制度。第一，必须毫不动摇地巩固和发展公有制经济。第二，必须毫不动摇地鼓励、支持和引导非公有制经济发展。第三，坚持公有制为主体，促进非公有制经济发展，统一于社会主义现代化建设的进程中，不能把这两者对立起来。各种所有制经济完全可以在市场竞争中发挥各自优势，相互促进，共同发展。"之所以要这样做，最基本的依据就是因为我们处于社会主义初级阶段。

▲剥削和私有制密切相连，如何认识马克思的剥削理论？

●关于剥削，马克思政治经济学与西方经济学有两种不同的定义。马克思政治经济学给出的定义是：凭借生产资料的私人所有权无偿地占有他人的劳动或产品。西方经济学给出的定义有两种含义，一是指开发、利用，如为社会福利或私人收益而开发自然资源；二是指用某物获取他人利益，像财主、债主与贫民的关系即是如此。我们讨论社会主义初级阶段是否存在剥削，指的是马克思政治经济学意义上的剥削。

马克思关于剥削的理论是建立在劳动价值论和剩余价值理论基础之上的。基本的逻辑顺序是，劳动创造价值，剩余劳动创造剩余价值，在资本主义制度中，资本家凭借对生产资料的所有权占有雇佣工人的剩余价值，而资本家的生产资料是靠原始积累攫取的。所以，资本主义制度中资本家与工人的关系是剥削与被剥削的关系，资本主义国家是资本家阶级利益的代表，资本主义国家与工人的关系也是剥削与被剥削的关系。在马克思关于剥削的理论中，资本主义全部的秘密隐藏在剩余价值之中，所以，劳动价值论是马克思政治经济学理论的基石，剩余价值理论是马克思的伟大发现之一。

▲您的意思是判断社会主义初级阶段有无剥削的关键是对剩余价值的认识。

●对。马克思把剩余价值作为资本主义特有的经济范畴，长期以来我国的理论界也是这样理解的。但实际上，马克思对资本主义制度中剩余价值的分析只是指的剩余价值的特殊性。剩余价值的特殊性是由社会生产关系即经济制度的性质决定的。在封建社会，地主凭借对土地的所有权占有农民的剩余价值或剩余产品，这是封建制度的剥削，剩余价值体现的是封建社会地主对农民的剥削关系。在资本主义社会，资本家凭借对生产资料的所有权占有工人的剩余价值，剩余价值体现的是资本主义社会的资本家对工人的剥削关系。

科学地来认识问题，剩余价值不但具有特殊性，也具有一般性。剩余价值的一般性是由生产力发展水平和商品生产、商品交换决定的。在生产力发展到一定水平后，人们的劳动产品在消费后有了剩余，由此产生了交换，产生了商品、商品经济，并发展为市场经济。有了商品、商品经济，人类的抽象劳动才表现为价值，剩余劳动才表现为剩余价值。剩余价值作为一般范畴，它的实体是剩余劳动或剩余产品，而剩余价值、剩余产品在封建社会、资本主义社会、社会主义社会等多种社会制度中都是存在的。判断一种社会制度存在不存在剥削，其基本的依据不在于是否存在剩余价值，而根本的依据是生产资料归谁所有，剩余价值归谁占有，即剩余价值所体现的生产关系的特殊性质。

▲那么，在我国社会主义初级阶段是否存在剥削的问题呢？

●在我国社会主义初级阶段实行的是以公有制为主体、多种所有制经济共同发展的基本经济制度。由这种基本经济制度所决定，剩余价值的分配也有多种形式。回答是否存在剥削的问题，必须做具体的分析。

在社会主义初级阶段，国家作为全民所有制生产资料所有者的代表，代表全体人民以税收等形式集中部分剩余价值，其用途一方面是维持国家上层建筑的需要，另一方面是用于经济建设、公益支出和改善人民生活，即取之于民用之于民，所以不存在剥削的关系。至于在国家机关和国家公职人员中，存在某些浪费、贪污等现象，那不是社会主义制度所要求的，是违法行为，在依法制裁之列，所以不能依此作为社会主义初级阶段存在剥削的依据。集体企业或单位，作为集体所有制生产资料的代表，依法获取部分剩余价值，又用于集体经济的发展和改善职工生活，所以也不存在剥削的关系。对于个人、私营企业主凭生产资料的所有权，占有了他人剩余价值，是否是剥削，其关键要看个人、私有企业主原始资本的性质。如果个人、私有企业主原始资本是由类似于资本主义原始积累的途径得来，如靠侵吞国家、企业及个人的财产等非法途径而形成，又以这种资本从事经营等牟利活动，那么此类个人和私有企业主的行为就是剥削行为，与劳动者之间的关系就体现为一种剥削关系；反之，如果私有企业主的原始资本和由原始资本投入所得的剩余价值是通过诚实劳动、合法经营而取得的，那么这种剩余价值，不论量的多少，也不能算是剥削。至于资本主义国家在中国投资占有剩余价值，无疑具有剥削的性质，但应当看到，资本主义国家政府或企业今天在华投资，与旧中国殖民地、半殖民地时期的情况不同。它们一方面要受到我国社会主义基本经济制度及有关法律、法规的制约，如依法纳税；另一方面又在一定程度上能弥补我国经济发展中资金、技术及管理等方面存在的不足，因此它与剩余价值在资本主义制度下衍生出的剥削关系有着不同，它体现了当前国际竞争加剧以及经济全球化背景下不同要素之间契约关系的新发展，只要其经营活动合乎国际惯例，遵守中国法律，则也应该受到鼓励和保护。

综上所述，我国社会主义初级阶段的经济关系，就主流而言不是资本对劳动的剥削关系，但在某些领域存在着剥削现象，由于这种剥削现象受到社会主义主流所有制关系的影响和国家的宏观管理，所以也与马克思主义经典作家从资本主义剩余价值范畴引出的剥削关系有所不同。对于这些现象，只要依法管理，完全可以将其限制在一定的范围内，可以趋利避害，使之为发展社会主义初级阶段的经济服务。

▲总体而言，当前中国是否已经形成一个剥削阶级？

●从总体上说，我国并不存在剥削的基础，当然就不可能生长出新的剥削阶级。至于有一种观点把一部分先富起来的人，特别是先富起来的个体和私营企业主看成是新的剥削阶级或新的资产阶级，这是不科学的。

改革开放 20 多年来，我国在全体人民收入水平总体提高的同时，确有一部分人收入更快地增长，率先富裕起来。这部分人农村有，城镇也有；公有制中有（主要是承包者和高层次管理者），个体、私营和在"三资企业"

工作的也有。从先富起来的这部分人的收入来源看，主要有：劳动收入，管理收入、除劳动收入以外的生产要素（科技、信息、资本、土地）等投入收入、风险收入等等。这些收入途径，在社会主义初级阶段和市场经济条件下，只要是合法的，就是我们的政策所允许鼓励的。从总体看，先富起来的这部分人，是靠诚实劳动和合法经营致富的，他们坚持建设有中国特色社会主义的基本方向，为发展社会生产力、提高综合国力、提高人民生活水平、改革开放和现代化建设做出了贡献。这部分人所追求的利益，从根本上说，与广大人民群众的利益是一致的。因而他们并未成为一个独立的具有特殊利益和要求的集团，更谈不上一个新的什么阶级。

▲从一些"出事"的富豪看，他们既有"第一桶金"不合法的问题，也有在经营过程中非法和违规的问题。

●当然，我国正处于体制转型时期，一些制度特别是法制不够健全，在先富起来的这部分人中，确有人不是靠诚实劳动和合法经营，而是靠非法所得，如靠侵吞公有财产、偷税漏税、走私等种种非法手段攫取了大量的资产和收入。这应该引起我们的高度重视，并采取坚决措施予以惩治。对这种现象的消除，除了要对当事人给予法律的制裁之外，从根本上说，要深化改革，完善市场经济体制和法制，以消除产生这种现象的土壤，而不必把他们作为一个新生的什么阶级如何如何。否则，无论是在理论上还是在实践上，都将引起混乱，产生不良的后果。

最后需要指出，在富起来的人数中靠非法致富的是少数而不是主体。这种现象的出现，不是改革开放的主流。从我们奋斗的目标和改革开放的根本目的说，越来越多的、直到全体人民都应该富裕起来。富裕者多起来，是社会主义的应有之义，并不意味着产生了新的剥削阶级，这是应该明确的一个基本认识。

社会阶层的分化

▲随着经济和社会的发展，尤其是知识经济时代的到来，我国的社会阶层出现了重大变化。对此，有各种不同的看法，您怎样看待当前的社会阶层？

●随着新技术革命、信息革命、经济全球化的发展和知识经济的出现，在改革开放的条件下，我国的社会阶层构成在劳动者阶级内部发生了新的变化。主要是：（1）随着科技革命和知识经济的发展以及劳动制度、企业制度的改革，在工人阶级中，"白领"和"蓝领"的划分已经成为无可争辩的事实。"白领"更多地从事的是脑力劳动，而"蓝领"更多从事的是体力劳动，"白领"和"蓝领"共同构成新型的工人劳动者阶层。（2）随着农业产业结构的调整和城市化的发展，原先直接从事种植业和养殖业劳动的"9亿人口"的农民已经只剩下了不到3亿人，而相当一部分农民进入乡镇企业从事制造业和服务业，直接从事种植业和养殖业劳动的劳动者与进入乡镇企业从事制造业和服务业的劳动者共同构成新型的农民劳动者阶层。（3）由于管理在整个社会生产中的地位和作用越来越重要，管理者的地位和作用也越来越重要，管理者的队伍越来越庞大，从而形成了一个新的管理者阶层。这一个阶层从总体上说从事以管理为主的复杂劳动，是劳动者阶级的重要组成部分。通常说的公务员、企业家大都属于这一阶层。（4）由于科技、知识、教育的作用日益突出，专门从事科技教育工作的知识分子的作用也越来越重要，知识分子以其特殊的创造性劳动，不仅创造人类社会发展所必需的精神产品，而且创造经济发展需要的新技术，更重要的是培养出经济社会发展需要的各类人才，所以他们成为知识经济条件下的特殊重要劳动者阶层。（5）在经济体制转型中，随着改革的深化和开放的扩大，出现了个体劳动者、私营企业主，这些个体劳动者、私营企业主大部分参与管理和直接劳动，所以从总体上说他们属于劳动者，构成社会主义市场经济中的特殊劳动者阶层。

▲在这些阶层之外，还要不要划分出一个高收入阶层？

●应该承认，改革开放以来，我国确有一部分人收入较高。据估计，我国年收入在 5 万元以上的家庭有 500 多万户，约占全国总户数的 2%，个人家庭财产在百万元以上的也约有 100 余万户。但是，以下的情况说明，这些高收入者虽然数量不少，但他们并不构成一个独立的阶层。

据国家统计局官员的分析，我国高收入者的主要收入来源及人员构成：一是企业实行承包制，一批敢于承担风险的人走上"先富起来"的道路；二是国家落实各项政策而得到一笔补偿资金所惠及的一批人；三是国家鼓励私人经济发展、先"下海"的人；四是20世纪80年代中后期，国家实行部分生产、生活资料和贷款价格"双轨制"，特殊群体因此而享用了价格带来的6000亿元财富；五是20世纪80年代末至90年代初期最早涉足证券市场的投资人和证券从业人群；六是房地产投资人；七是盗卖各种指标、出口配额等人群；八是特殊职业者，如影视明星、体育明星、作家等；九是科技技术成果转让获益者。

从上述高收入者的人员构成和收入来源看，除了第七类非法所得者外，其他高收入者实际上已分别属于前面所列举的几个基本阶层。至于非法所得者，本来就属于依法制裁之列，我国社会主义社会不能允许他们的合法存在。

高收入者在我国的出现，是改革开放的结果，这既符合市场经济规律的要求，又体现了社会主义初级阶段分配制度的要求。但是，由我国的经济发展水平决定，在经济体制转轨过程中，所有的人不可能同时都是高收入者，而社会主义的本质，是要实现人民的共同富裕。这就要求政府要注意调节高收入者的收入水平，使之保持在合理的范围内，并使整个社会收入差距不至于过大，同时要注意引导高收入者帮助低收入者增加收入，实现共同富裕。

当代中国，由于科技进步、经济发展和知识经济的出现，管理者阶层形成了，知识分子增加了，蓝领工人的文化素质提高了，白领工人队伍壮大了，越来越多的农村人口由农民变成为工人，这都标志着社会的进步。在改革开放的推动下，越来越多的社会成员通过诚实劳动和合法经营走上了富裕的道路，这是中国特色社会主义取得成功的表现。

中国经济的发展前景

▲在目前世界经济不景气的情况下，高速发展的中国经济成为世人瞩目的亮点，您怎样看待中国经济的发展前景？

●自改革开放以来，中国经济确实保持着持续的快速增长，1978 年至 1998 年的 GDP 年均增长率高达 9.7%。1997 年的亚洲金融危机虽然对中国经济造成了严重影响，增长速度有所减缓，但与绝大多数国家相比，中国经济增长依然较快，1998—2002 年年经济增长率分别为 7.8%、7.1%、8.0%、7.3% 和 8%。

对于今后中国经济的中长期发展，如下一些因素将起到积极的推动作用，这些因素是：

第一，中国经济发展将继续处于向工业化、城镇化、市场化迈进的阶段。世界经济史表明，在这样的阶段，一个国家或地区的经济增长速度可以保持 10 年乃至几十年的快速增长。此外，中国经济总量基数低，过去几十年的经济发展奠定了较强的基础，增长速度快一些将是不可避免的。

第二，社会供求潜力巨大。从需求角度看，首先消费需求空间很大，中国拥有 13 亿人口，即使按照 2000 年人均消费支出 3397 元来测算，中国的市场容量也将达到

44161 亿元，按当年汇率折合美元约 5353 亿。随着经济发展和居民收入的提高，消费需求将大幅提高是确定无疑的。其次，从投资需求来看，随着中国鼓励多种经济发展政策的落实和金融体系市场化水平的不断提高，多渠道融投资体制的建立和完善，中小银行的快速发展以及资本市场的规范化和成熟，多元化的投资主体将会形成，原来制约民间投资增长的融资机制问题将会得到缓解，国有投资效率低下问题也将在一定程度上得到解决。这一切，再加上长期保持的较高储蓄率，都将有利于使未来中国经济增长中的投资需求稳定在较高水平上，从而有利于中国经济中长期内的较快增长。再次，从出口需求看，中国经济中出口占 GDP 的比率长期保持在 20% 左右，按照 WTO 的规定，到 2005 年，各国的非关税壁垒将基本拆除，发达国家的关税将基本降为零，发展中国家的关税水平也将大幅度下降，中国必将进一步利用加入 WTO 的机遇，分享 WTO 各成员国之间的贸易惠利。所以，中长期内，中国的出口水平也将会稳定在一个较高水平上。从供给角度看，随着科教兴国战略的实施，生产要素供给的潜力将充分发挥。中国本已充裕的劳动力供给，会进一步提高质量和素质，劳动力要素供给支持国民经济的快速持续增长应该没有问题。我国居民储蓄率一直较高，2002 年末城乡居民储蓄存款余额达到了 8.4 万多亿元，2003 年 9 月末又进一步达到 10.1 万亿元。与高居民储蓄相并存的，是我国极高的利用外资的水平。在利用外资大幅增长的同时，我国外汇储备继续增加，截至 2003 年 9 月末，我国外汇储备已经达到 3839 亿美元。这些因素，再加上科技的发展和管理水平的提高，决定了要素供给对支持经济快速持续增长有基本的保证。

第三，科技发展将进一步推动经济增长，产业结构将进一步优化升级。中国目前正致力于推进科教兴国战略和产业结构调整，今后会逐步收到成效。高科技的发展和在经济中的应用将极大地推动国民经济的发展。新型工业化道路的选定，将高科技产业的发展与对传统产业的改造紧密结合，将大大推动产业结构提升。在推进新型工业化的过程中，我国产业结构第一产业产出水平低下、第二产业比重过大和第三产业发育不充分的问题会逐步改善，不仅第二产业将得到较快发展，而且信息技术的广泛应用也必将推动第三产业的快速发展，同时将实现农村剩余劳动力向第三产业的快速转移，并借此提高农业的劳动生产率。产业结构快速升级，必将有利于我国经济中长期内的持续快速增长。

第四，改革的能量将继续释放，成为推动经济发展的强大动力。今后的长时期内，中国的改革，无论是以市场化为取向的经济体制改革，还是政治体制改革，都将持续深化。改革将继续解放生产力，调动各方面的积极性，成为推动经济发展的强大动力。特别是党的十六大和十六届三中全会进一步明确社会主义初级阶段的基本经济制度，完善社会主义市场经济体制，在促进公有制经济改革发展的同时，将极大地调动多种经济发展的积极性，在今后若干年内，混合所有制经济将发挥出极大的潜力，成为社会主义市场经济发展中新的增长点。

　　第五，世界范围的新技术革命及第五轮世界经济长波将给中国经济发展带来新的机遇。从 20 世纪 90 年代初开始，建立在信息技术革命之上的第五轮世界经济长波开始进入上升期。世界经济发展史显示，在每一轮经济长波的起始阶段，由于新技术革命和产业革命对生产力的巨大推动，世界经济发展都会进入一段黄金时期。第五轮经济长波开始以来，世界经济虽然经受了"亚洲金融危机"等一系列挫折，但是多数国家都保持了较高的增长速度。本轮世界新技术革命表现出了以亚太地区为核心的"多极化"特征，亚太地区已经成为了世界信息产业重要的技术中心、制造中心和应用中心，在第五轮世界经济长波中处于领先地位。改革开放以来，中国经济已经成为了亚太经济乃至世界经济的重要组成部分，加入 WTO 更有利于中国与其他成员国增强经贸往来，充分利用国际与国内"两个市场、两种资源"，及时了解世界经济发展的最新动向，趋利避害，加快中国经济发展的步伐。2002 年，中国实际利用外资突破 500 亿美元大关，成为世界上引进外资第一大国；进出口总额达到 6208 亿美元，未来几年内中国有可能成为世界外贸第二大国。

　　▲尽管存在许多促进经济发展的有利因素，但当前中国经济也存在着不少问题，未来也面临着更大的挑战。

　　●的确如此。上述有利因素在发挥对经济增长促进作用的过程中，会受到另一些因素的制约，主要的是：

　　第一，有效需求不足、物价持续下降。自 1997 年受亚洲金融危机影响以来，中国经济一改长期需求旺盛的常态而出现市场需求不足，尽管政府已连续几年实行刺激需求增长的政策，但到 2002 年这种状况尚未根本改观。2003 年投资、出口增长较快，国民经济运行出现了新的积极现象，但消费增长仍比较缓慢。

第二，就业矛盾日益突出。改革开放以来，随着科学技术的发展和经济增长方式的转变，中国经济增长对就业的拉动作用显著下降。1978 年至 1989 年的就业弹性为0.311，1990 年至 1996 年的就业弹性为 0.107，而 2000年的就业弹性为 0.100。2000 年、2001 年和 2002 年，我国城镇登记失业率分别为 3.1％、3.6％和 4.6％。综合考虑新增劳动力就业、农村剩余劳动力转移和下岗职工再就业等因素，我国每年城镇需要安排就业的劳动力已达到2200 至 2300 万人。城镇劳动力供求矛盾十分突出。这种劳动力供大于求的矛盾在相当长时间内不会消除。

第三，农业问题、农村问题、农民问题。中国农村人口占全国人口的将近 70％，金融资产占全国金融资产的不到 30％，社会购买力占全社会购买力的不到 40％，长期存在的农村落后于城市的二元结构状态没有根本改变，这将成为中国实现工业化和现代化的巨大障碍。改革开放初期，农业和农村经济曾有巨大发展，但近些年，由于农业结构的调整，中国粮食产量有所下降，同时受农产品价格普遍下降的影响，农民的粮食生产积极性受到挫伤，造成农业增加值的增长速度进一步降低，2001 年仅增长2.8％。同时，自 1996 年以来，中国农村居民人均收入的增长速度连续四年下降，1996 年为 9%，1997—2000 年分别为 4.6%、4.3%、3.8%、2.1%。2001 年农民收入虽增长 4.2%，2002 年上半年增长 5.9%，但基础并不牢固。中国的主要粮食价格已达到或接近世界市场粮食的价格水平，靠提高农产品价格而提高农民收入水平将越来越不太可能，加入 WTO 更使农业问题、农民问题遇到严峻挑战。而如果农业不能实现现代化、农村不能实现城镇化，中国未来的经济发展将受到战略性的影响。

第四，金融问题。在当前突出的是呆坏账问题、银行服务问题，更带根本性的是体制问题。由于历史的原因，国有商业银行积累了大量呆坏账，根据中央银行行长提供的数字，2001 年年底银行不良资产的比例是 25.37%，这是平均数，有的国有银行略高一些，有的则低一些。由于近几年采取了措施，如银行进行体制改革，加强对贷款质量的监控，对部分企业的贷款实行"债转股"等，银行不良资产的比重正在下降，2002 年年中的数字是：中国工商银行为 23.9%，比年初下降 1.78%；中国建设银行为 13.21%，比年初下降 1.71%；中国银行为 21.84%，比年初下降 2.28%；中国农业银行这一比例比年初下降 2.32%；但问题还没有根本解决。除呆坏账外，中国的银行与发达国家银行比，最大的差距是服务质量。由于从业人员的素质方面如对现代金融知识和运作规则掌握不够、服务态度不善等的差距，以及金融工具、技术、硬件等方面的差距，可能使中国的银行系统的服务比不上一些发达国家的先进银行。加入世贸组织后，中国正式向世界打开金融业大门。据不完全统计，目前进入中国的外资银行已有400多家，其中200家已经开始营业，30多家开始了人民币的业务试点。虽然外资银行在中国金融市场目前的份额仅占2%，但其首先争夺的是高端客户，这些客户信用好、盈利有保障、经营管理水平高，如果国有银行的高端客户流失，不良资产比率有可能进一步提高。据预测，5年后外资银行的业务在中国的业务将获得巨大发展，形成对中国金融的严峻挑战。更重要的是，银行的体制尚需改革。国有专业银行企业化程度不够，多种金融形式并存的格局尚未形成，这些都可能从长远上制约中国经济未来的持续快速增长。

第五，人才和教育问题。与以上因素相比，更具根本性质的制约因素是人才，而人才的基础是教育。21世纪，国际竞争的焦点是人才的竞争，是国民素质的竞争。人力资源在经济发展和综合国力的增强方面发挥着越来越重要的作用，而人力资源的状况归根结底取决于教育发展的整体水平。改革开放以来，中国的教育改革与发展取得了历史性的伟大成就，为现代化建设提供了有力的人才支持和知识贡献。但是与经济社会发展的需要相比，与世界发达国家相比，中国教育发展滞后的状况还十分突出。据中国教育部提供的数字，到2000年，国民平均受教育的水平仍然较低，高中阶段教育和高等教育规模偏小，高中阶段学龄人口毛入学率仅为42%左右，从业人员中相当于高中文化程度的不到14%，高等教育毛入学率仅为11%左右，从业人员中大专以上学历人员仅占4%左右，教育经费支出占 GDP 的比例一直处于不发达国家的水平，一些教育改革还有待不断推进和深化。即使到 2005 年，按照规划，高中阶段的毛入学率才能达到 60% 左右，高等教育毛入学率才能达到 15% 左右，到 2010 年高等教育毛入学率才达到 20% 左右。这与发达国家还有相当大的差距。

　　除上述问题外，还有环境问题、资源问题等等都会在一定程度上制约经济的快速发展。

　　中国经济今后中长期发展的基本趋势，取决于以上积极因素和制约因素的共同作用。由中国所处的发展阶段、总供求的潜力、科技发展和结构调整、改革开放的基本国策等因素所决定，中国经济的快速发展不可逆转。中国经济发展中的制约因素，虽然可能部分地抵消积极因素作用的效果，但有些消极因素不是不可以克服，甚至是可以将其转化为积极因素的。例如就业问题。待业或失业大军的产生，在中国是国有企业改革和产业结构调整的必然结果，它虽然增加了部分待业和失业人员生活的困难和社会稳定的压力，但它同时也为提升劳动力素质和产业升级、转变就业观念、扩大就业途径增加了动力和压力，从而可能转化为经济发展的机遇和动力。再如农业和农民问题，农业相对落后增加了工业化的困难，但广大农村的存在为城市化发展提供了广阔的空间和潜力。

　　权衡上述积极因素和制约因素两类因素，虽然不能完全排除在今后中国经济的发展中会发生某种程度的经济波动或不可预见的不良事件，但我们有理由对未来中国经济发展会保持快速持续增长的基本趋势做出乐观的估计。而要将这种趋势变为现实，关键是要审时度势，采取得力措施，充分发挥积极因素的作用，化解不利因素，使其向有利的方向转化。

国有企业改革和就业

▲近些年来，大批国有企业破产、倒闭，很多企业职工下岗、失业，同时国有资产流失现象也很严重，这些问题已经引起了社会各界的广泛关注，如何认识和解决这些问题？

●国有企业不在数量多少，真正重要的是质量。国有企业不能不搞，但要少而精，不搞则已，要搞一定要搞好。因为国有企业无论搞得好不好，都会产生经济和社会效应，搞好了是积极效应，搞得不好是消极效应。搞社会主义要注意形象，要搞国有企业一定要搞好。

国有企业在建国初期和社会主义发展中曾对我国的经济发展做出了巨大贡献，其历史作用不能抹杀。但是，现在遇到了新问题，一定要妥善解决这些问题。解决的办法就是改革。

关于国有企业改革的方向和途径，经过 20 多年的探索，已经明确，那就是建立现代企业制度和现代产权制度，问题的关键在于付诸实践。在国企的改革中，特别要注意防止国有资产流失和妥善解决工人下岗失业的问题。要解决工人下岗失业的问题，主要途径有两个：其一是靠市场。靠市场的发展来创造更多的就业岗位。国有企业问题是个历史问题，要历史地解决，发展中的问题要靠发展解决。其二，是发挥政府的作用。现在有这么一句话：就业要找市场而不要找市长。但我认为两者都要找。因为政府有责任也应该提供有利于就业的政策和措施。

▲您认为加入 WTO 对我国的就业情况会带来什么样的影响？

●加入 WTO 对中国就业的影响，从理论上说正负面都有。从外资大量流入，拉动经济发展的角度，加入 WTO 可能有利于扩大就业；从外资大量进入，加剧竞争，可能导致中国部分企业开工不足甚至破产的角度，加入 WTO 可能造成失业或下岗人员增多。究竟两种影响哪个大哪个小，需要进一步再观察，我们当然希望把不利影响降低到最小，把有利影响扩展到最大。

关于收入差距

▲据有关资料，我国的基尼系数已超过了国际警戒线，如何看待我国城乡、行业、个人、地区收入差距扩大甚至悬殊的现象？

●全面地认识我国的收入差距问题，需要做具体分析。关于城乡差距，首先应肯定 1978 年改革开放以来，中国的农村居民和城镇居民的收入水平都有大幅度提高。但自 1996 年以来，由于农业结构的调整，中国粮食产量有所下降，同时受农产品价格普遍下降的影响，中国农村居民人均收入的增长速度连续 4 年下降。1998—2000 年我国城镇居民人均收入分别是农村居民收入的 2. 52 倍、2. 66 倍和 2. 80 倍，到 2001 年进一步扩大为 2. 90 倍。加入世界贸易组织后，由于农产品要承受进口的压力，所以农产品价低的问题很难得到改变，这有可能使中国农民的收入水平低的问题一时难以改善，并由此削弱农业的基础地位。对此，我们已有较充分的认识和准备，拟采取的主要措施有：加快城镇化步伐，促进农业劳动力向第二、第三产业的转移；对农民减税免费；改善农业结构，改良农产品结构；提高农业生产的集约化程度和效率等。

　　行业之间的收入差距是个老问题。1990 年收入最高行业的收入是最低行业的 1. 72 倍，而 2000 年变为 2. 63 倍。解决这个问题首先要靠市场来实现优胜劣汰和资源配置；其次要加强对垄断行业收入分配的监督和管理；最后政府要采取适当的措施，加强宏观调控。

　　个人收入差距扩大是人们普遍关心的问题。统计数据显示，我国最高收入者与最低收入者的收入差距，每年正在以 3. 1% 的增长速度扩大；最高收入者的消费性支出与最低收入者的消费性支出，每年正以 1. 81% 的增长速度扩大；依据收入分配的基尼系数变动的情况，财富正在以 1. 83% 的年平均增长速度向少数富人集中。经验证明，个人收入差距过大会引起社会的动荡。因此，一方面，政府应通过税收等宏观经济手段，调节个人收入，缩小差距；另一方面，应通过市场的竞争机制，加快经济发展，并刺激人们学技术，学知识，提高低收入阶层的知识能力。

　　由于历史和自然条件等原因，中国东西部地区的差距长期存在。改革开放以来，东西部地区经济都有较快发展，但这种差距没有明显改善。2000 年，我国东部、中部、西部三大地区职工平均工资分别为 11202 元、7411元和 8332 元。东部比全国平均水平高 19.5%，中部和西部分别低 20.6% 和 11.1%。对于这样的一种趋势，国家早已注意到并已经采取并将继续采取措施以逐步缩小这种差距，包括：实施西部大开发战略，对西部地区特别是对西藏等少数民族集中的地区实行财政转移支付加以扶植，实行东西部对口支援等。解决地区之间的差距，经济发展是最主要的措施，但同时还要采取政治的、社会的、民族的多项措施。发达地区和西部地区要共同实现经济社会的可持续发展。

关于可持续发展

▲走可持续的发展道路，是我国经济发展的必然选择。但是，当前中国经济发展过程中还存在着粗放式经营、掠夺式开发、高能耗投入、生态破坏严重等问题，您如何看待"发展就是硬道理"？

●要弄清楚这个问题，首先应明确经济发展和经济增长之间的关系。经济增长指的是一个国家或地区的商品生产量和劳务量的提高，而经济发展则不仅包括经济总量和人均占有量的增长，而且强调经济结构的基本变化，特别是本国人民作为经济结构变化的主体参与发展过程、分享经济发展的成果，文化教育卫生事业的发展，人民生活水平的提高，生态平衡的保持，环境污染的治理，整个社会经济生活质的变化等。经济发展与经济增长是密不可分的。经济增长是推动经济发展的首要因素和必要的物质条件，没有经济增长就没有经济发展。但是，经济增长又不同于经济发展，单纯的经济增长可能会出现"只增长不发展"的现象。我国经济增长就曾经历过只重视增长速度而忽视经济结构优化的阶段，尽管增长速度很高，但却造成了经济结构失调、自然资源毁灭性破坏等严重结果，严重阻碍了经济的可持续发展。

发展是硬道理并不等于增长速度是硬道理。强调发展，就必须既重视经济结构的优化、国民经济发展质量的提高，又重视经济发展和社会发展的协调。在我国的社会主义现代化建设中，必须把实现经济与社会的可持续发展作为一个重大战略。可持续发展包括三方面内容：经济可持续发展、生态可持续发展、社会可持续发展。其实质就是将当前经济发展与长远经济发展相结合，既要满足当前的需要和利益，又要重视后代人的需要和利益，正确处理经济发展与人口、资源、环境的相互关系，使人口增长与社会生产力的发展相适应，经济建设与资源、环境相协调，实现良性循环，促进社会的全面进步。

2003 年突发的非典给人民生命财产造成了巨大损失，痛定思痛，我们接受的教训之一就是必须重视经济增长与社会发展的统筹与协调，人与自然的统筹和协调，不要片面追求经济增长速度，而要追求可持续发展。

政治体制改革

▲有人说，中国的经济体制改革进程比较快，但政治体制改革力度不大，从长远看，不进行政治体制改革，必然掣肘经济体制改革的顺利进行。您怎么看待这种观点？

●经济决定政治，政治对经济具有反作用。政治可以促进经济的发展，也可以阻碍甚至破坏经济的发展。实践证明，我国选择首先进行经济体制改革是正确的，但政治体制改革也要跟上，如果长期滞后的话，肯定会影响经济体制改革和经济发展。

政治体制改革的目标是明确的，即发展社会主义民主政治，建设社会主义政治文明，关键是要采取积极稳妥的步骤达到既定的目标。必须承认，政治体制改革与经济体制改革相比，难度更大，更复杂。虽然我们在政治体制改革方面已经做了大量工作，取得了一些进展，但不能希望对一个13亿人口的大国在几十年中形成的政治体制的改革可能在短时间内完成，但态度一定要积极，行动一定要坚决。

政治体制改革的内容很多，包括：坚持和完善社会主义民主制度，加强社会主义法制建设，改革和完善党的领导方式和执政方式，改革和完善决策机制，深化行政管理体制改革，推进司法体制改革，深化干部人事制度改革，加强对权力的制约和监督，等等。在当前，改革政治体制要选择一些急迫的方面，抓紧抓好，抓出实效，例如可以选择转变政府职能和建立新的行政体制，要做到：第一，实现政企分开；第二，推进行政管理体制改革和政府机构改革，提高政府效率。

生产要素按贡献参与分配与按劳分配

▲党的十六大报告提出，要"确立劳动、资本、技术和管理等生产要素按贡献参与分配的原则，完善按劳分配为主体、多种分配方式并存的分配制度"。您如何理解生产要素按贡献参与分配？

●什么是生产要素按贡献参与分配，为什么要确立劳动、资本、技术和管理等生产要素按贡献参与分配的原则？我国学术界的理解并不完全一致。有代表性的观点主要是两种：一种观点认为，生产要素按贡献参与分配，"就是在社会必要劳动创造的价值的基础上，按各种生产要素在价值形成中所做的贡献进行分配"。"由于劳动、资本、土地等生产要素在价值形成中都发挥着各自的作用，所以，社会主义的工资、利息和地租，不过是根据劳动、资本、土地等生产要素所做的贡献而给予这些要素所有者的报酬。"另一种观点则认为，生产要素按贡献参与分配，是指按生产要素在生产财富即使用价值中的贡献分配，而不是指它们在创造价值中的贡献。两种观点分歧的焦点在于，生产要素究竟是在财富形成中还是在价值形成中做出了贡献，因而生产要素是按在财富形成中的贡献还是按在价值形成中的贡献进行分配。

　　其实，这两种观点从根本上说具有一致性。这里，涉及到两个关键的问题：一、什么是财富，财富是否就只是使用价值；二、确立劳动、资本、技术和管理等生产要素按贡献参与分配的原则，其依据是否只是因为生产要素在价值形成或财富形成中做出了贡献。

　　关于第一个问题，马克思为了强调劳动是价值的唯一源泉但不是财富的唯一源泉，确实把价值和物质财富进行过严格的区分，并给人们以印象，使用价值即物质财富。但马克思从来没有否认，劳动和自然界一起构成财富的源泉。这就是说，财富不仅仅是自然界给予的，而且是劳动创造的。这样，逻辑的结论应该是：财富，不仅仅是指使用价值，而且也包括价值。上百年的实践也证明，在市场经济条件下，从一般意义上讲，财富即商品，而商品，就不仅仅有使用价值，而且有价值，是使用价值和价值的统一。从这样的意义上说，财富的创造过程，也是价值形成的过程，价值形成过程，也是财富创造过程。在这个过程中，劳动和劳动以外的生产要素互相结合，又各自发挥了各自的作用：作为生产要素重要构成部分的生产资料（包括劳动对象和劳动手段）在价值和财富形成中提供了条件，被转移了价值，但它本身并不创造新的价值；作为生产要素另一重要构成部分的劳动在价值和财富形成中则创造了新的价值，但离开了生产资料，劳动创造新价值就没有可能。所以应该说，市场经济条件下的财富创造和价值形成是包括劳动、资本、土地、管理、知识、技术等多种生产要素共同做出贡献的结果。对于各种生产要素做出的贡献，应该在财富包括价值和使用价值的分配中得到承认，即要确立和贯彻劳动、资本、技术和管理等生产要素按贡献参与分配的原则。

关于第二个问题，应该明确的是，确立劳动、资本、技术和管理等生产要素按贡献参与分配的原则，其依据不只是因为各种生产要素在价值形成或财富形成中做出了贡献，而且也是由所有制关系所决定的。按照马克思政治经济学的原理，社会分配关系是生产资料所有制关系决定的，在分配中形成的利益关系只不过是所有制关系的实现。在资本主义市场经济条件下，资本家占有生产资料，所以资本、土地等生产资料都要参与剩余价值的分配。在社会主义市场经济条件下，多种所有制经济共同发展的所有制关系也决定了必须实行生产要素按贡献参与分配的原则。

以上对生产要素按贡献参与分配含义和依据分析所得出的结论，从总体上说揭示的是市场经济的共性，社会主义市场经济条件下的分配和资本主义市场经济条件下的分配概莫能外，所不同的只是生产要素的所有制不同，因而生产要素按贡献参与分配的后果不同。

▲学术界关于生产要素按贡献分配的争论，涉及的更深层次问题是生产要素按贡献分配与劳动价值论的关系。您怎么看待这两者之间的关系？

●按照马克思的劳动价值论，只有活劳动的抽象劳动才创造价值，而除劳动以外的其他生产要素是不创造价值的。确立劳动、资本、技术和管理等生产要素按贡献参与分配的原则，是否是对马克思劳动价值论的否定呢？对此，学术界也有两种有代表性的观点：一种观点认为，"价值和财富是由劳动和其他生产要素共同创造的，原来那种认为价值是由劳动创造，其他生产要素不创造价值，只参与创造财富的观点应予突破。"另一种观点则认为，"劳动是价值的唯一源泉"，"创造新价值的只是劳动"，如果认为"劳动、知识、技术、管理和资本都创造价值，那就把创造财富与创造价值、把财富的源泉与价值的源泉混淆起来了"。"确立生产要素按贡献参与分配的原则，完全符合马克思劳动价值论。"

谁是谁非？要判断清楚这一问题，有必要首先对马克思劳动价值论的科学性有明确的认识。为了揭露资本家占有雇佣工人剩余价值的秘密和资本主义社会的本质，马克思在继承资产阶级古典政治经济学承认劳动创造价值科学成分的基础上，进一步区分商品的价值和使用价值、生产商品的抽象劳动和具体劳动，并分析了劳动和劳动力的区别和劳动力作为商品的特殊性，进而发现只有活劳动的抽象劳动才能创造价值，并且劳动力可以创造比自身价值大的剩余价值，从而创立了科学的劳动价值论和剩余价值理论。从劳动价值论的全部内容看，活劳动创造价值（包括剩余价值），是马克思劳动价值论的核心和灵魂。而劳动价值论的这一核心和灵魂所揭示的，现在看不仅仅是资本主义制度下而且也是社会主义制度下商品生产商品交换的客观实际和规律。既然是客观实际和规律，那么社会主义条件下发展市场经济，就不仅不能否定和抛弃，相反，应该倍加尊重和坚持。

确立劳动、资本、技术和管理等生产要素按贡献参与分配的原则，是否与马克思劳动价值论相悖呢？回答是否定的。如前面所述，生产要素按贡献参与分配，承认的是各种生产要素在价值形成和财富创造中的贡献，对于非劳动的其他生产要素而言，这种贡献只是为价值形成和财富创造提供了条件，而并非说它们本身也创造了价值，这与活劳动创造价值（包括剩余价值）不但并行不悖，而是更好地承认并保证了劳动创造价值的实现。

马克思的劳动价值论是应该不断丰富和发展的，但丰富和发展不是要承认价值是由劳动和其他生产要素共同创造，而是要在坚持劳动创造价值、是价值唯一源泉的基础上，努力研究如何面对科技迅猛发展、知识经济已经出现的世界大势和发展社会主义市场经济的生动实践，更加充分地发挥劳动者的创造性和各种生产要素的潜力，以便使社会财富能够滚滚涌流。

▲党的十六大提出的"完善按劳分配为主体、多种分配方式并存的分配制度"与生产要素按贡献分配是怎样的关系？

●严格地说，生产要素包括劳动要素，生产要素按贡献参与分配包括劳动要素也按贡献参与分配。但劳动要素按贡献分配是否就是马克思主义政治经济学中说的按劳分配呢？这是需要认真研究的问题。按照马克思的设想，在共产主义的第一阶段即社会主义社会阶段，对个人消费品实行按劳分配原则。按劳分配的基本要求是：有劳动能力的社会成员，都必须参加社会劳动，在全社会范围内，社会在对社会总产品作了各项必要的扣除之后，以劳动者提供的劳动（包括劳动数量和质量）为唯一的尺度分配个人消费品，实行按等量劳动领取等量报酬和多劳多得、少劳少得、不劳动者不得食的原则。按照马克思的设想，按劳分配的实现，要有一些前提条件，包括：（1）在全社会范围内实现生产资料公有制，排除任何客观因素如土地、机器等生产资料的影响，只包括劳动者自身脑力与体力的支出。（2）经济社会条件要能够保证劳动者各尽所能。这些条件包括，要有足够的生产资料可供投入生产，要有足够的就业机会并且劳动者有充分选择职业的自由。（3）商品经济已经消亡。在没有商品货币关系的条件下，每一个人的劳动，无论其特殊用途是如何的不同，从一开始就成为直接的社会劳动，而不需要著名的"价值"插手其间。（4）社会可以统一对社会总产品做各项扣除。劳动者除了可供个人消费的消费资料之外，没有任何东西可以成为个人的财产。

从我们现实中已经实行的按劳分配和要完善的"按劳分配为主体、多种分配方式并存的分配制度"看，实际上已经不完全是马克思当时预测的按劳分配，而是从我国实际出发，发展了的马克思主义的按劳分配，是中国特色的按劳分配。这种中国特色的按劳分配，一方面坚持了马克思公有制要为劳动者在分配上带来利益和劳动创造价值、劳动者要在分配中得到报酬的基本原理，另一方面还与时俱进，具有显著的时代特点：（1）按劳分配的内涵是劳动要素按其在价值创造、价值形成和财富创造中的贡献分配；（2）按劳分配是在社会主义市场经济条件下进行的；（3）按劳分配与其他生产要素也按贡献分配结合在一起，共同构成按劳分配为主体、多种分配方式并存的社会主义初级阶段的分配制度；（4）按劳分配已经不局限于个人消费品的分配，而且也包括对生产资料的分配。劳动者通过劳动做出贡献分配所得，不仅可以满足生活消费需要，而且可以用于扩大再生产的投资，形成劳动者的个人财产。

所有这些特点表明，生产要素按贡献参与分配与按劳分配都是中国特色社会主义分配原则和分配制度的组成内容，其作用都将调动一切积极因素，"让一切劳动、知识、技术、管理和资本的活力竞相迸发，让一切创造社会财富的源泉充分涌流，以造福于人民。"这是马克思主义与时俱进的结果，是马克思主义生命力所在。

加强政治经济学基本理论的研究[*]

政治经济学基本理论研究，相对于应用理论研究和对策研究而言，具有更根本的性质和更深远的意义。客观地认识政治经济学基本理论研究的现状，进一步加强政治经济学基本理论研究，既是继承和发展马克思主义的需要，也是加快改革开放和现代化建设的需要。

一、政治经济学基本理论的研究现状

改革开放以来，对政治经济学基本理论的研究出现了不少新气象：例如，从实际出发，实事求是的学风和科学精神得到弘扬；实现了由从书本到书本、注释经典著作的研究方式向围绕经济建设中心学科发展进行基本理论研究的转变；初步形成百家争鸣，自由探讨的氛围。具体来说，主要体现在以下十个方面：

本文发表于 2003 年 7 月 11 日《人民日报》。

1. 政治经济学的研究对象和研究内容大大拓宽。由侧重研究生产关系拓宽到联系生产力研究生产关系、研究生产方式；由侧重研究与生产关系有关的经济规律、经济制度拓宽到研究经济制度、经济运行和经济发展。

2. 提出中国特色社会主义的科学范畴，并对中国特色社会主义的经济进行科学界定。

3. 确认我国所处的阶段是社会主义初级阶段。

4. 对社会主义基本经济制度和分配制度以及社会主义本质的认识有了突破性进展。明确提出公有制为主体、多种所有制经济共同发展是我国社会主义初级阶段的基本经济制度；社会主义初级阶段要实行按劳分配为主体、多种分配方式并存的分配制度；社会主义的本质，是解放生产力，发展生产力，消灭剥削，消除两极分化，最终达到共同富裕。

5. 提出我国的经济是社会主义市场经济，要大力发展社会主义市场经济，要不断深化改革，建立社会主义市场经济体制。

6. 确认发展是硬道理，进一步论证了科学技术是第一生产力，明确经济社会全面协调可持续发展的重要意义，提出经济增长方式必须实现由粗放型向集约型转变。

7. 引入社会总供给、社会总需求范畴和市场经济条件下国民经济总供求分析方法，提出社会主义市场经济宏观调控的主要目标是：促进经济增长，增加就业，稳定物价，保持国际收支平衡；社会主义市场经济条件下政府的主要职能是：经济调节、市场监管、社会管理和公共服务。

8. 提出我国经济是开放型经济，确认我国经济应实行对外开放。

9. 对资本、剩余产品价值、生产性劳动、资本积累、经济周期、虚拟经济等范畴进行了再探索，指出了其在市场经济条件下的一般性和在不同社会制度下的特殊性。

10. 对现代资本主义出现的新特点进行了研究，解释了在资本主义发展进程中出现的诸如经济全球化、区域化等新现象。

现阶段的政治经济学基本理论研究也存在一些问题：一是学术研究与现实政治、政策很难分开，以政治、政策代替学术研究和以学术研究代替政治、政策的问题都在一定程度存在；二是对马克思主义强调发展、创新不够和强调坚持、继承不够两种倾向都在不同程度上存在；三是从事基本理论研究的队伍亟待加强，研究的支撑条件需要进一步改善。

二、政治经济学研究的努力方向

1. 要进一步加强和深化对马克思主义基本理论的研究。在研究中，要着重做两个区分：一是区分哪是马克思原本的理论，哪是对马克思原本理论的发展；二是区分在马克思原本的理论中哪是马克思主义的基本立场、基本方法、基本观点，哪是马克思在特定历史条件下针对特殊制度、特殊事物做出的个别结论。

2. 要妥善处理继承和创新的关系。今天的政治经济学要继承马克思主义政治经济学是毫无疑义的，之所以要继承是因为马克思主义政治经济学是科学，它不仅揭示了人类经济制度变迁、市场经济发展的一般规律，也揭示了资本主义制度的特有规律，还包括马克思主义政治经济学科学的方法。但继承是基础，目的是创新，创新是一切科学发展的灵魂。关于政治经济学的创新，有两点需要明确：一是要创新但不可以取消。研究基本理论，以便为其他经济学科的分析提供理论基础和工具，是政治经济学义不容辞的责任，也是政治经济学的优势，对此必须坚持，任何试图取消或以别的学科取代政治经济学的主张都是不可取的。二是要坚持而不可守旧。政治经济学理论必须跟上甚至领先时代的步伐，否则政治经济学就谈不上为改革、发展实践提供理论指导和支持。

3. 要妥善处理马克思政治经济学和西方经济学的关系。马克思主义政治经济学是我国社会主义经济制度完善和经济建设的指导理论。同时也必须看到，西方经济学虽然有非科学的成分，但它毕竟也是人类智慧的结晶，其中也包含科学的成分，特别是它对市场经济有比较深入的研究，揭示了市场经济若干规律。所以要吸取、借鉴西方经济学的科学成分，丰富和发展马克思主义政治经济学。封闭的、一概排斥的态度是不可取的。

4. 培养基本理论研究队伍。马克思主义政治经济学基本理论研究的深化和对整个马克思主义理论体系的继承和发展，归根到底要靠专业人才，要建立一支既坚信马克思主义，又有真才实学、开拓进取的基本理论研究队伍。对这支队伍要从政治上、业务上、研究条件方面给予关心和支持。

造就一支高水平的
哲学社会科学队伍[*]

　　繁荣发展哲学社会科学，需要做的工作很多，其中加强队伍建设，是实现繁荣发展哲学社会科学总体目标的重要保证和关键环节。要造就高水平的哲学社会科学队伍，以下几方面非常重要。

一、要有明确的目标和要求

　　《中共中央关于进一步繁荣发展哲学社会科学的意见》提出，要按照政治强、业务精、作风正的要求，造就一批用马克思主义武装起来、立足中国、面向世界、学贯中西的思想家和理论家，造就一批理论功底扎实、勇于开拓创新的学科带头人，造就一批年富力强、政治和业务

　　* 本文是作者在教育部举办的学习《中共中央关于进一步繁荣发展哲学社会科学的意见》座谈会上的发言，发表于《求是》2005 年第 4 期。

素质良好、锐意进取的青年理论骨干。这是对哲学社会科学队伍建设目标的总体设计和高标准要求，是今后相当长时期内各级党的组织和哲学社会科学界在队伍建设方面的努力方向。

所谓政治强，就是在坚持为人民服务、为社会主义服务方向的同时，既能够深入地研究、准确地阐述、旗帜鲜明地坚持马克思主义的基本观点、基本立场、基本方法，又能够较好把握马克思主义与时俱进的理论品质，坚持用科学的态度对待马克思主义，在实践中创新和发展马克思主义。所谓业务精，就是理论功底扎实，学贯中西，能够为促进社会主义物质文明、政治文明、精神文明的协调发展，出学术精品、育优秀人才。所谓作风正，就是要有正确的世界观、人生观和价值观，能够坚持严谨治学、民主求实的学风，具有良好的学术道德修养。

政治强是哲学社会科学队伍建设的前提要求。我们要繁荣发展的哲学社会科学是为人民服务，为社会主义物质文明、政治文明和精神文明服务的哲学社会科学，只有政治强，才能有正确的方向。业务精和作风正是对哲学社会科学队伍建设的内在要求。哲学社会科学工作者担负着科学认识世界、传承文明、创新理论、咨政育人、服务社会的重要使命，没有真才实学，没有精湛的业务和良好的作风是不可能担负起这一使命的。更何况政治强最终也要通过精湛的业务和良好的作风表现出来，通过创造更多更好的成果和培养更多更好的人才来落实。

在全面建设小康社会、加快推进社会主义现代化建设的新的发展阶段，哲学社会科学工作者面对着新的时代课题，肩负着新的历史任务。要完成这样的任务，哲学社会科学工作者应该努力把政治强、业务精、作风正三者统一起来。

二、要高度重视对哲学社会科学人才的培养和使用

重视对哲学社会科学队伍的培养和使用，是整个社会特别是领导者义不容辞的责任。培养哲学社会科学人才，学校特别是高等学校当然是重要的方面军。同时，还必须在全社会形成重视哲学社会科学的氛围，树立全民学习、终身学习的理念，建立和完善学校、用人单位、社会相结合的多渠道、多层次的学习体系和人才培养体系。不如此，高水平哲学社会科学队伍的建设就缺乏广泛而坚实的基础。

要以能力为核心，加强对哲学社会科学人才综合素质的培养。社会实践是哲学社会科学人才成长的大课堂，要特别重视组织哲学社会科学工作者深入现代化建设的第一线，从改革开放和现代化建设的丰富实践中学习知识、吸取营养，提升创新能力。近些年来，一些单位有忽视深入实际的倾向，不少单位组织哲学社会科学工作者参加社会实践还没有形成制度，这是应该努力改进的。

要对哲学社会科学人才进行科学方法论的培养。掌握和运用科学的方法论是哲学社会科学人才必备的素养。加

强这方面的素养，不仅要学习马克思主义哲学，学习辩证唯物主义和历史唯物主义，还要学习和借鉴世界各国进行哲学社会科学研究的有效方法。与西方的哲学社会科学相比，我们有的学科并不落后，很有自己的民族特色，但具体的研究方法则有待发展和创新。以经济学为例，西方经济学中的实证分析法、数量分析法就有值得我们学习和借鉴的东西。为此，要努力创造条件，增加哲学社会科学工作者参加国外学术交流的机会。

要认真实施已经出台的"新世纪百千万人才工程"等国家重大人才培养计划、重大科研和建设项目、重点学科和科研基地建设工程以及国际学术交流项目，在充分发挥哲学社会科学专家个人积极性、创造性的同时，积极推进团队建设，建立开放、流动、竞争、协作的科学研究机制，努力改善工作条件，抓紧培养造就一批中青年哲学社会科学专家。

就使用而言，最主要的是两个方面。一是要树立科学的人才观，把品德、知识、能力和成就作为衡量人才的主要标准，不唯学历、不唯职称、不唯资历、不唯身份，鼓励人人都淋漓尽致地发挥聪明才智，都作贡献。二是建立以公开、平等、竞争、择优为导向，有利于哲学社会科学人才充分施展才能的用人机制。要肯于将改革开放和现代化建设实践中提出的重大问题交给哲学社会科学工作者去研究，虚心听取他们的意见，并适时地将他们的真知灼见和优秀成果运用于各项决策中，使哲学社会科学工作成为党和政府工作的"思想库"与"智囊团"，使哲学社会科学工作者的劳动与价值得到承认和实现。

三、要建立能够使优秀人才脱颖
而出、人尽其才的良好机制

当前，需要进一步建立和完善三个方面的机制：

首先，要建立和完善符合哲学社会科学规律的评价机制。如何客观地评价哲学社会科学成果和哲学社会科学人才，是急需解决的难题。大部分哲学社会科学学科与政治、意识形态联系非常紧密，所以在评价哲学社会科学成果和哲学社会科学人才时，往往由于人们的立场、观点和方法不同，得出的结论大相径庭。相对于人才的评价，对哲学社会科学成果的评价难度要小一些。若干年来，我们一直在不断地对哲学社会科学成果进行评价，但评价中也有一些值得注意和改进的地方，例如在各种评价和评奖中有时对标准把握不严，不正之风侵入；有时评价周期偏短，不利于鼓励精品的创造，等等。所以要进一步探索建立客观、科学、公正的评价机制，要防范不正之风侵蚀评价的各个环节。在评价过程中，要下力气研究哲学社会科学内部各个学科的特殊规律性，注重哲学社会科学成果的原创性，注重社会效应和实际价值，使评价工作有利于推动理论创新，有利于推动理论与实际结合，有利于推动哲学社会科学的繁荣。

其次，要建立和完善激励机制，对优秀的哲学社会科学工作者给予精神鼓励和物质奖励。要建立一种根据实绩进行奖惩的分配机制，对在哲学社会科学工作中做出突出成绩和重大贡献者，要予以重用和重奖。现在自然科学的奖励已比较规范，有国家级的"三大奖"等，但社会科学还缺乏这样的规范。是不是哲学社会科学没有或不能创造出够得上获大奖的优秀成果呢？显然不是，我认为诸如实践是检验真理的唯一标准、社会主义也可以搞市场经济等理论的突破，都够得上获国家大奖的资格。

再次，要建立和完善哲学社会科学的人才选拔和管理机制。就高校和科研单位而言，当务之急是要进一步改革和规范人事、职称制度，建立和完善科学的职称评聘体制。目前不少单位以发表文章和出版著作的多少为教师和研究人员年度考核的主要标准，并以此作为职称晋升的依据，其积极作用是可以促进教师和研究人员多出成果，并使成果多的教师和研究人员优先得到提升，其消极作用是有可能导致短期行为，助长浮躁学风，不利于鼓励那些需要长周期才能出精品、出重大成果的人才的成长。所以要进一步总结经验，深化改革，力求形成既能鼓励"十年磨一剑"出精品、甘坐冷板凳的精神，又能鼓励急现代化建设所急、出重大成果的客观公正的机制。

四、必须形成尊重劳动、尊重知识、尊重人才、尊重创造的良好氛围

我们党历来重视哲学社会科学，最近一些年，反复强调哲学社会科学的重要性，提出在改革开放和社会主义现

代化建设进程中，哲学社会科学与自然科学同样重要，培养高水平的哲学社会科学家与培养高水平的自然科学家同样重要，提高全民族的哲学社会科学素养与提高全民族的自然科学素质同样重要，任用好哲学社会科学人才并充分发挥他们的作用与任用好自然科学人才并充分发挥他们的作用同样重要。很明显，这种强调是针对以往在一定程度上存在的对哲学社会科学重要性、对哲学社会科学工作者重要作用认识不足甚至是错误认识的现象而言的。究竟是从什么时间开始、是什么原因导致上述认识的发生？这是需要认真反思和值得研究清楚的问题。

撇开意识形态的差异，从世界发展的趋势看，越是发达的国家和地区，对哲学社会科学人才的需求越是强烈，整个社会对哲学社会科学人才的培养也越是重视。而我国，由于经济社会发展所处的阶段，社会对自然科学和技术的需求特别强烈，也由于历次政治运动给哲学社会科学造成的负面影响不可能在短期内消除，所以尽管中央反复强调哲学社会科学与自然科学同等重要，但无论是在学校里还是在社会上，重视自然科学而轻视哲学社会科学的倾向仍然比较严重，至今仍有人不认为哲学社会科学是科学，不认为对哲学社会科学有加大财力物力支持的必要，在人才培养资源的配置上，哲学社会科学与自然科学仍然存在过大的反差。这种倾向严重地削弱了哲学社会科学对人才的吸引力和凝聚力，影响了哲学社会科学人才培养体系的建立和完善。

实际上，人类社会进步的历史反复证明，自然科学与社会科学是社会进步与发展的不可或缺的两个轮子，虽然二者对于经济社会发展的推动作用，有时是可比的，有时是不可比的，但二者都重要则是不言而喻的。例如，载人飞船上天，使我国跻身航天强国之林，思想的拨乱反正和改革开放使我们获得了长时期的经济快速发展；原子弹的成功爆炸大大增强了我国的国防力，社会主义也可以搞市场经济的理论突破使我们的经济体制发生了重大变革，从而为生产力的大发展提供了制度保障；汽车的发明使人类可以以车代步，一部传世文学名著使人获得永久的精神享受。从这些事例中能得出自然科学和哲学社会科学谁重谁轻的结论吗？显然不能。所以，应该像尊重自然科学知识一样尊重哲学社会科学知识，像尊重自然科学家一样尊重哲学社会科学家，像尊重自然科学家的劳动和创造一样尊重哲学社会科学家的劳动和创造，要把"四个同样重要"真正落到实处。中央一而再、再而三地强调繁荣发展哲学社会科学的重要性，我们应该来一次思想再解放，把一切对哲学社会科学的不正确的认识扫除干净。

必须看到，哲学社会科学工作者的劳动是一种复杂的创造精神财富的劳动。要尊重这种劳动，就必须贯彻百花齐放、百家争鸣的方针，努力营造生动活泼、求真务实的学术环境，提倡不同学术观点、学术流派的争鸣和切磋，提倡充分的批评与反批评。要鼓励大胆探索，最大限度地发挥广大哲学社会科学工作者的积极性和创造性，放手让一切知识、人才、智慧、精神资源的活力竞相迸发，汇成建设高水平哲学社会科学队伍的滚滚洪流。

　　繁荣和发展哲学社会科学必须以马克思主义为指导，这是毋庸置疑的。但如何将以马克思主义为指导和贯彻百花齐放、百家争鸣的方针有机结合起来还需要认真地总结和研究。应该承认，以马克思主义为指导也是一个与时俱进的探索过程。在以马克思主义为指导的探索过程中，切实贯彻"双百"方针，二者就可以紧密结合，相得益彰。积极提倡不同学术观点、学术流派的争鸣和切磋，将极大地促进和保证哲学社会科学的繁荣和发展。

政治经济学学科的现状和发展趋势[*]

政治经济学是马克思主义的重要组成部分。客观地估计政治经济学学科的现状，准确地把握政治经济学学科发展的趋势，是进一步发展政治经济学学科的基础。究竟怎样估计和把握政治经济学的现状和发展趋势？

一、要正视政治经济学遇到的挑战

政治经济学学科的发展，虽然取得了历史性的突破，主要表现在马克思主义政治经济学的基本原理、基本方法在我国改革开放和现代化建设实践中得到了继承和发展，形成了中国特色的社会主义经济理论，但当前也确实面临严峻挑战，主要是：一，高校中学习政治经济学的大学生在减少。许多学校管理类学科已不再把政治经济学作为专业核心课程，有的学校甚至经济学门类的专业也不开设政

* 本文发表于 2005 年 5 月 13 日《人民日报》。

治经济学。二，政治经济学对青年学生的吸引力在减弱，一些大学生对政治经济学学习兴趣远不如对西方经济学学习的兴趣高。三，由于接受教育的背景、知识结构、学缘结构的变化，教师中不少人对西方经济理论和方法比较熟悉而对政治经济学的理论和方法则不够熟悉，所以他们对西方经济学的偏好可能甚于对政治经济学的偏好。面对这样的状况，有的同志感到忧虑、不安，希望采取得力措施扭转这种趋势，有的则认为这是正常现象，趋势不可逆转。

二、要实事求是地分析政治经济学面临挑战的原因

上述政治经济学面临挑战的事实是客观存在的，出现这种状况的原因有国际国内环境的变化，也有政治经济学学科本身的问题。

从国际国内大环境看，20 世纪 80 年代后，社会主义出现挫折，有人对马克思主义能不能指导社会主义走向胜利产生疑义，政治经济学的科学性如何，不少人也产生疑问。这样的社会思潮，对高校，对大学生，不可能不产生影响，这种影响的直接结果就是降低了大学生学习政治经济学的热情。

从政治经济学本身看，尽管经济学界和广大教师付出了巨大的努力，推动了政治经济学理论体系和内容的创新，但这种创新，还需要进一步深化、系统和完善。特别

是要将理论创新转化为教学内容，还需要付出进一步的努力。毋庸讳言的是，在一些高校，由于种种原因，教材的水平、教师的水平还与同学的要求有较大的差距，教学效果也还需要进一步提高。

在这样的情况下，西方经济理论的大量传入，使年轻的大学生有耳目一新的感觉。特别是中国市场经济的发展和社会主义市场经济体制改革目标的确立，使学生感到西方经济学中关于市场经济运行的知识和对经济现象分析的方法更具有现实性和可操作性。这可能是大学生中产生对传统政治经济学的腻烦和对西方经济学感到新奇和渴望的直接的原因。

三、要坚定对政治经济学的信心

如上所列举的政治经济学遇到的问题和产生问题的原因，具有两面的效应：一方面，它使政治经济学的教学和传播遇到困难，降低了政治经济学的吸引力和对现代化建设的指导作用；但另一方面，它为政治经济学的发展和革新提供了压力、动力和机遇。前者是现象，后者是本质。

如果能够这样地认识问题，那么我们有充分的理由说，政治经济学学科发展的前景是令人乐观的，要坚定对政治经济学的信心。

为了支持这样的判断，可以做进一步的分析。

首先，我国改革开放和现代化建设对经济理论的需求从来没有像今天这样强烈，这为政治经济学的创新和发展提供了无比强大的动力。其次，对马克思主义政治经济学理论的检验和发展从来没有像今天这样坦诚和实事求是，这为政治经济学的创新和发展提供了广阔的前景。再次，对西方经济学理论的传播从来没有像今天这样充分，这为借鉴一切人类文明成果提供了极大的可能。

人类发展史表明，在经济社会急剧变革的时代，是最可能通过百家争鸣而出伟大理论和思想的时代。我国的改革开放和现代化建设事业日新月异，经济理论探索空前活跃，在这样的伟大时代，政治经济学一定会同其他哲学社会科学学科一起，实现历史性的突破和发展。

四、把握政治经济学发展的基本趋势致力推进改革创新

要实现政治经济学的突破和发展，关键是要把握其发展的基本趋势，致力推进改革创新。

古人云，历史潮流浩浩荡荡，顺之者昌，逆之者亡。顺政治经济学的发展趋势可以推动并实现其繁荣和发展，逆政治经济学的发展趋势只能阻碍其繁荣和发展。那么什么是政治经济学的发展趋势呢？

从我国经济社会发展的需求和学科的发展规律看，政治经济学在中国能否繁荣和发展取决于三个因素：一是能否继承和发展马克思主义政治经济学的基本原理和方法；二是能否借鉴和吸取世界人类一切文明成果包括西方经济学中的科学成分；三最根本的是能否解释我国生动活泼的

经济社会实践，为现代化建设提供理论支持和服务。这三点既体现政治经济学学科发展的基本趋势，也是致力于政治经济学改革创新的重要方向和措施。

首先，必须继承和发展马克思主义政治经济学的基本原理和方法。之所以必须如此，首先因为马克思主义政治经济学的基本原理和方法是科学，同时也因为我国是在共产党领导下实行的是社会主义制度，这是历史的选择，如果说国情这是最基本的国情。坚持共产党领导，实行社会主义制度，就必须以马克思主义为指导，这是写进国家的根本大法里的。坚持马克思主义为指导，当然包括以马克思主义政治经济学基本原理和方法为指导。对于马克思主义政治经济学原理和方法的继承和发展是并行不悖的，坚持是基础，创新是根本，确切地说是必须以发展的创新的马克思主义政治经济学指导我们的实践，这是政治经济学的生命力所在。

其次，必须借鉴和吸取世界人类一切文明成果，包括西方经济学中的科学成分。西方经济学以资本主义私有制是美好永恒为前提，其基本假定是不符合我国国情的，所以不可能成为指导我国经济建设实践的根本理论，但西方经济学对于市场经济运行的许多分析及得出的理论，包含有科学的成分，西方经济学对于经济运行分析的一些方法，是自然科学方法在经济学中的应用，便捷可行，所以借鉴和吸取这些科学的成分和方法，为我所用，丰富和发展我国的政治经济学，是有益无害的。目前对西方经济学的学习及引进，既有不够的方面，表现在对多种学派的理论全面介绍分析不够，不少学者对西方经济学知之甚少，由此导致不能够有效地批判吸收；也有盲目崇拜、照抄照搬的问题，表现为有些学者并未弄懂西方某种理论的针对性，假定前提，而随意应用，有的甚至以玩弄一些词句为时髦，这是害人害己害国的恶劣学风。对这两种倾向，必须客观地分析，正确地引导，予以纠正。

最后，必须坚持从我国实际出发，紧紧围绕我国改革开放和现代化建设实践，坚持理论为实践服务，创新和发展政治经济学。政治经济学是实用的科学，政治经济学要保持旺盛的生命力，为广大青年学生和民众所渴求，归根结底在于它能够适应实践发展的需要，指导实践的发展。所以，无论是继承和发展马克思主义政治经济学的基本原理和方法，还是借鉴和吸取世界人类一切文明成果，包括西方经济学中的科学成分，都要从我国实际出发，与我国的实践相结合，为我国现代化建设服务。我国正在进行的中国特色社会主义建设实践，是史无前例的实践，伟大的实践会产生伟大的理论，坚持以马克思主义为指导，充分吸收人类一切文明成果，在实践中创新，在服务中创新，政治经济学一定会实现新的突破，成为指导我国现代化建设的实用之学。

对政治经济学学科、教材建设中
一些重大问题的认识[*]

在最近几年政治经济学学科、教材建设中，遇到一些重大的问题，有一些认识，与大家交流。

一、关于政治经济学学科和课程的定位

政治经济学作为一门科学、一个学科、一门课程，在学科发展和现代化建设中究竟具有什么作用，应该如何定位？这涉及如下两个问题：一是在我们国家要不要有一门经济学类的学科、一门经济学类的课程为整个经济学科乃至整个国家经济发展和经济改革提供基本理论指导和支撑；二是政治经济学是否可以和是否能够充当为整个经济学科乃至整个国家经济发展和经济改革提供基本理论指导

* 本文发表于《经济学动态》2006 年第 1 期。

和支撑的角色。

对这两个问题，我认为都应该给予肯定的回答。

关于第一个问题。一个国家，一种经济制度，其经济的运行和发展，经济管理体制的选择和建设，经济制度的改革和完善，总要有基本的经济理论做指导。否则，这个国家、这种制度的发展和完善，就会显得肤浅，短视，缺乏根基。所以，世界上发达国家尽管很重视应用学科的发展和应用研究，但几乎从来也不忽视基础理论学科的发展和基础研究，发展中国家也大致是这样。以美国为例，美国的经济学学科、专业很多，分支、流派很多，但这并没有排除在不同的历史时期有一门学科、专业和课程为它们提供最基本的理论支持。目前正在美国各高校流行的以新古典综合为特征的经济学大致就充当了这样的角色。萨缪尔森和诺得豪斯合作撰写的在世界流传甚广的《经济学》是有代表性的教科书之一。

我国正在进行的现代化建设和改革开放，是前无古人的伟大事业，中国特色社会主义经济的建设，需要科学理论的指导。这样的科学的经济理论无疑可以由许多不同的学科去探索，去提供，但一些带有总体性、根本性、基础性、战略性的理论，如果由一门学科和课程去相对集中地研究，显然会更有效，因而也是极其必要的。一个国家、一个民族、一种经济制度，不可以没有基本的、基础的经济理论的支撑。没有对基础经济理论研究和传授的民族和经济制度，不可能实现长期持久的发展和长治久安。加强对基础理论经济学科和课程的建设，关系到国家的长期经济发展和兴旺，具有战略意义。

关于第二个问题。在我国，按照国务院学位办和国家教育主管部门 1997 年和 1998 年的对学科和专业的划分，研究生层次的经济学学科包括理论经济学和应用经济学两个一级学科和下设的 16 个二级学科，其中，理论经济学含的二级学科有：政治经济学、经济思想史、经济史、西方经济学、世界经济、人口资源与环境经济学；应用经济学包含的二级学科有：国民经济学、区域经济学、财政学、金融学、产业经济学、国际贸易学、劳动经济学、统计学、数量经济学和国防经济。本科层次的经济学门类包括经济学、国际经济与贸易、财政与税务、金融与保险以及统计学。学科的划分无疑还会随实践和科学的发展而变更，但就现在的情况看，很显然，除了政治经济学和经济学之外，其他学科和专业要么不能够全面反映中国的国情，要么局限于经济理论的某个侧面，要么历史感很强而现实性不足，而真正可以充当为整个经济学科乃至整个国家经济发展和改革提供基本理论指导和支撑角色的学科，研究生层次当属政治经济学，本科层次当属经济学。而在我国乃至西方，政治经济学和经济学在很大的程度上是同义语。

当然，说政治经济学（或经济学）是应该和可以充当为整个经济学科乃至整个国家经济发展和改革提供基本理论支撑的学科和课程，并不等于说现在的政治经济学学科和课程不经进一步发展和建设就可以完全承当如此神圣的责任，相反，既然政治经济学学科和课程责任如此重大，所以必须加强其建设和改革，包括学科建设、课程建设，教材建设、队伍建设，课程内容改革、研究对象和方法改革等等，使其不断提高其科学性和适应性，成为名副其实的经世济邦之学。

二、关于政治经济学的中国化和
建设中国经济学

政治经济学作为学科和课程的名称，不是我们的创新，而是西方的发明。最早使用政治经济学提法的是法国重商主义的代表人物安·德·蒙克来田。到 17 世纪中叶以后，随着资本主义的迅速发展，英国古典政治经济学有了长足的发展。到 19 世纪中叶，马克思批判性地继承英国古典政治经济学的科学成分，创立了马克思主义的政治经济学。到 20 世纪初叶，随着社会主义制度的建立，列宁进一步继承并发展了马克思主义的政治经济学。我们今天作为学科和课程建设的政治经济学，其根基是马克思主义政治经济学。

随着实践和学科的发展，现在首先提出的一个问题是，马克思主义政治经济学要不要中国化？这是一个由历史已经做出回答了的问题。马克思主义政治经济学是马克思主义的重要组成部分，而马克思主义必须与中国的实际相结合才能够指导中国革命和建设取得胜利，这是已为实践所证明了的。历史和实践都告诉我们，如果没有毛泽东为代表的第一代共产党人将马克思主义基本原理与中国当

时的实际相结合，走农村包围城市最后夺取城市的道路，
就不可能有中国新民主主义革命的胜利和新中国的诞生；
如果没有邓小平为代表的第二代共产党人将马克思主义基
本原理与中国实际相结合，走中国特色社会主义的建设道
路，就不可能有今天改革开放和现代化建设的巨大成就。
所以，马克思主义政治经济学要中国化应该是不争的结
论。马克思对于要把他的理论与发展了的实际相结合，一
开始就有明确的论断。马克思讲："正确的理论必须结合
具体情况并根据现存条件加以阐明和发挥。"① 列宁根据
革命和建设的实践经验，指出："……马克思主义的精
髓，马克思主义的活的灵魂：对具体情况作具体分析。"②

　　实践提出的另一个问题是，改革开放以来大量引进的
西方经济学理论要不要中国化？这是一个尚待严肃回答的
问题。随着社会主义市场经济的发展和改革开放的深入，
西方经济学理论被大量的介绍和引入。相对于过去对西方
经济理论一概排斥的状态，这无疑是一个进步。但相应需
要明确的问题是，当西方经济学理论要用于中国实践时，
也必须中国化。道理是明显的，西方经济学，虽然包含着
反映市场经济和社会化生产一般规律的理论，但这些理论
基本都是在私有制发达市场经济条件下得出的，保护和完
善资本主义经济制度，是西方经济学理论既定的前提，所
以当把这些理论用于指导中国社会主义经济发展的实践

---

① 马克思：《马克思恩格斯全集》第27卷，人民出版社1972年版，第433页。
② 列宁：《列宁全集》第39卷，人民出版社1995年版，第213页。

时，如果完全地照搬照转，要么会导致社会主义市场经济的发展偏离社会主义的方向，要么会因为经济条件的不同而造成失败或损失。不管那一种结果，都是与我们引进和学习西方经济学理论的初衷相背离的。因此，对于西方经济学，也同样需要中国化，用其所长，弃其所短。

马克思主义政治经济学要中国化，西方经济学也要中国化，这是否意味二者可以等量齐观呢？决不是。马克思主义政治经济学中国化是要把马克思主义基本原理、基本观点、基本方法与中国的实际相结合，发展和创新马克思主义并使之成为指导中国社会主义改革和建设的根本思想和根本理论，以保证中国的经济沿着社会主义的方向健康协调地发展。而西方经济学的中国化是要根据中国的实际对西方经济学理论去粗取精，借鉴、学习其对我有用的东西，而弃其对我没有用的东西，学习借鉴的目的是为我所用。前者是指导，后者是借鉴，二者是有原则性区别的。至于为什么做出这样的结论，其道理我在已经发表的文章中不止一次地进行了论述，这里恕不赘述。①

马克思主义政治经济学要中国化，西方经济学要中国化，其落脚点是要建立中国特色的政治经济学或简称为中国经济学，并为中国特色社会主义建设提供理论指导和支持。而要建立中国经济学，归根结底要在马克思主义指导下努力进行中国特色社会主义经济建设的实践，在实践中

---

① 《政治经济学的现状和发展趋势》，2005 年 5 月 13 日《人民日报》；《论政治经济学的继承和发展》，2003 年 8 月 3 日《光明日报》。

丰富和发展马克思主义政治经济学，在实践中检验和借鉴西方经济学。这是摆在一切经济学理论工作者面前的重要任务。应该说，中国经济改革和发展的实践是极其丰富的，中国经济取得的成就是世界瞩目的，我们完全具有建立中国经济学的客观有利条件。而我们已经做出的努力和取得的重大进展，也已经为此奠定了良好的基础。只要继续坚持正确的方向，付出坚持不懈的努力，一门揭示中国特色社会主义经济制度基础和运行规律的中国经济学一定会呈现在人们面前。

要建立中国经济学，目前需要注意的是要防止和克服两种教条主义的倾向。一种是对马克思主义政治经济学的教条主义倾向，其最主要的表现：不是根据变化了的经济条件，去理解、运用和发展马克思主义的政治经济学基本原理和基本方法，而是机械地坚持马克思主义政治经济学的一些针对某些特定条件得出的结论；不是把马克思主义作为指南，去分析和解决社会主义生动活泼实践中提出的问题，而是把马克思主义作为条条框框。这种倾向其实是早为恩格斯和列宁所反对过的，在今天我们建设中国特色社会主义过程中必须坚决地予以克服。恩格斯说："马克思的整个世界观不是教义，而是方法。它提供的不是现成的教条，而是进一步研究的出发点和供这种研究使用的方法。"[①] 列宁说："马克思和恩格斯多次说过，我们的学说

---

① 恩格斯：《致威·桑巴特》（1885 年 3 月 11 日），《马克思恩格斯选集》第 4 卷，人民出版社 1995 年版，第 742—743 页。

不是教条，而是行动的指南，我想我们应当首先和特别注意这一点。""我以前说过，现在还要再三地说，这个学说不是教条，而是行动的指南"。[①] 另一种是对西方经济学的教条主义倾向，其最主要的表现是：不注意分析西方经济学理论的假定前提和对经济条件的适应性，而是照抄照搬，似乎西方经济理论"放之四海而皆准"；不下气力区分哪些是对我们有用的理论，要认真吸收，哪些是对我们没用的理论要坚决抛弃，而是盲目推崇，照抄照搬。这种倾向也是极其有害、必须坚决加以克服的。[②]

三、关于政治经济学范畴、内容的继承和创新

由于中国的革命是以马克思主义为指导取得胜利、社会主义经济制度是以马克思主义为指导建立的，社会主义经济建设和现在正在进行的以完善社会主义制度为目的的改革也是以马克思主义为指导进行的，所以我们今天要建设的政治经济学或曰中国经济学，只能是以马克思主义政治经济学为主体的政治经济学。马克思主义政治经济学本质上是发展的科学，所以在建设中国经济学的过程中，就必须妥善处理继承和创新的关系。

所谓继承，从原则上说，首先是继承马克思主义政治经济学的基本原理和基本方法，同时还要继承全人类的文

---

①　列宁：《列宁全集》第35卷，人民出版社1995年版，第129页。

②　关于反对两种教条主义，陈奎元曾有论述：《繁荣发展中国特色的哲学社会科学》，人民网2004年4月21日。

明成果。所谓创新就是要在继承马克思主义政治经济学基本原理基本方法和吸收人类一切文明成果的基础上，根据变化着的实践，抛弃不符合客观实际情况的认识和理论，而提出更加符合时代和实践发展要求的科学理论和观点。在继承和创新的关系上，继承是基础，创新是目的。

　　具体说，在政治经济学的继承与创新上，以下几个方面是需要特别给予重视的。

　　1. 加强政治经济学的基本范畴的创新。基本范畴的继承和创新是政治经济学继承与创新的重要方面。政治经济学的范畴大致可以分为三类：一类是在马克思主义政治经济学中已经使用，现在又可以完全继承的范畴，如生产关系、生产力、生产方式、商品、货币、抽象劳动、具体劳动、社会劳动、个别劳动、周转、循环、社会再生产、竞争、价格等等。这些范畴虽然在不同的经济制度下也反映不同的经济关系，但它们基本是反映社会化大生产和商品经济一般规律的范畴，所以在分析资本主义经济时可以用，在分析社会主义经济时也可以用。另一类是在马克思主义政治经济学中未曾使用，但随着时代和实践的发展，需要从西方经济学中借鉴或完全创新的范畴。从西方经济学中借鉴的，如社会总供给、社会总需求、二元经济、供给管理、需求管理、时滞、预期、金融深化、混合经济等等。需要从我国实际出发完全创新的，如社会主义市场经济、中国特色经济、社会主义初级阶段、家庭联产承包责任制、国有资产保值增值、经济过热、宏观调控、转变政府职能等等。上述这些范畴，无论是从西方经济学中借鉴的还是我们自己创新的，都是分析我国社会主义经济所必需的。还有一类范畴是在马克思主义政治经济学中被认为是只适应于分析资本主义经济制度、体现资本主义生产关系，但现在根据社会主义发展着的实践看也具有一般性的范畴，如资本、工资、利润等。对于这些范畴，马克思曾一针见血地说："资本不是任何物，而是一定的、社会的、属于一定历史社会形态的生产关系"，"是资产阶级的生产关系，是资产阶级社会的生产关系。"① 但是，随着我国社会主义市场经济的发展，在实践中，资本作为生产要素已经是不争的事实。那么资本以及与之相关的利润等是否还只能被作为与资本主义经济关系相联系的范畴呢？显然认识是需要发展的。实际上现在看来，资本等作为经济学范畴，也具有两重性：一方面它们作为与市场经济一般相联系的范畴，例如作为生产要素，具有一般性，只要是市场经济不管社会经济制度如何，都要发挥资本作为生产要素的作用；另一方面，它们作为与经济制度相联系的范畴，在不同的经济制度下反映不同的生产关系。马克思所处的时代没有社会主义市场经济的实践，所以马克思认为资本等是资本主义特有的范畴，这是合乎当时事实的。在今天发展社会主义市场经济已成为人们的共识，理论认识也应该发展，资本等范畴也可以作为分析社会主义经济的范畴应该不存在问题，当然，在社会主义条件下，这些范畴体现的是社会主义的经济关系，这与资本主义条

---

① 马克思：《雇佣劳动与资本》，人民出版社 1965 年版，第 26 页。

件下是不同的。

以上三类范畴，无论是完全对马克思主义政治经济学范畴的继承，对西方经济学的借鉴，还是我们自己的创新，都反映出我国在建设政治经济学的进程中取得的可喜进展。但这些进展，与时代和实践的发展要求相比，与政治经济学的建设和发展的要求比，还有很大的差距，这是人们对现在的政治经济学学科建设和教材建设不甚满意的重要原因之一。需要指出，没有科学的基本范畴，是难以建立科学的理论体系的，因此，在今后政治经济学教材的建设中，还需要在基本经济范畴的继承和创新上做出进一步的努力。

2. 重视关于资本主义的新变化和中国社会主义经济制度建立的史前史的研究。马克思主义政治经济学的主要内容是通过对资本主义生产方式的产生、发展及其基本矛盾的分析，揭示资本主义为社会主义代替的客观趋势。社会主义经济制度从根子上说，是在马克思主义指导下，遵循马克思主义政治经济学所揭示的这一客观趋势而建立的。所以，即使今天要把马克思主义政治经济学中国化，建立中国特色的经济学，也仍然要把马克思主义政治经济学中对资本主义经济的分析的基本原理、基本方法和基本结论充分地继承下来。这是中国特色经济学的理论根基，是与西方经济学的根本区别。这也是为什么现在的政治经济学，要把马克思主义政治经济学对资本主义经济制度的分析作为重要内容的重要原因之一。

但是，我国的社会主义制度建立的历史背景与马克思预见的社会主义建立的背景有较大的差异。同时，我国的社会主义制度建立之后，要长期与正在发展变化着的资本主义并存、竞争与合作。所以，中国化的政治经济学就必须重视对中国社会主义经济制度建立的史前史的分析和对当代资本主义新变化的分析。重视对中国社会主义经济制度建立的史前史的分析，主要是要对中国建立社会主义经济制度的特殊国情加强分析，通过分析，不仅要明确地回答中国在半封建半殖民地的基础上建立社会主义制度的必要性、现实可能性，而且要明确地讲清楚在经济文化落后的国情下建设社会主义的长期性、艰巨性和曲折性。通过这些分析，可以大大地提高政治经济学的实在性、科学性和说服力。重视对当代资本主义的新变化的分析，主要是要对第二次世界大战以后资本主义的新变化、新发展加强分析，通过分析，不仅要坦率地承认资本主义生产关系还可以通过自我调整而容纳生产力的发展，并揭示资本主义生产关系自我调整和生产力发展的原因，同时要揭示社会主义代替资本主义是一个长期曲折的过程，既要坚定信念，又要脚踏实地地发展社会主义经济，提高综合国力，把社会主义建设好完善好。通过这些分析和研究，也可以大大提高中国特色经济学的说服力和科学性。

应该指出，无论是对中国社会主义经济制度建立的史前史的研究，还是对资本主义的新变化的分析和研究，目前做的都还不够，重视并加强这些分析和研究，是建设中国经济学的重要任务。

3. 加强对中国特色社会主义经济的研究。中国特色社会主义经济是马克思主义政治经济学中国化和中国经济学研究的最主要内容。实践的发展已经为开展对中国特色社会主义经济研究提供了相当雄厚的基础。中国特色经济的内容是极其丰富的：社会主义市场经济探索的实践和理论的形成，经济体制从计划经济向市场经济的转型和为促进这种转型而进行的改革，社会主义初级阶段的探索和理论的提出，公有制为主体多种经济共同发展的社会主义初级阶段基本经济制度，按劳分配为主多种分配方式并存的社会主义初级阶段的分配制度，特殊的市场发育和市场体系的形成过程，中国经济与世界经济的融合和中国应对经济全球化的实践，政府职能的转变和宏观调控，等等，所有这些，都是马克思未曾见到的实践。把这些丰富的实践进行理论的抽象和概括，是历史赋予中国经济学的使命。对此使命的完成将是中国经济学对丰富马克思主义政治经济学、对全人类的重要贡献。

现在摆在我们面前的一个令经济学界汗颜的问题是，中国经济的崛起，几乎是世界公认的事实，中国经济对世界经济发展的贡献也是有目共睹的，但相形之下，中国经济理论、中国经济学在世界范围内尚没有与这种事实相匹配的地位。这是政治经济学学科建设和经济学教材建设真正需要严肃思考和努力改变的问题。

四、关于政治经济学的体系结构

相对于内容而言，政治经济学的体系结构安排是第二位的。但一个科学的体系结构，显然是一门学科和一部高质量教材所必需的，它有利于科学理论的展开和表述，有利于科学理论的传播和为公众所掌握。

在政治经济学的体系结构安排的探索上，我国大致经历了三个阶段：

20 世纪 80 年代之前，政治经济学在体系结构安排上基本是资本主义部分（包括帝国主义）和社会主义部分，资本主义部分是马克思《资本论》的体系，社会主义部分受苏联教科书的影响很大，讲若干经济规律。

20 世纪 80 年代到 90 年代，政治经济学体系结构虽然继续沿用资本主义部分和社会主义部分的划分，但在社会主义部分有了突破性进展，表现在加强了对经济运行、经济发展的研究，出现了按经济制度分析、微观、宏观经济运行分析和经济发展研究的结构体系。

20 世纪 90 年代末到 21 世纪初，政治经济学的体系结构安排有了更新的突破，表现在尝试改变资本主义部分和社会主义部分两部分的划分，而探索一种新的结构体系。又有几种情况：一种情况是，"打通资本主义两阶段和资本主义、社会主义两部分的传统理论框架，按照一般到具体、本质到现象的逻辑，从商品一般开始，沿着基本经济制度、经济运行和经济发展的顺序，建立浑然一体的篇章结构和体系。"① 另一种情况是，依据马克思《资本论》体系和政治经济学六分册体系，建立"五过程

---

① 张维达主编：《政治经济学》第 1 版前言，高等教育出版社 2000 年第 1 版。

体系"，即直接生产过程、流通过程、生产总过程、国家经济过程和国际经济过程。① 还有一种情况是，按照从一般到特殊、从抽象到具体的表述方式，把政治经济学分为三篇，第一篇集中阐述政治经济学的基本范畴、基本原理、基本观点，这是研究过程中经过抽象的结果，是政治经济学理论一般，第二篇、第三篇分别阐述资本主义经济和社会主义经济，特别是中国特色社会主义经济，这是从抽象到具体，是政治经济学理论特殊。②

　　我是主张第三种情况的，这种主张在我参与主编的由全国 14 所高校编写的《政治经济学》教科书中得到了体现。之所以主张将政治经济学体系结构从一般到特殊、从抽象到具体分为三篇，主要出于以下考虑：第一，把政治经济学一般原理抽象出来单独设篇，有利于区分哪些是马克思主义政治经济学的基本原理、基本观点，哪些是马克思主义经典作家针对特殊情况得出的具体结论，有利于有效地判断对于马克思主义政治经济学理论应该坚持什么，发展什么。第二，有利于突出对中国特色社会主义经济的分析和论述。社会主义经济制度建立比资本主义经济制度的建立晚得多，其经济发达程度也具有明显的后发性。在这样的情况下如果在同一问题的分析中，把资本主义经济和社会主义经济先后放在一起，会遇到较大的困难，也不利于社会主义经济分析的充分展开，处理不好还会造成社会主义不如资本主义的错觉。第三，从一般到特殊，从抽象到具体的体系结构安排，合乎政治经济学作为一门科学的表述规律。马克思在谈到《资本论》的研究方法和表述方法时说："在形式上，叙述方法必须与研究方法不同。研究必须充分地占有材料，分析它的各种发展形式，探寻这些形式的内在联系。只有这项工作完成以后，现实的运动才能适当地叙述出来。"① 马克思主义政治经济学的这种研究和表述的方法实际上构成了两条道路："在第一条道路上，完整的表象蒸发为抽象的规定；在第二条道路上，抽象的规定在所谓行程中导致具体的再现。"② 把政治经济学一般理论从对资本主义经济和社会主义经济的分析中抽象出来作为第一篇，而后再从一般理论到资本主义经济和社会主义经济的具体，就是马克思主义政治经济学方法的运用。

　　当然，不管现有的哪种体系结构的安排，都是一种探索，都还需要进一步完善，例如是否可以设四篇或更多篇，在上述三篇的基础上将国际经济关系、国家作用等独立出来进行分析，都是可以讨论和尝试的。只要有利于内容充分合理表述的体系结构就是值得肯定的体系结构。

① 马克思：《资本论》第 1 卷，人民出版社 1975 年版，第 23 页。
② 《马克思恩格斯选集》第 2 卷，人民出版社 1995 年版，第 18 页。

论经济学理论的进一步创新[*]

创新是一个国家进步的灵魂。经济学理论的创新，关系到我国改革开放和现代化建设事业能否取得持续地成功，关系到我国国民经济能否持续协调健康地发展。所以，本文拟专门谈谈我国经济学理论的创新。

一、改革开放现代化建设的实践呼唤
经济学理论的进一步创新

"十一五"期间，我国正处于改革开放和现代化建设的关键时期。人类社会发展进程反复证明，伟大的实践需要科学的理论指导，而科学理论的产生和进一步创新又依赖于实践的发展。

新中国成立 50 多年来，特别是改革开放 20 多年来，我国的经济发展取得了巨大的成就。作为一个拥有 13 亿

---

* 本文发表于 2006 年 2 月 28 日《光明日报》。

人口的发展中国家，初步解决了温饱问题，实现了人均国民生产总值突破 1000 美元的飞跃，国民经济较长时期内以年均 9% 以上的速度快速增长；经济体制经历了计划经济的曲折探索和改革，有序地实现着向市场经济的转型，社会主义市场经济体制的框架初步建立；粗放型的经济增长方式开始向集约型的增长方式转变，在国际经济复杂动荡的背景下，国民经济基本保持着协调健康发展；对外开放日益扩大，外贸进出口总额迅猛增长，一个曾经封闭、半封闭的中国日益融入世界市场经济体系中。作为 20 世纪一个重要标志的中国经济改革和发展，上述的成就对世界产生了并正在产生着重要影响。这是一个不容置疑的事实。

中国经济发展的实践，为经济学理论的创新提供了难得的条件。与中国经济发展的实践相匹配，我们经济学理论有了长足的前进，提出了：我国正处于社会主义初级阶段的理论；发展社会主义市场经济建立社会主义市场经济体制的理论；社会主义初级阶段基本经济制度、分配制度的理论；建立统一的市场体系的理论；以科学发展观统领经济社会发展的理论；等等。但是，与时代和实践的发展要求相比较，经济学理论的滞后和落后仍是不容忽视的问题。我们需要给予已经发展的丰富实践以更加科学的理论解释，中国经济学理论也应该走向世界，像经济发展的实绩一样在世界范围内产生更加重大的影响。

时代和实践的发展是无止境的，理论的创新也不应该停止在一个水平上。毋庸讳言的是，在我国前进的道路上，多年来积累的深层次的和一些新生的矛盾纠缠在一起，也开始凸现出来，我们仍面临着一系列新的挑战和问题。国有企业改革仍处于攻坚阶段，如何从体制上、机制上保证国有经济发挥足够的作用和活力仍是亟待解决的难题；农民失去土地引起的经济社会矛盾加剧，农村问题、农业问题、农民问题将是较长时期困扰我国的突出问题；收入差距拉大、贫富悬殊影响着人们对改革和社会的态度和信心；消除贫困、扩大就业将是长期的重任；资源、能源、环境的严重制约，将对国民经济的可持续发展构成长期的威胁；金融安全问题、核心技术的自主创新问题、对外开放中的贸易摩擦问题等等也将长期构成对我国经济的严峻挑战。这些问题如不能从理论与实践的结合上妥善解决，必将对我国改革开放、现代化建设造成严重影响。改革开放和现代化建设实践的发展，呼唤着经济学理论的进一步创新。适应时代和实践的要求，进一步解放思想，开拓创新，探索既适合于中国国情，又能反映经济学最新发展的理论是摆在经济学理论工作者面前的一项重大任务。

二、坚持实践第一努力实现经济学理论进一步创新

要实现经济学理论的创新，有两个问题需要明确：一是必须坚持实践第一的观点，实事求是，一切从实际出发；二是必须坚持以马克思主义为指导，充分吸收人类文明的一切优秀成果，包括西方经济学理论的优秀成果。

　　之所以必须坚持实践第一的观点，实事求是，一切从实际出发，是因为，我们要进一步创新的经济学理论，必须是对实践有指导作用，能够引领实践健康发展的理论，而这样的理论只能从实践经验中总结，并在实践中受到检验和发展。书本的知识，前人的经验和理论成果是重要的，没有这些知识和理论，一切从头开始，也很难实现进一步创新，但这些知识和理论只是已有的理论，它可以为我们进一步创新经济学理论提供基础和借鉴，但却代替不了理论的进一步创新。所以归根结底，理论的进一步创新只能源于实践并随实践的发展而深化。

　　坚持实践第一的观点，一切从实际出发，首先是要从我国的实际出发。我国有自己特殊的历史、特殊的文化、特殊的国情、特殊的经济制度，只有对这些"特殊"吃准吃透，才可能做到一切从实际出发。我国正在进行的以建立和完善社会主义市场经济体制为目标的改革开放和以全面建设小康社会为目标的现代化建设事业，是前无古人的伟大实践，只有投身这样的实践并善于从这样的伟大实践中吸取营养，才可能总结出伟大的理论，实现经济学理论的进一步创新。而这一点，几乎是世界上其他任何国家所不可比拟的。中国的经济学工作者，处于这样的时代，这样的国家，得天独厚，应该为经济学理论的进一步创新做出世界性的贡献。基于此，我们应该多一些自信和自豪，而完全不必凡事跟在别人后头跑，甚至妄自菲薄。当然，强调首先是要从我国的实际出发，并不排斥从世界的实际出发。我们处于一个开放的时代，经济全球化和区域化是世界发展的潮流，在这样的时代，不了解世界，也就不能很好地研究中国，所以一切从实际出发，也要从世界的实际出发。

在坚持实践第一，一切从实际出发的同时，之所以还必须坚持以马克思主义为指导，充分吸收人类文明的一切优秀成果，是因为我们要发展的经济是中国特色的经济，要完善的经济制度是中国特色的社会主义制度，这也是中国的实际。如果不从中国的这样的实际出发，不坚持以马克思主义特别是发展了的马克思主义为指导，就不可能探索到为完善这样的制度和发展这样的经济有用的理论，也就不可能真正地实现经济学理论的创新。当然，强调坚持以马克思主义为指导，并不排斥要认真学习和借鉴人类文明的一切优秀成果，特别是西方经济理论中的科学成分，但显然学习不是照搬，借鉴不是以后者代替前者。

三、增强社会责任感为中国经济学理论的进一步创新作贡献

实现经济学理论的进一步创新，经济学理论工作者负有重要的责任。而要实现这样的目标，经济学理论工作者必须增强社会责任感，为此而做出应有的贡献。

首先，要把为最广大人民谋根本利益作为经济学理论创新的出发点和归宿。经济学工作者要为人民服务，这是一种神圣的社会责任。为人民服务，最根本的就是研究问题和判断问题要代表最广大人民的利益。无疑经济学工作

者应该尊重事实，尊重规律，尊重科学，力求客观公正，但由于人们所处的社会地位不同，而社会存在往往决定人们的思想，所以同是经济学工作者，面对同样的客观事实，往往得出不同的甚至完全相反的结论。在经历了对改革开放现代化进程中若干重大问题如资本市场的发育和完善、国有企业改革改制中的国有资产保值增值、一部分人先富起来和缩小收入分配的差距等等的争论之后（这些争论应该说是正常的，有不同观点也是正常的），社会上有人对经济学家的屁股坐在哪里甚至良心何在颇多微词，这实际上涉及经济学家研究问题的出发点和落脚点。在当前我国正处于经济体制转型、人均收入突破 1000 美元、社会各阶层利益关系发生急剧变动的阶段，经济学工作者要寻求真理，实现经济学理论的进一步创新，要特别注意为最广大人民谋利益的问题。目前，工人农民等广大人民群众仍是社会的主人和主体，我们应当注意多研究那些与他们利益最为休戚相关的问题，这应该成为中国经济学工作者的共同责任，任何时候、任何问题上都不能动摇。这个问题解决好了，经济学理论的进一步创新就有了牢固的根基。温家宝总理在回答记者提问时曾经引用过一位经济学家的话说：如果你懂得了穷人的经济学，那么你就会懂得经济学当中许多重要的原理。这在某种程度上讲的也是经济学家的立场问题。

其次，要树立良好的道德规范和学风。说到道德规范和学风，目前谈论比较多的是不能剽窃，不能造假。其实，严格说这不是对经济学工作者的特殊要求，而是对每个人做人的基本要求。由于经济学工作者担负着更高的社会责任，所以对经济学工作者的要求应该更高，例如要有引领社会、经济健康发展的责任感，要能艰苦创新诚实地劳动，要有为科学、真理献身的精神等等，特别是最需要强调的是，经济学工作者要有科学的态度，要坚持实事求是，不能瞎说，不能跟风。一个人的认识由于受到种种局限可能有偏颇，不全面，但要尊重事实，尊重科学，尊重规律。而要做到这一点，就必须眼睛向下，深入实际，对生动活泼的改革开放和现代化建设的客观实际多看一点，看全一点，这是对经济学工作者的最重要的要求。由于多种原因，现在的经济学工作者在学院里、书斋里、网络里、书本上做学问的倾向比较严重，这是需要改变的。中国的经济社会变革如此迅猛，经济发展的实践如此丰富多彩，如果不深入实际，就跟不上实践的步伐，就更谈不上理论进一步创新。所以要想方设法走出学院，走出书斋，走出网络，走出书本，到实践中去，到广大人民中间去，到改革开放第一线去。对此，我有一点粗浅体会，近些年，我曾利用假期或出差的机会，深入到边远的农村，西部的草原、地下的 600 米矿井，到农民、牧民和工人中间学习、调查，当然也频繁地到经济发达的地区和改革开放的前沿，所见所闻，不仅使自己的感情发生了变化，而且更加丰富了自己经济学研究的内容和领域，所得收益是在书斋里不可比拟的。对此，我们年轻的同志应该向老一代经济学家学习，他们学识广博，实践经验丰富，但仍然深入实际不止，重视调查研究，因而每到国家经济发展的关键时刻，总能提出真知灼见，这种精神是我们在经济学理论的进一步创新过程中应该好好发扬的。

最后，要加强学习。要实现经济学进一步创新，学习是重要的，除了向实践学习外，经济学工作者也要重视学习马克思主义基本原理和基本方法特别是中国化的当代马克思主义，学习世界上一切特别是西方发达国家为我有用的经济学理论和知识。学习马克思主义特别是中国化的当代马克思主义是为了为经济学的创新提供根本的指导思想，学习世界上一切为我有用的经济学理论和知识是为了借鉴人类文明优秀成果，为我所用，发展自己。应该看到，在我们目前的经济学工作者队伍中，既懂马克思主义经济学也懂世界各国特别是西方发达国家的经济学的学者不是太多而是太少，比较多的学者是两种：一种是比较懂马克思主义经济学而对西方发达国家的经济学不甚懂，一种是比较懂西方发达国家的经济学而对马克思主义经济学不甚懂。由这种情况所决定，对于学者个体而言，应该从实际出发，缺什么补什么，而对于经济学工作者群体而言，学者之间应该互相学习，互相勉励，共同提高。只要既懂马克思主义经济学也懂世界各国特别是西方发达国家的经济学的学者多起来，我们的经济学理论的进一步创新就会有坚实的人才基础。只要这样的学者肯将学得的知识同中国的实践结合起来，经济学理论的进一步创新就一定会取得成功。

树立落实科学发展观，以提高质量为中心，妥善处理经济学教育教学和人才培养中的一些关系[*]

在全国以科学发展观统领经济社会发展，构建和谐社会，努力实现全面建设小康社会目标的形势下，经济学教育教学和人才培养面临新的任务新的挑战。应对这些挑战，必须树立落实科学发展观，以提高质量为中心，妥善处理以下五个关系。

一、全面贯彻教育方针与突出经济学教育专业特点的关系

《中华人民共和国教育法》规定，我国的教育方针是：坚持教育为社会主义服务，为人民服务，与生产劳动

---

* 本文是作者于 2006 年 10 月 25 日在第一届中国经济学教育学术年会上的演讲稿，发表于《中国大学教学》2007 年第 1 期。

和社会实践相结合，培养德智体美全面发展的社会主义建设者和接班人。党的十六大从全面建设小康社会、实现中华民族伟大复兴的全局出发，进一步明确了新时期党的教育方针，即"坚持教育为社会主义现代化建设服务，为人民服务，与生产劳动和社会实践相结合，培养德智体美全面发展的社会主义建设者和接班人。"为贯彻落实教育方针，中共中央国务院做出了关于深化教改推进素质教育的决定，指出，实施素质教育，就是全面贯彻党的教育方针，以提高国民素质为根本宗旨，以培养学生的创新精神和实践能力为重点，造就有理想、有道德、有文化、有纪律的、德智体美等全面发展的社会主义事业建设者和接班人。

　　教育方针不仅明确规定了我国教育的根本方向是为社会主义现代化建设服务，为人民服务，教育的根本任务和人才培养目标是培养德智体美全面发展的社会主义建设者和接班人，而且明确规定了实现人才培养目标的根本途径是教育与生产劳动和社会实践相结合。教育方针反映着党领导教育工作的基本指导思想，是关系教育工作全局的总方针。经济学教育教学和人才培养是全国高等教育的重要组成部分，必须遵循和贯彻党和国家总的教育方针，这不应该有任何疑义。问题的关键是要结合经济学教育教学和人才培养的具体要求和学科专业特点，创造性地把党和国家的教育方针落到实处。

　　经济学是经世济民之学。经济学教育教学和人才培养贯彻落实教育方针，就是要树立和落实科学发展观，以适应经济社会发展需求为导向，以学生和教师为本，坚持理论与实际相结合，努力提高教学和人才培养质量，为社会主义现代化建设提供高素质的人才支持，作出优异的贡献。

在过去的时间内，为贯彻教育方针，全国设有经济学学科专业的学校和从事经济学教育教学的教师做出了积极的努力，取得了可喜的成绩。例如围绕"培养德智体美全面发展的社会主义建设者和接班人"，对经济学具体的人才培养目标、人才培养模式和教学内容进行了深入的探索，取得了重要进展。有学校提出培养通才的目标，有学校提出培养应用型专才的目标，有学校提出培养复合型人才的目标；有的学校突出学生基本素养的养成、基本理论的教学，有的学校加强实践环节的教学，有的学校形成了"课堂教学——校园文化——社会实践三位一体"的人才培养模式；有的学校课程体系改革取得了重大突破，有的学校教学内容改革取得了重大进展等等。这些进展都是应该充分肯定的。

但是，也有一些问题值得研究和注意，突出的是：第一，在社会主义市场经济体制下，如何教育学生在坚持为社会主义现代化建设服务，为人民服务过程中，妥善处理国家需要和个人发展的关系，这关系学生思想道德素质的养成，需要进一步探索；第二，教育教学与生产劳动和社会实践相结合缺乏有效的机制和保障措施，一些年来，由于重视不够、经费不足等原因，社会实践的环节事实上被削弱了；第三，人才培养目标过于趋同，如何在教育方针规定的总目标下确定适合本校、本专业的人才目标，是需要进一步认真研究的问题。这些问题如果不很好地解决，将会影响经济学教育教学的发展方向，也会影响教育方针的贯彻落实，所以要妥善处理。

造成这些问题的原因有很多，其中对教育方针研究不够，重视不够，是重要原因之一。克服这些问题总的原则，应该是将全面贯彻教育方针与各校实际相结合，与经济学学科专业特点相结合，在全面贯彻教育方针中突出经济学教育教学的具体要求和特点，在具体组织好经济学教育教学过程中认真贯彻教育方针。

二、经济学教育中规模、结构与质量的关系

规模、结构与质量的关系，是经济学教育教学和人才培养中必须妥善处理的关系。在这三者关系中，教学和人才培养质量是中心，专业和学生规模、结构要按照提高教学和人才培养质量的要求合理协调。

提高教学和人才培养质量是高校永恒的主题。应该看到，长期以来特别是 1998 年全国第一次教学工作会议以来，从各级教育主管部门到各个高校，从老师到同学，为提高教育教学质量曾经并正在付出艰辛的努力，收效是明显的。但人才培养质量究竟如何，特别是随着前些年招生规模的扩大，人才培养质量是提高了还是下降了？对此社会上有不同的看法：有人认为质量在逐步提高，有人认为质量在下降。判断人才培养质量，不同国家、不同时期、

针对不同层次的人才，既应该有一些共性的标准，也应该有一些不同的标准。如果完全没有共性的标准，那就会使人才的竞争和选择失去可比性的尺度，但如果完全采用固化的、统一的标准而看不到人才质量标准的差异和变化，也是不符合实际的。

从总体上要求，我国培养的人才，包括经济类人才，应该是德智体美综合素质高、能力强的人才。从总体上看，我们新一代大学生思想道德是积极、健康、向上的，他们初步掌握了最新的科学技术知识和获取知识的现代化手段和方法，具有强烈的创新意识和开拓精神，对新事物的认识敏锐，接受快，有较强的创新能力和适应竞争挑战的能力。新一代大学生的这些素质和优势，不仅比过去时代我国培养的大学生有明显的进步，与世界各国培养的大学生相比也不逊色。这是我们人才培养质量的主流。但毋庸讳言的是，在经济类人才培养过程中，也确实存在一些亟待改进的问题，影响着人才培养质量的提高，应该采取措施加以解决。突出的：一是教师队伍建设有待进一步加强、教学改革有待进一步深化；二是教学内容联系中国实际不够；三是实践教学环节薄弱；四是专业口径过窄过细。以上问题如不及时纠正，对经济学人才培养的质量将造成负面影响。研究解决这些问题，应该成为今后加强和改进经济类人才培养，提高教育教学质量的重要任务。

规模问题通常是指总量问题。判断规模是否合理，要看两个重要的决定因素：一个因素是社会需求，即经济社会的发展对人才的需求，这决定发展经济学类本科教育的必要性；另一个是社会供给，即社会对教育发展可提供的资源支持，这决定发展经管类本科教育的可能性。供给和需求均衡即必要性和可能性吻合，决定了人才培养的适度规模。从我国经济社会发展对经济类人才的需求看，我国正处于经济社会的快速可持续发展阶段，[①] 随着经济的快速增长和科学发展观的确立，整个社会对经济类人才的需求还会日益旺盛。目前出现的某些企业、某些地区对经济类本科毕业生需求趋于饱和或饱和的现象，是短期阶段性的、结构性的现象，并不具有长期、总量的意义。而随着现代化、工业化、城市化进程的加快，西部、农村、农业等目前尚属落后的地区和行业对经济类人才的需求将会不断地出现高潮。我国高等教育的毛入学率才达到21%，不仅与发达国家有很大的差距，即使与一些发展中国家也有一定的差距。在这样条件下，经济学人才供给不仅不会形成总量的过剩，反而供给不足的缺口将是会持续存在的。所以从长期的发展的观点看，即使目前出现的经济类本科人才供求基本平衡的状态，也是短期的，而不会是持久的。从我国经济社会对教育发展可提供的资源支持看，随着经济社会的发展，我国的财政收入稳步快速增长，2004年财政总收入在2003年突破2万亿元的基础上又达到26355.88亿元，比上年增长21.4%，2005年突破3万亿元。我国用于教育支出占GDP的比重不仅与发达国家

---

　　① 据国务院发展研究中心最新研究报告预计，"十一五"经济增长有望保持8%左右，2010—2020年有望保持7%左右。2005年3月21日《经济日报》。

相比有较大的增长空间，而且也尚未达到我们自己预定的
4%的目标。这意味着，国家财政对教育发展的投入力度
还应该而且可能逐年增强。同时，随着社会力量办学积极
性的提高，多种渠道筹资办学，多种形式办学将进一步发
展，也会使社会资源更多的投入到发展教育上来。至于发
展经济学类本科教育所需师资及物力，随着教育的发展和
越来越多的国内外学成的博士走向工作岗位，教师队伍的
充实和提高应该不成问题。

　　总之，从我国经济社会发展对经济类人才的需求和对
教育发展可提供的资源支持两个角度看，我国经济类人才
培养的规模，短期看是适中的，长期看还应该有较大的发
展。当前最需要关注的主要不是规模而是结构和质量。当
然，这是对总体趋势的判断。此外也应该看到，教育规模
的扩大与国民经济增长一样，也是在波动中实现的，某段
时期稍微快一点，某段时期稍微慢一点，只要不是大起大
落超过国民经济和居民承受能力造成资源浪费就可以。目
前，在经过了1998—2005 年的招生规模扩张后，稳定规
模而着力提高质量是完全必要的。此外，就全国而言是这
样，至于某个地区、某个学校是否规模适中，要具体分
析，也确有个别学校不顾条件盲目扩张，以致影响教学和
人才培养质量，这要予以足够重视，实事求是地解决这样
的问题。

　　结构问题主要是指经济学类内部各专业、各人才培养
层次之间的比例关系。这些比例关系主要有：经济学类内
部理论经济学与应用经济学的比例关系，本科、专科、研

究生教育的比例关系，等等。这些比例关系都直接或间接地影响经济类本科教育的发展和质量的提高。

由于历史的原因，我国在改革开放以前的长时期内理论专业重于应用专业。改革开放后应用专业得到了较快发展，这是一种进步。按照 1998 年教育部颁布的《普通高等学校本科专业目录》、《普通高等学校本科专业设置规定》，经济学门类下设 5 种专业，其中经济学专业一般被认为是偏重理论的专业，而国际经济与贸易、财政学、金融学、统计学一般被认为是偏重应用的专业。从经济社会发展需要的趋势和目前世界上发达国家在校经济类学生比例看，一般是应用经济大于理论经济。从我国实际出发，适应经济社会发展的需要，应用性专业还需要有较快的发展，但目前需要注意的是要克服和防止三种倾向：一种倾向是忽视理论经济的教学和对经济学人才理论素质的培养。须知，没有理论做根基，经济学的发展会受到制约，经济学人才的后劲和发展潜力也将是不足的。另一种倾向是缺乏对应用类专业人才需求的预测，盲目追求上热门专业的倾向。要特别强调指出的是，经济社会直观反映的需求并不完全是理性的，有时会有虚假的成分，特别在经济增长出现过热的背景下更是如此。而教育的功能，不仅仅是被动地、事后地适应这种需求，还要在理性地适应经济社会的需求的同时，引领经济社会健康地和谐地前进。还有一种倾向是过窄、过细专业的回归。20 世纪 90 年代开始的教育思想大讨论，产生的积极成果之一，就是大家对拓宽本科专业口径，培养综合素质高的人才形成了共识。

在教育思想大讨论的推动下，教育部颁布了关于调整本科专业结构加强专业建设的文件，全国进行了专业调整，1998 年曾将我国几十年形成的 504 种专业调整成为 248 种。随着教育思想的转变和教育部关于调整专业结构、加强专业建设文件的贯彻，经济类专业结构有了改善，传统专业经过改革、改造焕发了生机，应用性专业有了较快发展，一批新兴交叉专业开始诞生、发展，这是积极的成果。但近几年，本科专业增势又强，在新增的专业中有些是合理的，但有些则过窄、过细，使曾经拓宽了的专业口径又开始回归，这将不利于高素质人才培养目标的实现。

从高等教育的人才培养层次说，本科教育与专科教育、研究生教育是密切联系的，这种联系不仅表现在质量之间的相互关联，而且也表现在数量之间的紧密关联。所以研究经济类本科教育要注意这三者间的比例结构关系。从世界各国的经验看，社会对专科层次包括高等职业教育专科层次人才的需求要大于对本科层次人才的需求，对本科层次人才的需求要大于对研究生层次人才的需求。这可能带有一定的规律性和普遍性。我国也不应该例外。但需要注意的是，在当前和今后相当长一段时期内，我国处于经济转型时期，经济社会对人才需求可能呈现一些不完全合乎常规的特点，特别是由于我国社会单位用人的成本在专科毕业生、本科毕业生和研究生之间差距不大，所以有些用人单位宁愿多用研究生而不愿用或少用本科生，以致出现研究生在做本科生甚至专科生应该做的工作，本科毕业生在做大专生应该做的工作，这会给培养人的高校提供不真实的需求信号，如果不排除这种假象，容易产生误导。这是在把握经管类本科人才培养结构时应该加以注意的。

三、学科专业建设、科研与教学的关系

经济学教学和人才培养中有三件大事是必须搞好的：一件是学科建设，一件是教学，还有一件是科研。又要搞学科建设，又要搞教学，又要搞科研，这三者之间是什么关系，位置怎么摆，这是需要研究和讨论的问题。

先说学科专业建设。什么是学科，什么是专业，什么是学科专业建设？对此似乎没有一个严格的定义，我个人的看法就是：按照各类学问之间研究对象、内容的内在联系，可以把这些学问分为若干个门类，若干个学科，若干个专业，通常在本科生阶段叫专业，研究生阶段叫学科。学科专业建设既应该包括研究生层次的学科建设，也包括本科生层次的专业建设。在经济学教学与人才培养中，本科生和研究生的学科专业建设应该是同等重要的，而本科层次的专业建设更具有基础性地位。学科专业建设主要包括两方面的内容：一是提升学科水平，一是优化学科结构。所谓提升学科水平就是要使学科、专业有高水平的师资、高水平的成果、高质量的人才，有高知名度，在国内外有重要影响，并不断地发展，提升水平。所谓优化学科结构，就是要妥善处理基础学科、应用学科与新兴交叉学科的关系，使之符合经济社会发展的需要和学校的实际情况。

再说科研。科研是在继承前人成果的基础上，通过诚实劳动进行的创造性的发现真理的活动。科学研究是提高教学质量的重要保证，对经济学教学和人才培养是十分重要的。加强科学研究最重要的是要加紧对科研方向的调整，并强化创新意识和精品意识，努力提高科研水平，力争在出更多的水平更高的成果。为此，要加强对基本理论的研究，加强对重大应用理论和实践问题的研究，要加强跨学科的研究。

最后说说教学。教学工作是学校一切工作的中心，教学改革是学校一切改革的核心。教学包括教育思想教育观念的转变，教学改革，教学建设和教学管理。经过多年的探索，大学的教学大致形成了一个思路，即：首先要转变教育观念，要探索新的教育思想；其次随着经济社会和科技的发展要进行学科和专业建设；再次要在专业设置合理的前提下改革课程体系和教学内容，加强教材的建设；然后要进行教学方法的改革，包括加强实践教学、多媒体教学等等；最后要加强管理，建立完整规范的质量监控体系和反馈机制。这个大致的思路一般地说并不难把握，难的是每一个环节怎么加强建设，怎么加强改革，才能够收到成效。这不是一日之功，而是一项必须坚持不懈，持之以恒才可能抓出成效的工作。

在高校，学科专业建设、科学研究与教学三者的关系，可以用一句话表述，即：学科专业建设是龙头，教学是中心，科学研究是提升学校水平和教学质量的重要支撑。之所以把学科建设摆在龙头的地位，是因为学科专业建设好了，就为教学科研奠定了基础。之所以说教学是中心，是因为如果一个学校没有教学，这种学校连基本的办学资格都不具备，它可以是一个研究院，一个研究所，但是它不是一个学校，所以高教法明确写明，人才培养是高等学校根本的任务。之所以说科学研究是提升学校水平和教学质量的重要支撑，是因为没有科研，学科水平和教学水平很难提高。在高校，科研的功能应该有三个：第一要探索真理，要发展学科；第二要为科技、经济和社会发展服务。第三要为教学和人才培养服务，科研的成果要转化成为教学的内容。如果科研搞不好，高校的学科建设、教学和人才培养的任务就可能落空。

目前，在处理学科专业建设、教学、科研三者关系中，存在的偏向是：（1）不少学校存在重研究生层次的学科建设而轻本科生层次的专业建设的倾向，表现为不顾自己学校的目标定位，为争重点学科、博士点、硕士点肯下工夫，而对本科专业建设重视不够，这是应该得到扭转和克服的。实际上，本科生的专业建设和教学更具有基础性的地位，没有好的本科教学，没有好的本科生专业建设就不可能有高质量、高水平的研究生教学和研究生培养质量。（2）在一些学校一段时间内，出现重科研、忽视教学，教授不为本科生上课等情况，这种情况是不符合高等教育规律的，是不符合办社会主义高等教育要求的。世界上好像还没有哪个国家的大学允许只搞科研而不教学。科研无疑要得到鼓励和提倡，但是一定要强调不能因科研而忽视教学，相反一定要把科学研究的成果转化成教学和人才培养的内容，这是学校进行科研的重要目的和任务之一。

四、坚持以马克思主义为指导、加强中国 经济理论与实践的教学与借鉴人类 社会创造的一切文明成果的关系

积若干年教学和人才培养的实践经验，在经济学教学和人才培养中，必须把坚持以马克思主义为指导、加强中国经济理论与实践的教学、借鉴一切人类社会创造的文明成果紧密结合起来，实现三者的统一。

为什么高等学校经济学的教学和人才培养必须以马克思主义为指导？基本的原因有两条：

首先，是因为马克思主义是科学。马克思主义产生以来的150多年的实践反复证明，马克思主义是科学性与革命性相统一的工人阶级和全人类解放的科学。从总体上理解和把握的马克思主义，至少具有如下的基本内涵和特征：第一，辩证唯物主义和历史唯物主义是最根本的世界观和方法论；第二，实现工人阶级和最广大人民群众的根本利益是马克思主义最鲜明的政治立场；第三，一切从实际出发，实事求是，理论联系实际，与时俱进是马克思主义最重要的理论品质；第四，实现物质财富极大丰富，人民精神境界极大提高，每个人自由而全面发展的共产主义社会，是马克思主义最崇高的社会理想。正是因为马克思

主义所具有的这些基本的内涵和特征，所以我们要毫不动摇地把马克思主义作为我国社会主义革命和建设的指导思想，作为高等学校教学科研的根本指导思想。

其次，高等学校经济学的教学和人才培养必须以马克思主义为指导，还是由我国的基本国情所决定的。我国的国情，不仅仅是指人口多、底子薄这样的经济状况，还包括我国的政治、文化、社会等方面的综合情况。从政治上说，从中国共产党成立的第一天起，就把马克思主义作为自己的指导思想，在漫长的革命斗争和社会主义经济建设中，就是靠把马克思主义基本原理与中国的实际相结合才取得了一个又一个的胜利。新民主主义革命的成功，新中国的建立，社会主义制度的建立和发展，都是在马克思主义指导下才得以实现的。所以，马克思主义作为我们国家的指导思想写进宪法，成为全国人民的共同意志。这也是我国的基本国情。

说以马克思主义为指导，是指以马克思主义的基本原理、基本方法为指导，是以发展的马克思主义为指导。实践在发展，时代在前进，马克思主义也不应该停留在一个水平上。中国革命和社会主义建设特别是改革开放和现代化建设，与马克思所处的时代相比，实践有了巨大的飞跃，毛泽东思想、邓小平理论、"三个代表"重要思想、科学发展观的产生，又是对马克思主义的发展。实践的发展是无止境的，马克思主义的发展也是无止境的。所以，从本质上说，马克思主义是发展的与时俱进的科学。用马克思主义为指导，确切地说是以发展的马克思主义为指导。

　　为什么要加强中国经济理论与实践的教学，因为：第一，中国有自己特殊的历史、特殊的文化、特殊的国情、特殊的经济制度，对这些特殊问题的正确认识和解决，必须从中国的实际出发，努力探索适合中国国情的经济理论。第二，中国需要成千上万的经济理论人才和经济建设人才，这些人才不仅要熟悉世界其他国家的经济理论，更要熟悉中国的实际国情和反映中国国情的经济理论，对这些人才的造就和培养尤其要加强对中国经济的教学和研究。第三，中国正在进行的以建立和完善社会主义市场经济体制为目标的改革开放和现代化建设事业，是前无古人的事业，要取得这样宏伟事业的成功，也需要符合中国实际的经济理论为指导。

　　为什么要充分吸收人类文明的一切成果？因为人类社会创造的文明成果是人类共有的宝贵财富，这些宝贵财富可以为我们进行现代化建设提供借鉴。马克思主义具有开放性。马克思恩格斯就曾吸收英国资产阶级古典政治经济学的科学成分而创立了了马克思主义政治经济学。在今天社会主义与资本主义两种制度并存、竞争、合作的条件下，我们更应该善于充分吸收人类文明的一切成果，在实践中丰富和发展马克思主义。在经济学教学和人才培养中，就是要注意吸收包括西方经济学在内的世界各国经济学中的科学成分，以丰富和发展马克思主义政治经济学并为我国的现代化建设所借鉴。当然，必须注意，在借鉴别国理论成果和经验时，要从我国实际出发，有分析，有比较，有取有舍，有用有弃，而决不可照抄照搬。

当前，在经济学教学与人才培养中，有一些问题也需要给予注意，主要的是：（1）对马克思主义经济学要妥善处理继承和创新的关系。对于马克思主义经济学的基本原理基本方法必须坚持。而随着时代的发展和历史条件的变化，马克思主义创始人针对特定历史条件的一些具体论述可能不再适用，而新的实践又会提出新的问题，需要我们去认识，去解决，这就要求我们在坚持马克思主义基本原理的基础上去丰富和发展马克思主义。要引导学生努力分清哪些是必须长期坚持的马克思主义基本原理，哪些是需要结合新的实际加以丰富发展的理论判断，哪些是必须破除的对马克思主义的教条式的理解，哪些是必须澄清的附加在马克思主义名下的错误观点。（2）要加强对中国经济理论与实践的教学与研究。由于我国要大力发展市场经济，建立社会主义市场经济体制，扩大对外开放，所以学习借鉴世界上一些发达国家发展市场经济的理论和实践经验是很必要的。相对于计划经济条件下经济类教育教学的封闭状态，改革开放后经济学教育教学引进西方一些先进教材和理论是一种进步，这对于扩大学生视野，改变学生的知识结构，增强其适应世界范围内竞争挑战的能力具有极大益处。但是，在过去的一段时间里，也出现了在课程设置和教学内容中重西方理论而对中国经济理论与实践研究和讲授不够的问题、对引进的西方理论消化不良和联系中国实际不够的问题，甚至在某种程度上出现了以照搬西方理论中某些个别结论、个别模型、个别流派词句为荣的不正学风。其表现之一，就是在课程中对作为中国改革发展重要理论基础的政治经济学内容改革不够、课程设置中讲授学时不够，甚至在有些学校被从核心课程中取消或以政治课代替。这是需要引起大家重视，尽快统一认识，予以纠正的问题。我们培养的人才，归根结底是要为中国改革开放、现代化建设服务的人才。熟知中国的实际，掌握、创新中国的经济学理论并能运用这些理论解决中国的问题，是这些人才必备的素质。所以，在教学中，加强对中国经济理论和实践的教学，应该被放到突出的位置。否则，我们的经济学教育有可能本末倒置。

五、规范要求、分类指导与发挥优势、办出特色的关系

提高经济类本科人才培养质量，既要在宏观上规范要求，分类指导，又要在微观上深化教学改革，发挥优势，办出特色。二者要紧密结合。

经济学教学和人才培养是有规律的。探索规律，尊重规律，按照规律的要求制定一些共同性的规范，用以指导各校的教学和人才培养是必要的，也是可能的。这应该是在社会主义市场经济体制下政府管理教育的一项重要工作。最近十几年来，教育部组织专家经过充分论证，制定了一套指标体系，对高等学校教学进行评估，并且今后要形成制度。这是迈向对教育宏观管理规范化的重要举措。教学评估有力地促进了教育思想教育观念的转变，促进了

本科教学在高校中心地位和基础地位的确立，有力地促进了教学改革、教学建设和教学管理水平、质量的提高，有力地促进了教学经费的投入和教学条件的改善，有力地促进了师资队伍和教学管理队伍建设和水平的提高，效果是好的。需要进一步探索的问题是，如何对学校分类指导。

　　分类指导，主要是指政府对高等学校区别不同类别进行因校制宜的指导和管理。高校如何分类？国外有几个方案可供参考：其一，美国卡内基教育促进基金会的分类。美国卡内基教育促进基金会根据高等教育机构所授学位的层次，做纵向大的分类；根据所授学位的数量及其他因素在同一类中又做小分类；根据高等学校所属类型便可知道其所培养学生的最高层次。其二，联合国教科文组织的高等教育分类。20 世纪 70 年代，联合国教科文组织制定了第一个《国际教育标准分类法》，并于 1975 年在日内瓦召开的联合国教科文组织第 35 届大会上获得批准，作为各国教育分类的指导和进行教育统计的依据。其后又几经修订。《国际教育标准分类法》将高等教育分为两个阶段。第一阶段相当于我国高等教育的专科、本科和硕士生教育；第二阶段相当于我国高等教育的博士生阶段。第一阶段分为理论型和实用技术型两类；第二阶段则是"专指可获得高级研究文凭（博士学位）的""旨在进行高级研究和有创新意义的研究。"《国际教育标准分类法》关于高等教育类型的划分，值得我们重视。它作为各国教育分类的指导与教育统计的依据，具有广泛的适应性。更为重要的是：它所依据的主要标准是人才培养目标的类型，而不只是办学层次的高低与科研规模的大小。我国学者对高校分类的研究也有一些重要进展，取得了重要成果。[①]

借鉴国内外的经验，从我国的实际出发，我认为，对高校的分类，至少应研究五个方面的内容：办学主体，办学层次，办学水平，办学功能和人才培养目标。

办学主体，即通常所说的高校是中央办的、地方办的、还是民办的。这主要涉及教育的投资主体、管理隶属关系。办学层次，即通常所说的要将学校办成专科层次、本科层次、硕士生层次，还是要办成博士生层次。一般地说，培养硕士的高校和培养博士的高校也同时培养本科生，只是几个层次学生各占的比例可能在高校之间有差异。办学水平，即通常说的世界一流大学、国内一流大学、地方性一流大学等等，在同一个层次的高校中，可以有不同的水平。办学功能，即通常所说的研究型大学、教学研究型大学、教学型大学。人才培养目标，即通常所说的培养理论型人才、应用型人才，还是理论应用复合型人才。学校分类涉及的这五方面内容之间是有联系、彼此相互影响的。例如一所办学层次为本科的高校，其办学功能往往定位于教学型高校，人才培养目标往往定位于应用型人才，水平定位一般是与地方性的办学水平相比较。

2005 年我国有普通本科院校 701 所，其中有经济类教学和人才培养的大约占 80%。以培养目标为主，综合

---

① 关于高等学校分类问题，参阅潘懋元、吴玫：《高等学校分类与定位问题》，《复旦教育论坛》2003 年第 3 期；陈厚丰著：《中国高等学校分类与定位问题研究》，湖南大学出版社 2004 年版。

考虑上述各个方面，我国有经济类教育的高校大致可以分为三类：

第一类为以培养理论型和理论应用复合型人才（博士、硕士）为主的研究型高校，这类高校综合性大学比较多，也包括一部分原属中央有关部委后划属教育部的学校。这类高校经济类学科专业实力强，水平高，不仅能培养优秀的本科生（这些本科生的大部分成为研究生的后备军），而且能够培养优秀的研究生，有博士点，有国家级重点学科，有为培养高级理论型人才必备的高水平师资队伍和其他条件。这类高校的人才培养层次高，其研究生比例特别是博士生的比例在全国具有领先地位。这类高校的数量不一定多，但其学术水平和人才培养水平高，是国家经济类人才培养水平的代表。

第二类为以培养理论、应用复合型人才为主的教学研究型高校。这类高校经济类学科专业实力比较强，能培养比较优秀的本科生，也能培养比较优秀的硕士生，其中一些学校也有博士点，能够培养博士生，有比较强的师资队伍和比较好的其他条件。这类高校包括大部分原属中央各部委后划属教育部或划属地方的学校，也包括地方重点建设的学校。这类学校的数量占我国承担经济类本科教育高校的绝大部分，是本科经济类人才培养的主力军。

第三类是以培养应用型人才为主的教学型高校。这类高校的人才培养目标就是培养社会所需的应用性人才，除上述两类学校外的其他院校都属于这类高校。

应该明确，每种类型的高校，各有其培养目标、发展方向，都可以办出特色，争创一流。教育主管部门应该针对不同类型高校的不同情况，从实际出发，对不同类型的高校提出具体的要求，制定对不同类型高校的评估标准，作到分类要求，分类管理，分类指导。这样有利于提高经管类人才培养的总体质量，更好地适应经济社会发展对人才的需求。

对于高校而言，重要的是要在政府教育主管部门的指导下，按照教育法、高等教育法赋予的权力，深化教育教学改革，发挥主动性和创造性，办出自己的特色。任何一所高校都应该找准自己在整个教育体系和为经济社会发展服务中的位置，熟知自己的历史、优势和劣势，并充分发挥优势，弥补劣势。对于全国而言，如果每一所高校都能够在政府的宏观指导下，从实际出发，发挥自己的优势，办出自己的特色，那么就可以汇合为国家教育的综合优势。现在需要认真解决的问题是，不少的高校不分是不是应该和可能，都不满足于聚精会神地搞好本科教育教学，而是追求上硕士点、博士点。这种人才培养目标趋同化的倾向，并不是高等教育健康发展的表现，而是一种扭曲，应该予以纠正。高校应该按照自己的定位，从自己的实际出发，把主要的精力用于深化教育教学改革，提高人才培养的质量。

论马克思主义政治经济学
理 论 创 新[*]

——兼论政治经济学学科的发展方向

本文拟在三个既定前提条件下论证三个命题。三个既定前提条件是：（1）中国新民主主义革命胜利、新中国和社会主义制度的建立，是马克思主义与中国实际结合的产物；（2）1978 年开始的改革开放和现代化建设是在中国化的马克思主义指导下进行的；（3）今后中国的改革发展还要以马克思主义为指导。要论证的三个命题是：（1）马克思主义政治经济学必须创新；（2）马克思主义政治经济学能够创新；（3）马克思主义政治经济学创新的基本方向是：坚持实践第一，坚持把马克思主义基本原理与中国实际相结合，坚持吸收人类创造的一切文明成果。

---

* 本文发表于《经济学家》2007 年第 1 期。

一、马克思主义政治经济学必须创新

在开始论证这一命题的时候，为了对命题理解的统一，首先有必要明确什么是马克思主义，什么是马克思主义政治经济学。

关于什么是马克思主义，从不同的角度，可以做出不同的回答。从其阶级属性讲，马克思主义是关于无产阶级和人类解放的科学，是关于无产阶级斗争的性质、目的和解放条件的学说。从其研究对象和主要内容讲，马克思主义是完整的科学世界观和方法论，是关于自然、社会和思维发展的普遍规律的学说，是关于资本主义发展和转变为社会主义以及社会主义和共产主义发展的普遍规律的学说。而从其创造者、继承者的认识成果讲，马克思主义是由马克思恩格斯创立的，并由各个时代、各个民族的马克思主义者不断丰富和发展的观点和学说的体系。由此，马克思主义可以从狭义上和广义上理解。从狭义上理解，马克思主义即马克思恩格斯创立的基本理论、基本观点和学说的体系。从广义上理解，马克思主义不仅指马克思恩格斯创立的基本理论、基本观点和学说的体系，也包括后人对它的发展，即发展了的马克思主义。作为中国共产党和社会主义事业指导思想的马克思主义，是从广义上理解的马克思主义。它既包括由马克思恩格斯创立的马克思主义的基本理论、基本观点、基本方法，也包括经列宁继承和发展，推进到新的阶段，并由毛泽东、邓小平、江泽民等为主要代表的中国共产党人将其与中国具体实际相结合，进一步丰富和发展了的马克思主义，即中国化的马克思主义。

政治经济学是马克思主义的重要组成部分之一。明确了什么是马克思主义，关于什么是马克思主义政治经济学也就可以得出逻辑的结论。从马克思最初赋予政治经济学的任务看，政治经济学是研究生产方式和与之相适应的生产关系和交换关系的科学。马克思主义政治经济学也有狭义与广义之分，从狭义说，马克思主义政治经济学是由马克思和恩格斯创立的政治经济学，从广义说，马克思主义政治经济学包括马克思和恩格斯创立的和由后人发展了的政治经济学，自然也包括由中国共产党人发展了的马克思主义政治经济学理论。当我们说，马克思主义政治经济学必须创新时，更多的是指从狭义理解的马克思主义政治经济学，因为广义的马克思主义政治经济学本身是发展的与时俱进的政治经济学。

之所以强调马克思主义政治经济学必须创新，是因为：

1. 时代不同了，马克思主义政治经济学必须发展。任何科学的理论都是时代的产物，马克思主义政治经济学也不例外。马克思主义政治经济学创立的时代是工业化初期，蒸汽机是生产力发展的重要标志；资本主义制度处于上升时期，并趋于成熟；工人阶级与资本家阶级斗争日趋尖锐，罢工、武装起义、暴力冲突，成为工人阶级反抗资本家阶级的一些重要形式。在这样的时代，一方面，资本主义制度的发展极大地促进了生产力的发展；另一方面，经济危机的发生、工人运动的发展，显示出资本主义制度在创造高度发达生产力的同时，也开始并日益成为生产力发展的桎梏，并已经造就出推动其走向反面的生产力条件和阶级力量。在这样的背景下，在揭示资本主义经济运行规律的基础上，揭示资本主义制度的历史局限性及其为新的社会制度代替到必然性，为工人阶级提供反对资本家阶级的思想武器，就成为政治经济学庄严的使命。马克思主义政治经济学与马克思主义哲学、科学社会主义等其他组成部分一起，就是适应这样的时代需要产生的。所以，从一开始马克思主义政治经济学，就具有科学性、革命性、阶级性相统一的鲜明特征。

时间过了150多年，时代发展了。当今时代，人类进入工业化后期，工业化与信息化结合，知识经济初见端倪，信息技术、生物技术等成为生产力发展的主要标志；资本主义一统天下的格局被打破，社会主义制度诞生、发展，取得了辉煌的成就，也遇到过挫折，资本主义在经历反复严重危机后有所调整，有了一些新变化；资本主义与社会主义并存、竞争、合作发展，经济全球化与区域化并存、发展，和平与发展是世界主要潮流，但两种社会制度之间、国家与国家之间竞争日趋激烈，局部地区的战争时有发生，世界并不太平。在这样的背景下，马克思主义政治经济学完全固守原有的理论显然就不能适应时代发展的要求，实现理论创新是时代提出的要求。

2. 实践发展了，马克思主义政治经济学必须发展。

时代的发展是实践发展的必然结果。就其本质而言，实践是理论产生的本源，是推动理论发展的根本力量，是检验理论是否正确的唯一标准。马克思主义政治经济学创立之后，实践有了革命性的发展，概括起来，突出地表现为三个根本的方面：第一，第三次科技革命的发生和科学技术在生产中的广泛应用，极大地促进了生产力发展；第二，资本主义经过了世界性的经济危机、两次世界大战，一些主要资本主义国家经济有了新的发展，生产关系和上层建筑领域有了一些新变化；第三，社会主义制度从理论变成现实，由一国到多国，开辟了人类历史的新纪元，社会主义制度的建立及其在经济、政治、外交、军事上的影响，改变了世界的政治格局，在很大程度上遏制了资本主义和霸权主义在全世界的扩张，推动着世界和平与发展的时代潮流。社会主义在20世纪取得了举世瞩目的辉煌成就，但是在发展中也显示出在许多方面尚不成熟。在社会主义的进程中，曾经发生过许多曲折，甚至是严重失误和挫折，有许多经验教训值得总结。什么是社会主义，怎样建设社会主义等都是实践提出的需要回答的重大课题。适应实践发展的要求，马克思主义政治经济学理论就必须发展和创新。

　　3. 马克思主义政治经济学能否创新，关系到马克思主义的生命力，关系到社会主义的前途命运。科学的理论之所以具有生命力，在于它能够反映实践和时代的要求，随实践和时代的发展而发展。只有能够不断从实际出发，不断创新和发展的理论才是能够指导实践的理论。时代和实践的发展，亟须科学的理论做指导。在生动活泼的实践和日新月异的时代面前，马克思主义政治经济学理论能否创新，关系到马克思主义的生命力，也关系到社会主义的命运。所以无论是从实践和时代发展的要求，还是从马克思主义政治经济学自身建设的迫切性认识问题，马克思主义政治经济学都必须创新。

二、马克思主义政治经济学能够创新

马克思主义政治经济学必须创新是问题的一个方面，马克思主义政治经济学能够创新是问题的另一个方面，而且是更重要的方面。马克思主义政治经济学是否能够创新，回答是肯定的，因为：

1. 时代和实践的发展为马克思主义政治经济学的创新奠定了基础。时代和实践的发展不仅要求政治经济学创新，而且为此奠定了基础。生产力的发展不仅推动了经济和社会的发展，使之丰富多彩，而且随着科学技术的发展，也为认识世界提供了手段。计算机的广泛应用，信息经济的发展，网络的出现，使人类认识瞬息万变的经济社会提供了条件。资本主义发展变化，使资本主义的固有矛盾出现了新的表现形式，更加充分地展开，使人们深化对资本主义制度的发展规律的认识成为可能。社会主义经济制度的产生和发展，为马克思主义政治经济学的创新提供了可供总结的实践，使马克思主义关于未来社会的预测开始受到检验并在实践中丰富和发展。马克思主义政治经济学理论本质上是实践的理论。有了时代和实践的发展,马克思主义政治经济学理论的创新就有了肥沃的土壤。

2. 理论的发展为马克思主义政治经济学的创新提供了条件。科学的发展需要站在前人的肩膀上,马克思主义就是吸收了几千年来人类思想和文化发展中的一切优秀成果,尤其是在批判地继承、吸收人类19世纪所创造的优秀成果——德国古典哲学、英国古典政治经济学和英国法国的空想社会主义合理成分的基础上,总结资本主义制度发展和工人阶级斗争实践发展起来的。正像列宁所说:"共产主义是从人类知识的总和中产生出来的,马克思主义就是这方面的典范。"①

马克思主义政治经济学创立之后,特别是在当今时代,世界范围内经济学理论又有了长足的发展。中国特色社会主义理论的创立,极大地丰富了马克思主义政治经济学的理论宝库,成为创新和发展马克思主义政治经济学理论的宝贵源泉。此外,西方发达市场经济国家的经济理论,发展中国家的经济理论,苏东国家的经济理论,西方马克思主义研究取得的进展等,都可以成为创新和发展马克思主义政治经济学理论的借鉴。所有这些,为马克思主义政治经济学的创新提供了条件。

3. 中国的实践为马克思主义政治经济学的创新积累了一定经验。新中国成立50多年来,特别是改革开放20多年来,我国的经济发展取得了巨大的成就。作为一个拥

---

① 列宁:《列宁选集》第4卷,人民出版社1995年版,第284—285页。

有 13 亿人口的发展中国家，初步解决了温饱问题，实现
了人均国民生产总值突破 1000 美元的飞跃，国民经济较
长时期内以年均 9% 以上的速度快速增长；经济体制经历
了计划经济的曲折探索和改革，有序地实现着向市场经济
的转型，社会主义市场经济体制的框架初步建立；粗放型
的经济增长方式开始向集约型的增长方式转变，在国际经
济复杂动荡的背景下，国民经济基本保持着协调健康发
展；对外开放日益扩大，外贸进出口总额迅猛增长，一个
曾经封闭、半封闭的中国日益融入世界市场经济体系中。
作为 20 世纪一个重要标志的中国经济改革和发展，上述
的成就对世界产生了并正在产生着重要影响。

　　中国经济发展的实践，为经济学理论的创新提供了难
得的条件。与中国经济发展的实践相匹配，我们经济学理
论有了长足的前进，提出了：我国正处于社会主义初级阶
段的理论；发展社会主义市场经济建立社会主义市场经济
体制的理论；社会主义初级阶段基本经济制度、分配制度
的理论；建立统一的市场体系的理论；以科学发展观统领
经济社会发展的理论；等等。但是，与时代和实践的发展
要求相比较，经济学理论的滞后和落后仍是不容忽视的问
题。我们需要给予已经发展的丰富实践以更加科学的理论
解释，中国经济学理论也应该走向世界，像经济发展的实
绩一样在世界范围内产生更加重大的影响。

　　时代和实践的发展是无止境的，理论的创新也不应该
停止在一个水平上。毋庸讳言的是，在我国前进的道路
上，多年来积累的深层次的和一些新生的矛盾纠缠在一

起，也开始凸现出来，我们仍面临着一系列新的挑战和问题。国有企业改革仍处于攻坚阶段，如何从体制上、机制上保证国有经济发挥足够的作用和活力仍是亟待解决的难题；农民失去土地引起的经济社会矛盾加剧，农村问题、农业问题、农民问题将是较长时期困扰我国的突出问题；收入差距拉大、贫富悬殊影响着人们对改革和社会的态度和信心；消除贫困、扩大就业将是长期的重任；资源、能源、环境的严重制约，将对国民经济的可持续发展构成长期的威胁；金融安全问题、核心技术的自主创新问题、对外开放中的贸易摩擦问题等等也将长期构成对我国经济的严峻挑战。这些问题如不能从理论与实践的结合上妥善解决，必将对我国改革开放、现代化建设造成严重影响。改革开放和现代化建设实践的发展，呼唤着经济学理论的进一步创新。适应时代和实践的要求，进一步解放思想，开拓创新，探索既适合于中国国情，又能反映经济学最新发展的理论是摆在经济学理论工作者面前的一项重大任务。

4. 马克思主义政治经济学是开放的、发展的科学。马克思主义理论诞生后，马克思恩格斯一直都是着眼实际，着眼历史条件的变化，以实事求是的科学态度对待自己创立的理论。早在1872年《共产党宣言》德文版序言中，马克思恩格斯就指出："这些原理的实际运用，正如《宣言》中所说的，随时随地都要以当时的历史条件为转移".① 恩格斯曾明确指出："我们的理论是发展着的理论，而不是必须背得烂熟并机械地加以重复的教条。"②马克思主义政治经济学自从来到世上，就具有开放、发展的特征，在今天，有了丰富的实践，有了人类社会创造的许多文明成果，马克思主义政治经济学的创新一定能够实现。

三、马克思主义政治经济学创新的基本方向

要实现马克思主义经济学理论的创新，有三个问题需要明确：一是必须坚持实践第一的观点，实事求是，一切从实际出发；二是必须坚持把马克思主义基本原理与中国的实际相结合；三是必须充分吸收人类社会创造的一切文明成果。这三个方面，实际上也是政治经济学学科的发展方向。

之所以必须坚持实践第一的观点，实事求是，一切从实际出发，是因为，我们要进一步创新的马克思主义政治经济学理论，必须是对实践有指导作用，能够引领实践健康发展的理论，而这样的理论只能从实践经验中总结，并在实践中受到检验和发展。书本的知识，前人的经验和理论成果是重要的，没有这些知识和理论，一切从头开始，

---

① 马克思恩格斯：《共产党宣言1872年德文版序言》，《马克思恩格斯选集》第1卷，人民出版社1995年版，第248—249页。

② 恩格斯：《致弗·凯利—瓦士涅威茨基夫人》，《马克思恩格斯选集》第4卷，人民出版社1995年版，第681页。

也很难实现进一步创新，但这些知识和理论只是已有的理论，它可以为我们进一步创新经济学理论提供基础和借鉴，但却代替不了理论的进一步创新。所以归根结底，理论的进一步创新只能源于实践并随实践的发展而深化。

坚持实践第一的观点，一切从实际出发，首先是要从我国的实际出发。我国有自己特殊的历史、特殊的文化、特殊的国情、特殊的经济制度，只有对这些"特殊"吃准吃透，才可能做到一切从实际出发。我国正在进行的以建立和完善社会主义市场经济体制为目标的改革开放和以全面建设小康社会为目标的现代化建设事业，是前无古人的伟大实践，只有投身这样的实践并善于从这样的伟大实践中吸取营养，才可能总结出伟大的理论，实现经济学理论的进一步创新。而这一点，几乎是世界上其他任何国家所不可比拟的。中国的经济学工作者，处于这样的时代，这样的国家，得天独厚，应该为经济学理论的进一步创新做出世界性的贡献。基于此，我们应该多一些自信和自豪，而完全不必凡事跟在别人后头跑，甚至妄自菲薄。当然，强调首先是要从我国的实际出发，并不排斥从世界的实际出发。我们处于一个开放的时代，经济全球化和区域化是世界发展的潮流，在这样的时代，不了解世界，也就不能很好地研究中国，所以一切从实际出发，也要从世界的实际出发。

在坚持实践第一，一切从实际出发的同时，之所以还必须坚持把马克思主义基本原理同中国实际相结合，是因为这是已为实践证明非走不可的必经之路，舍此不能达到我们预定的目标。中国共产党成立 80 多年来，把马克思主义基本原理同中国具体实际相结合，带领全中国人民取得了革命、建设和改革的卓越成就。实践证明，马克思主义是我们立党立国的根本指导思想，是全国各民族人民团结奋斗的共同理论基础；而马克思主义基本原理同中国实际相结合是马克思主义在中国具有生命力和有效性的根本途径和经验。马克思主义的基本原理任何时候都要坚持，否则我们的事业就会因为没有正确的理论基础和思想灵魂而迷失方向，就会归于失败。马克思主义基本原理一定要同中国实际相结合，否则马克思主义不能发展，中国的问题也不能有效解决。这就是我们为什么必须始终学习和坚持马克思主义基本原理同中国实际相结合的道理所在。

坚持把马克思主义基本原理与中国实际相结合，就要把马克思主义基本原理作为指导，联系国际国内的大局，联系社会的思想实际，去观察和分析问题。我们今天所面临的最大的社会实际是我国处于并将长期处于社会主义初级阶段。社会主义初级阶段的基本国情，是我们党制定路线、方针、政策的客观依据，也是我们观察和分析社会现象、认识和解决社会问题的基础。我们要学会运用马克思主义的立场、观点和方法，认真地总结过去，客观地分析现实，努力实现马克思主义政治经济学的创新。要坚持和弘扬理论联系实际的学风，一方面，要防止和反对教条主义。另一方面，也要反对形式主义和实用主义。教条主义是本本主义，照本宣科，简单地、机械地套用"本本"和字句，形式主义只做表面文章，搞花架子。这只能使对马克思主义的理解停留在一知半解的水平；实用主义则是容易断章取义，为我所用，往往给马克思主义附加一些不正确的东西，从而肢解了马克思主义。所以我们强调理论联系实际，一方面要认认真真、老老实实地坚持马克思主义基本原理；另一方面要以马克思主义政治经济学原理分析解决我国的实际问题，在分析解决实际问题中创新发展马克思主义政治经济学。

在坚持实践第一，一切从实际出发，把马克思主义基本原理同中国实际相结合的同时，之所以还必须充分吸收人类社会创造的一切文明成果，是因为马克思主义不仅具有与时俱进的理论品质，而且善于吸取人类文明一切成果，具有开放性。马克思恩格斯就曾吸收英国资产阶级古典政治经济学的科学成分而创立了马克思主义政治经济学。在今天社会主义与资本主义两种制度并存、竞争、合作的条件下，我们更应该善于充分吸收人类文明的一切成果，包括西方经济学的文明成果，以丰富和发展马克思主义政治经济学。

当前，一个客观事实是，西方发达国家的市场经济发育程度、市场经济体制的完善程度比我们高，综合国力比我们强。西方经济学作为对这种市场经济运行和发展的理论概括，包含了一些科学的对我们有用的成分，也是人类文明的结晶。有分析地借鉴这些科学的成分，为我所用，对我们发展社会主义市场经济是有益的。当然，必须明确，西方经济学有其非科学性，主要是：将资本主义作为永恒的、美好的制度是不符合实际情况和人类社会发展一般规律的；将市场看做是万能的已为实践证明是不正确的；排斥和否定对经济的干预也是不符合现代市场经济发展要求的。正因为西方经济学有这些非科学性甚至是根本性的缺陷，所以它不可能成为我国改革开放和现代化建设的指导思想，在借鉴西方经济学理论的时候，一定要从中国的实际出发，有取有舍，有用有弃，而决不可照抄照搬。

《马克思主义基本原理概论》编写 体会和对讲授该课的建议[*]

马克思主义是我们立党、立国的根本指导思想，是全党全国人民团结奋斗的共同思想基础。高等学校思想政治理论课承担着对大学生进行系统的马克思主义理论教育的任务，其中《马克思主义基本原理概论》是重要的课程之一。自 2005 年开始至今，在中宣部、教育部的直接领导下，在马克思主义理论研究和建设工程咨询专家们、老师们、同学们的支持下，《马克思主义基本原理概论》编写工作已经完成并于 2007 年 7 月 1 日正式出版发行。作为首席专家召集人，我参与主持了《马克思主义基本原理概论》的编写，有一些体会，在《〈马克思主义基本原理概论〉教师参考书》出版之际写出来，供大家在讲授该课时参考。

＊ 本文是在全国思想政治理论课教师培训班上的讲稿，发表于《思想教育理论导刊》2007 年第 5 期。

一、教材编写和课程教学的指导思想、基本要求

按照《中共中央国务院关于进一步加强和改进大学生思想政治教育的意见》和《中共中央宣传部教育部关于进一步加强和改进高等学校思想政治理论课的意见》的精神，高等学校思想政治理论课包括4门必修课和另外的选修课，是一个有机的课程体系。对于课程体系中的各门课教材编写和课程教学的指导思想和基本要求，文件中有共同的规定，这就是："坚持用发展着的马克思主义武装大学生，始终保持教育教学的正确方向；坚持理论联系实际，贴近实际、贴近生活、贴近学生；坚持开拓创新，不断改进教育教学的内容、形式和方法；力争在几年内，使高等学校思想政治理论课教学状况有明显改善。"

为了落实中央精神，在编写《马克思主义基本原理概论》过程中，我们坚持首先以马克思列宁主义、毛泽东思想、邓小平理论、"三个代表"重要思想为指导思想，全面贯彻落实科学发展观，力求准确地阐释马克思主义基本理论、基本观点、基本方法。其次，力求站在21世纪历史的高度，反映时代和实践的发展要求，结合时代和实践的发展深入研究马克思主义基本原理。时代和实践的发展是无止境的，理论的创新也不应该停止在一个水平上。教材不仅要反映中国人民的伟大实践，尤其是当代中国人民的伟大实践，还要反映世界各国人民的实践。只有充分反映实践的经验，教材才有鲜明的现实感。由于所处

的时代不同，人们对问题的理解也不尽相同。只有充分反映时代特点，教材才会有鲜明的时代感。再次，要全面、准确地理解马克思主义基本原理。马克思主义基本原理，是马克思主义经典作家150多年前根据当时的历史条件做出的科学判断。时代发展了，如何理解马克思主义的基本理论呢？这就要求我们既要把经典作家的论断放到当时的历史环境中来认识，同时又要紧密结合今天的实践，对马克思主义加深领会，防止生搬硬套，防止断章取义，防止片面理解。要根据发展的实践，对马克思主义原理努力做出准确而又符合时代要求的新阐释，努力做到"四个分清"，即：努力分清哪些是必须长期坚持的马克思主义基本原理，哪些是需要结合新的实际加以丰富发展的理论判断，哪些是必须破除的对马克思主义的教条式的理解，哪些是必须澄清的附加在马克思主义名下的错误观点。

二、明确教材的主要内容，从总体上　　把握马克思主义，妥善安排教材的　　体系结构

关于《马克思主义基本原理概论》的基本内容，《〈中共中央宣传部　教育部关于进一步加强和改进高等学校思想政治理论课的意见〉实施方案》中提出，要"着重讲授马克思主义的世界观和方法论，帮助学生从整体上把握马克思主义，正确认识人类社会发展的基本规律。"这短短的一句话，包括了三个重大问题：（1）什么

是马克思主义，怎样从总体上把握马克思主义；（2）如何突出马克思主义的世界观和方法论；（3）如何正确认识人类社会发展规律。弄清楚这三个问题了，就可以基本上把握《马克思主义基本原理概论》的内容。后两个问题大家接触比较多，我着重谈谈第一个问题，即什么是马克思主义和怎样从总体上把握马克思主义。

　　先说什么是马克思主义。对于什么是马克思主义，长期以来没有统一的权威的定义，理论界对马克思主义的理解有十几种之多。编写组认为，作为专门讲马克思主义基本原理的教材，如果不给学生一个明确的回答是不合适的。所以，尽管有难度，《马克思主义基本原理概论》还是在绪论的开始专设一个目，在从不同角度对马克思主义作了描述之后，尝试性地对什么是马克思主义作了回答，提出：马克思主义是科学的理论体系。它的内容涵盖了政治、经济、文化、军事、历史、社会生活、人类发展、自然界等诸多领域和各个方面，是极其丰富的。从狭义上说，马克思主义即马克思恩格斯创立的基本理论、基本观点和学说的体系；从广义上说，马克思主义不仅指马克思恩格斯创立的基本立场、基本理论、基本观点和学说的体系，也包括后人对它的发展，即发展了的马克思主义。作为中国共产党和社会主义事业指导思想的马克思主义，是从广义上理解的马克思主义。它既包括由马克思恩格斯创立的马克思主义的基本立场、基本理论、基本观点、基本方法，也包括经列宁继承和发展，推进到新的阶段，并由毛泽东、邓小平、江泽民等为主要代表的中国共产党人将其与中国具体实际相结合，进一步丰富和发展了的马克思主义，即中国化的马克思主义。

在回答了什么是马克思主义的基础上，需要进一步回答什么是马克思主义基本原理。如果用最简洁的话说，马克思主义基本原理是马克思主义的基本立场、基本理论、基本观点和基本方法的总称。其中，基本立场、基本方法具有根本的意义，基本理论和基本观点是在基本立场的基础上运用基本方法得出的，当然，基本立场、基本方法本身也包含有部分基本理论和基本观点，是通过这些基本理论和基本观点体现的。

这里需要特别指出的是，科学理解什么是马克思主义基本原理的关键是，要把马克思主义作为一个完整的严谨的理论体系，从整体上把握马克思主义。毋庸讳言的是，在过去比较长的时期内我们在一定程度上，比较看中马克思主义三个组成部分的论述，这当然也是必要的，但对马克思主义的整体性重视不够，这不能不说是一个偏颇。

《马克思主义基本原理概论》对马克思主义基本原理整体性的理解，比较集中地体现在绪论的第三部分关于马克思主义革命性与科学性的统一的论述中。在这一部分，我们把马克思主义的基本内容概括为四个方面：一、辩证唯物主义和历史唯物主义是马克思主义最根本的世界观和方法论；二、马克思主义政党的一切理论和奋斗都应致力于实现最广大人民的根本利益，这是马克思主义最鲜明的政治立场；三、坚持一切从实际出发，理论联系实际，实事求是，与时俱进，在实践中检验真理和发展真理，是马克思主义最重要的理论品质；四、实现物质财富极大丰富、人民精神境界极大提高、每个人自由而全面发展的共产主义社会，是马克思主义最崇高的社会理想。对马克思主义基本原理这四个方面的概括，是编书组学习胡锦涛总书记《在"三个代表"重要思想理论研讨会上的讲话》的体会，是胡锦涛总书记讲话精神的体现，我们认为，这是当代中国共产党人对马克思主义基本原理主要内容的整体性具有创新性的理解和把握。

　　基于上述认识，《马克思主义基本原理概论》在对马克思主义基本原理的内容安排时，就注意既突出马克思主义哲学、政治经济学和科学社会主义三个组成部分，又不局限于三个组成部分，特别注意不把马克思主义哲学、政治经济学和科学社会主义内容简单相加，而是从总体上阐述马克思主义的最基本的原理和方法。同时，尊重马克思主义学科规律和教学规律，从计划的一定学时要求出发，在内容和逻辑的安排上要突出重点，使之合乎马克思主义理论体系的内在逻辑。首先要突出马克思主义辩证唯物主义和历史唯物主义的世界观和方法论，同时要突出马克思主义以科学的世界观和方法论所揭示的人类社会发展的一般规律，并运用这一规律深刻认识资本主义的本质和社会主义一定代替资本主义的必然性。教材不刻意追求面面俱到，但对于马克思主义的基本立场、基本方法、基本理论、基本观点，如唯物的观点、辩证的观点、实践的观点、实事求是的观点、生产力是最革命的因素的观点、生产关系一定要适应生产力发展要求、上层建筑一定要适应经济基础要求的观点、人民群众的观点、阶级的观点、资本主义一定为社会主义所代替的观点、共产主义社会是最崇高理想的观点等等，都力求讲述清楚，使教材的内容既重点突出，又基本上反映马克思主义基本原理的完整性和科学性。

相对于内容而言，体系结构的安排是第二位的，但一个比较科学体系结构安排，有利于对马克思主义基本原理的阐述，也有利于学生对马克思主义基本原理的学习。

《马克思主义基本原理概论》除绪论外，共设七章。绪论开宗明义，回答什么是马克思主义；接下来写马克思主义是时代的产物，是马克思恩格斯革命实践和对人类文明成果的继承和创新的结果，马克思主义是在实践中产生的，并在实践中不断丰富和发展；再接下来写马克思主义的丰富内容；最后写为什么要学习马克思主义和如何学习马克思主义。建议在教学过程中，要让同学认真学习绪论，它有利于同学站到一个应有的高度，从总体上把握马克思主义。正文七章，前三章集中讲马克思主义最根本的世界观和方法论，其中既有哲学的辩证唯物主义和历史唯物主义，有科学的认识论，有马克思主义一切从最广大人民群众根本利益出发的根本立场，也有马克思主义政治经济学的历史观和生产力决定生产关系的最基本原理，还有马克思主义揭示的人类社会发展的基本规律和科学社会主义的基本原理。后四章是马克思主义最基本的世界观和方法论的进一步展开和应用，马克思恩格斯既在分析资本主义社会中，进一步丰富了辩证唯物主义和历史唯物主义，同时又发现了剩余价值学说，揭开了资本家阶级剥削雇佣工人的秘密，揭示了资本主义社会为共产主义（第一阶段是社会主义）社会所代替的必然性，从而为工人阶级认识世界改造世界提供了锐利的思想武器。需要说明的是，后四章除马克思恩格斯的学说外，还包括了列宁、斯大林以及中国共产党对马克思主义的丰富和发展，考虑到对于中国化的马克思主义还有《毛泽东思想、邓小平理论和"三个代表"重要思想概论》一门课专门讲授，所以，本教材比较多的是讲马克思恩格斯和列宁的重要思想。还需要特别说明的是，最后第七章共产主义是人类最崇高的社会理想在全书中具有重要位置，学习这一章的目的，是要使同学掌握马克思主义经典作家预见未来社会的科学立场和方法，深刻认识共产主义社会实现的历史必然性和长期性，树立和坚定共产主义远大理想，提高积极投身于中国特色社会主义建设事业的自觉性。在讲授这一章时，要特别注意与今天的实践结合起来，与大学生的人生价值结合起来，讲清楚，共产主义既是最崇高的社会理想，又是始于足下的实际行动。当代大学生应该科学把握历史发展的规律，树立建设中国特色社会主义的共同理想和最终实现共产主义的远大理想，积极投身于建设中国特色社会主义事业的伟大实践，从自我做起，从现在做起，在追求崇高理想的过程中实现自己的人生价值。

三、确定教材的主题和主线，坚持
从实际出发，理论联系实际

从总体上把握马克思主义的认识问题解决了，教材的主题和贯穿教材的主线也就相应明确了。《马克思主义基本原理概论》教材紧紧围绕什么是马克思主义，为什么要始终坚持马克思主义，怎样坚持和发展马克思主义这一主题，以阐述马克思主义世界观和方法论为重点，以人类社会发展的基本规律为主线，全面阐述马克思主义的基本原理，培养学生树立为实现物质财富极大丰富、人民精神境界极大提高、人类自由而全面发展的共产主义社会而奋斗的远大理想和坚定信念。

《马克思主义基本原理概论》教材要坚持实事求是，与时俱进，既要看到马克思主义创立时的时代背景，又要根据发展了的实践的要求，集中阐述马克思主义最基本的原理、基本观点和基本方法。要理论联系实际，在有针对性地回答马克思主义在当代发展过程中遇到的、学生所关注的重大问题的过程中，阐述马克思主义的基本原理。

这里，有必要特别谈谈关于联系实际的问题。我们处在一个伟大的时代，这样的时代与马克思恩格斯所处的时代相比已经发生了很大的变化。和平、发展、合作成为当今时代的潮流，经济全球化深入发展，科技进步日新月异；同时，国际环境复杂多变，影响和平与发展的不稳定不确定因素增多，世界发展不平衡状况加剧。我国改革开

放和现代化建设取得了巨大成就，经济社会发展进入新的阶段，但前进的道路上还面临不少困难和问题。在这样的背景下，学习马克思主义基本原理概论，老师和同学都会有许许多多的实际问题要得到回答。这些问题有宏观层面带有根本性的，也有大量具体的表象层次的。作为一本授课时数有限、讲授马克思主义基本原理的思想政治课教材如何联系实际，需要精心把握。经过认真研究，《马克思主义基本原理概论》在理论联系实际的选择上，不追求全面回答同学关心的大量具体的表象层次的实际问题，而是力图站到 21 世纪历史的高度，从根本的层次上回答三个重大课题，即：当代资本主义发生了许多变化，其本质变没变，马克思主义揭示的资本主义必然为社会主义代替的人类社会发展的基本趋势变没变；社会主义在发展中遇到挫折，其前途还光明不光明；马克思主义历经 150 多年的考验，还灵不灵。我们认为，这三个问题如果能通过学习本课程得到比较好的回答，那么大量的具体的问题，就可以让同学运用学到的马克思主义基本原理自己去思考，去解决。

四、对一些理论难题的认识和处理

在《马克思主义基本原理概论》编写过程中，我们遇到了许多需要研究和弄清的重大问题。以下列举的只是其中几例。

1. 如何认识实践在马克思主义世界观方法论中的地

位及其与世界物质性的关系。这是哲学界争议比较大的问题。为了能准确地讲清马克思主义的基本观点，编写组一方面认真学习马克思主义经典著作，一方面向著名哲学家们请教，最后形成本教材的提法。编写组认为，不管从历史上讲，还是从逻辑上讲，都是先有物质世界，后有实践，实践是物质世界长期发展的产物，而且是物质世界的一部分，而不是相反。未知物质世界与已知物质世界之间的区别只是未知与已知，它们都是客观存在的，它们的存在都是不以人的实践与意识为转移的，我们对未知世界只是不知其情状，其存在并不是未知的，而且正是未知世界在实践基础上不断转化为已知世界。我们只能说我们对世界的认识依赖于实践，已知世界的有些变化是实践造成的，不能说已知世界的存在依存于实践。

世界的真正统一性在于它的物质性。物质是世界的本原，社会运动也是物质运动的一种特殊形式。人的实践活动依赖于客观世界，客观世界的规律性对于人的实践活动是本原的、决定性的。我们通过实践改造世界，就是认识和利用客观规律，让自然物作用于自然物。人们要取得实践的成功和胜利，就必须正确认识客观实际中的发展规律，按照客观规律办事。所以世界的物质统一性是马克思主义哲学的基石，一切从实际出发是唯物主义一元论的根本要求。

2. 如何认识当代资本主义的新变化。资本主义从1640年英国资产阶级革命取得胜利算起，已有360多年的历史。其间，有上升，有危机，甚至曾经濒临崩溃。但第二次世界大战之后，随着新的技术革命的酝酿和发生，它似乎又出现了新的生机。这是马克思主义经典作家没有看到的现象。如何认识资本主义的新变化，这是同学们关注的热点问题，也是马克思主义必须作出回答的重大问题。作为一本专门讲授马克思主义基本原理的教材，我们没有回避这样的问题，而是在讲清楚马克思主义经典作家在分析资本主义的基础上所得出的劳动价值论、剩余价值理论、资本主义积累理论、危机理论等基本理论的基础上，运用马克思主义的基本原理，对当代资本主义的新变化作了实事求是的梳理分析。这些梳理和分析包括三个主要的方面：

一是客观地梳理了资本主义变化的表现。归纳为五个方面，即：生产资料所有制的变化，劳资关系和分配关系的变化，社会阶级和阶层结构的变化，经济调节机制和经济危机形态的变化和国家政治的变化。二是实事求是地分析了当代资本主义变化的原因。包括：科学技术革命和生产力的发展，工人阶级争取自身权利和利益斗争的推动，社会主义制度初步显示的优越性对资本主义产生的影响，主张改良主义的政党对资本主义制度的改革，等等。三是明确地指出了当代资本主义变化的实质。认为，当代资本主义发生的变化从根本上说是人类社会发展一般规律和资本主义基本经济规律作用的结果。在当代资本主义条件下，科学技术的不断进步和生产社会化程度的不断提高，必然要求调整和变革那些不适应科学技术进步和生产社会化要求的旧的生产关系，新的适应生产社会化要求的生产关系必然将不断出现和发展。这种在人类社会发展一般规律和资本主义基本矛盾推动下的资本主义生产关系的自我扬弃和自我否定的过程，就是资本主义生产方式为适应生产力发展要求而做出的自我调节。这个过程在客观上是为资本主义向更高级的社会制度即社会主义制度过渡的做准备的渐进的过程。当然，也必须明确，当代资本主义发生的变化，是在资本主义制度基本框架内的变化，并不意味着资本主义生产关系的根本性质发生了变化。只要生产资料私有制和雇佣劳动还存在，只要生产剩余价值的基本规律还发生作用，资本主义生产关系的根本性质就不会发生变化。那种把资本主义的部分变化夸大为资本主义的质的根本变化的认识是片面的，也是不科学的。同样，那种完全否定当代资本主义新变化的意义，否认当代资本主义已经在许多方面不同于传统的资本主义的观点也是不可取的。正确认识当代资本主义的新变化，有助于我们在深刻认识资本主义本质的同时，实事求是地分析和借鉴资本主义发展过程中出现的符合社会化大生产要求的积极因素，为我所用，以进一步发展和完善社会主义制度。

以上这些认识，并不是本书离开马克思主义基本原理的创新，而只是对马克思主义如下基本观点的阐释。马克思指出："无论哪一个社会形态，在它们所能容纳的全部生产力发挥出来以前，是决不会灭亡的；而新的更高的生产关系，在它的物质存在条件在旧社会的胎胞里成熟以前，是决不会出现的。"①

3. 如何认识无产阶级革命和社会主义发展道路。对于无产阶级革命道路，国内外有两种不同认识，一种认识强调暴力革命，一种认识强调和平过渡。过去我们比较多的是强调暴力革命。

《马克思主义基本原理概论》力求全面理解马克思主义对此的基本观点，认为：从理论上说，无产阶级革命有暴力的与和平的两种形式，其中，暴力革命是主要的基本的形式。这是因为："一切革命的根本问题是国家政权问题"②，在资产阶级占统治地位的社会里，资产阶级掌握着国家政权以维护本阶级的利益，它是不会自愿让出政权的。在资产阶级的暴力镇压之下，无产阶级要想实现自己的革命任务，就不得不经过暴力革命。正如马克思所说："暴力是每一个孕育着新社会的旧社会的助产婆。"③ 这对于以前的剥削制度的更替是如此，对于无产阶级这一人类历史上最彻底的革命来说，更是如此。在强调暴力革命的同时，根据马克思的论述，本教材也并不完全排除和平过渡到社会主义的可能性。马克思在 19 世纪 70 年代，曾经认为英、美有可能用和平方式实现社会主义。列宁在俄国二月革命后出现了两个政权并存的局面时，也曾经认为革

---

① 马克思恩格斯：《马克思恩格斯选集》第 2 卷，人民出版社 1995 年版，第 33 页。

② 列宁：《列宁选集》第 3 卷，人民出版社 1995 年版，第 19 页。

③ 马克思恩格斯：《马克思恩格斯全集》第 44 卷，人民出版社 2001 年版，第 861 页。

命有和平发展的可能。但是，实践的发展正如列宁所说，马克思谈的是例外的情况，是作为"设想"讲的，虽然和平过渡是"革命史上千载难逢的机会",① 但是时至今日，还没有任何国家和平过渡到社会主义的历史事实。所以，如果轻易否认马克思列宁主义关于暴力革命的原则，让无产阶级完全放下武器，无论在理论上和实践上都是缺乏根据和有害的。当然，各国人民的革命究竟采取什么形式，只能由该国无产阶级政党和人民，根据马克思主义基本原理同本国实际情况结合的原则做出决定。

对于社会主义建设和发展的道路，《马克思主义基本原理概论》很重视列宁关于"一切民族都将走向社会主义，这是不可避免的，但是一切民族的走法却不完全一样，在民主的这种或那种形式上，在无产阶级专政的这种或那种形态上，在社会生活各方面的社会主义改造的速度上，每个民族都会有自己的特点"② 的论述，并根据社会主义建设和发展的实践，强调社会主义建设和发展道路的多样性与各国选择道路的自主性。认为：社会主义在发展过程中，由于各国国情的特殊性，即经济、政治、思想文化的差异性，生产力的发展水平不同，无产阶级政党自身成熟程度的不同、阶级基础与群众基础的构成状况的不同，革命传统不同，以及历史和现实的、国内和国际的各种因素的交互作用，社会主义的发展道路必然呈现出多样

---

① 列宁:《列宁选集》第 3 卷，人民出版社 1995 年版，第 292 页。

② 列宁:《列宁选集》第 2 卷，人民出版社 1995 年版，第 777 页。

性的特点。坚持社会主义发展道路的多样性，是一个客观真理。但是在认识这一真理的过程中，却付出了沉重的代价。实践证明，坚持社会主义，不等于坚持某种单一的社会主义模式；改革或抛弃某种社会主义模式，不等于改掉或抛弃社会主义；某种社会主义模式的失败，也不等于整个社会主义事业的失败。在当代世界社会主义的发展中，多样化的趋势日益突出。这种多样化的趋势，既是科学社会主义与本国实际相结合的产物，又是时代发展的必然要求，它从世界历史的走向方面反映了社会主义的生机和活力。既然社会主义发展道路具有多样性，那么努力探索适合本国国情的社会主义的发展道路，就是无产阶级执政党必须领导全国人民为之奋斗的神圣使命和光荣任务。

五、对使用教材的两点建议

1. 加强教师队伍建设，努力提高教师队伍的水平。教材是教学之本，教师则是能否使用好教材、能否提高教学质量的关键。实事求是地说，使用《马克思主义基本原理概论》教材对于现在从事思想政治理论课的教师从总体上说，存在着比较大的困难。这种困难表现在目前教师的知识结构不甚适应教学的要求，根子则在于我国长时期来对马克思主义整体性研究存在欠缺和对马克思主义学科存在的整体性建设不足。

在过去比较长时期内，我们没有独立的马克思主义学科，而是分别在哲学、经济学、科学社会主义学科内设马克思主义哲学、政治经济学和科学社会主义。这种学科设置的结果，虽然使得对马克思主义的分学科研究在一定程度上得到加强，但整体研究则受到削弱，培养出的人才的知识结构，也往往只能胜任马克思主义哲学、政治经济学或科学社会主义某个组成部分教学的需要。现在的教材，则不仅仅要求教师要具有马克思主义某个组成部分的专门知识，而且要求教师要能够从总体上把握马克思主义。怎么办，出路在哪里？出路有两条：第一，加快马克思主义学科建设和人才培养。国家已决定将马克思主义作为一级学科进行建设，这是具有重大意义的举措，要采取一切有效措施，在人力、财力等方面给予支持，切实建设好。在学科建设过程中，要加强对马克思主义整体性研究并把高水平人才培养摆到首要位置。作为特殊措施，可以首先从现有的思想政治理论课和相关的专业课教师中选拔优秀的优先进行培养，以造就一批骨干，充实思想政治理论课教师队伍，提升这支队伍的水平。第二，加强培训，倡导加强在职学习。新一轮大学生思想政治理论课的改革和新教材的使用，对教师无疑是一种严峻挑战。应对这场挑战，教育主管部门有责任提供条件加强对教师的培训，教师则应该加强紧迫感，努力学习，在学中教，在教中学，应该开展一场新的马克思主义学习运动，在学习中提高马克思主义水平和教学水平。

2. 妥善处理课时少和内容多的矛盾。按照新的思想政治理论课改革方案，《马克思主义基本原理概论》是3个学分，大致54学时，这样的学时数与要讲授的丰富内容形成明显的矛盾。其实这样的矛盾在教材的编写过程中已经遇到了，马克思主义丰富的内容要在26万字的教材里写清楚，已经是高度压缩和凝练了。如何解决这样的矛盾？根本的出路是要从思想政治理论课的要求、特点出发，按照邓小平要精，要管用的讲话精神进行教学方法的改革。

思想政治理论课的根本要求是对大学生进行思想政治教育，与其他专业课相比，思想政治理论课最大的特点是突出思想政治理论教育而不一般的局限于或最主要的不是知识的传授。从这样的根本要求和特点出发，讲授《马克思主义基本原理概论》的重点是讲授马克思主义的基本立场、基本方法、基本理论、基本观点，而对于这基本立场、基本方法、基本理论、基本观点所涉及的许多概念、许多人物、许多历史事件以及有关的专业知识等等，可以主要地通过有指导的同学课外的多种方式特别是一些现代化的方式自主学习去自主掌握，这样就可以把课堂有限的时间集中突出讲授重点。例如，讲资本主义制度下剩余价值的分配，最重要的观点是雇佣工人创造的剩余价值被资本家阶级瓜分了，至于由此涉及的地租、利息、利润等等概念和知识，可以让同学自学。而即使马克思主义的基本立场、基本方法、基本理论、基本观点的讲授，也不一定完全依赖或局限于课堂教学，例如可以通过有计划地组织同学开展一些校园文化活动、社会实践，增强对马克思主义基本立场、基本方法、基本理论、基本观点的学习和理解，这样把思想政治理论课的课堂教学与校园文化、社会实践结合起来，效果会更好，也可以大大地缓解课时少与内容多的矛盾。

最后，我建议，尽管学时少，还是要要求同学读一点马克思主义经典作家的原著，而教材可以作为参考。

衷心祝愿广大从事思想政治理论课的老师们在使用《马克思主义基本原理概论》教材教学过程中，取得预期效果！

在继承和坚持的基础上发展创新[*]

传统的《政治经济学》教材，其体系结构大多沿用资本主义部分和社会主义部分，在内容安排上大致有以下三种不同情况：一种情况是，"打通资本主义两阶级和资本主义、社会主义两部分的传统理论框架，按照一般到具体、本质到现象的逻辑，从商品开始，沿着基本经济制度、经济运行和经济发展的顺序，建立浑然一体的篇章结构和体系。"① 另一种情况是，依据马克思《资本论》体系和政治经济学六分册体系，建立"五过程体系"，即直接生产过程、流通过程、生产总过程、国家经济过程和国际经济过程。② 还有一种情况是，按照从一般到特殊、从抽象到具体的表述方式，把政治经济学分为三篇，第一篇集中阐述政治经济学的基本范畴、基本原理、基本观点，第二篇、第三篇分别阐述资本主义经济和社会主义经济，

---

* 本文发表于 2007 年 9 月 14 日《教材周刊》第 160 期。
① 张维达主编：《政治经济学》，高等教育出版社 2000 年版。
② 程恩富：《政治经济学教程》，上海财经大学出版社 2000 年版。

特别是中国特色社会主义经济。

　　我作为主编之一的这部《政治经济学》在体系安排上就属于第三种情况。我认为，这样的组织安排比较符合我国教学实际，能够对培养适用性人才起到较好的作用。

　　第一，把政治经济学一般原理抽象出来单独设篇。这样做，有利于学生清楚地区分哪些是马克思主义政治经济学的基本原理、基本观点，哪些是马克思主义经典作家针对特殊情况得出的具体结论，以便他们有效地判断对于马克思主义政治经济学理论应该坚持什么，发展什么。

　　第二，将资本主义经济和社会主义经济分开来阐述，有利于突出对中国特色社会主义经济的分析和论述。社会主义经济制度建立比资本主义经济制度的建立晚得多，其经济发达程度也具有明显的后发性。在这样的情况下如果在同一问题的分析中，把资本主义经济和社会主义经济先后放在一起，会遇到较大的困难，也不利于社会主义经济分析的充分展开。

　　第三，从一般到特殊，从抽象到具体的体系结构安排，合乎政治经济学作为一门科学的表述规律。马克思在谈到《资本论》的研究方法和表述方法时说：“在形式上，叙述方法必须与研究方法不同。研究必须充分地占有材料，分析它的各种发展形式，探寻这些形式的内在联系。只有这项工作完成以后，现实的运动才能适当地叙述出来。”马克思主义政治经济学的这种研究和表述的方法实际上构成了两条道路：“在第一条道路上，完整地表象蒸发为抽象的规定；在第二条道路上，抽象的规定在所谓行程中导致具体的再现。"把政治经济学一般理论从对资本主义经济和社会主义经济的分析中抽象出来作为第一篇，而后再从一般理论到资本主义经济和社会主义经济的具体，就是马克思主义政治经济学方法的运用。

坚持马克思主义的全面
指导需要解决的若干问题[*]

　　随着《中共中央关于进一步繁荣发展哲学社会科学的意见》的贯彻和中央马克思主义理论研究和建设工程的实施，马克思主义对哲学社会科学的指导作用日益加强，哲学社会科学呈现出进一步繁荣发展的可喜景象。但是，社会主义改革开放和现代化建设实践在发展，进一步坚持马克思主义的全面指导，努力建设有中国特色、中国气派、中国风格的哲学社会科学学科体系和教材体系，依然是摆在哲学社会科学工作者面前的重大任务。

---

　　* 本文是作者在教育部社会科学委员会全体大会上的发言，发表于《中国高等教育》2007 年第 18 期。

一、为什么要坚持马克思主义对
哲学社会科学的全面指导

首先，是因为在经济全球化的过程中，马克思主义正在遇到前所未有的新问题和严峻挑战。一些学者在崇尚西方理论的同时，产生了忽视马克思主义指导作用的倾向。因此，在高校哲学社会科学研究中有必要再次强调马克思主义的指导地位。首先应当肯定马克思主义是科学。马克思主义产生以来的一百六十年的实践反复证明，马克思主义是科学性与革命性相统一的工人阶级和全人类解放的科学。从总体上理解和把握的马克思主义，至少为我们提供了以下理论指南和思想武器：第一，辩证唯物主义、历史唯物主义的世界观、方法论和在此基础上揭示的人类社会发展规律；第二，实现工人阶级和最广大人民的根本利益的鲜明政治立场；第三，一切从实际出发，实事求是，理论联系实际，与时俱进的理论品质；第四，实现物质财富极大丰富，人民精神境界极大提高，每个人自由而全面发展的共产主义社会最崇高的社会理想。① 正是因为马克思主义为我们提供了这样的理论指南和思想武器，所以我们才毫不动摇地把它作为我国社会主义革命和建设的指导思想，作为高等学校哲学社会科学的根本指导思想。

---

① 胡锦涛：《在"三个代表"重要思想理论研讨会上的讲话》，人民出版社2003年版。

其次，要坚持马克思主义对哲学社会科学的全面指导，还是由我国的基本国情所决定的。我国的国情，不仅仅是指人口多、底子薄这样的经济状况，还包括我国的政治、文化、社会等方面的综合情况。从政治上说，从中国共产党成立的第一天起，就把马克思主义作为自己指导思想的理论基础，在漫长的革命斗争和社会主义经济建设中，就是靠把马克思主义基本原理与中国的实际相结合才取得了一个又一个的胜利。新民主主义革命的成功，新中国的建立，社会主义制度的建立和发展，都是在马克思主义指导下才得以实现的。所以，马克思主义作为我们国家的指导思想写进宪法，成为全国人民的共同意志。这也是我国的基本国情。

当然，必须明确，我们说的要坚持马克思主义对哲学社会科学的全面指导，是指以马克思主义的基本原理、基本方法为指导，是以发展的马克思主义为指导。实践在发展，时代在前进，马克思主义也不应该停留在一个水平上。从马克思主义的创立，到俄国革命的成功，实践有了巨大的发展，列宁主义的产生就是对马克思主义的发展。中国革命和社会主义建设特别是改革开放和现代化建设，与马克思、列宁所处的时代相比，实践又有了巨大的飞跃，毛泽东思想、邓小平理论、"三个代表"重要思想和科学发展观的产生，又是对马克思主义的发展。实践的发展是无止境的，马克思主义的发展也是无止境的。所以，从本质上说，马克思主义是发展的与时俱进的科学。坚持马克思主义对哲学社会科学的全面指导，确切地说是坚持以发展的马克思主义对哲学社会科学的全面指导。

二、妥善处理三个关系,克服两种倾向

坚持马克思主义的全面指导，加强哲学社会科学学科体系和教材体系建设，需要妥善处理三个关系，克服两种倾向。

要妥善处理的三个关系：一是继承与发展的关系。继承是基础，发展是根本。没有继承，就不可能很好的发展。而继承，就是要继承马克思主义的基本原理和基本方法而不是个别的结论。这就要科学地区分哪些是马克思主义的基本原理，哪些是马克思针对特殊情况做出的个别结论，哪些是马克思主义原本的观点，哪些是后人对马克思结论的理解，甚至是不正确的理解。这是一个严肃认真的过程。既要防止把本来是马克思主义基本原理的东西说成不是基本原理，也要防止把马克思的个别结论当成了基本原理。而发展，就是要适应时代和实践发展的要求，不断研究总结时代和实践发展中出现的新现象、新问题，新经验，将其上升为理论，以丰富和发展马克思主义。在今天，处理好继承和创新的关系，要把坚持以马克思主义基本原理为指导同坚持以中国化的马克思主义为指导结合起来。二是坚持马克思主义的指导地位与借鉴一切人类文明成果的关系。马克思主义不仅具有与时俱进的理论品质，而且善于吸取人类文明一切成果，具有开放性。马克思恩

格斯在吸收前人成果科学成分的基础上创立了马克思主义。在今天社会主义与资本主义两种制度并存、竞争、合作的条件下，我们更应该善于充分吸收人类文明的一切成果，在实践中丰富和发展马克思主义。当然，必须明确，在借鉴其他国家理论的时候，一定要从中国的实际出发，有取有舍，为我所用，而决不可照抄照搬。三是坚持以马克思主义为指导与倡导百家争鸣的关系。马克思主义在同各种思想的比较中，更能显示其科学性，也更可能得到丰富和发展。坚持马克思主义对哲学社会科学的全面指导，并不应排斥相反应该倡导各种思想观点的讨论和争鸣，只有充分地讨论和争鸣，才有利于哲学社会科学的繁荣和发展。但各种思想的争鸣一定要坚持正确的导向，使之有利于社会的健康发展和人民福祉的提高。

要克服的两种倾向：一是故步自封、教条主义的倾向。这种倾向把马克思主义看成僵化的一成不变的理论，遇到实践中的新问题，首先不是想如何运用马克思主义的基本方法去创造性地解决问题，而是首先想从书本中找根据，只有马克思说过的才可以做，马克思没有说过的就不能做。这是极其有害的，这种倾向如不克服，中国特色社会主义的建设就很难继续前进。另一种是否定马克思主义指导地位的倾向。这种倾向把马克思主义看做是过时的不适合中国的理论，特别是不适合今天中国要发展市场经济、建立和完善社会主义市场经济体制的理论。这种倾向看不到马克思主义的与时俱进的理论品质，看不到马克思主义对于指导中国社会主义建设的根本性的作用，也是极其有害的。如不克服，可能使我国的社会主义现代化建设迷失方向，将会给我国带来灾难性后果。

三、当前需要做好的若干工作

在当前，坚持马克思主义的全面指导，加强哲学社会科学学科体系和教材体系建设，需要着力做好如下工作：

第一，把以马克思主义为指导全面加强哲学社会科学各学科的建设与加强马克思主义理论学科自身建设结合起来，在全面加强哲学社会科学学科建设的同时，突出加强马克思主义理论学科的建设。哲学社会科学学科体系和教材体系的建设，包括两个方面的重要内容：一是马克思主义理论学科的自身建设，二是其他哲学社会科学学科如哲学、经济学、法学、文学、历史学、管理学等的建设。对于后者即其他哲学社会科学学科，在我国过去的长时期内，各个高校都做了很好的工作，在建设中，从总体上说马克思主义对哲学社会科学的指导地位是确立了的，各个学科都取得了重大的进展和成就。当然，在某些方面和某些个别环节上也还存在一些问题，需要做进一步的努力。对于前者即对于马克思主义理论学科自身的建设，由于过去长时期内我国把马克思主义分为几个组成部分由多个学科研究，而把马克思主义理论作为一个相对独立的学科从总体上加强建设，起步较晚，所以我们尚缺乏经验，因而需要特别给予重视，加强研究、努力探索。

近两年，随着认识的深化和马克思主义理论研究和建设工程的实施，我们将马克思主义作为一级学科单独设立，下设马克思主义基本原理、马克思主义中国化、马克思主义发展史、国外马克思主义、思想政治教育等五个二级学科，开始从总体上综合地进行马克思主义的学科建设，集全国力量，汇聚队伍，开展理论研究，建设教材。时间虽然不长，但已经显现出这样做有利于从总体上把握马克思主义，有利于汇聚马克思主义队伍，有利于提升马克思主义学科水平，有利于加强和巩固马克思主义对哲学社会科学的指导地位和作用。但必须看到，这项工作毕竟刚刚起步，我们应该积极慎重地研究出现的新情况，不断总结经验，使学科建设取得更大的成绩。

第二，把以马克思主义为指导与尊重学科发展规律结合起来，在坚持马克思主义立场观点方法的同时，努力探索和遵循各学科的内在规律。马克思主义揭示了人类历史发展规律，是我们认识世界、改造世界的强大理论武器，马克思主义又是极其丰富的科学理论体系，它的内容涵盖了政治、经济、文化、社会、军事、历史、人类发展等诸多领域和诸多方面。所以建设哲学社会科学学科体系和理论体系一定要以马克思主义为指导。以马克思主义为指导不是简单的口号，而必须落实和体现到学科建设和教材建设中，具体说：一要以马克思主义的立场观点，坚持学科和教材的正确导向；二要以当代中国马克思主义发展的新成果丰富学科和教材的内容，指导传统学科的改革、改造和创新，扶植新兴、交叉学科的发展，保证学科和教材能够反映时代和实践的要求；三要以马克思主义的基本方法即辩证唯物主义和历史唯物主义，更深刻地认识和把握学科内在规律，提高学科建设和教材建设的质量。但必须明确，坚持以马克思主义为指导，是以马克思主义的立场观点和方法即马克思主义基本原理去指导学科建设和教材建设，而不是要以马克思主义去代替各个学科的建设。各个不同学科都有自身的特点和内在规律性，学科建设和教材建设的重要内容就是要把握这些特点，探索、揭示这些规律，使学科建设为人才培养服务，为经济社会发展服务，为人民服务。所以学科建设绝不可只讲以马克思主义为指导而忽视对各学科自身规律的探索和认识。以马克思主义为指导的目的是更好地揭示学科内在的规律，保证学科建设和教材建设的正确方向。

第三，关键是抓好教师队伍建设。坚持马克思主义的全面指导，加强哲学社会科学学科体系和教材体系建设，贵在落实，而落实的关键在于建设一支高水平的教师队伍。教师队伍的建设，主要在两条：一是提升教师队伍的马克思主义理论水平和运用马克思主义分析问题解决问题的能力；二是提升教师队伍的学科专业知识水平和学科建设教材建设的能力。教师队伍建设的重点应放在培养造就高水平的学科带头人和着力培养一批中青年理论教学骨干。要达到这样的目的，宜采取的措施，除加强目前正在进行的五部委联合对教师进行的思想政治理论培训外，也还可有组织地进行分学科专业的业务培训，以在提高教师马克思主义理论水平的同时，提高教师的学科专业水平。同时，建议采取一些特殊政策如设置特聘教授岗位等，吸引更多的优秀教师特别是各相关专业的学科带头人充实马克思主义学科教师队伍。

第四，加强对马克思主义学科体系和教材体系建设的领导和指导。关于进一步繁荣发展哲学社会科学，中央大的路线方针已经确定，今后，对此具体的领导和指导就十分重要。近两年，马克思主义理论学科作为相对独立的学科从无到有，这是重大的突破，但在经验不足、学科规划和师资条件不是很充分的条件下，一次设置21个一级学科博士授权点、89个博士点，如何保证质量则是需要特别关注的问题。为了保证马克思主义理论学科开局顺利，健康发展，提出如下建议：

1. 要进一步加强对马克思主义学科建设的研究和规划，使本科阶段对大学生的马克思主义教育与研究生阶段的学科建设统筹兼顾，相互衔接，更好地反映社会发展的要求和学科发展、人才培养规律。马克思主义学科建设的重点和基础要放到本科阶段，谨防各校出现过分追求上博士点、硕士点的倾向。

2. 加强对马克思主义理论学科建设目标、标准的研究，逐步制定学科规范。对已经确定的马克思主义理论博士点要加强指导，严格要求，确保质量，要抓点带面，树立典型，总结经验，适时推广。

3. 建立激励约束机制。对马克思主义理论学科建设优秀的学校和个人，要给予表扬和鼓励；对建设不力者要给予批评，敦促其加强建设，对于经过较长时间建设还达不到要求者，可通过评价撤销其博士学位授予资格。

4. 给予体制和经费的保证。建议理顺对马克思主义理论学科建设和教材建设的管理体制；将马克思主义理论学科的建设和教材建设列入教学质量工程。

我国经济学教学改革和
提高质量的若干问题[*]

一、经济学教学面临的形势和挑战

发端于 20 世纪 70 年代末、目前正在继续深化的我国经济学教学改革，是在如下背景下展开的：第一，世界科技革命和经济全球化的深化、发展。第二，我国改革开放和经济体制的根本性转变。第三，我国高等教育规模的跨越式发展。2006 年全国普通高等学校招生 540 万人，是 1998 年招生 108 万人的 5 倍；高等教育在学总人数超过 2300 万人，是 1998 年 4 倍；高等教育毛入学率达到 22%。我国在一个较短时间内进入了国际公认的大众化发展阶段。

---

[*] 本文是作者于 2007 年 11 月 10 日在首届中国经济管理基础课程教学高层论坛上的演讲，发表于《中国高等教育》2008 年第 5 期。

这样的形势和背景对经济学教学提出两大严峻挑战：第一，如何深化改革，增强核心竞争力，以跻身于世界优秀高校之林；第二，如何采取得力的措施保证教学和人才培养质量，以适应经济社会发展的需要。

应对这种挑战，当前高等教育的中心是提高质量。

二、经济学教学的基本成绩和问题

对经济学教学已经取得的成绩和存在问题的判断，是继续深化改革加强建设的基础。对此，社会上有一些不同的看法，有的对已经取得的成绩看得多一些，有的对存在的问题看得重一些。我的看法是，改革开放几十年，经济学教学取得的成绩是巨大的，是主流，但也存在着需要克服的一些问题。

基本成绩主要表现在四个方面：第一，教育思想、教学理念发生重大转变。随着经济社会的发展，经过教育思想的讨论，在经济学教学和人才培养中，坚持国家的教育方针，坚持"三个面向"，加强素质教育，已经深入人心，形成风气，相对于计划经济条件下的办学理念，现在我国经济学教育的思想已经有了重大突破和创新。第二，改革开放成为经济学教育教学的重要特点。与经济体制改革的深化和开放的扩大相适应，经济学教学在坚持继承发展马克思主义、推进中国特色社会主义建设方面作出积极贡献；在适应经济体制和经济发展方式转变，专业调整建设、课程体系教学内容教学方法改革方面取得重大进展；

在大胆借鉴人类文明成果，走向世界方面迈开重要步伐。第三，教学和人才培养质量逐步提高，为社会主义现代化建设培养了大批优秀人才。第四，教师队伍规模扩大、结构改善、素质提高。

存在的主要问题是：第一，对中国特色社会主义经济理论和实践的教学需要加强，对引进理论的消化需要加强。第二，实践教学环节在一定时间有所削弱。第三，适应学生综合素质提高的创新性教学内容和方法需要进一步探讨。

三、经济学教学的根本任务和
深化改革的基本思路

经济学教学的根本任务是培养人才，基本目标是，培养德智体美等全面发展的社会主义建设者和接班人。这样的接班人应该素质高、能力强。素质主要包括：思想道德素质、科学文化素质、专业素质、身体心理素质等。能力主要包括：学习能力、创新能力、实践能力、交流能力和社会适应能力等。

要特别强调的是，经济学培养的素质高、能力强人才既要能够适应社会需要，又要能够引领社会前进。最近一些年，大家对培养的人才必须适应社会需要给予了充分的重视，这是巨大的进步，但对于培养的人才必须引领社会前进则强调不够，应该加以改进。实际上，通过教育培养的人才对社会需要的适应，不是被动的适应，也不是对一切社会需要都要适应，而应该是主动的、有选择、有鉴别的适应。教育培养的人才很大的责任应该是，积极适应社会先进生产力发展的要求，先进文化发展的方向和最广大人民群众根本利益的要求，而对于社会发展进程中出现的某些扭曲的甚至没落倒退的现象，不仅不能适应，相反应该通过不懈的努力去反对和扭转，以引领社会按照正确的方向前进。这是社会和历史赋予教育和教育培养出的人才的神圣责任，也是国家和民族兴旺发达的希望所在。

要实现上述人才培养目标，我国经济学教学改革，就基本思路说，就是要坚持一个中心、两个基本点。一个中心，即以提高教学和人才培养质量为中心。培养人才是高等学校的根本任务，教学和人才培养质量是高等学校的生命线，提高教学和人才培养质量是高等学校永恒的主题。国力的竞争归根结底是人才的竞争，人才的竞争归根结底是人才质量的竞争。在我国高等教育由大众教育向精英教育转变过程中，教学质量更应该摆到教学各项工作的首位，在学生规模不断扩大的情况下，更应该千方百计努力提高教学和人才培养质量。高等学校的一切工作都要围绕提高人才培养质量这个中心。经济学教学改革、建设、管理作为高等学校工作的重要组成部分，更要自觉地围绕这个中心进行，而决不可偏离这个中心。提高质量包括若干方面，师资队伍建设的质量、课程质量、学生的质量，以及教学设施和学术环境的质量等，经济学教学中一定要采取一切可以采取的措施，努力提高教学和人才培养质量。

两个基本点，即突出改革创新，强化科学管理。改革是经济学教学提高质量的强大动力，创新是经济学提高质量的灵魂，改革创新是时代精神的最重要体现。经济学教学改革、建设和管理一定要坚定不移地坚持不懈地改革和创新。科学管理是经济学教学提高质量的重要保证，一定要探索教学管理的规律，提高教学管理的水平。

四、关于经济学专业设置的拓宽口径和灵活设置方向

培养高素质、强能力的大学生，必须深化专业改革和调整，加强专业建设。加强专业结构调整和建设是提高经济学教学质量的重要前提和保证。目前，本科阶段经济学是一个大门类，其中包括经济学、国际经济与贸易、金融学、财政学、统计学（与理科交叉）五个专业。这种划分在总体上体现了拓宽专业、加强基础，大力发展应用的原则，但经济社会是不断发展的，经济学应该密切关注经济社会的发展，及时研究经济社会发展对知识和人才的需求，适时根据经济社会发展的需求进行专业改革、调整和建设。为此，明确以下指导思想是必要的：一是经济学专业调整和建设必须适应科技、经济、社会发展的需要。二是必须尊重教育规律和学科发展规律。三是必须从高校自己的实际出发。四是突出特色优势，坚持有所为和有所不为。

在上述思想的指导下，经济学专业改革调整和建设应遵循的基本原则是：拓宽专业口径，灵活设置专业方向。具体思路，即：以提高质量和优化结构为目标，巩固、加

强、改革基础优势专业；大力发展应用专业，迅速改变一批现代化建设急需的应用专业的落后状况；扶植和发展新兴交叉专业；逐步形成具有中国特色的适应中国国情的经济学专业结构。

1998 年教育部将我国几十年形成的 504 种专业调整成为 248 种，效果是好的，应该给予肯定。但近几年，本科专业增势又强，在新增的专业中有些是合理的，但有些则过窄、过细，不利于大学生综合素质和能力的形成和提高。要坚持拓宽专业口径的方向，大力倡导在高年级灵活设置专业方向，遏止和改变目前出现的专业口径过窄的复归现象。

五、关于经济学基础课程设置的"宽"和"窄"

在专业结构合理的基础上，建立一个科学合理的课程体系是提高教学质量和人才培养质量的重要条件。课程设置的基本思路是：适应经济社会发展的需要；尊重经济学发展的规律；适合人才培养目标。

一般说，经济学课程体系所要明确的问题包括：公共基础课和专业基础课、专业课的确定和比例，必修课、选修课的确定和比例，课堂授课课程和实践课的确定和比例，等等。从不少学校的经验看，专业基础课的设立一般要坚持"宽"和"厚"的原则，给学生一个宽厚扎实的专业基础。专业必修课的设立要坚持"专"和"深"的原则，要真正体现出本专业的独特性。专业选修课要坚持

"新"的原则，要能及时、灵活地反映学术前沿的内容，体现出学术的先进性。上一届经济学教学指导委员会曾针对当时新建经济学院校和专业比较多的情况，提出了经济学类专业必须设立的8门核心课程，这8门课程经教育部高教司认可正式公布，包括：政治经济学、西方经济学、国际经济学、财政学、金融学、会计学、统计学等。这对规范经济学类课程设置，保证教学质量起到了重要作用。但时间过了多年，这8门课程是否还要进行调整，这需要讨论论证。自去年开始，经济学教学指导委员会曾组织了几次讨论，有的学者主张统一要求的核心课可以少一些，即所谓"窄"的主张，有的则主张可以维持原来的不变，即所谓"宽"的主张，意见尚未统一。我初步的建议是：专业基础课设置全国统一要求的要精；给各学校自主设置更多自主权。全国统一要求的基础课大致范围包括：马克思主义经济学基本原理（政治经济学）、国外经济学基本原理（西方经济学）、经济史或经济思想史、经济分析方法等。希望这种讨论能够继续。

六、关于经济学教学内容和教材 建设的国际化和中国化

教学内容的改革是教学改革的中心环节，一定要抓实抓好。总的原则是：要广泛吸收我国改革开放和现代化建设实践新的经验，及时改革更新教学内容；要广泛吸收我国理论界和世界范围经济学发展取得的新进展，充实教学

内容；要积极创造条件，组织学生尽早开展科学研究，把社会调查、社会实践活动，进行创新性实验和实践等纳入教学内容；要注重因材施教，促进学生个性发展。

教学内容的主要载体是课程。一门好的课程是教学改革、教育思想转变、教师辛勤劳动的结晶。它给学生的既是知识，是科学，又是思想，是素质，是认识问题、解决问题的方法。一门好课是艺术品，它使学生终生受益。所以教学内容的改革要与课程建设紧密结合起来。

教学内容改革、课程建设都要求有高水平的教材。教材是教学之本。要下力气建设好教材。

教学内容改革、课程建设、高水平的教材都涉及国际化和中国化（本土化）的关系。国际化是历史潮流大势所趋。随着我国的改革开放和经济全球化的发展，中国的经济学要走向世界，世界各国的经济学要进入中国，中国经济学与世界范围各国的经济学相互交流、相互学习，并在交流学习中取长补短。中国经济学要国际化，是毋庸置疑的。但是，国际化只是一个手段，不是目的。国际化必须与中国实际相结合，即中国化。国际化的真正目的是要学习世界上一切先进国家的先进经验，吸取人类文明一切优秀成果，为我所用，最终目的还是要发展自己。所以国际化并非放弃自我，更不是要对别国的理论别国的做法照抄照搬，相反是要从我国的实际出发，把别国的理论、别国的经验去粗取精，去伪存真，吸取过来，与我国的实际相结合。从这样的意义上说，讲经济学的国际化与中国化结合就可能更加准确。

我国著名管理学家成思危讲：随着经济社会全面发展，我国经济管理人才缺乏的现象日益突出，亟须培养一批能在中国大地上进行管理的人才。这就要有好的教材，既介绍国外经验，又紧密结合国情，凸显"本土化"特色。早年的经济学家何廉讲：如果一位教师在教课中不能探讨他执教国家当前的经济问题，那不过是空谈而已。

我非常赞赏成思危关于建设"本土化"经管教材的呼吁和早年经济学家何廉关于探讨所在国家当前经济的主张，并愿意和大家共同努力，克服目前在一定程度上存在的对中国经济讲授不足、在教材中反映不足的问题。

七、关于经济学与管理学等学科的交叉和融合

我国在改革开放以前的长时期内经济与管理门类是合二而一的，而且理论专业重于应用专业，其后经济与管理分开作为两个学科门类，应用学科得到了较快发展。这是一种进步。但二者需要互相融合，相得益彰。目前，这两大门类各自都有长足进步，但二者在教学中结合不够紧密，相互吸收借鉴各自取得的成果也有欠缺。

克服这种倾向，经济学要善于吸收管理学的新进展，丰富自身的理论；管理学要善于以经济学（当然不仅仅是经济学）作为自己的理论基础。两方面都作出努力，相信经济学和管理学的教学和人才培养质量一定会提高到更高的水平。

改革开放与马克思主义中国化[*]

一、关于改革开放与马克思主义中国化

大家都知道，2008 年是我们国家改革开放 30 周年，从 1978 年党的十一届三中全会算起到 2008 年是 30 周年。新时期最鲜明的特点是改革开放，改革开放是伟大的革命，是决定中国命运的关键抉择，是实现中华民族伟大复兴的必由之路。

马克思主义中国化是我们党历史上一个非常宝贵的经验。什么叫马克思主义中国化？将马克思主义基本原理同中国的实际相结合，就是马克思主义中国化。马克思主义中国化的成果就是中国化马克思主义。中国化马克思主义首先指的是毛泽东思想。毛泽东思想是在新民主主义革命

* 本文是 2008 年 3 月 27 日在武警学院的演讲，收入《武警学院学术讲座文集》第一辑，群众出版社 2008 年版，收入本书时略有删节。

时期和社会主义建设开始的若干年，以毛泽东为代表的第一代中国共产党人把马克思主义基本原理同中国的实际相结合，产生的第一个中国化马克思主义成果。中国化马克思主义又一个重大成果就是改革开放进程中产生的中国特色社会主义理论体系。中国特色社会主义理论体系，这是党的十七大做出的新的概括，包括邓小平理论，"三个代表"重要思想和科学发展观。毛泽东思想和中国特色社会主义理论体系统称中国化马克思主义。中国化马克思主义是一个开放的发展的体系，按我的理解，中国化马克思主义虽然已经有两个重大的成果，但是马克思主义中国化的过程并没有结束，它会随着社会实践的发展进一步丰富和发展，在我们今后实践中，还会产生更多的马克思主义中国化的成果，还会产生更多的中国化马克思主义。

今天讲改革开放与马克思主义中国化，重点是要讲改革开放与马克思主义中国化这两者的关系。这两者的关系简单地说是这样：一方面，改革开放的实践促进了马克思主义中国化，产生了中国化马克思主义，从这个意义上说是改革开放的实践为马克思主义中国化的产生和发展奠定了基础，提供了经验，促进了中国化马克思主义成果的产生；另一方面，中国特色社会主义理论体系的产生，又为改革开放提供了指导，使我们的改革开放能够沿着正确的轨道前进。这两个方面是相辅相成的，但是必须明确，实践还是第一的，改革开放的实践为马克思主义中国化、为中国特色社会主义理论体系的诞生提供了实践基础。

二、改革开放对马克思主义的丰富和发展

什么是马克思主义？在前两年编写大学生思想政治理论课教材《马克思主义基本原理概论》过程中我们发现，虽然在长时间内大家一直说马克思主义是指导我们事业的理论，但是对什么是马克思主义理解却不完全一样。有人可能从方法论的角度把马克思主义当做一种科学的世界观和方法论，即辩证唯物主义和历史唯物主义；有人则是从服务对象的角度认为马克思主义是关于无产阶级和人类解放的学说；还有人从另外的角度认为马克思主义是发展的科学；等等。这些认识我认为都对，所以在《马克思主义基本原理概论》中，肯定了这些从不同角度回答的什么是马克思主义的观点，但书中还提出一个新的说法，就是对马克思主义的理解有狭义和广义的之分。从狭义上说，马克思主义就是马克思恩格斯创立的科学学说，之所以以马克思的名字命名，恩格斯有一段话，说马克思比我们站得都高，实际上这整个的学说主要是马克思创立的，恩格斯自己说他只是帮助马克思做了一些工作。从广义上说，马克思主义不仅仅是马克思恩格斯创立的学说，而且还包括后人对它的继承和发展，包括列宁主义，包括毛泽东思想，也包括我们中国现在的中国特色社会主义理论体系，这些应该都叫马克思主义。① 正因如此，党的十七大

---

① 编书组：《马克思主义基本原理概论》修订版，高等教育出版社 2008 年版。

报告中讲，在当代中国，坚持中国特色社会主义理论体系就是坚持马克思主义。①

对马克思主义的广义理解，看似比较简单，但它解决了一个人们长期疑问的难题，就是：马克思主义产生如果从 1848 年《共产党宣言》发表算起，到现在已经 160 年了，这 160 年前的理论今天还有用吗？有了以上的认识，简单的回答就是，马克思主义不是静止的，而是发展的、开放的，今天的中国特色社会主义理论体系就是马克思主义，就是当代中国的马克思主义，所以马克思主义就在我们身边。当然，这并不是说当年马克思恩格斯创立的理论今天就没有用了，那也不是，中国特色社会主义理论体系的基本立场、基本观点、基本方法是与马克思主义一脉相承的。这就是马克思主义的伟大之处，马克思主义的生命力所在。你可以说马克思恩格斯当年针对当时的情况作出的个别结论可能不符合今天的情况了，也可以说马克思恩格斯没有看到实践中的社会主义，没有看到今天的中国，但是马克思主义的基本立场、基本观点、基本方法我认为至今放射着真理的光芒。正因为如此，所以即使生活在资产阶级执政的西方国家的不少西方人，仍然认为马克思是很伟大的。大家可能知道，英国的 BBC 在全世界进行网上的评选，要评人类千年最伟大的思想家，让大家投票，投票的结果马克思是第一人，第二个是爱因斯坦，就是发

---

① 胡锦涛：《高举中国特色社会主义伟大旗帜 为夺取全面建设小康社会新胜利而奋斗——在中国共产党第十七次全国代表大会上的报告》，人民出版社 2007 年版。

现相对论的那位科学家。这可是在西方国家里组织的评选。人们为什么投票给马克思呢？这说明一个道理，尽管你可以反对马克思的学说，例如像资产阶级的一些政客那样，但是你没法反对马克思的方法，这就是他整套的辩证唯物主义，也没法反对马克思为大多数人说话和站在最广大人民群众一边的坚定立场。之所以反对不了，因为它是真理，它有用。直到今天，包括美国总统布什在内的西方那些国家领导人，不管他出于什么考虑，公开说话时也不能忽视人民的力量，而这个恰好是老早马克思主义所坚持的。所以，马克思站在最广大人民群众的立场上，运用辩证唯物主义和历史唯物主义来认识世界，并由此得出人类社会不可能停留在一个水平上，资本主义是一个过渡性的社会必然为新的社会主义社会所代替等论断，是对人类社会发展规律的揭示。像这些理论，人们无论如何，都不能否定它的真理性。所以我认为，马克思主义确实是科学。马克思主义的世界观方法论我觉得一辈子都有用。

有一年中国社会科学院研究生院的研究生会搞了一项调查，对全国 500 个经济学家发问卷，给我也发了一份。它发的问卷有很多的内容，其中有一条就问对你影响最大的五本书是什么，请依次列出来。我觉得这是个很有意义的问卷，如果能把全国这 500 个经济学家受影响最大的书统计出来加以分析，可能是宝贵财富。你们猜我填的第一本是什么书？谁愿意回答？

［**学员**］我觉得您选的应该是《资本论》。

［**逄教授**］谁还能猜出来我填的是什么书？

[**学员**] 我觉得您应该选的是马克思主义政治经济学。

[**逢教授**] 在很多场合，包括在全国和北京市思想政治理论课教师培训班上我问同样的问题，没有一个同志答对。答不对不是说大家不高明，因为这是我的行为，而且以我的回答为标准，所以你很难答对。我答一本书你们可能都没见过，甚至很难想到。我填的第一本书不是《资本论》，因为《资本论》我读的比较晚，我是上大学以后才读的《资本论》，读大学那个时候我的人生观世界观都差不多成形了。我填了一本我高中时读的书，我是20世纪60年代初期读的高中，我读高中的时候学政治课，没有学政治经济学，学一本什么书呢，叫《辩证唯物主义常识》，不像现在辩证唯物主义原理那么厚，多少呢？不超过10万字。当年我们国家正处在困难的时候，纸没有现在这么漂亮的纸，很粗糙的纸，黑颜色的纸，印了这么厚的一本小册子，我考大学的时候、毕业的时候，把它背下来了，内容是什么呢？大致就是物质第一，意识第二；实践是检验真理的标准；世界是运动的，运动是有规律的，对立统一规律，量变质变规律，否定之否定规律等。后来我发现，对我影响最大的第一本书是这本书。我当过工人，做过农民，参加过军训，没有当过兵，做工人农民我在最基层，当过木匠，我曾经有很不顺利的时候，"文化大革命"期间被作为牛鬼蛇神改造这类事我都有过，当然我也有辉煌的时候，也有很顺利的时候。我现在60岁，我再回过头来想，真正对我有用的，一辈子有用的，

还是辩证唯物主义和历史唯物主义，为什么呢？它教给我一种世界观和方法论。通常我们说遇到困难的时候要想到光明，所有的事走到极端以后它会朝反面发展，看一个人要两面看，你不要把他看死了，事物都是发展的，抓问题要抓本质，不要胡子眉毛一起抓，等等，这些观点都是那本小册子教给我的，所以真正对我有用的是一本很小的小册子，不是大厚书，是马克思主义的哲学，是马克思主义的辩证唯物主义和历史唯物主义，是马克思主义的世界观和方法论，所以我感觉这个世界观方法论的东西可是一辈子管用的事。人一辈子学的东西很多，有的可能用不上，但是这个东西我发现不管干什么，不管走哪都有用。所以我在一个场合半开玩笑说，我建议学马克思主义要从娃娃学起，不一定要大学生才开这个课，高中生开。现在有人争议高中生开这个课早了，我不太同意。我为什么说要从娃娃学起呢？小孩你教他什么是马克思主义他不懂，但是你教他一个方法论完全应该。现在我们大部分夫妇都是一个小孩，年轻的未婚同志没有体会，现在的做父母的，在座老师们都有体会，有小孩以后你从小对他教育，从一出生就想着把他教育成什么人。很多的爸爸妈妈让孩子上小班，从一上托儿所就上小班，叫什么亲子教育啦，启蒙教育啦，然后有小班就上，学钢琴、学英语、学数学，从小学一直上到高中，都上小班。上小班的结果呢，有的上小班也上不好，最后考大学的时候就着急了。小孩考不上大学，上了那么多小班考不上大学，什么原因，我认为从小没给他一种好的方法论。所以我说从小孩抓起，就是要对他进行马克思主义方法论的教育，你从小就应该教小孩怎么样去看问题，去分析问题和解决问题。以他能够接受的方式鼓励他树立上进心，给他一种方法。你不要叫他一字一字去背，要教给他怎么样以联系的观点看问题，以发展的观点去看问题。这么教他，这么启发他，给他认识问题分析问题的方法，我看准行。当我们的小孩自己会去看问题，分析问题的时候，当他形成一种自尊心和上进心，永远要争第一的时候，就不用再去上小班。在座的同学可能有体会，一个人从小开始争第一，他越是第一，越争第一，在一年级他拿第一，到了大一的时候他还是争第一，这就是一种方法，一种上进心。所以我觉得马克思主义并不神秘，就在我们身边，马克思主义不是有用没有用的问题，而是怎么想法学得更扎实，用得更好的问题。

说远了，现在回到改革开放对马克思主义的丰富发展。概括地说，我认为改革开放的实践从五个方面促进了马克思主义的中国化。

第一，就是改革开放的实践丰富和发展了马克思主义生产力和生产关系、经济基础和上层建筑的相互关系的历史唯物主义学说。更简洁地说，改革开放丰富了马克思主义历史唯物主义学说。大家知道，历史唯物主义一个很重要的原理就是生产关系要适应生产力，上层建筑要适应经济基础。在座的同学通常都能背过生产力决定生产关系，生产关系反作用于生产力，生产关系一定要适应生产力的发展。当它适应的时候会促进生产力的发展，当它不适应的时候则束缚生产力的发展，当生产关系这个外壳变成生产力发展的桎梏，生产力就要求打破生产关系，这就可能要发生革命。经济基础和上层建筑大体也是这个关系，经济基础决定上层建筑，上层建筑反作用于经济基础。它两个要适应，不适应的时候，经济基础的发展要改变上层建筑。马克思主义历史唯物主义原理应该说是整个马克思主义的基石。马克思有两大最重要的发现，哪两大发现呢？一个是历史唯物主义即唯物史观，一个是剩余价值学说。正是依据这两大发现，马克思揭示人类社会发展的规律。用这种规律解剖资本主义，马克思一方面肯定资本主义的历史进步性，指出资本主义产生的短短的时间里创造的生产力比它以前的那些所有的社会创造的生产力的总和还要大；但另一方面呢，他又发现，资本主义自身解决不了生产社会化和生产资料私人占有的这个基本矛盾，就是说生产力和生产关系这个矛盾资本主义自身解决不了，而解决不了的结果就是它一定要被新的社会所代替。这个新的社会马克思当时叫共产主义社会，后来列宁将其第一阶段称为社会主义社会。遗憾的是，马克思虽然对人类社会发展的这一趋势揭示得淋漓尽致，但在世的时候却并没有看到社会主义的诞生，虽然巴黎公社无产阶级革命发生了，但是最后没有成功。所以究竟在社会主义条件下生产力与生产关系矛盾是怎么一个状况，社会主义制度下怎么来解决这个矛盾？马克思当时没说透，当然也不可能做。

那么现在谁说了呢，我们说了，中国的改革开放的实践说了，中国特色社会主义理论体系把这个问题说了。怎么说的呢？实际上，我们承认社会主义制度建立以后，依然有生产力和生产关系、经济基础和上层建筑的矛盾，这个矛盾也需要解决，如果不解决的话，社会主义也不能发展，也不能巩固。所以，改革开放一个很重要的问题就是要解决社会主义条件下生产力与生产关系、经济基础与上层建筑的矛盾。怎么解决呢？就是通过改革的办法，这种改革不是要把社会主义制度推倒重来，而是要用社会主义制度自我发展、自我完善的办法来解决在社会主义条件下生产力与生产关系、经济基础与上层建筑之间的矛盾。改革开放30年实践证明，这个矛盾是可以逐步解决的。30年来，之所以我国经济发展这么快，人民生活提高这么快，就是因为解决这个基本矛盾的结果，矛盾得到逐步解决，就促进了生产力的发展。所以，社会主义条件下如何解决生产力与生产关系，经济基础与上层建筑的矛盾，应该说改革开放的实践做了很好的回答。因此，改革开放如果说丰富发展了马克思主义的话，首先就是对马克思主义生产力与生产关系，经济基础与上层建筑这个原理的丰富和发展，我看这是中国的一个很重要的创新。苏联没有解决好这个问题，它不是没看到矛盾，看到了，它不是不想解决，想解决，但怎么解决没有找到出路，特别是后来到戈尔巴乔夫那个时候，他出的招，他采取的办法完全不行，所以他虽然也叫改革，但是由于放弃马克思主义，放弃社会主义，放弃无产阶级政党的领导，加上其他一些经济的、政治的、社会的、民族的等原因，付出的代价是沉重的，把第一个社会主义国家给毁了，苏联不存在了，解体了，社会主义制度不存在了。所以，中国的改革开放实践，实际上解决了一个社会主义条件下怎么通过社会主义制度的自我发展自我完善来解决生产力与生产关系、经济基础与上层建筑的矛盾。我看这个创新不光是属于我们中国人自己的成果，而也是我们对马克思主义、对世界共产主义运动的一个重大贡献。我们现在当然也不去号召世界上谁向我们学习，但是做好了以后，别人主动的要学，所以现在中国在世界上有地位，别的国家你反对中国也好，赞成中国也好，不管怎么样现在没有哪个国家能忽视中国的存在，世界重大的事务，没有中国的参与，没有中国的声音、中国的态度，几乎就解决不了，所以这就是一个贡献。最近有一篇文章说世界感冒，中国不打喷嚏，美国感冒，中国不打喷嚏。以前就是因为美国经济在世界上占的比重太大了，所以就说美国经济一不好，全世界都不行，说美国经济一感冒，中国经济也有问题，现在不是。比如说现在美国发生次贷危机，而危机还远没看到它的头，我看电视报道，说美国的次贷危机，华尔街一个经济学家估计已经损失1400多亿美元了，其中房贷危机损失的数额占40％，其他的证券、信用卡也有损失。但中国的经济依然在发展，这就是社会主义制度自我完善自我发展的结果，是改革开放的伟大成就。

第二，改革开放丰富和发展了马克思主义关于什么是社会主义和社会主义的本质学说。① 马克思创立了科学社会主义，但是什么是社会主义，社会主义的本质是什么？在相当长的时间内，大家并没有很清晰的回答，人们都可以从不同的角度来描述社会主义，但是社会主义究竟是什么说不太准确。列宁曾经说苏维埃加电气化就是社会主义，因为那时候电气化就不得了，还没有信息化。

改革开放要首先解决的问题就是什么是社会主义，怎么建设社会主义。经过 30 年的改革开放，关于什么是社会主义的问题，我个人认为，至少作为一个阶段性的探索成果，是有了一个比较明确的回答，这集中反映在邓小平同志的那段话上：社会主义的本质是解放生产力，发展生产力，消灭剥削，消除两极分化，最终达到共同富裕。在邓小平同志讲话的基础上，党的十六大以来，我们对社会主义本质的认识又有了进一步的发展。党的十七大的报告里还有这一段话：推动科学发展，促进社会和谐，实现人的全面发展是社会主义的本质属性和要求。综合上述，到目前为止，我们认识的社会主义，其本质我看可以从这么三个方面来理解：一个是生产力标准，就是解放生产力，发展生产力；第二个标准，是从生产关系这个角度来说的，是从经济制度这个角度来说的，就是要消灭剥削，要实现共同富裕，要消除两极分化；第三个方面就是人的全面发展。

---

① 邓小平：《在武昌、深圳、珠海、上海等地的谈话要点》，《邓小平文选》第 3 卷，人民出版社 1993 年版。

　　当然，现在对这个问题的理解理论界可能还不完全一致。有人只注意生产力的标准，认为解放生产力发展生产力就是社会主义。我个人认为不行，解放生产力发展生产力肯定是社会主义的要求，贫穷不是社会主义，马克思原来设想社会主义是在发达的资本主义基础上，是在把发达的资本主义的生产力都继承过来的基础上发展，那它肯定比资本主义有更发达的生产力。但是我们实践中的社会主义不是在发达资本主义基础上搞起来的，所以就有一个进一步发展生产力的问题。但只有生产力的标准不可以，还必须有消灭剥削，消除两极分化，实现共同富裕，这是一个很重要的标准。邓小平很重视这个消灭剥削，消除两极分化的问题，特别是他到晚年的时候对此更看得很重。大家可以看看《邓小平文选》第三卷和《邓小平年谱》里边，都有邓小平这样的话，大致意思是说：如果我们的改革开放，造成了两极分化，少数人暴富，另外多数人贫穷，那我们的改革开放就失败了。现在我们的收入差距有拉大的趋势，这在理论界也有争议，有人说这就是两极分化，有人说还不是两极分化。我认为不管怎么说，要把消灭剥削，消除两极分化，达到共同富裕作为社会主义制度的本质要求，生产力在不同社会制度下都可以发展，但是消灭剥削，消除两极分化，实现共同富裕，只有社会主义才能做到。所以如果单纯地以生产力标准来看，不能区分资本主义和社会主义的区别。马克思说资本主义在建立不到 100 年的时间，它所产生的生产力比以前社会产生的生产力的总和还要大，说明马克思已经看到资本主义相对封建社会、奴隶社会来说，它可以大大的发展生产力，但这并不是说它就是社会主义，它解决不了两极分化的问题，解决不了剥削的问题，社会主义可以。

这里有一个联系实际的问题。现在我国收入分配差距拉大，怎么看？这是很复杂的问题。我个人初步的看法，就是到目前为止我们确实有收入分配拉大的问题，地区差距、城乡差距、行业之间的差距等等都有扩大的趋势。但是现在还不能做出判断说我们国家已经两极分化了，不能做出这个结论来。问题确实要引起我们的注意，我们要逐步采取措施缩小这个差距，最终还是要实现共同富裕，还是要消灭剥削。现在社会上可能存在剥削的现象，在某些行业、某些企业、某些领域确实有剥削的现象，但这并不是说我们社会主义本质要求剥削，相反我们要通过继续改革，消除剥削，消除两极分化，达到共同富裕。人的全面发展是社会主义的本质要求，对此我认为应该大张旗鼓地宣传，社会主义归根结底应该以人为本。以前大家注意到一个问题就是人权问题，西方国家老是拿人权压中国，一有事就拿人权来说事，说中国的人权不好，在相当长时间内美国和中国的摩擦，一个是贸易，一个是人权，现在又增加了一个商品质量，直到今天，我们中国举办奥运会了，还有一些西方国家拿人权来和我们说事，说中国的人权没有改善。有一段时间我们对人权研究的少一点，好像只有西方讲人权，我们就不讲人权，好像西方朝我们施压，我们有点理不直气不壮，后来明白了，通过研究我们发现，社会主义最讲人权。中国的最基础人权首先是吃饱，首先是基本的生活问题——温饱问题，而中国社会主义制度一个最大的主题就是首先解决13亿人的吃饭问题，而这个问题是西方任何一个国家不可能帮助中国解决的，中国以前的历朝历代都没有解决吃饭问题，是社会主义中国把这个问题解决了。所以你西方要讲人权，别的先不说，先说中国要不要先解决吃饭问题，要不要先解决温饱问题，这个问题解决了，你逐步地才有这样那样的说法，所以我们理直气壮地讲人权，没有什么不可以，而社会主义最终要解决人的全面发展问题。科学发展观提出以人为本，以人为本就是要解决人的全面发展问题。总之，对社会主义本质认识的深化，也是改革开放对马克思主义的丰富和发展。

第三，改革开放丰富和发展了马克思主义关于社会主义发展阶段和社会主义基本特征的学说。社会主义要不要划分阶段？马克思和恩格斯当时对未来社会的预测一般说的是共产主义，认为取代资本主义的是共产主义社会，而共产主义社会要分两个阶段，第一阶段、第二阶段。后来列宁就把马克思说的第一阶段叫社会主义。

改革开放进程中，我国提出我们现在处于社会主义初级阶段。这就是说社会主义也分阶段，我们现在处的是初级阶段。这是一个重大的理论突破。认识中国所有的问题都不能离开中国这个社会主义初级阶段，离开这个就不好说了。由于有社会主义初级阶段的理论，我们才可以实事求是地对现实的社会主义有进一步的认识。例如，社会主义的基本经济制度，社会主义的分配制度，都是讲的社会主义初级阶段的事情，至于将来社会主义发展是怎么回事，我们现在还不是太清楚，有待于实践。但是我们现在初级阶段的基本经济制度和分配制度，我们是有说法的，这就是一个很大的理论创新。

社会主义初级阶段基本经济制度是什么？分配制度是什么？社会主义初级阶段基本经济制度是公有制为主体，多种所有制共同发展。这个马克思没说，列宁也没说，这是中国共产党人说的。原来没说现在我们说，而且很符合我们的实际情况，这就是一种创新和发展，这就将马克思当年讲的那个公有制具体化了，现实化了。公有制还有多种实现形式，不仅仅是国有制，还有集体所有制，还有公有制控股的股份合作制，这就是我国的发展和创造。改革开放不仅把马克思主义关于社会主义划分阶段的理论往前推进了，而且对社会主义初级阶段的基本经济制度和分配制度具体化了，推进了，创新了，这也是一大贡献。当然联系实际需要讨论的问题就多了，比如现在我们以公有制为主体，怎么算以公有制为主体，这就是需要讨论。以前说公有制为主体就是以量为主体，在 GDP 中占的比重占50%以上。有人说不是，公有制为主体主要看控制力，不一定50%，在股份制条件下，可以是20%。对此怎么认识？大家都可以探索可以讨论。但在实践中，我们必须坚持两个坚定不移，一个是坚定不移地大力发展公有制经济，一个是坚定不移发展多种经济形式，鼓励扶持引导非公有制经济的发展。这是又一个丰富和发展。

第四，丰富和发展了马克思主义关于商品经济的学说。大家知道，马克思对未来社会的预测，有一个大致的轮廓，认为在高度发达的资本主义基础上产生的未来社会——共产主义社会，是没有商品生产和商品交换的，社会可以根据需要直接分配劳动，不用价值再插手其间。对马克思的这个预测，现在大家有争议，有人说马克思说未来社会有商品生产，有人说马克思说没有，理论界争论了很长时间，你写文章，我写文章。当然，作为学术问题很难作一个结论谁对谁错。

我个人认为，马克思对未来社会的预测它有一个前提，就是在高度发达的资本主义基础上建成的社会主义，如果在这个基础上建成的未来社会，它就没有商品生产和商品交换。我认为这样的理解比较符合马克思的原意。理解马克思的预测要注意他有前提，后来人们来讨论的时候往往把马克思这个前提给忘了，只说马克思说有没有商品。实际上马克思说在发达资本主义基础上建成的未来社会这个前提下的共产主义社会没有商品生产和商品交换。至于今天我们要大力发展商品生产和商品交换，发展社会主义市场经济，这完全是从我们中国的国情出发的，我们的国情就是我们的社会主义不是在发达的资本主义基础上建成的，旧中国它本身商品经济就不发达，那我们革命成功建立新中国以后当然要发展商品经济。

改革开放以来，我们对市场经济有了创新性认识，认为市场经济不是社会制度的区分，它是一种经济形式，资本主义可以发展市场经济，社会主义也可以发展。市场调节、计划调节都是手段，不是一个社会制度的本质。在中国社会主义初级阶段，不仅一定得发展商品经济，而且得大力发展市场经济，而且我们创立一个新概念叫社会主义市场经济。社会主义市场经济的提出是对马克思主义的一个发展。

什么是社会主义市场经济？1992 年我到国外去讲学的时候，外国人最不懂的就是社会主义市场经济，他们老问什么是社会主义市场经济。他们的概念是市场经济只能在资本主义制度下发展，在社会主义条件下不能发展市场经济。他们中有的人的言外之意是，你明着说在搞社会主义，实际上是在搞资本主义。我认为实际上他们是不懂中国的国情。在我看来，社会主义市场经济就是社会主义制度下的市场经济。制度是社会主义，在这个制度下发展市场经济。不是说市场经济本身还有资本主义的社会主义的，市场经济全世界只有一个，市场经济就是以市场为基础进行资源配置的经济，市场经济有三个基本机制，一个是价格机制，一个是供求机制，一个是竞争机制。要发展市场经济就一定得有独立的市场主体，一定要有发达的市场和完善的市场体系，一定要有政府的宏观调控，这是现代市场经济的基本要素。西方是这样，中国也是这样。二者的不同在于，中国的市场经济是在社会主义制度下发展的，它要受社会主义制度的制约，例如，我们要坚持公有制为主体，我们要坚持按劳分配为主体，我们要坚持共产党领导人民当家做主的政治制度，这些都是社会主义制度的规定性，社会主义市场经济必须得在这个条件下发展。而西方发达国家的市场经济是在资本主义制度下发展的。

有人说社会主义市场经济搞宏观调控，资本主义不搞宏观调控，我看不是。宏观调控现在看没有哪一个国家不搞，所以有一些人倡导市场经济过头的人如自由主义学派，主张完全地不搞政府干预，其实不是，你看美国它不干预吗？它这次次贷危机发生后你看美国政府干预不干预？他们连股市都干预，当美国的股市下跌很厉害的时候，政府都出了救市的措施，当次贷危机发生的时候，你看美国、日本、欧盟，它就联合采取了救市的措施。所以政府干预、政府调节这是现代市场经济的共性，不是区分社会主义市场经济和资本主义市场经济的标志。社会主义市场经济真正的特性就是社会主义市场经济同社会主义基本经济制度和政治制度结合在一起。你到西方国家去看，肯定没有公有制为主体这种说法，它有国有制，但不强调公有制为主体。以上社会主义市场经济理论是对马克思主义的又一丰富和发展。

第五，丰富和发展了马克思主义关于发展的学说。马克思主义有丰富的关于发展的学说，从广义说辩证法就是发展的学说，它是对经济社会、人类思维和自然界发展的一般规律的学说，从狭义说马克思社会再生产理论也是关于经济发展的学说。但是，这些学说对于解决中国的问题而言，是比较原则的，从根本上来说，它提供一种方法论的基础。今天我们中国特色社会主义理论就要解决在中国社会主义初级阶段条件下怎么发展的问题。科学发展观的提出，就集中为解决发展问题提供了理论指导。科学发展观，第一要义是发展，核心是以人为本，基本要求是全面协调可持续，根本方法是统筹兼顾。科学发展观的提出，强调人与自然的和谐，强调人与人的和谐，强调政治经济文化社会的和谐，强调最终实现人的全面发展，所以科学发展观也是对马克思主义学说的丰富和发展。

以上我从五个方面讲了改革开放的实践丰富和发展了马克思主义，这是我讲的第二个问题。

三、中国特色社会主义道路和中国特色社会主义理论体系是在改革开放实践基础上产生的马克思主义中国化的最重大成果

我刚才讲改革开放的实践从五个方面丰富和发展马克思主义，当然不仅仅是这五个方面，同学也好，老师也好，都可以再总结一些。现在我要总结性地说，改革开放最伟大的成果就是中国特色社会主义道路和中国特色社会主义理论体系的产生。对此，党的十七大报告中已经详细地阐述，我想大家已经学习过了。

马克思提出科学社会主义的学说，展望了未来；列宁进行了社会主义实践探索。但是社会主义道路的问题，特别是在中国怎么走社会主义道路的问题，他们并没有解决。毛泽东同志为核心的第一代中国共产党人做了很多的探索，积累了宝贵的经验。从新中国建立到1956年社会主义改造结束的这一时期，我们就有自己的许多创造和发明，"文化大革命"以前的这十几年的探索，我们建立了强大的物质基础。毛泽东同志领导的第一代中国共产党人

的这些探索，为我们今后的发展奠定了基础，但是也没有解决好社会主义究竟走怎样的道路问题。改革开放最大的功劳，最大的成果之一，就是探索到了符合中国国情的社会主义道路。

什么是中国特色社会主义道路，党的十七大报告中是这么说的：中国特色社会主义道路，就是在中国共产党领导下，立足基本国情，以经济建设为中心，坚持四项基本原则，坚持改革开放，解放和发展社会生产力，巩固和完善社会主义制度，建设社会主义市场经济、社会主义民主政治、社会主义先进文化、社会主义和谐社会，建设富强民主文明和谐的社会主义现代化国家。① 这就是中国特色社会主义道路。我建议大家回去把党的十七大的这一段话认真学习，领悟，特别是年轻的同志对这些观点一定要好好学。

我们议论了一个问题，就是1989年我们国家发生的政治风波。在当时的背景下，邓小平等老一辈革命家站出来，支持中央，力挽狂澜，把这个事情解决了。事情已经过去好多年了，现在再回过头来看，当时幸亏妥善处理了这个问题，否则的话中国的今天就很难说是什么样子了。在座的青年同学，有的1989年可能还没出生，还不知道当时是怎么回事，当时的大背景就是苏联解体，世界上第一个社会主义国家几乎是一夜之间变色了。大家可以看一

---

① 胡锦涛：《高举中国特色社会主义伟大旗帜 为夺取全面建设小康社会新胜利而奋斗——在中国共产党第十七次全国代表大会上的报告》，人民出版社2007年版。

看现在的独联体是什么样子，原来的苏联现在都找不到了。所以有时候我们很感慨，一个国家不富强，它的国民跟着遭殃。原来苏联在世界上是社会主义强国，真正能和美国抗衡的超级大国当时只有苏联，所以那时候冷战，主要就是美国和苏联之间斗。现在苏联已经分裂变成了好多国家，有些国家不得安宁，冲突不断，俄罗斯算是比较好的，经济有所上升，但是也没有恢复到原来的水平。我们在北京开会间隙还议论说，当年苏联强盛的时候，苏联人来中国，那可是昂首挺胸，苏联艺术家跳舞跳的挺好，唱歌唱得也很好，现在国不富了，出来的国民都不是那个意思，有一些艺术家到我们的歌厅演出，实在是有点说不过去。苏联解体令人很痛心。当时中国的情况，有些人包括一些领导同志，就没看明白，只觉得中国要改革开放，这当然是对的，但是改革开放怎么走，怎么改革，怎么开放，他们不明白。还是邓小平明白，提出坚持党的基本路线不动摇。我们党的基本路线是一个中心，两个基本点，一个中心就是以经济建设为中心，两个基本点一个是坚持四项基本原则，一个是坚持改革开放。四项基本原则其中就有坚持共产党的领导，坚持社会主义。当时有人是糊涂的，好像改革开放就可以不要党的领导，就可以不要社会主义。外面有一个苏联解体的背景，里面又有一个糊涂的认识，那时候的大学生实事求是地说，爱国热情是有的，但是他们中有的没有看清楚这个大背景，也没有看清楚共产党领导不能动摇，社会主义不能动摇。有人对邓小平的看法，有时只看到他坚持改革开放的一面，而忽视他坚持四项基本原则的一面。邓小平确实是改革开放的总设计师，最希望改革开放，生前每到关键时刻他都出来讲话，倡导改革开放，与此同时他坚持四项基本原则比谁都坚决。1989 年那个时候就是危及共产党的领导，危及社会主义制度，大事面前就不能糊涂，小事糊涂一点关系不大，在这样关系民族和国家生死存亡的关头，就得态度坚决，力挽狂澜。度过风波，我们继续改革开放，继续走中国特色社会主义道路。所以，改革开放最伟大的成果之一就是找到了一条中国特色社会主义道路。

中国特色社会主义道路只能在中国共产党的领导下才能开辟，才能坚持，这个要坚定不移。有人说，美国两个党民主党和共和党轮流执政不也挺好吗，台湾还有民进党和国民党呢。这个可不能糊涂。坚持中国共产党的领导，这可是血与火的历史得出的结论。现在我们的共产党领导下的多党合作制，多个民主党派参政议政，同舟共济，这符合中国国情。所以，对许多青年同志来说，中国特色社会主义道路一定要搞清楚。

改革开放还有一个最大的理论成果就是中国特色社会主义理论体系。中国特色社会主义理论体系，就是包括邓小平理论、"三个代表"重要思想以及科学发展观等重大战略思想在内的科学理论体系。[①] 中国特色社会主义理论体系是一个开放的、发展的体系，随着今后的实践还要不

---

① 胡锦涛:《高举中国特色社会主义伟大旗帜 为夺取全面建设小康社会新胜利而奋斗——在中国共产党第十七次全国代表大会上的报告》，人民出版社 2007 年版。

断的发展。我看《北京日报》上有这么一个讨论，中国特色社会主义理论体系从哪开始？我个人看，按照党的十七大的精神，中国特色社会主义理论体系起点就是改革开放。那么毛泽东思想还算不算中国特色社会主义理论体系中的内容，按照党的十七大的基本提法，毛泽东思想是为中国特色社会主义理论体系的产生、为中国改革开放奠定了基础，但是毛泽东思想这个成果，现在看来不包括在中国特色社会主义理论体系里面。所以现在我们通常这样说，马克思主义，列宁主义，毛泽东思想，然后中国特色社会主义理论体系，这么一个顺序。中国特色社会主义理论体系凝结了几代共产党人带领人民不懈探索实践的智慧和心血，是马克思主义中国化的最新成果，是我们全党全国各族人民的最宝贵的政治精神财富，是全国各族人民团结奋斗的共同思想基础。党的十七大有一个很重要的结论，在当代中国，坚持中国特色社会主义理论体系就是真正坚持马克思主义。这个非常重要。这是我讲的第三个问题。

四、坚持马克思主义基本原理与中国实际相结合是改革开放成功的基本保证

马克思主义基本原理与中国实际相结合就是马克思主义中国化，马克思主义中国化过去保证了中国革命的胜利，今天在改革开放的大潮中，仍然是改革开放取得胜利的重要保证。马克思主义基本原理与中国实际相结合，是

一个过程，这个过程远没有结束，它会随着实践的发展继续发展。只有发展，只有开放，马克思主义才有生命力和吸引力。

中国的改革开放进行 30 年了，取得了辉煌的成绩，对这个成绩的总结我们可以从许多方面：例如说 30 年来我们的 GDP 以每年 10% 的速度增长，总量已经从 1978 年的 3645.2 亿元增长到 2007 年的 246619 亿元，你可以算一算这翻了多少番了，现在我们 GDP 总量在全世界排名第四。当然我们对 GDP 总量需要做到心中有数。一方面我们取得这么大的成绩，应该以这样的成绩来鼓舞全国各族人民前进。我记得我小的时候（1958 年），毛泽东那一代提出的一个口号是超英赶美，后来有人觉得这是天方夜谭，怎么可能超过英国赶上美国呢！现在超过英国已经实现了，我们的钢铁产量已经世界第一了，我们的外汇储备也是世界第一了，我们的外贸进出口总量世界第三，所以现在说中国是一个强国，并不为过。但另一方面我们的头脑要清醒，我们的 GDP 被十三亿人口一除的时候，人均大概排在全世界近 200 个国家的 120 多位，所以说我们人均还是少的。这倒不是我们谦虚，实事求是地说我们还是发展中国家。你注意西方人，他有时候把我们吹得天花乱坠，中国已经怎么怎么着了；有时候又把我们说得一塌糊涂，怎么着怎么着。说这些话的时候，有人是别有用心，比如他说中国不得了了，有人还说中国多少年以后就超过美国了，我们作为中国人，一定得做到心中有数，当听到这些溢美之词的时候，应该想想你们说这个干什么啊，是表示对我们友好还是有其他目的。有人搞"中国威胁论"的时候，他往往把这些数字夸大了，说中国如何强大，再过几年把美国也超过去了，他这是想制造"中国威胁论"。我有一次在日本讲课，听众不只是学生，更多的是社会在职者，我讲完了，主持人说大家有问题可以提出来。有一个日本人就说，中国发展得很快，可了不得了。我以为他要说什么，后来他绕了很长时间，最后说你中国发展得快，结果把日本的资本都吸引到中国去了，其结果对日本的经济造成了直接的危害，使日本的产业空洞化了，失业率增高了。他说你们中国经常说中日友好，你怎么解释这个事？

大家听明白这个问题了吗，如何解释？这位同学起来说一下。

[同学答] 我感觉可以这样说吧，日本企业到我国来发展，我们得到的好处是吸引它的外资，解决了一些就业问题，得到了一些它的技术，但是他们也得到了我们的一些好处吧，比如说他们的日本企业也赚到了外汇，利用我们的廉价的劳动力，得到了更多的利益，达到了一个双赢，双方应该从好的方面来考虑。

这位同学说得不错。对他的这个问题我想可以有多种回答方式。当时我做了这样的回答，我说中国曾经封闭半封闭，吃到许多苦头，世界也觉得中国太封闭了不好，因此我们就改革开放，后来中国加入 WTO，走向世界。国际之间的投资，要按市场规律和国际规则办，日本到中国投资，我们也到别的国家投资，讲的都是互惠互利，你愿意我愿意才能达成协议。中国没有强迫日本企业到中国投资，如果有本领的话，你可以要你日本企业都不到中国投资，你做得到吗？应该这么做吗？日本企业到中国来，看重的是中国的廉价劳动力和市场，投资以后，赚取了利润，何乐不为？市场经济就是这样的，不存在谁对谁构成威胁。后来我了解了一下，那个提问题的日本人也是一个企业家，他也在中国投资，赚了钱，反而说中国威胁，实在没有道理。不过他从这个角度提"中国威胁论"，倒也使我增长了见识，增加了对外部世界的了解。所以我们看成绩的时候要心中有数。

　　这样的事在国际上还有很多。有的国家当它要你承担义务的时候，它说你中国发达得不得了，是发达国家，你那个 GDP 低估了，人民币汇率低估了，所以它就拼命地把中国往发达国家行列里拽，但是当它有另外需要的时候，就有另外的标准，把中国说得如何如何不好。现在国际上不是在讲全球变暖威胁人类安全吗？一则报道说南极有一块 400 多平方公里冰断裂了，而且有科学家预测，照这样发展下去南极冰山还得断，结果就可能漂到海里融化，导致海平面上升，如果上升 1 米，世界上有的国家可能就不存在了，一些城市可能就不存在了，所以现在全球变暖的问题大家都很关注，所以就有一个减排的问题。重视这个问题当然很对，但有些外国人就说你们中国排放的废气多是造成全球变暖的主要原因。这显然不符合事实。我们说，按人均排放量我们还不到发达国家的 1/3，我们三个人排放的量还不如你们一个人排放的多，这是一个账，但是这个时候外国有人就不算人均，它算总量了。其实发达国家工业化比我们早，他们老早就把能源消耗了，把资源消耗了，把废气排放了，现在他又拿他的标准来压中国，这个没有道理啊。所以，还是那句老话：落后就要挨打。发达国家老是给别人制定标准，老是给后发国家订条条框框，现实就是这样。

我总的意思就是说，改革开放使我们的经济发展很快，但在看成绩的时候我们要保持清醒的头脑。

我们的经济发展很快原因是什么，经验是什么？经验有很多，胡锦涛同志在党的十七大的报告中总结了"十个结合"，是很重要的经验，请大家回去读读，我就不再重复了。

这里我强调一条很重要的经验，这条经验是我们自己创造的，是什么呢？就是把马克思主义基本原理同中国实际相结合。这是为中国共产党几十年的实践所证明的宝贵的经验，是创造性地发展的马克思主义。马克思主义最讲要实事求是，理论联系实际。现在不是要提倡"四个分清"吗，一要分清哪是马克思主义基本原理、基本观点、基本方法，哪是马克思主义针对个别情况说的个别结论；二要分清哪是后人附加给马克思主义的错误观点，本来不是马克思主义的，是后人对马克思主义的理解，结果也说成是马克思主义，比如说社会主义就是计划经济，计划经济就是指令性计划，这个是后人附加给马克思主义的，马克思没有说过要指令性计划，苏联说了，斯大林说的，斯大林说得不对，结果一些国家学苏联，把指令性计划看成社会主义的本质特征；三要分清哪些是随着实践发展需要发展的马克思主义；四要分清哪些是对马克思主义教条主义式的理解。实际上，马克思恩格斯本人从来都没有把自己的那个理论说成是一种封闭的、一成不变的理论，都是说要发展，比如说马克思、恩格斯说过，这些原理的应用，正如《共产党宣言》中所说的，随时随地都要以当时的历史条件为转移。历史条件变了，原理的应用也得变。列宁也这样强调，列宁强调说马克思主义的全部精神，它的整个体系要求人们对每个原理都要历史地，都要同其他联系起来，都要同具体的历史经验联系起来加以考察。这就是实事求是，这就叫根据变化的情况来应用马克思主义的基本原理，要同当时当地的实际情况相结合。

改革开放以来，我们经过了几次思想大解放。第一次思想大解放就是关于实践是检验真理的唯一标准的讨论，当时南京大学哲学系的一个副教授，写一篇文章就是《实践是检验真理的唯一标准》，后来几经修改，发到《光明日报》，从那开始引起一场思想大讨论，那次大讨论很明显是针对当时对马克思主义和毛泽东思想教条式的理解。当时有人提出，凡是毛主席说的都是对的，凡是毛主席要求的我们都要坚决地做。实际上对马克思主义毛泽东思想不能这样看待，时代发展了，实践发展了，那么马克思主义也要发展，我们的思想也要发展。怎么发展？实践是检验真理的唯一标准，要根据实践的发展要求来发展。又一次大讨论可能在座的各位记忆犹新，就是1992年前后那一段，最主要的是针对改革开放被姓"资"姓

"社"束缚，迈不开步伐。那个时候不少人说社会主义不能搞市场经济，有一段时间说搞市场经济就是资产阶级自由化，只有计划经济是社会主义的。讨论的结果，邓小平同志南方谈话作了回答，改革开放迈不开步伐，就是被姓"资"姓"社"束缚住了，他讲市场经济不是基本经济制度，资本主义可以有，社会主义也可以有，市场调节计划调节都是手段，资本主义可以用，社会主义也可以用，资本主义可以有计划，社会主义可以有市场。正是有这一次的思想大解放，才有了我们20世纪90年代的大发展。现在我们又进行思想大解放的讨论，大家又问这是针对什么，我个人认为，就是针对我们改革开放取得了很大成绩，但是不能停留在原来的水平上，还得继续进行改革开放，还得坚持改革方向不动摇，还得提高改革措施的科学性和配套性。思想解放永无止境，改革开放永无止境，社会主义的发展永无止境。解放思想还是要坚持马克思主义的基本原理同中国的实际相结合。实践创新也永无止境，改革开放的深化，中国特色社会主义还正在发展，所以我们要解放思想，实事求是，与时俱进，勇于变革，勇于创新，永不僵化，永不停滞，坚持和不断地发展中国特色社会主义道路和中国特色社会主义理论体系，在改革开放的创新实践中，把马克思主义中国化的进程推向更高的阶段。

同志们！我讲了两个小时了，上午也讲了两个小时，还有一点时间，大家可以讨论一下，有什么问题可以提出来，我很愿意回答。

[**学员**] 逄教授您好！我想问一个问题就是，为什么马克思主义只有在中国才能生根开花结果，在国外，在其他国家不行？谢谢！

[**逄教授**] 咱们先有一个约定，不是大家提的问题我都能回答出来，有些我也不会，我万一不会也请大家谅解，另外我回答的也不一定都准确，答错了，大家多多批评。现在回答你的问题。

据我了解，马克思主义不仅仅是在中国，实际上在很多国家也都有很多人信仰，都有人在坚持。世界上有无产阶级政党（共产党或工人党，还有的叫别的名字）的国家并不少，只是他们大部分没有执政。另外据我所知，全世界有许多个国家的学者在研究和信仰马克思主义，所以在理论界有一个称呼叫"国外马克思主义"，"国外马克思主义"一般是指除苏联以外的那些国家的马克思主义的信仰者和研究者，他们的有些成果现在我们正在借鉴。我最近两年在做一个教育部的重大课题叫"马克思主义整体化研究"，我发现在马克思主义整体化研究这个问题上，西方马克思主义的研究成果有很多是值得我们借鉴的。我们长时间比较习惯把马克思主义分成三个主要组成部分来研究，哲学、政治经济学、科学社会主义，所以导致今天当我们把马克思主义作为一个学科来建设的时候，遇到了困难，把马克思主义基本原理作为一门课来教的时候也遇到了困难，我们的老师一个人讲这门课的时候很困难，为什么呢？以前我们学科就是按三部分分的，老师就是这么学的。通常说你是搞哲学的，我是搞政治经济学的，他是搞科学社会主义的，包括我在内，我对马克思主义的政治经济学比较在行，但是我对马克思主义的哲学就比较的不太熟悉。但是在西方，有一些国家他们在研究马克思主义的时候就没有把它分为三个部分，而是从整体上来研究，来把握，这对我们很有启发。

改革开放以来我们有一个很大的进步，就是我们坚信我们坚持和发展的马克思主义是正确的，是适合中国国情的，但我们也不否认别国有自己对马克思主义的认识和理解。对马克思主义，你研究你的，我研究我的，我们经常交流，互相借鉴。其实，有些国外马克思主义者对马克思主义的信仰和研究甚至不比我们差，至少不比我差。我有一位朋友是日本搞经济史的老专家，他2007年退休了，80多岁，他每次来中国一定找我讨论马克思主义的问题，他对中国现在有些提法非常地有研究。

当然，马克思主义的政党作为执政党来执政的，在全世界200多个国家中，占的比例不是太多，这需要一个历史过程，但是信仰马克思主义的政党和个人确实不少。我曾经看到一位外国人在美国的独立纪念日写的一篇短文，题目叫《醒醒吧，美国人》，文章从经济到政治，从文化到外交，很尖锐地批判了美国的多种做法，我不知道这位外国人是不是信仰马克思主义，但他写的让美国人醒醒的那些事，还真是符合当年马克思揭露的资本主义的弊端。

[学员] 逄教授您好！我们党的十七大报告提出来的要用社会主义核心价值体系引领社会思潮，使之成为人民的自觉追求。我的问题是，请您从政治经济学教学的角度

来谈一谈，用社会主义核心价值体系引领社会思潮在当前有什么针对性？具体如何去做，才能做得效果更好？谢谢您。

[逄教授] 好，请坐。我首先说对于这个方面的研究不是我的专长，搞哲学的同志或者搞政治学的同志可能对这个问题更有研究。

《北京日报》上曾发表了一篇《当前社会思潮的新特点》，文章指出当前我国社会思潮呈现多样化多元化的特点，我建议你可以看看这篇文章。我认为，社会思潮的多样化是改革开放的一个结果，相对于以前的少元或是一元，这是社会进步的表现。但是，作为我们一个共产党领导的社会主义国家，不管有多少种社会思潮，我们应该有个主流的社会主义核心价值体系引领社会思潮，以保证整个社会沿着正确的轨道前进。其实，不光是我们国家，其他国家也一样，从理论上说统治阶级所持有的价值体系，一般就是这个社会的主流价值体系。在美国也有多种社会思潮，但是占统治地位的是作为统治阶级的资产阶级价值观、价值体系。在我们国家，不管有多少种社会思潮，占统治地位的应该是社会主义核心价值体系。关于社会主义核心价值体系，党的十七大报告里面有明确的表述，如以马克思主义为指导，社会主义理想，爱国主义，"八荣八耻"荣辱观等等。

当然，我们说要以社会主义核心价值体系作为主流的价值体系，并不否定其他的思潮的存在。思潮嘛，人的思想，你能不让别人想？我们宪法里面就有许多条文，如宗教信仰自由，言论自由等等。这与我们倡导的社会主义核心价值体系是并行不悖的。

总之，我个人认为现在社会思潮多元这是一种社会进步，我们倡导、允许、鼓励不同思想可以讨论，这是我们有底气的表现。但是这并不排除我们要大张旗鼓地坚持以马克思主义为指导，并不排除我们要旗帜鲜明地坚持我们的爱国主义，并不排除我们要大力倡导我们的价值观，实际上这样做是对中华民族负责任的态度，也是对人民负责任的态度。如果放弃这个核心价值体系，爱怎么着怎么着，那实际上是不负责任的表现。

在座的这么多大学生，将来你们到社会上比在学校接触的社会思潮要多得多，各种思想你都会接触到，但是你主张什么，反对什么，要旗帜鲜明，要有自己的底线。例如有一种思潮是金钱至上，有人为金钱不顾一切，甚至贩毒。在这种思潮面前我们该采取什么态度？可能有两种选择：一种是随波逐流，遇到贩毒者他给你几个钱你把他放了；另一种是金钱面前不动摇，依法制裁他。在现在的国际大环境下完全杜绝贩毒很难，但面对贩毒这件事我坚持一个主流的东西，要依法制裁。这就是坚持社会主义核心价值体系的意义所在。前不久新疆破获有人拿着汽油上飞机要搞破坏，犯罪者之所以得逞，据说是我们内部的什么人收了几个小钱给他开了个口子。大家说，究竟我们是坚持一个主流的东西好，还是放任自流好？我认为一个社会一定要有一个主流的核心价值体系，这是我们倡导的，这是我们要坚持的。不管有多少种思潮，我们当然不能采取简单的方法将其遏制，那也不可以，但是我坚持主流的社会主义核心价值体系，把它们引导到对社会对人民有利的轨道上是完全应该的。

[学员] 逄教授您好，首先非常感谢逄教授在百忙之中能够为我们做这个非常精彩的演讲，我的问题是关于中国经济方面的。改革开放以来，我国经济在十分困难的国内外环境中能够在坚持社会主义条件下持续快速发展，我想请问一下逄教授中国化马克思主义对中国经济有什么指导意义呢？谢谢。

[逄教授] 首先我要说，改革开放以来我国经济的巨大成就是在中国特色社会主义经济理论指导下经过广大人民艰苦实践取得的，中国特色社会主义经济理论是中国特色社会主义理论体系的重要组成部分，中国化马克思主义成果里头包括中国化马克思主义的经济理论，所以中国化马克思主义对中国经济的指导意义从逻辑上来说是十分清晰的。

具体说，我刚才讲的改革开放以来五个方面的马克思主义与中国实践相结合产生的中国化马克思主义，其中很多内容都是经济方面的，比如说中国社会主义初级阶段的这种划分和中国社会主义初级阶段的基本经济制度都是马克思主义的经济理论，而正是这些理论指导着中国经济发展，改革开放迈开了坚定的步伐，也是在这些理论指导下进行的。中国改革开放以来，我们的经济发展如此迅速，成果如此大，根本的原因在于把马克思主义基本原理同中国实践相结合和在此基础上产生的中国化马克思主义的指导。

[**学员**] 社会主义本质中有"消除两极分化，最终达到共同富裕"，请问，在社会主义发展过程中，将怎样消除已经产生并逐步拉大的两极分化呢？共同富裕的标准是什么？谢谢！

[**逄教授**] 这是一个热点问题，比较尖锐的问题。

共同富裕首先是指全体人民群众的生活水平有绝对的提高。从这个意义上说，改革开放以来应该说我们已经初步共同富裕了。因为现在，不管理论界怎么争论，城镇居民的人均收入和农民的纯收入，绝对水平都有了提高。城镇居民的收入 1978 年是 343 元，2007 年是 13786 元；农村居民的人均纯收入 1978 年是 133.6 元，2007 年增加到 4140 元，2007 年年末储蓄额达到 172534 亿元，是 1978 年的 819 倍。这些数据说明，城乡居民生活绝对水平都有了提高。对此争议不是太大。其实我们回老家都能看到，以前有的农村吃不饱饭，现在都能吃饱了；以前山东人吃地瓜干，现在吃小麦面粉、大米，都司空见惯了，温饱问题都解决了。从这个意义上说，绝对生活水平共同提高了，这是共同富裕的一个标准。但必须明确，共同富裕不是平均富裕，即使共同富裕了，差距还是会有的，特别像我们处在社会主义初级阶段，共同富裕也得允许差距，地区之间、城乡之间、行业之间恐怕在相当长时间内还得有差距，有差距不一定是不共同富裕，关键是要把差距控制在一个合理的范围内。

现在的问题是差距拉大了，而且近些年有继续扩大的趋势。所以我们必须高度重视，想办法控制它，缩小它。怎么控制，怎么缩小？首先得先看造成差距的原因，原因分析准了，措施才会有效。导致现在收入分配拉大的原因可能有很多：有的属于自然条件和历史原因，比如说青藏高原，氧气不充足，海拔很高；新疆有沙漠；云南贵州大部是山区，有地方交通不便，资源没法利用。像这样造成的收入少，可以靠实施西部大开发战略来解决。有的是属于税收调节不力，一是可能有偷税、漏税的，不仅是个体户偷税漏税，国有企业也有偷税漏税的，跨国公司也有。二是税负不均。以前外资企业在中国的税率与我们内资企业税率是不一样的，前者低，后者高，所以在跨国公司、外资企业工作者，收入就高，在内资企业工作的收入就相对低。这就需要靠税制改革加以解决，对偷税的，我们要打击，至于税率不平等，从 2007 年开始，我们就把外资和内资的税率都统一成 33%，应该建立一种公平竞争的市场环境。对个人所得税，税收的起征点进行调整，现在是 2000 元，原来是 800 元。行业垄断也是造成收入差距拉大的原因之一，这就需要制定并实施《反垄断法》。价格也是造成收入差距扩大的原因之一，比如说农民收入低，有可能是农副产品价格低造成的，那就要提高农副产品价格或多给农民补贴。这两年我们就在解决这个问题，国家财政每年拿 500 多亿元补给农民，把农民所有的税、费都去掉了，目的就是提高农民的收入。还有就是财政转移支付。像部队人员的收入，以前偏低，近些年就适当提高部队人员的工资，这就是通过财政的分配解决的。再如西藏，新中国成立后，中央从来不向西藏收税，相反，中央政府利用转移支付的办法，把发达地区的税收集中到国家财政，财政分配时再把这些集中的纯收入给西藏一些，支持西藏的发展。

现在需要研究的是，财产引起的收入差距拉大怎么办？马克思主义的原理有一条：分配关系是由所有关系决定的，是由财产的占有关系决定的。现在，发展多种经济成分是既定的政策，发展的结果，有些人占有财产比较多，而凭借这些财产有可能再带来个人收入。资产引起的收入差距拉大，是需要认真加以解决的，这是需要进一步研究的问题。

党的十七大报告提出，要"逐渐增加居民的财产性收入"，"逐步提高初次分配中劳动收入所占的比例"，"逐步提高工资在初次分配中所占的比例"，"初次分配和再分配都要兼顾效率和公平"等。这说明中央已经很重视并下决心要解决收入分配差距扩大的问题。

最后我要说，虽然我国的收入分配差距比较大而且有扩大的趋势，但我认为还不到已经两极分化的程度，所以我不赞成用两极分化来表达现在我国的收入差距状况。

[**学员**] 逄教授您好，您前面说到您看过的最有意义的五本书之一就是辩证唯物主义常识，我想问一个问题就是：有人说辩证唯物主义和唯物辩证法是一种诡辩，您如何看待这种看法？谢谢！

[**逄教授**] 我认为这种说法不对。马克思主义从产生那天起就遭到一些人的谩骂，但真理是不能被骂倒的。马

克思主义产生至今都 160 年了，马克思本人都不在了，全世界还是越来越多的人在相信马克思主义。像中国 13 亿人口，占全世界人口的大概 1/5，还在坚定不移地坚持和发展马克思主义。

当然，世界之大，什么人都有，马克思主义在全世界范围有人赞成有人骂也是正常的现象。中国有句话说，骂是无能的表现。有本事讲道理，可以让持有这种看法的人讲为什么说唯物辩证法是诡辩，如果讲不出来或者讲出来的道理不对，那没有意义。

我个人的态度，对马克思主义是坚信不疑的，唯物辩证法揭示的是规律，讲的是科学，过去是，现在是，将来还是我终身受益的最科学的世界观和方法论。

在马克思主义理论研究和建设
工程工作会议上的发言[*]

　　在新的形势下实施马克思主义理论研究和建设工程，是关系党和国家事业发展的战略任务，是党中央加强党的理论建设的重大举措。李长春同志的重要讲话，使我们进一步深化了对工程重大意义的认识，为今后的工程工作指明了方向。下面，仅就《马克思主义基本原理概论》教材编写情况向大家简要汇报。

　　编写大学生思想政治理论课教材，是实施马克思主义理论研究和建设工程的重要组成部分，是党中央加强大学生思想政治工作、高瞻远瞩着眼未来的重大决策。自2005年3月份以来，在中央的亲切关怀和中宣部、教育部的直接领导下，在专家们的指导和全国高校思想政治理论课教师、广大同学的支持下，《马克思主义基本原理概

---

　　* 本文是作者在2008年4月23日马克思主义理论研究和建设工程工作会议上的发言，2008年5月12日以《重视参与机会 始终高度负责》为题《人民日报》、《光明日报》等报刊全文发表。

论》教材编写组全体成员以对党和人民高度负责的精神，积极投入并先后完成了教材编写和再版修订工作，与教材配套的学生学习指导书和教师教学参考书已经出版，多媒体课件、精彩一门课的制作和网上资源库的建设已告一段落，全国和各省市自治区教师的培训工作已进行了一轮。到目前为止，教材使用总体效果是好的。作为本教材首席专家召集人，我有幸参与了教材建设的全过程，受教育最多，有许多终生受益的体会。

一、深刻认识加强马克思主义基本原理研究和教材编写的重要意义

马克思主义以科学的世界观和方法论揭示了人类历史发展规律，是我们认识世界、改造世界的强大理论武器。中国共产党自诞生之日起，就把马克思主义作为自己的指导思想，坚持把马克思主义基本原理同中国实际相结合，并在长期的实践中形成了毛泽东思想和中国特色社会主义理论体系，指导中国革命、建设和改革取得了举世瞩目的伟大成就。历史表明，只有坚持马克思主义基本原理同中国实际相结合，不断在实践的基础上推进理论创新，用发展的马克思主义指导实践，才能保持马克思主义的强大生命力，才能保证我们党和国家的事业不断取得胜利。新世纪新阶段，实践的发展提出了一系列重大理论和实际问题，迫切需要进一步做出马克思主义的理论回答。适应新时期新阶段的要求，实施马克思主义理论研究和建设工

程,编写高质量的《马克思主义基本原理概论》教材,既是中国特色社会主义事业发展的需要,也是当代中国共产党人对马克思主义发展应做的贡献。

本着对党和人民高度负责的精神,编写组成员认真学习党中央的一系列文件,在吃透精神领会实质的基础上深入研讨。大家表示,要以对社会主义事业高度负责的使命感和责任感对待撰写的每一句话、每一个字。从教材大纲的编写到初稿的撰写、修改,再到党的十七大之后教材的修订,全体编写组成员通力合作,忘我工作,付出了艰辛的努力,使教材编写取得了重要的进展。在此期间,有的编写组成员因劳累过度身体不适,住院期间仍继续书稿的撰写和修改;有的编写组成员虽然年事已高,仍积极承担初稿的撰写及修改工作;有的编写组成员在家庭遇到特殊困难的情况下,克服困难为初稿撰写提供了多方面的指导。大家只有一个信念,就是:为马克思主义的发展和创新作出贡献是自己光荣而神圣的责任。

二、深入研究马克思主义基本原理,努力对马克思主义做出准确又符合时代要求的阐发

坚持一切从实际出发,理论联系实际,实事求是,在实践中检验和发展真理,是马克思主义最重要的理论品质,也是马克思主义始终保持蓬勃生命力的关键所在。世界在不断变化,我国改革开放和现代化建设在不断发展,马克思主义也必须不断发展和创新。建设中国特色社会主

义的伟大事业，呼唤着马克思主义理论的创新，也为马克思主义发挥指导作用创造了广阔的舞台。编写组成员认真学习并发扬马克思主义最重要的理论品质，一方面认真刻苦钻研马克思主义经典著作，从总体上把握马克思主义基本原理；同时又紧密结合改革开放和现代化建设的实践，对当代马克思主义中国化的最新成果即中国特色社会主义理论体系从基本原理的层次上加以理解和凝练，写入教材，大大地丰富和发展了马克思主义。对于马克思主义，编书组下苦功夫加深领会，防止生搬硬套，防止断章取义，防止片面理解，努力做出准确而又符合时代要求的新阐发。为了做到此，编写组邀请了一些著名专家就不同版本的马克思主义经典著作的学习和引用、马克思主义研究的最新理论进展等问题进行了专题研讨，同时还就一些理论难点，采取登门请教的方式，征询了一些专家的意见。实际上，教材编写的过程，也是对马克思主义进一步深入学习的过程，是向时代，向实践，向广大人民群众和专家学习的过程。

三、努力提高编写组成员自身的马克思主义理论水平

实施马克思主义理论研究和建设工程，编写高水平的大学生思想政治理论课教材，关键是要建设一支政治强、业务精、作风正的马克思主义理论队伍。《马克思主义基本原理概论》编写组把教材的编写看做是学习掌握马克思主义基本原理的难得机遇，把认真学习马克思主义经典

著作和当代中国化马克思主义即中国特色社会主义理论体系摆在首位，把教材编写的过程变为学习和掌握马克思主义基本原理的过程。编写组成员认真学习、刻苦钻研马克思主义，不仅以马克思主义指导自己的理论研究和教材编写；而且以马克思主义为指导，坚定立场，树立科学的世界观方法论和在建设中国特色社会主义的进程中为实现共产主义而奋斗的远大理想。

《马克思主义基本原理概论》编写组是一个老中青结合的队伍。老专家们坚定的马克思主义信仰，精深的马克思主义理论功底，成为中青年学习的榜样。青年同志们反映，参加这个编写组是重新进了一次学校，对自己做人做事做学问影响很大。大家表示：一定要自觉地把马克思主义的立场、观点和方法贯穿到自己的教学和学术活动中，严谨治学、潜心研究，以"甘守寒窗苦"的心态和"十年磨一剑"的精神，努力创造出符合时代要求、经得起历史检验的马克思主义精品力作。虽然编写组组成时间不长，但由于大家的共同努力，已经形成了求真务实、科学严谨的良好风气，成为了一个和谐奋进、忘我工作的集体。

行百里者半九十。《马克思主义基本原理概论》的编写只是为加强对大学生进行马克思主义教育奠定了基础，如何提高全国教师队伍的水平，用好教材，努力提高大学生思想政治理论课的有效性，还要做大量的工作。在今后的时间里，我们将进一步做好工作，为马克思主义理论研究和建设工程，为马克思主义的发展和创新做出新的贡献。

《马克思主义基本原理概论》
修订中的一些理论认识和
对使用该教材的建议[*]

  2007 年底，在中宣部、教育部的直接领导下，《马克思主义基本原理概论》（简称《概论》）编书组对已经出版使用的教材进行了修订。之所以要修订，最主要是考虑到：一是党的十七大召开，总结了我国改革开放和现代化建设的最新实践，实现了马克思主义的重大理论创新和发展。把这些最新成果及时地吸取和反映到大学生思想政治理论课教材中，对于大学生的教育和成长具有重要意义。二是在教材的使用过程中，各个方面提出了一些很好的意见和建议，及时地吸取这些意见和建议，有利于进一步提升教材的水平。

---

  * 本文发表于《思想教育理论导刊》2008 年第 5 期，收入本书时篇幅有所压缩。

一、重大的认识突破

中国共产党人和广大人民群众的理论创新与马克思主义基本原理是什么关系，马克思主义基本原理是否也可以发展和创新？这是《概论》修订中首先需要明确的重大理论问题和认识问题。

在中国共产党的历史上，经过反复的实践探索，曾有两次重大的思想解放，并实现了对马克思主义在思想认识上的重大突破。一次是通过对长期的革命战争和新中国建立初期社会主义革命和建设实践的总结，认识到马克思主义基本原理必须与中国实际相结合，由此实现了对马克思主义思想认识的第一次飞跃，并形成了中国化的马克思主义的伟大理论成果毛泽东思想。一次是通过对长期的社会主义革命和社会主义建设实践特别是改革开放的实践的总结，进一步认识到马克思主义基本原理必须与中国实际相结合，由此实现了对马克思主义认识的又一次飞跃，并产生了中国化马克思主义的又一伟大成果中国特色社会主义理论体系。从毛泽东思想到中国特色社会主义理论体系，其共同的精髓是解放思想，实事求是，与时俱进。有了解放思想，实事求是，与时俱进，才有了马克思主义的不断丰富发展和马克思主义经久不衰的旺盛生命力。

有人问：马克思主义要与时俱进，不断丰富和发展，是指马克思主义的个别结论还是指马克思主义基本原理？在过去比较长时期内，讲马克思主义要与时俱进，不断丰富和发展，主要指前者，而今天，马克思主义要与时俱进，不断丰富和发展，不仅是指前者，而且也指后者。由前一种认识到后一种认识，标志着我国对于马克思主义认识的重大思想飞跃和突破。

马克思主义基本原理要与时俱进，不断丰富和发展，首先是一个实践问题。社会主义的实践提出了一系列新问题需要我们去认识，例如社会主义的本质究竟是什么，社会主义发展究竟要经过什么样的阶段，在这样的阶段要实行什么样的基本经济制度和分配制度，如何实现社会主义经济、社会的科学发展等等。这些问题都涉及马克思主义的基本原理，如果不能适时地得到解决，社会主义的完善和发展就会受到阻碍。在实践的基础上，总结经验，将马克思恩格斯生前没有认识到或没有完全解决的重大问题上升到基本原理的高度进行总结和凝练，这是时代赋予马克思主义继承者的责任，也是马克思主义作为开放的发展的理论体系的本质要求。过去，我们拘泥于对马克思主义个别结论的丰富和发展，认为马克思主义基本原理似乎就不需要丰富和发展，重要原因除了实践尚未发展到今天的程度之外，还在于思想还不够解放，认识还需要进一步深化。而今天，我们认识到马克思主义基本原理也需要不断丰富和发展，而中国共产党人和广大人民群众的理论创新就是对马克思主义的丰富和发展。这是一个重大的理论和认识的突破。

上述认识反映到《马克思主义基本原理概论》的编写和修订中，集中表现在：一是在导论中提出马克思主义可以从狭义和广义理解，从广义上理解的马克思主义就包括后人继承和发展了的马克思主义，在中国就是毛泽东思想和包括邓小平理论、"三个代表"重要思想和科学发展观在内的中国特色社会主义理论体系。二是在修订版中把中国特色社会主义伟大旗帜、中国特色社会主义道路、中国特色社会主义理论体系等内容从马克思主义基本原理的层次予以阐述。这是该教科书从出版到修订在理论认识上的重大进展。

二、增加和修改的重要内容

基于以上的认识，《概论》修订版除了对文字表述作了多处修改外，内容方面最重要的修改有①：

1. 从人类社会发展规律和科学社会主义基本原理的层次增加中国特色社会主义道路的内容。

马克思恩格斯在剖析资本主义基本矛盾的基础上发现了历史唯物史观，并运用历史唯物史观揭示了人类社会发展规律和社会主义代替资本主义的必然性，列宁、斯大林、毛泽东等马克思主义的继承者在实践中对社会主义道路进行了艰苦的探索，积累了宝贵的经验，为后人的进一步探索奠定了基础，但社会主义究竟走什么样的道路，则是有待实践进一步解决的重大课题。

我国的改革开放极大地丰富了马克思主义关于社会主

---

① 下文中用楷体标出的是新增加和修改的内容。

义道路的学说。党的十七大报告在总结我国改革开放伟大实践的基础上指出：改革开放以来我们取得一切成绩和进步的根本原因，归结起来就是：开辟了中国特色社会主义道路，形成了中国特色社会主义理论体系。高举中国特色社会主义伟大旗帜，最根本的就是要坚持这条道路和这个理论体系。中国特色社会主义道路，就是在中国共产党领导下，立足基本国情，以经济建设为中心，坚持四项基本原则，坚持改革开放，解放和发展社会生产力，巩固和完善社会主义制度，建设社会主义市场经济、社会主义民主政治、社会主义先进文化、社会主义和谐社会，建设富强民主文明和谐的社会主义现代化国家。中国特色社会主义道路之所以完全正确、之所以能够引领中国发展进步，关键在于我们既坚持了科学社会主义的基本原则，又根据我国实际和时代特征赋予其鲜明的中国特色。在当代中国，坚持中国特色社会主义道路，就是真正坚持社会主义。①

《概论》修订版吸取党的十七大的成果，从人类社会发展规律和科学社会主义基本原理的层次上增加了中国特色社会主义道路的内容：

在绪论中，增加了：中国特色社会主义道路，就是在中国共产党领导下，立足基本国情，以经济建设为中心，坚持四项基本原则，坚持改革开放，解放和发展社会生产力，巩固和完善社会主义制度，建设社会主义市场经济、

---

① 胡锦涛：《高举中国特色社会主义伟大旗帜 为夺取全面建设小康社会新胜利而奋斗——在中国共产党第十七次全国代表大会上的报告》，人民出版社2007年版。

社会主义民主政治、社会主义先进文化、社会主义和谐社会，建设富强民主文明和谐的社会主义现代化国家。在当代中国，坚持中国特色社会主义道路，就是真正坚持社会主义。

在第三章第一节社会基本矛盾及其运动规律中论述经济基础与上层建筑的矛盾运动时，增加了：要坚持中国特色社会主义政治发展道路，积极稳妥地推进上层建筑领域的改革和发展，加快建设社会主义法治国家，推进社会主义民主政治制度化、规范化、程序化，推进社会主义政治制度自我完善和发展，使人民群众不断获得切实的经济、政治、文化利益。

在第三章第二节社会历史发展的动力中论述改革在社会发展中的作用时，增加了：事实雄辩地证明，改革开放是决定当代中国命运的关键抉择，是发展中国特色社会主义、实现中华民族伟大复兴的必由之路；只有社会主义才能救中国，只有改革开放才能发展中国、发展社会主义、发展马克思主义。

在第六章第二节社会历史发展的动力中论述改革在社会发展中的作用时，增加了：社会主义建设与改革是联系在一起的，改革必须坚持马克思主义政党的领导。改革是利益关系的重大调整，充满着各种挑战和风险，只有坚持马克思主义政党在思想上政治上和组织上的坚强领导，才能坚定改革的社会主义正确方向，有领导有步骤地向前推进改革事业，不断克服前进道路上的各种困难和障碍，达到社会主义自我发展和完善的目的。

2. 从世界观方法论和社会主义事业指导思想层次增加中国特色社会主义理论体系的内容。

社会主义事业的健康发展需要科学的指导思想。指导我们思想的理论基础是马克思主义。马克思主义是开放的、发展的、与时俱进的。在当代中国，中国特色社会主义理论体系就是最现实的马克思主义。

党的十七大报告指出：中国特色社会主义理论体系，就是包括邓小平理论、"三个代表"重要思想以及科学发展观等重大战略思想在内的科学理论体系。这个理论体系，坚持和发展了马克思列宁主义、毛泽东思想、凝结了几代中国共产党人带领人民不懈探索实践的智慧和心血，是马克思主义中国化最新成果，是党最可宝贵的政治和精神财富，是全国各族人民团结奋斗的共同思想基础。中国特色社会主义理论体系是不断发展的开放的理论体系。《共产党宣言》发表以来近160年的实践证明，马克思主义只有与本国国情相结合、与时代发展同进步、与人民群众共命运，才能焕发出强大的生命力、创造力、感召力。在当代中国，坚持中国特色社会主义理论体系，就是真正坚持马克思主义。①

《概论》修订版吸取了党的十七大的成果，增加了以下内容：

在绪论中，增加：中国共产党从成立之日起就把马克

---

① 胡锦涛：《高举中国特色社会主义伟大旗帜 为夺取全面建设小康社会新胜利而奋斗——在中国共产党第十七次全国代表大会上的报告》，人民出版社2007年版。

思列宁主义确立为自己的指导思想，并在长期奋斗中坚持把马克思主义基本原理同中国具体实际相结合，发展了马克思主义，先后产生了毛泽东思想和中国特色社会主义理论体系。中国特色社会主义理论体系，就是包括邓小平理论、"三个代表"重要思想以及科学发展观等重大战略思想在内的科学理论体系。马克思主义中国化的这些重大理论成果，都是……推进这一伟大事业的指导思想。同时，增加了：科学发展观是对党的三代中央领导集体关于发展的重要思想的继承和发展，凝结着几代中国共产党人的心血，集中了亿万人民的智慧，汲取了世界各国在发展问题上的经验教训，站在历史和时代的高度，进一步指明了中国现代化建设的发展道路、发展模式和发展战略，是马克思主义的世界观和方法论在发展问题上的集中体现，是同马克思列宁主义、毛泽东思想、邓小平理论和"三个代表"重要思想既一脉相承又与时俱进的科学理论，是我国经济社会发展的重要指导方针，是发展中国特色社会主义必须坚持和贯彻的重大战略思想。

在第一章中增加：我们对建设中国特色社会主义的规律的认识也经历了长期实践和艰苦探索过程。中国特色社会主义理论体系的建立，凝结了几代中国共产党人带领人民不懈探索实践的智慧和心血。

3. 从社会主义本质和基本特征层次增加关于以人为本、构建和谐社会的思想。

对于社会主义本质和基本特征，马克思主义创始人和其后的继承者都有论述，这些论述在《概论》初版中已有比较充分的反映。但是，对社会主义本质和基本特征的认识是一个随着实践发展而不断深化的过程。党的十七大总结了近些年对于这一问题认识的最新进展，作出了新的理论概括。

《概论》修订版吸取党的十七大的成果，在第六章集中增加了如下内容：

在第六章第一节论述社会主义民主是新型的民主时，增加了：人民民主是社会主义的生命。在同一章第二节论述在实践中深化对社会主义本质的认识时，增加了推动科学发展，促进社会和谐，实现人的全面发展，是社会主义的本质属性和要求。同时对社会主义基本特征的认识增加了第六条，坚持以人为本，建设和谐社会。以人为本，构建社会主义和谐社会，是贯穿社会主义事业全过程的长期历史任务，是在发展的基础上正确处理各种社会矛盾的历史过程和社会结果。社会主义和谐社会，是共产党人领导全体人民共同建设、共同享有的社会，是民主法治、公平正义、诚信友爱、充满活力、安定有序、人与自然和谐相处的社会。社会和谐是社会主义的本质属性。

4. 从认识论和历史唯物主义经济基础与上层建筑相互关系的层次增加坚持提倡先进文化，坚持用社会主义核心价值体系引领社会思潮的必要性和重要性。

党的十七大对坚持提倡先进文化，坚持用社会主义核心价值体系引领社会思潮的必要性、重要性做了深刻论述，丰富和发展了马克思主义关于经济基础和上层建筑相互关系的原理。

《概论》修订版吸取党的十七大的成果，增加了相关的内容：

在第二章论述真理与价值的辩证统一时增加：在当前我国社会主义建设条件下，建设社会主义核心价值体系是推动社会主义文化发展和繁荣，促进社会进步的重要工作。社会主义核心价值体系是社会主义意识形态的本质体现。加强社会主义核心价值体系建设，就要巩固马克思主义的指导地位，坚持不懈地用马克思主义中国化最新成果教育人民，用中国特色社会主义共同理想凝聚力量，用以爱国主义为核心的民族精神和以改革创新为核心的时代精神鼓舞斗志，用社会主义荣辱观引领风尚，从而巩固人民群众团结奋斗的共同思想基础，推动中国特色社会主义建设事业的全面发展。在第三章论述社会存在与社会意识关系时增加：坚持社会主义先进文化前进方向，兴起文化建设新高潮，激发全民族创造活力，提高国家文化软实力，发展和建设中国特色社会主义文化。

5. 对资本主义历史地位的论述进行修改，使表述更加清晰。

资本主义社会同历史上有过的一切其他社会经济制度一样，其产生、发展以至最终为另一种更高级的社会经济制度所代替，都是由人类社会发展的一般规律决定的。同此前的其他社会经济制度相比，资本主义制度空前地提高了社会生产力，但由它自身固有的生产资料的私人占有与生产社会化的矛盾所决定，它最终将为社会主义所代替。

资本主义历史地位，既包括资本主义的历史进步性，也包括其历史局限性，对此，在《概论》初版中已有论述。但初版在表述时，将资本主义的这两个方面分别放在"资本主义历史地位"和"资本主义为社会主义所代替的历史必然性"两个标题下予以分析，这样做不太方便于教师和学生在教学过程中对资本主义历史地位的把握。所以在《概论》修订版中，在分析了资本主义历史进步性之后，增加了对其局限性的分析，即：然而，资本主义的历史进步性并不能掩盖其自身的局限性。同一切以私有制为基础的生产方式一样，资本主义生产资料的私人占有对生产社会化的进一步发展造成了严重障碍，这一矛盾是资本主义生产方式固有的，正是这一矛盾决定了资本主义的经济、政治、文化和社会等各个领域以及全球范围内的冲突、动荡和危机。资本主义的这种局限性在资本主义生产方式范围内是不可能根本消除的，它决定了资本主义生产方式的历史过渡性。有了这样的修改，相应地，对"资本主义为社会主义所代替的历史必然性"的内容也做了调整。

三、关于讲授该课的建议

1. 从总体上把握马克思主义。

讲授《概论》课的目的要求之一就是要通过教学使大学生从总体上把握马克思主义。如何从总体上把握马克思主义，过去我曾经讲过一些看法，最近又有一些研究体会，愿意与大家交流。

把握马克思主义整体性，至少有以下几个角度：

　　一是从马克思主义的形成过程研究和把握其整体性。二是从马克思主义各个组成部分的内在联系和马克思主义基本著作的内容研究和把握其整体性。三是从马克思主义的革命性与科学性统一研究和把握其整体性。四是从马克思主义的创新性和实践性研究和把握其整体性。

　　在明确了对马克思主义整体性理解的四个角度之后，有一个问题需要做一些说明，就是：关于马克思主义三个组成部分。

　　在《反杜林论》中，[①]恩格斯针对杜林的反马克思主义观点，系统地论述了马克思主义哲学、政治经济学、科学社会主义，对于保卫马克思主义世界观，维护科学社会主义纲领，推动德国工人运动和整个共产主义运动的发展，起了十分重要的作用。列宁在 1913 年为纪念马克思逝世 30 周年，写了《马克思主义的三个来源和三个组成部分》[②]，该文简明地叙述了马克思继承并进一步发展了 19 世纪初期那些哲学家、经济学家和历史学家的优秀成果，创立了马克思主义，对马克思主义的伟大指导意义给予了充分的肯定。恩格斯和列宁的这两篇经典著作，后来被人们作为马克思主义分为三个组成部分的主要依据，更有甚者，有人据此认为对马克思主义只分三个组成部分把握就可以了，而不必在整体把握上下功夫。这种看法对我

----

　　① 恩格斯：《反杜林论》，《马克思恩格斯选集》第 3 卷，人民出版社 1995 年版。

　　② 列宁：《马克思主义的三个来源和三个组成部分》，《列宁选集》第 2 卷，人民出版社 1995 年版。

国理论界产生了不利影响，以至于在我国长期的学科建设和理论研究中没有整体马克思主义学科设置，在一定程度上忽视对马克思主义整体性的研究。

　　实际上，马克思主义经典作家从来都认为马克思主义是严整的理论体系而反对把马克思主义的各个组成部分割裂开来。即使在《反杜林论》和《马克思主义的三个来源和三个组成部分》中也是如此。在《反杜林论》中，恩格斯在系统阐述马克思主义哲学、政治经济学、科学社会主义的同时，也深刻阐述了它们之间的内在联系，认为，马克思主义哲学、政治经济学是科学社会主义的理论基础，科学社会主义是前两者的落脚点和归宿。在《马克思主义的三个来源和三个组成部分》中，列宁一开始就指出：马克思学说具有无限力量，就是因为它正确。它完备而严密，它给人们提供了决不同任何迷信、任何反动势力、任何为资产阶级压迫所作的辩护相妥协的完整的世界观。马克思学说是人类在 19 世纪所创造的优秀成果——德国的哲学、英国的政治经济学和法国的社会主义的当然继承者。① 所以，从《反杜林论》和《马克思主义的三个来源和三个组成部分》中，不能得出马克思主义只分为三个组成部分就可以了而不必从整体进行把握的结论。显然，这样的结论是后人对马克思主义的一种错误的、至少是不准确的理解。

---

　　① 列宁：《马克思主义的三个来源和三个组成部分》，载《列宁选集》第 2 卷，人民出版社 1995 年版。

当然，本文强调要加强对马克思主义整体性的研究和把握，并不是要否定或排斥对马克思主义丰富内容进行分门别类的研究，相反，认为加强对马克思主义整体性的研究和把握与对马克思主义丰富内容进行分门别类研究是相辅相成的，可以相得益彰。分门别类研究越深入，越有利于对马克思主义理论整体性的研究和把握，对马克思主义整体性的研究和把握越准确，越有利于对马克思主义分类研究的深入和全面。过去，我们对马克思主义哲学、政治经济学、科学社会主义等分门别类地进行研究，取得了重大进展，对继承和发展马克思主义起到了极大的促进作用，今后在加强研究马克思主义整体性的同时，这种分门别类的研究还要继续，但显然不能拘泥于此，马克思主义是内容丰富的宏伟理论大厦，我们还要进一步在更多的领域、更多的学科开展马克思主义的研究。这样，既有分门别类的研究，又有对马克思主义整体性的研究，对马克思主义的研究一定会更加深入，马克思主义一定会发出更加灿烂的真理光芒。

2. 突出思想政治理论课的特点。

我作过一些调查，在使用《马克思主义基本原理概论》教材的过程中教师遇到的比较集中的问题之一是课时不够。但多少课时就够呢？如何解决内容多和课时不够的矛盾呢？

大家知道，在改革开放的大潮中，教育改革也不断深化，而教育改革的重要内容之一就是在进行教学内容改革的同时，适当地缩减曾经不断膨胀的大学生课堂教学的课时以更多地给同学自主学习的时间，一般文科 2400 学时左右，理工科 2700 学时左右。这样，大学生在校学习的总课时是有限的，在有限的总课时中，希望思想政治理论课的课时再多增加实际上是不太可能的。出路何在？

　　我认为问题的症结不是课时够不够，而是如何从思想政治理论课的目的要求出发突出该课的特点，在有限的时间内达到预期的目的。教师教学有一个基本功是要具备的，就是要善于在给定的时间内，处理讲课内容的简繁，达到授课的目的和要求。我曾讲过，思想政治理论课的根本要求是对大学生进行思想政治教育，与其他专业课相比，思想政治理论课最大的特点是突出思想政治理论教育而不一般地局限于或最主要的不是知识的传授。从这样的根本要求和特点出发，讲授《马克思主义基本原理概论》的重点是讲授马克思主义的基本立场、基本方法、基本理论、基本观点，而对于由此所涉及的许多概念、许多人物、许多历史事件以及有关的专业知识等等，可以主要地通过有指导的同学课外的多种方式特别是一些现代化的方式由学生自主学习去自主掌握，这样就可以把课堂有限的时间集中突出讲授重点。例如，讲资本主义制度下剩余价值的分配，最重要的观点是雇佣工人创造的剩余价值被资本家阶级瓜分了，至于由此涉及的地租、利息、利润等等概念和知识，可以让同学自学。而即使马克思主义的基本立场、基本方法、基本理论、基本观点的讲授，也不一定完全依赖或局限于课堂教学，例如可以通过有计划地组织同学开展一些校园文化活动、社会实践，增强对马克思主义基本立场、基本方法、基本理论、基本观点的学习和理解，这样把思想政治理论课的课堂教学与校园文化、社会实践结合起来，效果会更好，也可以大大地缓解课时少与内容多的矛盾。

我现在仍然是这样的看法。但很显然这种看法尚未为广大老师所普遍接受，当然也可能观点是接受的但实行起来有困难。在 2008 年 3 月份参加全国"精彩一课"的评审时，我发现比较普遍的问题是讲知识非常详细而强调思想政治教育则相对薄弱，这大概是课时不足的原因所在。所以我再次呼吁大家从思想政治理论课的特点出发，认真地进行讲课方法的研究。

我还建议，为了突出思想政治理论课的特点，考试内容和方法也要改革，不要采取单一的课堂闭卷考试方式，可以多种方式，考试内容最好也不要单纯引导学生去死背硬记，而多从同学实际出发，注重理论联系实际的内容。这样可以给大学生以比较好的导向。例如，在第四章资本主义制度的产生和本质中，曾讲了资本主义的上层建筑和意识形态，如果让学生把全部内容背过来可能既不合理也不太可能，但如果让同学联系西方一些媒体对"3·14"西藏事件的歪曲报道和西方有些国家对奥运的恶劣态度去谈对西方政治和意识形态虚伪性的认识，我想同学会非常感兴趣，而且会谈得很好。这就有利于达到思想政治理论课的目的。

总之，思想政治理论课方法的改革关系该课的有效性，是创新空间很大而目前刚刚破题的大课题。

关于马克思主义整体性的初步认识[*]

一、为什么要加强对马克思主义
整体性的研究和把握

邓小平在"文化大革命"结束后刚恢复工作的时候，针对当时有人片面地、扭曲地、教条地对待毛泽东思想的做法，振聋发聩地提出：要对毛泽东思想有一个完整的准确的认识，要善于学习、掌握和运用毛泽东思想的体系来指导我们各项工作。① 邓小平对待毛泽东思想的态度，也同样适用于对待马克思主义。实际上，无论从国际共产主义运动史还是中国共产党的历史看，都既有坚持以完整准确的马克思主义指导取得革命成功的经验，也有因为对马

＊ 这是由作者主持的教育部哲学社会科学重大课题"马克思主义整体性研究"的阶段性成果，摘要发表在《南开学报》2008 年第 4 期。

① 邓小平：《完整准确地理解毛泽东思想》，《邓小平文选》第 2 卷，人民出版社 1999 年版。

克思主义理解片面和不准确而发生"左"的或右的错误，导致革命挫折，事业受损，甚至人头落地的惨痛教训。所以，要加强对马克思主义整体性地研究和把握，首先是对历史经验总结得出的重要启示。

如果说，这种启示是总结无产阶级内部历史得出的结论，那么从无产阶级外部的历史也会得出同样的结论。马克思主义诞生后，一方面受到无产阶级和广大劳动大众的欢迎和拥护，另一方面几乎在同时也受到资产阶级和其他敌对者的歪曲、反对和否定，直到今天，这种声音在世界范围内也没有停息。而马克思主义反对者惯用的手法就是断章取义、片面地曲解马克思主义。所以，要捍卫、继承和发展马克思主义，最重要的就是要从整体上全面准确完整地理解和把握马克思主义。

加强对马克思主义整体性的研究和把握，也是全面、准确、完整理解和把握马克思主义基本原理，并以此指导我国改革开放和现代化建设的需要。指导我们事业的理论基础是马克思主义。过去依靠马克思主义的指导，我们取得新民主主义革命和社会主义革命、社会主义建设的胜利，今天要取得改革开放和社会主义现代化建设伟大事业的成功，仍然要坚持以马克思主义为指导。坚持以马克思主义为指导是要以马克思主义基本原理为指导，而不是以马克思经典作家的个别结论为指导，更不是以后人不准确不全面理解的马克思主义为指导。这就要求要对马克思主义从整体上进行理解，全面准确把握马克思主义的立场、方法和理论体系。只有从整体上理解和全面把握马克思主义，才能够分清哪些是马克思主义的基本原理，哪些是马克思经典作家针对特殊情况做出的个别结论，哪些是根据变化了的情况需要发展的马克思主义理论，哪些是后人附加到马克思主义的错误观点。

加强对马克思主义整体性的研究和把握，不仅是加强对马克思恩格斯创立的经典马克思主义整体性的研究和把握，也要加强对当代中国化马克思主义整体性的研究和理解。在我国的历史上，以毛泽东同志为核心的党的第一代中央领导集体将马克思主义基本原理同中国革命实践相结合，产生了马克思主义中国化的第一个伟大成果——毛泽东思想。在毛泽东思想指引下，全党全国各族人民建立新中国和社会主义制度，取得社会主义革命和建设伟大成就。新民主主义革命的胜利，社会主义基本制度的建立，为当代中国一切发展进步奠定了根本政治前提和制度基础。以邓小平同志为核心的党的第二代中央领导集体和以江泽民同志为核心的党的第三代中央领导集体将马克思主义基本原理同中国的实践相结合，指引全党全国各族人民在改革开放的伟大征程上阔步前进，创立了邓小平理论和"三个代表"重要思想。党的十六大以来，以胡锦涛同志为总书记的党中央带领全国人民以邓小平理论和"三个代表"重要思想为指导，顺应国内外形势发展变化，抓住重要战略机遇期，发扬求真务实、开拓进取精神，坚持理论创新和实践创新，着力推动科学发展、促进社会和谐，完善社会主义市场经济体制，在全面建设小康社会实践中坚定不移地把改革开放伟大事业继续推向前进。总之，在改革开放的历史进程中，我们党把坚持马克思主义基本原理同推进马克思主义中国化结合起来，创立了马克思主义中国化的又一伟大成果——中国特色社会主义理论体系。中国特色社会主义理论体系，就是包括邓小平理论、"三个代表"重要思想以及科学发展观等重大战略思想在内的科学理论体系。这个理论体系，坚持和发展了马克思列宁主义、毛泽东思想、凝结了几代中国共产党人带领人民不懈探索实践的智慧和心血，是马克思主义中国化最新成果，是党最可宝贵的政治和精神财富，是全国各族人民团结奋斗的共同思想基础。中国特色社会主义理论体系是不断发展的开放的理论体系。《共产党宣言》发表以来近160年的实践证明，马克思主义只有与本国国情相结合、与时代发展同进步、与人民群众共命运，才能焕发出强大的生命力、创造力、感召力。在当代中国，坚持中国特色社会主义理论体系，就是真正坚持马克思主义。① 而只有加强对当代中国化马克思主义的整体性研究和把握，才能更好地全面准确地理解、把握、坚持和发展中国特色社会主义理论体系。

综上所述，加强对马克思主义整体性研究和理解，是总结历史和实践经验得出的结论，是继承和发展马克思主义的要求，是当代中国坚持指导思想上的与时俱进，坚持正确的改革方向，推进现代化建设的新要求。

---

① 胡锦涛：《高举中国特色社会主义伟大旗帜 为夺取全面建设小康社会新胜利而奋斗》，人民出版社2007年版。

二、研究和把握马克思主义整体性的几个角度

　　研究和把握马克思主义整体性，至少有以下几个角度：

　　一是从马克思主义的形成过程研究和把握其整体性。马克思主义是适应资本主义生产方式有了相当发展的时代和无产阶级反对资产阶级实践的要求，在对人类文明成果继承和发展的基础上产生的。与在此之前的所有资产阶级理论不同，马克思主义经典作家的全部理论活动都是为了人类解放这一目标而进行的，其根本宗旨是实现人类解放。马克思主义的这一理论目标决定了它必然是一种以理论与实践相统一为基本原则的理论。马克思主义创始人从其理论活动的开始就特别地强调了这一原则，在其后继承者那里，这一原则得到了坚持和发展。由理论与实践相统一这一基本原则所决定，马克思主义从一产生就具有整体性的品格。人类解放实践是一个涉及经济、政治、文化、社会各个方面的总体性实践活动，它不可能分门别类彼此孤立地进行，这决定了马克思主义理论只有从整体上完整地被理解和把握，才能有效地服务于实践的目标。

　　从马克思主义形成过程中马克思主义创始人理论活动的全部过程看，马克思主义具有鲜明的整体性。马克思恩格斯从年轻时代就立志选择"最能为人类而工作的职业"，大量地接触穷苦的工人群众。马克思1841年后在《莱茵报》上发表的多篇论文，恩格斯写作的《英国工人

阶级状况》，都表达了对贫苦群众的深切同情和对资本主义社会的憎恶。其后，马克思恩格斯积极参加推翻资本主义制度的阶级斗争，投入创立无产阶级政党、组织无产阶级队伍的活动，同工人运动中的各种机会主义思潮进行不懈的斗争。他们毕生的使命都和发展、壮大无产阶级革命事业密切地联系在一起。从19世纪40年代后半期马克思恩格斯创建"共产主义者同盟"开始，一直到19世纪90年代前半期恩格斯晚年领导第二国际的活动，关注欧美无产阶级革命斗争和政党的发展为止，在这半个世纪的历程中，马克思恩格斯始终处在国际共产主义运动斗争的前沿，积极参与并领导了无产阶级反对资产阶级和资本主义制度的斗争。马克思恩格斯的生平事业和无产阶级革命斗争所具有的这种紧密联系，是他们创立马克思主义的重要条件。① 而在此基础上形成的马克思主义，从一开始就成为无产阶级反对资产阶级的强有力的思想武器。这个思想武器，不是支离破碎的，而是一个以科学的世界观和方法论一以贯之的严整的体系。

二是从马克思主义各个组成部分的内在联系和马克思主义基本著作的内容研究和把握其整体性。马克思主义是涉及众多学科门类的知识海洋，它的内容涵盖了政治、经济、文化、军事、历史、社会生活、人类发展等诸多领域和各个方面，是极其丰富的。从不同的角度，可以对马克思主义做出不同的定义。从它的创造者、继承者的认识成

① 参见编书组：《马克思主义基本原理概论》，高等教育出版社2008年修订版。

果讲，马克思主义是由马克思恩格斯创立的，而由各个时代、各个民族的马克思主义者不断丰富和发展的观点和学说的体系。从它的阶级属性讲，马克思主义是关于无产阶级和人类解放的科学，是关于无产阶级斗争的性质、目的和解放条件的学说。① 但不管从什么角度理解马克思主义，都必须看到，马克思主义是彻底而严整的科学理论体系。马克思主义所包含的所有内容虽然各自的侧重点不同，但都是马克思主义科学世界观和方法论的体现，都是贯穿人类社会发展普遍规律的学说，都是关于社会主义必然代替资本主义的学说。

从马克思主义经典著作的主要内容看，马克思主义整体性更为明显。一般认为，《共产党宣言》是马克思主义形成的标志，而《共产党宣言》实际上是马克思主义的理论宏伟大厦的缩影，其理论内容几乎涵盖了马克思主义的各个重要方面。其他著作也大都是这样，《1844 年经济学哲学手稿》中关于哲学问题的思辨与关于政治经济学、人类解放理论等现实问题的交织；《神圣家族》、《德意志意识形态》、《哲学的贫困》等著作中哲学问题、经济学问题、历史问题、社会问题的汇聚；《路易·波拿巴的雾月十八日》、《法兰西内战》等关于现实问题的著作中所蕴涵的深刻的哲学观念与政治经济学前提；而《反杜林论》，恩格斯虽然对"哲学"、"政治经济学"、"社会主义"三个部分进行了分别论述，但从全文看，恰恰是这

---

① 参见编书组：《马克思主义基本原理概论》，高等教育出版社 2008 年修订版。

些看似独立的部分，构成了一个内容紧密相连、逻辑严谨的理论整体。即使像《资本论》这样被长期看做经济学的马克思主义经典著作，实际上它不仅包含有马克思主义的经济学基本原理，而且也包含了马克思主义的辩证唯物主义和历史唯物主义世界观方法论、科学社会主义的基本原理，堪称马克思主义的百科全书。所以，从马克思主义经典著作的全部内容看，马克思主义是严谨而完整的理论体系，从整体上理解和把握马克思主义是符合马克思主义本来面貌的。

三是从马克思主义的革命性与科学性统一研究和把握其整体性。从科学性与革命性统一的角度理解和把握，马克思主义是包含四个最根本最核心内容的严整体系。

第一，科学的世界观和方法论。辩证唯物主义和历史唯物主义是马克思主义最根本的世界观和方法论，也是马克思主义理论科学体系的哲学基础。第二，鲜明的政治立场。马克思主义政党的一切理论和奋斗都应致力于实现以劳动人民为主体的最广大人民的根本利益，这是马克思主义最鲜明的政治立场。第三，重要的理论品质。坚持一切从实际出发，理论联系实际，实事求是，在实践中检验真理和发展真理，是马克思主义最重要的理论品质。第四，崇高的社会理想。实现物质财富极大丰富、人民精神境界极大提高、每个人自由而全面发展的共产主义社会，是马克思主义最崇高的社会理想。

以上这四个方面，包括了马克思主义的最基本内容，体现了马克思主义的基本立场、基本观点和基本方法，是从总体上把握的马克思主义。今天，我们坚持和发展马克思主义，绝不是要单纯坚持和发展马克思主义的某个观点，而是要从总体上坚持、继承其基本立场、基本方法和基本观点，即：要坚持辩证唯物主义和历史唯物主义的世界观和方法论，坚持实现最广大人民的根本利益的政治立场，坚持一切从实际出发，实事求是，在实践中检验真理和发展真理的理论品质，并把握和顺应人类社会发展的规律，树立为实现物质财富极大丰富、人民精神境界极大提高、每个人自由而全面发展的共产主义社会而奋斗的最崇高的社会理想。

四是从马克思主义的创新性和实践性研究和把握其整体性。马克思主义是开放的发展的学说，创新性是马克思主义的重要特征。从广义上说，马克思主义不仅指马克思恩格斯创立的基本理论、基本观点和学说的体系，也包括后人对它的发展，即发展了的马克思主义。作为中国共产党和社会主义事业指导思想的马克思主义，既包括由马克思恩格斯创立的马克思主义的基本理论、基本观点、基本方法，也包括经列宁继承和发展，推进到新的阶段，并由毛泽东、邓小平、江泽民、胡锦涛等为主要代表的中国共产党人将其与中国具体实际相结合，进一步丰富和发展了的马克思主义，即中国化的马克思主义。① 中国化马克思主义与马克思恩格斯创立的马克思主义一脉相承，又将马克思主义的基本原理与中国实践紧密结合，创造性地发展

---

① 编书组：《马克思主义基本原理概论》，高等教育出版社 2008 年修订版。

了马克思主义。今天我们研究和把握马克思主义的整体性，包括中国化马克思主义与马克思恩格斯创立的马克思主义相统一的整体性。

研究的目的在于应用，马克思主义的生命力在于指导实践，实践性是马克思主义的另一重要特征。在当代中国，要取得改革开放和现代化建设事业的成功，必须坚持马克思主义特别是中国化马克思主义的指导，而马克思主义也将在指导社会主义现代化建设的实践中实现创新和发展。指导中国实践并在实践中不断创新发展的马克思主义，不是马克思主义的某个部分，而是由马克思主义基本立场、基本观点、基本方法构成的整体。

马克思主义理论的整体性是由马克思主义理论的实践性所决定的。马克思和恩格斯所处的时代正值欧洲国家的社会转型时期，他们的全部理论努力就在于认识和把握这个转型过程，特别是剖析现代资本主义生产方式乃至整个资本主义社会经济、政治和文化结构，揭示其内在矛盾、客观规律和动态趋势，由此探索无产阶级解放或人类解放的现实动力、途径和方法，并为这一运动提供指导思想和政策策略。无论是现实的历史过程，还是我国现实的改革开放和现代化建设实践运动，都是包含多方面规定性的具体的整体。在现实的过程中，没有纯粹的哲学问题、经济学问题、政治问题或思想文化问题。任何问题必然综合地、有机地包含着多方面的相互影响的内容和规定性。如果我们从马克思所说的"改变世界"的角度来理解马克思主义理论，马克思主义理论必然是整体的，因为它所面对的实践问题是具体的、整体的。

三、需要说明的两个问题

研究和把握马克思主义整体性，有两个问题需要特别予以说明：

一是关于马克思主义三个组成部分。恩格斯为了批判德国小资产阶级思想家杜林对马克思主义的反对和对人民的毒惑，捍卫科学社会主义的学说，使刚刚统一起来的德国党沿着正确道路前进，于 1876 年 5 月底至 1878 年 7 月写下了一系列文章。这些文章在德国党的机关报——《前进报》上陆续发表，并于 1878 年 7 月印成单行本，这就是著名的理论巨著——《反杜林论》①。在《反杜林论》中，恩格斯针对杜林的反马克思主义观点，系统地论述了马克思主义哲学、政治经济学、科学社会主义，对于保卫马克思主义世界观，维护科学社会主义纲领，推动德国工人运动和整个共产主义运动的发展，起了十分重要的作用。恩格斯之后，列宁在 1913 年为纪念马克思逝世 30 周年，写了《马克思主义的三个来源和三个组成部分》②，该文简明地叙述了马克思继承并进一步发展了 19 世纪初期那些哲学家、经济学家和历史学家的优秀成果，创立了

① 恩格斯：《反杜林论》，《马克思恩格斯选集》第 3 卷，人民出版社 1995 年版。

② 列宁：《马克思主义的三个来源和三个组成部分》，载《列宁选集》第 2 卷，人民出版社 1995 年版。

马克思主义，对马克思主义的伟大指导意义给予了充分的肯定。恩格斯和列宁的这两篇经典著作，后来被人们作为马克思主义分为三个组成部分的主要依据，更有甚者，有人据此认为对马克思主义只分三个组成部分把握就可以了，而不必在整体把握上下功夫。这种看法对我国理论界产生了不利影响，以至于在我国长期的学科建设和理论研究中没有整体马克思主义学科设置，在一定程度上忽视对马克思主义整体性的研究。

实际上，马克思主义经典作家从来都认为马克思主义是严整的理论体系而反对把马克思主义的各个组成部分割裂开来。即使在《反杜林论》和《马克思主义的三个来源和三个组成部分》中也是如此。在《反杜林论》中，恩格斯在系统阐述马克思主义哲学、政治经济学、科学社会主义的同时，也深刻阐述了它们之间的内在联系，认为，马克思主义哲学、政治经济学是科学社会主义的理论基础，科学社会主义是前两者的落脚点和归宿。在《马克思主义的三个来源和三个组成部分》中，列宁一开始就指出：马克思学说具有无限力量，就是因为它正确。它完备而严密，它给人们提供了决不同任何迷信、任何反动势力、任何为资产阶级压迫所作的辩护相妥协的完整的世界观。马克思学说是人类在 19 世纪所创造的优秀成果——德国的古典哲学、英国的政治经济学和法国的空想社会主义的当然继承者。① 所以，从《反杜林论》和《马克思主义的三个来源和三个组成部分》中，不能得出马克思主义只分为三个组成部分就可以了而不必从整体进行把握的结论。显然，这样的结论是后人对马克思主义的一种错误的、至少是不准确的理解。

当然，需要说明的是，本文强调要加强对马克思主义整体性的研究和把握，并不是要否定或排斥对马克思主义丰富内容进行分门别类的研究，相反，认为加强对马克思主义整体性的研究和把握与对马克思主义丰富内容进行分门别类研究是相辅相成的，可以相得益彰。分门别类研究越深入，越有利于对马克思主义理论整体性的研究和把握，对马克思主义整体性的研究和把握越准确，越有利于对马克思主义分类研究的深入和全面。过去，我们对马克思主义哲学、政治经济学、科学社会主义等分门别类地进行研究，取得了重大进展，对继承和发展马克思主义起到了极大的促进作用，今后在加强研究马克思主义整体性的同时，这种分门别类的研究还要继续，但显然不能拘泥于此，马克思主义是内容丰富的宏伟理论大厦，我们还要进一步在更多的领域、更多的学科开展马克思主义的研究。这样，既有分门别类的研究，又有对马克思主义整体性的研究，对马克思主义的研究一定会更加深入，马克思主义一定会发出更加灿烂的真理光芒。

---

① 列宁：《马克思主义的三个来源和三个组成部分》，载《列宁选集》第 2 卷，人民出版社 1995 年版。

　　二是关于借鉴国外马克思主义的研究成果。马克思主义是世界的马克思主义，是全人类的宝贵财富。世界许多国家的政党和有识之士都在研究和应用马克思主义。作为中国学者研究和把握马克思主义的整体性，应该认真借鉴国外对马克思主义的研究成果。

　　国外马克思主义思潮林立、学说观点繁杂，但它们有一个大致的共同点，即它们中的绝大多数，都没有把马克思主义划分为三个组成部分，而是自觉不自觉地都是把马克思主义理论作为一个整体来加以研究、理解和发挥。之所以如此，就在于它们都把认识和把握现代社会的具体的现实问题为研究的着眼点。因此，尽管国外马克思主义学说观点庞杂，充满了差异和对立，甚至包含着对马克思主义理论的误解和曲解，但它们从现实问题出发理解和运用马克思主义理论的方法，却可以给我们以有益的启示。

图书在版编目（CIP）数据

逢锦聚自选集/逢锦聚著．（"学习"理论文库）

－北京：学习出版社，2008.12

ISBN 978－7－80116－701－9

Ⅰ．逢… Ⅱ．逢… Ⅲ．马克思主义政治经济学－文集

Ⅳ．F0－0

中国版本图书馆 CIP 数据核字（2008）第 157444 号

逢锦聚自选集

PANG JINJU ZIXUAN JI

逢锦聚　著

责任编辑：向　钧

技术编辑：张培英

出版发行：学习出版社

　　　　　北京市西长安街 5 号（100806）

　　　　　010－66063020　　010－66061634

经　　销：新华书店

印　　刷：北京新丰印刷厂

开　　本：880 毫米×1230 毫米　1/32

印　　张：17.5

字　　数：350 千字

版次印次：2008 年 12 月第 1 版　2008 年 12 月第 1 次印刷

书　　号：ISBN 978－7－80116－701－9

定　　价：79.00 元

如有印装错误请与本社联系调换